浙江大学文科高水平学术著作出版基金
中央高校基本科研业务费专项资金　资助

浙江学者丝路敦煌学术书系

敦煌吐鲁番与唐史研究

卢向前 著

浙江大学出版社

总　　序

　　浙江,我国"自古繁华"的"东南形胜"之区,名闻遐迩的中国丝绸故乡;敦煌,从汉武帝时张骞凿空西域之后,便成为丝绸之路的"咽喉之地",世界四大文明交融的"大都会"。自唐代始,浙江又因丝绸经海上运输日本,成为海上丝路的起点之一。浙江与敦煌、浙江与丝绸之路因丝绸结缘,更由于近代一大批浙江学人对敦煌文化与丝绸之路的研究、传播、弘扬而令学界瞩目。

　　近代浙江,文化繁荣昌盛,学术底蕴深厚,在时代进步的大潮流中,涌现出众多追求旧学新知、西学中用的"弄潮儿"。20世纪初因敦煌莫高窟藏经洞文献流散而兴起的"敦煌学",成为"世界学术之新潮流"。中国学者首先"预流"者,即是浙江的罗振玉与王国维。两位国学大师"导夫先路",几代浙江学人(包括浙江籍及在浙工作生活者)奋随其后,薪火相传,从赵万里、姜亮夫、夏鼐、张其昀、常书鸿等前辈大家,到王仲荦、潘絜兹、蒋礼鸿、王伯敏、常沙娜、樊锦诗、郭在贻、项楚、黄时鉴、施萍婷、齐陈骏、黄永武、朱雷等著名专家,再到徐文堪、柴剑虹、卢向前、吴丽娱、张涌泉、王勇、黄征、刘进宝、赵丰、王惠民、许建平以及冯培红、余欣、窦怀永等一批更年轻的研究者,既有共同的学术追求,也有各自的学术传承与治学品格,在不同的分支学科园地辛勤耕耘，为国际"显学"敦煌学的发展与丝路文化的发扬光大作出了巨大贡献。浙江的丝绸之路、敦煌学研究者，成为国际敦煌学与丝路文化研究领域举世瞩目的富有生命力的学术群体。这在近代中国的学术史上，也是一个值得关注的现象。

始创于 1897 年的浙江大学，不仅是浙江百年人文之渊薮，也是近代中国社会科学与自然科学英才辈出的名校。其百年一贯的求是精神，培育了一代又一代脚踏实地而又敢于创新的学者专家。即以上述研治敦煌学与丝路文化的浙江学人而言，不仅相当一部分人的学习、工作与浙江大学关系紧密，而且每每成为浙江大学和全国乃至国外其他高校、研究机构联结之纽带、桥梁。如姜亮夫教授创办的浙江大学古籍研究所(原杭州大学古籍研究所)，1984 年受教育部委托，即在全国率先举办敦煌学讲习班，培养了一批敦煌学研究骨干；本校三代学者对敦煌写本语言文字的研究及敦煌文献的分类整理，在全世界居于领先地位。浙江大学与敦煌研究院精诚合作，在运用当代信息技术为敦煌石窟艺术的鉴赏、保护、修复、研究及再创造上，不断攻坚克难，取得了举世瞩目的成就，拓展了敦煌学的研究领域。在中国敦煌吐鲁番学会原语言文学分会基础上成立的浙江省敦煌学研究会，也已经成为与甘肃敦煌学学会、新疆吐鲁番学会鼎足而立的重要学术平台。由浙大学者参与主编，同浙江图书馆、浙江教育出版社合作编撰的《浙藏敦煌文献》于 21 世纪伊始出版，则在国内散藏敦煌写本的整理出版中起到了领跑与促进的作用。浙江学者倡导的中日韩"书籍之路"研究，大大丰富了海上丝路的文化内涵，也拓展了丝路文化研究的视野。位于西子湖畔的中国丝绸博物馆,则因其独特的丝绸文物考析及工艺史、交流史等方面的研究优势,并以它与国内外众多高校及收藏、研究机构进行实质性合作取得的丰硕成果而享誉学界。

　　现在,我国正处于实施"一带一路"倡议的起步阶段,加大研究、传播丝绸之路、敦煌文化的力度是其中的应有之义。这对于今天的浙江学人和浙江大学而言,是在原有深厚的学术积累基础上如何进一步传承、发扬学术优势的问题,也是以更开阔的胸怀与长远的眼光承担的系统工程,而决非"应景""赶时髦"之举。近期,浙江大学创建"一带一路"合作与发展协同创新中心,举办"丝路文明传承与发展国际学术研讨会",都是在新的历史条件下迈出的坚实步伐。现在,浙江大学组织出版这一套学术书系,正是为了珍惜与把握历史机遇,更好地回顾浙江学人的丝绸之路、敦煌学研究历程,奉献资料,追本溯源,检阅成果,总结经验,推进交流,加强互鉴,认清历史使命,展现灿烂前景。

浙江学者丝路敦煌学术书系编委会

2015 年 9 月 3 日

出版说明

　　本书系所选辑的论著写作时间跨度较长，涉及学科范围较广，引述历史典籍版本较复杂，作者行文风格各异，部分著作人亦已去世，依照尊重历史、尊敬作者、遵循学术规范、倡导文化多元化的原则，经与浙江大学出版社协商，书系编委会对本书系的文字编辑加工处理特做以下说明：

　　一、因内容需要，书系中若干卷采用繁体字排印；简体字各卷中某些引文为避免产生歧义或诠释之必需，保留个别繁体字、异体字。

　　二、编辑在审读加工中，只对原著中明确的讹误错漏做改动补正，对具有时代风貌、作者遣词造句习惯等特征的文句，一律不改，包括原有一些历史地名、族名等称呼，只要不存在原则性错误，一般不予改动。

　　三、对著作中引述的历史典籍或他人著作原文，只要所注版本出处明确，核对无误，原则上不比照其他版本做文字改动。原著没有注明版本出处的，根据学术规范要求请作者或选编者尽量予以补注。

　　四、对著作中涉及的敦煌、吐鲁番所出古写本，一般均改用通行的规范简体字或繁体字，如因论述需要，也适当保留了一些原写本中的通假字、俗写字、异体字、借字等。

五、对著作中涉及的书名、地名、敦煌吐鲁番写本编号、石窟名称与序次、研究机构名称及人名，原则上要求全卷统一，因撰著年代不同或需要体现时代特色或学术变迁的，可括注说明；无法做到全卷统一的则要求做到全篇一致。

书系编委会

目　　录

序

清明祭先生

　　——追思王永兴先生及与先生有关的人和事 ········· （ 1 ）

上　编

唐代六品以下职散官受永业田质疑

　　——敦煌户籍勋职官受田之分析 ····················· （ 25 ）

《天圣令》所附《唐令》为建中令辩 ···················· （ 44 ）

唐代西州合户之授田额 ······························ （ 77 ）

唐代西州之"合附籍田" ···························· （ 86 ）

20 世纪唐研究·土地关系 ····················· （104）

中　编

关于归义军时期一份布纸破用历的研究

　　——试释 P.4640 背面文书 ····················· （165）

论麴氏高昌臧钱

　　——67TAM84:20 号文书解读 ················· （240）

高昌西州四百年货币关系演变述略 ················· （255）

麴氏高昌和唐代西州的葡萄、葡萄酒及葡萄酒税 ········ （308）

此槽头非彼槽头

　　——鄯善文书"槽头"与葡萄酒有关说 ………………（344）

下　编

唐代西州成立时间考 ……………………………………（353）

唐代胡化婚姻关系试论

　　——兼论突厥世系 ……………………………………（358）

金山国立国之我见 ………………………………………（388）

新材料、新问题与新潮流

　　——关于隋唐五代制度史探讨的几点看法 …………（419）

跋

王永兴先生与敦煌吐鲁番学及其他 …………………………（430）

序　清明祭先生

——追思王永兴先生及与先生有关的人和事

一

　　"先生走了"，听到电话那头传来锦绣的声音，我禁不住心头一阵酸楚，先生于我情深意切呀。我搁下电话，对妻说，王先生走了，我要去送送。妻说，应该的，是应该去送送的。妻跟先生并没见过面，但先生于她还是很熟悉的，在先生给我的信中，总是不忘在最后说上一句，问全家好，当然也包括了妻。

　　在告别先生仪式举行的前一天，我往先生在北京大学燕北园的家中走去。天下起了雨，裤脚有点湿了。我很诧异，在我这个南方人的记忆中，北京似乎从来没有过像样的雨，求学七年（1978—1985 年，寒暑假除外），好像仅有一次稍具规模的雷阵雨，以至于我的雨具，只有一顶老家所带的小笠帽——莫非先生走了，老天也来送送？

　　先生的灵堂设在书房中，十余平方米的书房中央还是原先的两张硕大的书桌，占据了六成左右的空间，桌子的一侧是两张椅子，另一侧则留出了通往阳台的狭小的过道，大约仅能容人侧着身子走过，而排在三面墙壁的则是顶天立地的书柜，满满当当的是书，书桌上还是横七竖八的书，有翻开的，有堆在一起的。桌上还有电脑，接线板也搁在桌子上。先生八十多岁高龄的时候，还在学电脑，他写信告诉过我，他在学打字呢。我没有看到过他是如何在电脑上写作的，但最后的几本书，或许就是他用一指禅法敲击出来的？我想。

进门右侧的一角有一张小小的茶几，上面放着先生的遗像，还有祭奠的苹果，又有几炷燃着的香，大约是三炷吧。幽幽的烟散发着清香，充盈了整个书房。我向先生鞠了三躬。先生微笑着，稍微侧着身子，眉毛上扬，嘴角也上扬着，眼镜后面是透着睿智之光的眼睛，清澈的目光如同往日，开口就是瓷实的"向前哪……"我忍不住泪水，任它在脸上纵横，听锦绣述说着先生最后的日子……锦绣向我征询，明日送别先生，就用这相片，王先生喜欢的……我说，这张好的，乐呵呵的……

八宝山的仪式是北京大学历史系王春梅老师主持的，她依然那样干练，只是人清瘦了许多。二十余年的沧桑，在她身上留下了深刻的痕迹。锦绣说，先生的丧事准备，系里做得很好。北京的告别仪式与杭州的不同，杭州的还多几道程序：先让吊唁者集在大堂，由单位领导作出对死者一生的评价；接着是家属代表的答词，当然也有哀悼的内容；然后才是吊唁者瞻仰遗容。王春梅老师善解人意，以为先生对学生好，学生对先生也好，于是便让我们学生与先生的亲人一道先行瞻仰遗容。赵和平、吴丽娱、王宏治、金锋、宁欣、李鸿宾、李智生、牛来颖和我等，都肃穆着，贴近着，看先生最后一眼。

先生躺着，形容有点憔悴，又有点严肃。憔悴是因为读书读累了？严肃是因为去见先师得有这种神态？我不知道。我呆呆地行着注目礼，脑中泛起阵阵涟漪。

春光烂漫的日子，未名湖边杨柳芽儿初绽，而在春风拂面中，先生和我绕过体育馆边上的小桥。我傻傻地问先生，毕业论文要多少字，先生笑了，笑得很畅快，不紧不慢地说，寅恪先生那样的，几百字就足够了，如果是言不及义，则多少字也不行的。我底气不足,他在宽慰着我呢。

又在一个夜晚,天凉凉的,先生从成都开完唐史学会回来,我去机场接他,11点多了吧,还是走在湖边的路上(那时先生住在湖边的公寓),先生说着会上的事,我感受到了他的兴奋。先生兴奋的原因,并不在会议如何精彩,却在唐长孺先生(是否是唐先生,我记不确切了)夸了他的学生。说他的学生好,先生比什么都高兴。

我记起金锋和我完成学业,告别先生与北京大学的事。那一天,先生带着我们,从朗润园先生的家中走出,漫步在校园北墙内,一直到东语系西侧的桥边,就那样踱着,两三个钟点呢。很好的太阳,不冷也不太热的和煦。小径斜斜,树木朗朗,流水潺潺,芦苇丛丛,牛来颖为我们拍照留念,令人心醉的"浴乎沂,风乎舞雩"喔。但先生有些伤感,我和金锋也有些伤感。

我的脑海中掠过了1992年的中国敦煌吐鲁番学会大会,在房山开的,先生兴致很高,参观了云居寺,又去走石花洞。洞窟暗暗的,很深,很陡峭,直上直下的有百数来档吧,都是简陋而结实的铁扶梯。我扶着先生,一步一个数。我没看清石花为何物,只是为先生的矫健而喝彩,那年先生该是78岁。锦绣说,我直担心着王先生呢。

我的思绪还走到了1998年,那年暑假末期,我陪着母亲携着女儿到北京观光,虽近九月,天气却闷热得很。我们三口就住在燕北园先生的家。先生不嫌劳扰,嘱锦绣每天为我们准备好吃的。先生认为我遂了我妈妈的心愿,很好……

告别者排着队进来了,绕着先生的遗体一周,我们还是跟先生的亲人们一起站立在先生一旁,接受人们的吊唁。

昨日的雨把天空洗刷得瓦蓝瓦蓝,九月下旬的近正午时分,太阳很有些灼热。吊唁大堂的走廊墙壁上,贴着一些单位、个人的唁电、唁信，浙江大学历史系的也在上面。宽广的、层次起伏的厅前广场上，另一丧家的仪式正在进行。他们的仪式颇壮观：穿着似乎像军人礼服的引导者迈着正步，接着是洋鼓洋号，后面亲朋好友跟着，很有一些悲悲切切的人。但我想，先生不会喜欢这样的吧？

锦绣捧着先生的微笑着的遗像从大厅右手侧屋的步阶走下来，大约是火化室，先生就要从那里出发去追随先师的。锦绣的高中时代的两个同学扶着她。她原本很健壮的，是不是这一变故，让她变孱弱了……

遗体的火化还得一些时候，我们不便久留，也不便打扰锦绣，只是向王春梅老师道了别，就真的跟先生最后一次告别了。走好，先生。

二

我最初单独谒见先生，应该是在1979年的九月吧。

那一年八月底，新学期开始了，二院走廊贴出的课程表上有一门"敦煌文书研究"。那是先生与张广达先生共同为赵和平、安家瑶他们这一级研究生开的"研究课程"（先生语）。1978级的本科学生，经历过多少年的知识饥渴，也不管研究不研究的，呼啦啦一下子去了20多位。第一次课，两位先生都在，他们都很高兴。张先生上第一节课，先生就坐在下面第一排。柳园、斯文赫定、徐松……莫高窟、西域、斯坦因……简单的介绍把我们引进了敦煌学的殿堂。

第二节就是先生的课了。花白的头发梳得很整齐，戴着眼镜，近视的，穿着对襟的有纽襻扣的衣服，脚上是布鞋，很和蔼的一个老头——这样的影像在我的脑海中一留就是近三十年，似乎什么时候都没有变过。先生以《西魏大统十三年计帐》文书给我们以敦煌学的启蒙，一板一眼的讲解，声音很好听、咬字特清晰……留的作业则是通读这件文书。

课后便很认真地读起来。有的能读通，有的则迷惘；读通了，兴奋，读不通，苦恼；读通的很想显摆显摆，读不通的则希望能得到指教。于是便去找先生。

先生从山西调来不久，住在当时北京大学出版社边上的一幢宿舍楼里，靠近南大门。上得二楼，我敲开了门，很小的斗室，白天也点着好像是 15 瓦的白炽灯，有些昏暗，家具、书籍零乱地随意摆放着，好像还有碗筷之类的。我便站在了先生的面前，嗫嚅着，有点兴奋，先生安静地听着，不嫌我的鲁莽，不怪我的浅薄。我记不起先生说了些什么，但我觉着先生听到后来似乎也有点兴奋——而我在先生面前的这一站，犹如先生在长沙听先师之课便有跟随先师之默契一样，从那一天起，我于先生，便有了立雪王门之缘分。

先生和张先生为我挑了伯希和 3714 号背面文书作课程的研究工作。先是录文。先生的要求是一个字一个字地抄录，纵是错字、别字还是其他什么字，都抄录上去，容不得半点的改动。先生喜欢说"一个字一个字地"，让我们读书也是说"要仔仔细细地读，一个字一个字地读"。我记得，当时的录文是在北京大学图书馆一楼东北角的一个阅览室里进行的，条件稍艰苦，大白天都得把窗帘拉上，布置得像暗室似的，角落里摆放着显微机，手摇的，用猩红色的灯芯绒罩着，有点光亮，是灯光打在白色的台面上反射出来的光。暗室里面充斥迷漫着的似乎是霉味，还有胶卷因灼热而散发出来的焦臭味。把半个身子埋进机器中，目光便紧盯着台板反射出来的字，不多久，有点想呕，是一种强烈的晕车的感觉。但大家都有着投身于科学研究的兴奋，认认真真地一个字一个字地录着文。认真的工作得到了回报，我的录文得到了两位先生的首肯,同学们的录文也同样地得到了首肯。

录文认字的不太容易,还在于文书本身的字迹就难以辨清,而翻拍的胶卷的质量不过关无疑又增加了难度。同学之间互相帮助认字的事也是常有的,而一旦认出一个认不清的字来,犹如破出一个大案,是很让人高兴的。就在这样的艰苦而愉快的过程中,还出现了虽是无稽之谈,却令我很开心的一件事,让我很长的一段时间里在北京大学历史系名声大噪,直到我在南方任教,学生考上北京大学的研究生,假期回母校见到我,还跟我说起我的"特异功能"是如何如何的厉害,如何如何的轰动呢。

"特异功能"是当时社会上的一种把戏,最流行的是所谓隔瓶取物①,它或许是魔术的变种,在我是不相信的。而我本人摊上这样的"华盖运",追根溯源,则是邓小南的发明,但她无非是夸我的认字功夫还不错,夸张一些,则是能认几个人所不能认之字而已。而善良、纯朴、天真如先生与张先生者(邓广铭先生亦曾亲自向我询问过此事,或许是邓小南向他吹嘘的吧,我想),却宁肯相信他们的学生真有这样的本事,而为之鼓吹欢呼。于是便有了季羡林先生请我吃饭的美谈。而得以见谒季先生,接受季先

---

① 即瓶中有物件,瓶口密封,由具有"特异功能"的"气功大师"发功取出瓶中物件,而瓶口密封依旧。

生的赐食,实在是拜先生之所赐。①

　　录文以后便是撰写论文。两位先生耳提面命,于是便有我的第一篇学术论文《伯希和三七一四号背面传马坊文书研究》发表在周一良先生作序、邓广铭先生题签的《敦煌吐鲁番文献研究论集》上。同时刊出文章的还有我们1978级的同学荣新江、邓小南、薄小莹、马小红、蔡治淮诸人。

---

　　① 季羡林先生的学生、复旦大学历史系教授钱文忠先生曾在他的博客中撰文述季先生请我吃饭之事。此事实有,但史实稍有出入,更正之,更可见季先生为人。1981年吧,王先生嘱我读一件敦煌文书,有关"煞割令"的,实际上,此文书已全都读出,我只是在显微机下校对了一下。不曾想因了此事,1982年的一天,居然有季先生的秘书李铮先生到38楼学生宿舍,代季先生送我1982年第4期的《历史研究》一册,上面发表有季先生关于食糖生产制作中印文化交流的文章,与敦煌文书"煞割令"有关。让我激动的是,在季先生的文章中看到了自己的名字,而这是我的名字第一次出现在印刷刊物上,而更让人激动的是,李铮先生还代季先生邀请我和荣新江、李鸿宾赴宴,并把时间、地点告诉了我们。我们当然很高兴,等着那一天的到来。季先生赐宴的地点在北京大学正校门对过新开的一家西餐馆(好像是蔚秀园大门的边上,现在那家西餐馆已经不在了,实在遗憾)又是李铮先生把我们接过去的(走着去的)。那是我第一次吃西餐,荣新江和李鸿宾也应该是第一次吧。为招呼我们吃好,季先生还请来了邓广铭先生和先生陪,再加上李铮先生,四位先生三个学生共7人就在那里开吃了。我的印象中,季先生基本没吃什么,只是动了动筷子,说晚上还有应酬,就坐着说说话,有点沙哑的声音,很慈祥,很有特色,听着让人舒服。邓先生和先生吃得很开心,兴高采烈、饕餮着,大快朵颐的样子。我们学生当然有点拘束,但还是吃了不少。最后结账,27元人民币,季先生买单,李铮先生付钱。临走之际,季先生嘱咐李铮先生打包。李铮先生习以为常,收拾起来非常利索,而我则是一惊一乍:饭馆吃饭打包是第一次见到,而这样的事发生在季先生这样的人身上,超乎我的想象。

三

我粗粗地盘点了一下，从 1982 年起的十数年间，我的成果的发表，都与先生有着关系。北京大学中古史研究中心编的五辑《敦煌吐鲁番文献研究论集》，实际上以先生为主要责任人，我在其上发表五篇论文，①这些当然与先生及张先生的器重提携有关；而其他各篇亦多因先生推荐而发表。比如刊载于《敦煌学辑刊》的一篇金山国文字，是先生向齐陈骏先生推荐的，②《陈寅恪先生之史法与史识》发表于《学人》亦是如此。我留存着的王守常先生的信中就有"王先生将您的文章推荐给我们编的《学人》杂志，我们准备录用"云云。而《唐代胡化婚姻关系试论》一篇，先生还与宿白先生一起，联名推荐给了《文史》。③ 此后，拙文虽亦有自行投稿者，但我仍然将每篇习作请先生把关，无论何时何地，仍一如当年在先生跟前。

至今我还保留着数篇先生批阅我的文稿以后的意见书及信，其中关于市估文章的一篇道："（一）估法是官方买卖的价格依据，估法对民间交易具有约束功能。这二论点欠妥。我意，凡在市上买东西，都要依据估价。就天宝市估案而论，交河郡市上的东西，一般都是私人的，买物者，大多也是私人，但要依据三等估。

---

① 《伯希和三七一四号背面传马坊文书研究》《马社研究——伯三八九九号背面马社文书介绍》《牒式及其处理程式的探讨——唐公式文研究》《关于归义军时期一份布纸破用历的研究——试释伯四六四〇背面文书》《从敦煌吐鲁番文书看唐前期和籴之特点》，分载于《敦煌吐鲁番文献研究论集》第 1、2、3、5 辑。

② 《金山国立国之我见》，载《敦煌学辑刊》1990 年第 2 期。

③ 金锋说，他曾收到先生与宿白先生联名推荐信。金锋当时在中华书局《文史》编辑部。是文后来由先生抽回，未在其上发表。

药材类,尤其明显。(二)实估(时估),虚估,省估。我曾有过虚
估就是建中元年初定两税时之估的想法,如一匹绢为钱四千等
等。但这一论点的证据不多,你也只举出一条例证。很不够。省
估的'省',应指尚书省,即户部和太府寺,韩(国磬)先生的意见
仍值得考虑。我一向感到省估即虚估,但又有一些史料解释不
通,可是省估高于实估。实钱可能据实估所定之钱,则高出者就
是虚的。总之,这一问题又涉及实钱虚钱,很不容易解决,应再考
虑。(你说的)'省估亦即实估与虚估的折中'(27页),也缺乏证
据。(三)通篇有不少新的意见,很可喜。但论证不够严密,应
注意。"

先生批阅有批评,有肯定,有分析,有建议,有先生自己的读
书心得,对于我的启迪当然是很大的。而说我的篇目中凝聚着先
生的心血,大约不会过分吧。而以后,则由谁再给我以如此之大
的帮助呢? 思念及此,不禁黯然。

离京以后,我到杭州工作,先生一如既往地关心着我。他怕
我在外地资料不足,遂与季先生一起为我申请了中国敦煌吐鲁番
学会的课题经费,让我能有钱买一些书。这可是中国敦煌吐鲁番
学会成立以来的第一笔个人科研资助经费,听说,当时还有人为
此而怏怏呢。我理解,当时谁都有困难呢。

先生还从全局上为我把握着研究方向。先生的一封信中说:
"关于你目前从事的敦煌吐鲁番经济文书研究,你已经抓住头
绪,很好。我想望(希望)这一科研项目最后成果应是两大类,
(一)如《三百年货币》①一样的一大批高水平总括全局的论文。
(二)一件件经济文书的整理研究(包括一个个问题[的]解

---

① 《三百年货币》,即拙文《高昌西州四百年货币关系演变述略》,先生
记忆似误。

决）。"

当我向先生讨教为研究生开什么课，如何讲解时，先生又提出了很好的意见："你给研究生开课，我建议为：唐史专题（或唐史选题），一年，每周二课时，讲的内容：多年来你研究唐史及敦煌吐鲁番文书的心得和创新，分若干题课（课题？），着重讲读书方法和研究方法，实质上是（对）学习寅恪先生读书及研究方法的检阅。也可以少（稍微）讲一点目录学和版本学。"

我曾有一段时间因职称问题而烦躁，谁没有那样的时候呢。又是先生宽慰我，并且积极推荐，让我的一些成果得以结集出版。我的同事们说，你这可是第一个，我们这里的老先生都还没有出个人论集的待遇呢。

我想，先生为我着急，为我焦虑，为我奔走呼号，这一切的一切，是私的吗，当然是的，但又不仅仅是私的——我完全相信钱文忠先生所说的年迈的先生到新任大学校长那里为一个年轻学子诉说的真实性——先生做得出来。

先生的助力，先生对我的好，我是永远记着的。

四

在我的记忆中，先生的上课应该是努力地向先师学习着的。先生说起听先师的课，是一脸的神往：挟着蓝印花布包着的一大包书，进教室，打开，翻开书，往黑板上抄，满满的一大黑板，讲解，擦去板书，又抄，又讲……先师的一方块的印花布，在先生那里换成了黄色的帆布包，很大的，沉沉的，由李智生扛着，由牛来颖扛着走进教室。我还记得马小红好像也扛过，但我没有扛过，先生自己也经常扛着书包走进教室。于是，在我们的注视下，先生照样地抽出书，照样地抄着，也是满满的一黑板……而听过先生课的，则深深地记着"唐六典卷三户部郎中员外郎条"的声音，郝春文就对我说起过这件事。赵和平也对我感慨过，咱们先生严格要求读六典，我能背出六典的不少条目，哪像现在的学生……说来惭愧，我是过去的学生，但我不会背，我只能是现翻书。先生，对不住。

先生上课有时也提问，大家都有些怕被先生点到名。而我则是经常被点到名却不怕站起来回答的少数几个学生中的一个。能回答得出来，当然不怕，还有点得意，但这是少数的时候，更多的时候却是回答不出，但我也不怕。这原因一在脸皮厚，而更重要的，则是我直说不知道，我找准了先生的弱点。先生最烦的是不知道却瞎说，他常念叨的是"知之为知之，不知为不知"，不知道又有什么关系呢？我的低一年级的一个同学，就因为不知道先生的脾性，不懂偏要装知道，站起来瞎说一气而当场被先生拍板砖的。有时候，我也弄些似乎是玄虚的回答先生，但那是我真实的想法，我不糊弄先生。记得一次课上，先生曾问吐鲁番文书中西州土地制度的问题，我心里没底，于是便这个是特殊性，那种是普遍性，这是个别与一般的关系，绕来绕去，似乎把先生给绕糊涂了，于是，他很高兴地让我坐下，认为我答得不错。课后，同学们大乐，耻笑着说，老卢的哲学战胜了先生的历史。这真是师生间开心的时候啊。

实际上，我知道，先生对我，是宽容的，宽容得甚至是有些偏爱。我这个人，写错别字不是没有，但稍少些，而读错音的事则常有。比如"租庸调"的"调"，现在知道应该发阳平声了，但当时在先生面前就发去声成"调查"来"调查"去的了。锦绣说，王先生是因人而异的，人家读错了是水平问题，你读错了，只是（南方人的）读音问题。锦绣也只是调侃而已，有些人的被先生批评并非全是水平问题，更多的则是掩着掖着，没有知错认错的勇气。

当然先生对我也不是一味地宽容，我也尝到过先生严厉的滋味。记得一次写论文，引了《全唐文》的材料，先生掷下，要找出原出处，我心里一阵发凉。那时不像现在，电子版一检索全都有了，上哪儿找去？但还得硬着头皮去翻书。三天以后吧，也不知道翻了多少书，找到了，在《唐文粹》上，其乐何如，其乐何如！谢谢先生。

先生还为我们的学习搭桥牵线，让我们请益于各名家。荣新江在《读书》2002 年第 6 期上提到与我一起到周一良先生那里去的事，我记得就与请益有关，让我们去的就是先生。[①] 而如果宁欣还记得，则有我们二人一起到周祖谟先生家的事。周祖谟先生的家是出东大门往东走，走了多长时间不记得了，如农家小院的样子，平房，外面围着参差不齐的树枝的栅栏，似乎还有一些砖石堆砌的围墙，树枝是干枯的，有半人高的，也有长过一人高的。推开栅栏门，大约先生早就为我们联系过，长得清清秀秀的周先生迎出来——北大的老先生都很讲究礼数的，我们跟着进门，也是一张很大的桌子，也是书，不过很整洁。外面的太阳温馨地照射到屋子里来，周先生坐下，让我们也坐下。我们把作业奉上，我的是归义军纸布破历有关萨毗、璨微对音问题的。周先生看了看，不说什么，只是向宁欣问宁可先生怎么样，身体可好之类的。说了大半天，我正沉不住气的时候，周先生转过身向我说了，这是明摆着的事，你弄那么复杂干什么。我结结巴巴地说，我不懂音韵学，所以说得多一些。周先生也就不再就此事发表意见了。回去向先生汇报，先生觉着有理就行，于是不作大的改动就发了。另

---

① 荣新江关于电话约定之事的记忆似有误。当时电话尚不普及，打个电话很不容易（要到另一幢宿舍楼通话，而那架电话的边上总是排着极长的队伍，一些人又如马季先生说相声那样的打电话的），我们也没有这个习惯，于是，造访先生都是贸然地闯进，周先生那儿也是如此，他是半趿拉着一双布鞋接见我们两位学子的。

外有一次,我记得是先生带我到城里去见孙楷第先生的,坐公交,可惜没碰到,错过了见识孙先生的大好机会。

先生还过问我们听课的事。现下说到北京大学的蹭课,是如何如何开放,其实也不尽然。一些大课好像是开放的,只要老师不点名,或者是点名而不加理会,便有蹭课的机会。但一些严肃认真的研究课,还是大有限制的。郝春文他们听先生的课,就都办过听课证的。而宿白先生为考古专业本科生开"隋唐考古"课,就不让人随便听(后来的"隋唐佛教考古"也一样),只是先生帮我们说了话,于是我们就能安然地坐在教室里听宿先生精彩的课。① 李孝聪则不然,他听宿先生的课可谓是三起三落。最初先生跟宿先生打招呼,孝聪大约不在其列。一上课,宿先生就让孝聪自报家门,一听不对,二话没说,提溜出门。下一次课,孝聪坐在后面的座位上,埋着个头,"打枪的不要,悄悄地进去",自以为得计。但宿先生眼尖,一阵痛斥,孝聪"累累若丧家之犬",背着书袋子怏怏而出,直把我们乐的,孝聪啊孝聪,真是小葱一棵。后来也是先生说情,才算是宿先生登堂入室的弟子。

周一良先生为魏晋南北朝史研究生开的课,又是先生打了招呼,我和金锋等才得以心安理得地听课的(周先生的脾气可没有宿先生那么大,即使没有先生的说话,他也肯定不会像宿先生驱逐孝聪一般,当堂把我们撵跑的)。

先生还为我们学生的学习而创造种种条件。我们那时代的同学,肯定记得起北京大学图书馆的 209 室与 213 室的。这可是

---

① 先生与宿先生是东北老乡,私交极好。先生常说起宿先生,我到现在还记得先生说宿先生"对目录熟极了"的口音呢。我未曾单独拜谒过宿先生,而因了先生的关系我至少有两次受惠于宿先生。一次便是前文提及的《唐代胡化婚姻关系试论》推荐事,另一事是对我的关于《归义军破布纸历研究》的那一篇稿件留有一处批阅的痕迹,好像是关于"金步摇"的。

先生与张先生的杰作，是我们进行敦煌吐鲁番研究的根据地、工作室，向图书馆借的。我们多少的美好时光就是在这里度过的，我在北京大学的岁月里，这里从早到晚都有人，直至图书馆闭馆。

209室在图书馆二楼的北面，十余平方米，先生调来了相关的书籍，我记得就有罗振玉影印的《敦煌石室遗书》《鸣沙石室遗录》。当年，胡如雷先生应邓广铭先生之请，讲"中国封建社会形态研究"，就曾踱进209室，翻过那几本书的。209室嫌小了，于是换成了213室。213室在图书馆的东面，有三五间屋子大，中间是阅览桌，边上是书架，所调书籍更多，比如仁井田陞的《唐令拾遗》，池田温的《中国古代籍帐研究》，法文版的马伯乐的那本樱红书皮的书等等都在。学生在这里更能施展得开拳脚，读书、讨论，商榷，讨教，争辩，写文章，俨然成为一个学习的中心。而到这里的学生，不但有本科生，也有研究生，不但有历史系的，还有中文系、哲学系的，我的音韵学的知识就得益于中文系的一位同学。先生很关心同学，他总在每天晚饭（周六晚闭馆当然除外）后，大约7点到213室来坐一坐，看看年轻学子的读书，即使不说话，脸上也现着笑容，有时要说话了，则总是先一声感叹："哎呀！"有时白天也来，但没有固定的时间。他就是来看看学生的学习，而我们总有一种温馨的感觉。

就在那段时间，我们的工作条件得到了很大的改善。先生不但敦促图书馆单独开辟出了一大间的有显微机的阅览室（有三间屋面吧），购进了电动的显微机，还请图书馆配备了一个专职的管理员。非但如此，他还有着一个宏大的计划：既然我们看不到文书原件，那么我们就把所有的文书都翻拍成相片，如同司马光撰《资治通鉴》那样，做成橱柜抽斗，以类相从（或以号相从），收藏起来，若欲阅读，则取出就行。这样的计划部分地付之于行动了，当我离开北京大学的时候，已经有若干的文书被翻拍成了相片。

为学生的事,先生可说是不遗余力,而这,又极大地推动了敦煌吐鲁番学在北京大学的发展,使北京大学成为此一领域的重镇。这不明摆着的吗?

五

同学赵国华当年曾经说起过先生的一件事。北京大学图书馆东面的草坪,他亲见颤巍巍的先生跟抄捷径的学生争执对峙,只为竖着的牌子道:请勿践踏。① 国华当然帮先生,但也担心着,若是无良少年,当胸一推手,年迈的先生可能受得? 实际上,先生也并非是文弱书生,他魁梧,甚至有点儿伟岸,身体颇健康。钱文忠先生在博客中说到过先生跑步的事,这样的话,我也听先生多次说过。先生说他在五四操场能长跑多少多少圈,又说,最后冲刺若年轻人那般飞快。

我当然相信国华的话,先生会那样做的,但对先生的话,则似信似疑,七十岁了,还能飞快吗? 或许先生所说,是理想的浪漫主义,我的怀疑,则是历史的现实主义。但毋庸置疑的则是:先生有一颗年轻的心!

当先生受邓广铭先生邀请,从山西又一次迈进北京大学,正与我们这届本科生同一年,那一年先生 64 岁。先生与我们一样,有着壮怀激烈的抱负。于是,当先生听说有日本学者在天津说出"敦煌在中国,敦煌学在日本"时,便是那样地义愤填膺。这当然可以理解,国仇家恨,自身遭际,他都有资格怒火中烧,何况先生又是性情中人! 而在学术上赶上日本学者,超过日本学者,在学

---

① 数日前听广播,称某地两女青年各驾宝马互不相让于路,竟对峙 8 个小时,与先生遥相呼应,不禁莞尔。

术上能自立于世界民族之林，在学术上能无愧于崛起的中华，则成为立在他面前的一杆标尺，即使他那一代不行，还有下一代，再下一代！① 这是年轻的心的强烈搏动。

历史的偶然性与它的必然性就这样围绕着一句话，戏剧性地交汇在一起。有着与先生同样信念的老一辈学者，很快地走在了一起。经过充分的筹备，"中国敦煌吐鲁番学会"成立，而与其力的就有先生。他以年迈之身躯一次次地挤着公交，奔走于城里城外，呼号于上上下下，鼓吹于学界政界，游说于各级领导。② 这一

---

① 先生与日本友人并无私人的恩怨，后来，他对于藤枝晃先生的态度就很友好，据传此话出自藤枝先生之口。先生多次说过，藤枝先生是他敬重的一个学者。对于其他日本学者，先生也都抱着友好的态度。

② 我想，当时参加学会筹备工作的人都应该知道先生是有着特殊的贡献的。这倒不是说，先生不参与其事，其事不能成，不是的，先生教我们学历史，绝不会说这样的话，而是说，先生的作用在于加快了这样的进程。我知道，当年发起其事的带头人为季羡林先生，而给中央领导写信呼吁成立全国性的敦煌吐鲁番学学术组织的数十位署名学者中就有先生。就像钱文忠先生在他的博客中所说的，作为"一二·九"运动一个学生骨干的先生，还是很有一些领导能力的，活动能力更不在话下。当年与先生一起干革命的同学、其时的中央领导，也深知学术振兴对于中国整个国家振兴的重大作用，于是先生的游说也便大起作用，一次性批给了经费若干。据称，此事曾引得兄弟学会大为眼红。我就参加过学会的一次筹备会，是先生带去作记录的，宁欣与李鸿宾好像也去了。会议在东语系的一间很宽敞的会议室进行，议题似乎是学会理事会的组成，还有一项则是通报学会挂靠事宜。季羡林先生主持，时任教育部副部长、曾为北大书记的周林先生也在。周林先生对于学会的成立当然起了极重要的作用，而先生，除了他的特殊作用以外，在我看来，也是运筹帷幄不可或缺的一位人物。刘进宝先生曾约我写敦煌百年纪念文章，我虽经努力，总形成不了文字。但在我看来，百年的回顾，我们做得够多的了，而三十年的回顾，还大有文章可做。比如，我知道在学会筹备工作中鞍前马后奔波劳顿者有一位教育部某处长章先生，所起的作用就颇大。前些日子我还向中华书局的柴剑虹先生询问过他的情况呢。

切,因为他跳动着的是年轻的心。

当北京大学中国中古史研究中心紧锣密鼓地筹备时,曾有一段被邓广铭先生称为"处在惨淡经营的难产过程中"的时候(《敦煌吐鲁番文献研究论集》第二辑《序言》,1984 年),而先生不畏其难,脚踏实地,努力工作,为"中心"的最终呱呱坠地,立下了汗马功劳。① 我亲见先生与中华书局编辑为《论集》是"文献"抑或是"文书"一词而据理力争;我亲见先生四处发信,力邀各路名家比如王仲荦先生,比如姜伯勤先生,为《论集》增光添彩;我曾陪同先生多次往北京大学出版社,与编辑先生为铜版还是珂罗版(具体的我记不得了,是否为这样的概念我也记不得了,大约是吧)诸问题进行探讨,以至于好心的女编辑感动得恳请白发苍苍的先生无论如何不必大驾光临,只须差人交待就行,我在旁边则有"哀兵必胜"之感慨。无论如何,我想,先生用自己心血留下的五辑文字或可成为一个时代的"文献"。

远大的抱负,踏实的步伐,还得有全局的观念。最初,先生就为学术的发展做出了全面的规划。先生多次说过,我招的不是敦煌研究生,我招的是隋唐史研究生。为敦煌学的发展奋战多年的先生,说出这样的话,并非贬低敦煌学,而是他有着棋高一着的全局的观念。当多少年以后,人们在讨论这样的问题时,更可见先生远虑深谋的布局——他是为敦煌学的更深层次着想呵。

而这一切,都因为先生有一颗年轻的心。

六

先生是个很可爱的老头。他没有什么嗜好,他喜欢工作,喜

---

① 据称,当年在整体编制甚紧的情况下,在先生与中心诸先生的努力下,竟然有十余个名额下批,实在可称是一件奇迹。

欢读书，喜欢上课，喜欢学生。他常说的一句话是："读书人是没有什么节假日的。"对于这句话的实践，他应该是做到的，而作为学生的我，则经不起大千世界太多的诱惑，总是愧对先生的。

和先生聊天的时间常有，多是听先生说先师的事，说研究计划，但似乎有过一两次也说过京剧。师生间说些"黑头铜锤"的外行话，蛮有趣的。先生说他喜欢听黑头铜锤二花脸，我也喜欢，于是便有了共同语言。其实我并不明白黑头铜锤是何等角色，我只是把大花脸、二花脸这类声音在鼻腔里打转的都当作此类人物，觉着他们唱得好听。我的京剧的知识也就是看过几个样板戏而已。但我在北京大学正宗听过袁世海先生的讲座的，听他在三尺讲台上讲曹操，看他的脑袋一会儿向左，一会儿向右，一忽儿肩膀东倾，一忽儿又向西倾，一颦一簇演示曹操出场目空一切的样子。[①] 我不知道曹操的角色是否是黑头铜锤，反正我在先生面前就说曹操，摆袁先生的样子，说李勇奇，说关团长，还说一说包龙图，逗得先生大乐。这也是师生间互动互乐的时候吧。

我有时也会用一些小伎俩"哄骗"先生，先生呢，不知是真糊涂还是装糊涂，总是很开心的样子。比如吧，1984 年 9—10 月，马力、李鸿宾和我毕业考察，出行新疆、甘肃、陕西、河南诸地，预期一个月。回程中，至兰州，马力往宁夏走，我和李鸿宾在西安分道扬镳。我在西安有亲戚，便稍作停留。计划中，还得跑三门峡、洛阳诸地，而华山虽在计划外，又是我特别想上一上的，屈指算来，时间大大超出了。虽说将在外君命有所不受，但如何让先生同意我的行程特别是计划外的华山则让我耍出了一点小聪明。于是，我就给先生写信，称司马迁因遍历名山大川而成就不世之

---

① 那一次讲座，讲台下学生起哄让袁先生唱鸠山，他婉言推辞，执意不唱不道白。

作,习史者陶冶性情、领略祖国大好河山乃题中应有之义云云;恳请先生同意稍延时日,以能登顶华山,圆其跋涉登攀"自古华山一条路"的梦想云云。我的信显然起到了效果,虽然由于大雨我实际未能登顶,但当我回到北京,先生向我问起的第一件事就是华山行,知我未能登攀,还直为我惋惜,连称"可惜可惜"呢。

先生就是这么一个可爱的老头。

先生已走,一切都成过眼烟云,我心中念叨的只是他的好,何况史家又有为尊者贤者讳的故训。但在我看来,留下一个真实的先生,更是有意思的事。

前些日子,我路经杭州某中学,举目所见便是高楼挂着的两条大红竖幅:"思想决定行动　行动决定习惯""习惯决定品德　品德决定命运"。我为这绕口令式的四句话所吸引。但细加思量,却觉得不对:品德果真能决定命运吗? 未必。思想能决定行动吗? 不尽然,它颠倒了"人的正确思想是从哪里来的"这一圣人之意。我想,改一改,简单一点,是否可说是性格决定命运呢? 至少在我看来,这样的话安在先生身上大约没错。

先生有赤子之心,眼里容不得半点沙子,又胸无城府,喜怒爱憎形于颜色,还有点小性子,数者加在一起,难免要吃点亏的。自己吃点亏无伤大雅,有时却会因此种性格而伤及他人,他人厚道,或能体会先生之心,如果他人不地道,反噬之,就要吃些苦头——有时,我真的会带着崔永元那样的坏坏的笑想,先生的到山西就有这样的原因在吧——我不知道。

先生是学者,学者多认真,先生便是认真的人。但如果用鲁迅先生的话说,认真会是人的致命伤:"一认真,便容易趋于激烈,发扬则送掉自己的命,沉静着,又啮碎了自己的心。"(《且介亭杂文·忆韦素园君》)我曾用这样的话劝谏先生冷静,先生也答应我不再激烈,但他在给我的信中还是说:"关于'乡愿'(也作乡原)的议论,是我近年来接人处世的感慨。我读近三百年学术史,先贤中为我最赞赏的是讲究德,其中包括刚直。有些人认为那种八面玲珑随风倒的'老好人'属于有德者,这是极大的歪曲,相反的,刚直不苟合的人,才能谈到德,当然也要能兼容并包和其它。'兼容并包'常被引申为乡愿而作为八面玲珑随风倒的同义语,这是完全错误的。"唉,先生,我无话可说。

我离开北京大学时,先生71岁,他还在职。随着年岁的增高,便有从第一线退出的制度规定。那时的先生心情不是太舒畅,依我看,无论是职级,还是退休,都引发了先生的牢骚满腹:真是一展身手的大好辰光,就被发配到山西;而身体健康且颇想有所作为以报效国家时,便要退出棋局,这是何等的令人不开心颜呵。年轻的心与"廉颇老矣,尚能饭否"的疑惑便在先生那里形成了尖锐的矛盾。这样的矛盾冲突,郁结着便成心病,奔突发散出来,又使人觉得舛怪,发散得不得体,还有可能会伤及他人。至于他人如何,则又当别论。唉,先生,我无话可说。

七

现在,先生带着微笑向先师行去,先生对于先师的感情,可谓至深,其态度可谓至敬,甚至深厚尊敬到顶礼膜拜的地步。先生一日不提及先师,则此日难过,即使在他最后的日子里,还是在背诵着先师的诗句,这是锦绣对我说的——先生是背诵着先师的诗句向先师行去的。

我想说的是,尽管先师伤心至极而有"至若追踪昔贤,幽居疏属之南,汾水之曲,守先逝之遗范,托末契于后生者,则有如方丈蓬莱,渺不可即,徒寄之梦寐,存乎遐想而已"之言,但依我看来,先生无论如何应该跻身先师门下七十二人的行列。至于先生热切期盼学生能有所传承,有若先师戏撰之"南海圣人再传弟子,大清皇帝同学少年"者,则愚钝且桀骜不驯如我,不免让先生失望,或若不论辈分,能进入三千人之列,则幸甚矣。

呜呼,先生,尚飨。

学生卢向前祭奠于杭州之启真名苑

时当 2009 年清明

上　编

唐代六品以下职散官受永业田质疑

——敦煌户籍勋职官受田之分析

《新唐书》卷五一《食货一》称："自王公以下,皆有永业田",其具体受田数,在同书卷五五《食货五》载道:[①]

> 亲王以下又有永业田百顷,职事官一品六十顷,郡王、职事官从一品五十顷,国公、职事官从二品三十五顷,县公、职事官三品二十五顷,职事官从三品二十顷,侯、职事官四品十二顷,子、职事官五品八顷,男、职事官从五品五顷,六品、七品二顷五十亩,八品、九品二顷。上柱国三十顷,柱国二十五顷,上护军二十顷,护军十五顷,上轻车都尉十顷,轻车都尉七顷,上骑都尉六顷,骑都尉四顷,骁骑、飞骑尉八十亩,云骑、武骑尉六十亩。散官五品以上给同职事官。五品以上受田宽乡,六品以下受于本乡。

关于"六品、七品二顷五十亩,八品、九品二顷"的受永业田规定,本师王永兴先生敏锐地感觉到了其中的问题,指出:"史籍没有记载散官六品到九品受永业田。"[②]这无疑是对的。然而,笔者不惮浅陋之业,不畏续貂之嫌,敢于提出这样一个论点:在唐德宗贞元以前,非但六品以下的散官无受永业田之规定,即使职事

---

① 中华书局标点本。

② 王永兴:《论唐代均田制》,载《北京大学学报(哲社版)》1987年第2期。

官亦无受永业田之法令。论证如下。

一、六品以下职事官受永业田，唯《新唐书》记载，
他书皆语焉不详

笔者在考察六品以下职、散官受永业田问题时，查阅了多部文献，发现"六品、七品二顷五十亩，八品、九品二顷"的受永业田规定，唯《新唐书》记载，他书或不载，或语焉不详。为了使我们的论点建立在科学的基础上，笔者摘抄一些有关文字于下，并略加说明。

《唐六典》卷三户部郎中员外郎条称：[①]

> 凡官人受永业田，亲王一百顷，职事官正一品六十顷，郡王及职事官从一品五十顷，国公若职事官二品四十顷，郡公若职事官从二品三十五顷，县公若职事官正三品二十五顷，职事官从三品二十顷，侯若职事官正四品十四顷，伯若职事官从四品十一顷，子若职事官正五品八顷，男若职事官从五品五顷。上柱国三十顷，柱国二十五顷，上护军二十顷，护军十五顷，上轻车都尉一十顷，轻车都尉七顷，上骑都尉六顷，骑都尉四顷，骁骑尉飞骑尉各八十亩，云骑尉武骑尉各六十亩。其散官五品已上同职事给。

《唐六典》无一字提及六品以下职、散官受永业田之规定。

《通典·食货》二《田制下》称：[②]

> 其永业田，亲王百顷，职事官正一品六十顷，郡王及职事官从一品各五十顷，国公若职事官正二品各四十顷，郡公若

---

① 广池本。
② 中华书局影印万有文库本。

职事官从二品各三十五顷，县公若职事官正三品各二十五顷，职事官从三品二十顷，侯若职事官正四品各十四顷，伯若职事官从四品各十顷，子若职事官正五品各八顷，男若职事官从五品各五顷；上柱国三十顷，柱国二十五顷，上护军二十顷，护军十五顷，上轻车都尉十顷，轻车都尉七顷，上骑都尉六顷，骑都尉四顷，骁骑尉飞骑尉各八十亩，云骑尉武骑尉各六十亩。其散官五品以上同职事给，兼有官爵及勋俱应给者唯从多不并给。若当家口分之外先有地非狭乡者并即回受，有剩追收，不足者更给。诸永业田皆传子孙，不在收授之限。所给五品以上永业田皆不得狭乡受，任于宽乡隔越射无主荒地充。（即买荫赐田充者虽狭乡亦听。）其六品以下永业，即听本乡取还公田充，愿于宽乡取者亦听。

这里，语焉不详。论者多以"六品以下永业"句作为开元二十五年(737)令中有六品以下职事官受永业田之根据，[①]但假若细玩整句文意，"五品以上永业田"与"六品以下永业"两句紧密相联，"五品以上永业田"显指官（包括职、散官）、爵、勋（骑都尉以上）所应受田，而"六品以下永业"则仅指勋官骁骑尉、飞骑尉、云骑尉、武骑尉所应受之田，即并非指六品以下之职事官、散官所应受之田。

《唐会要》卷九二内外官职田称：[②]

贞元四年八月敕，准田令，永业田职事官从一品郡王各五十顷，国公若职事官正二品各四十顷，郡公若职事官从二品各三十五顷，县公若职事官从三品各二十顷，侯若职事官

---

① 如韩国磐《隋唐五代史纲（修订本）》就这样认为，见该书 158 页。
② 中华书局标点本。

正四品各十四顷,伯若职事官从四品各十一顷。

这里,连五品及勋官受永业田都无记载,显见是节文。而《旧唐书》仅在卷四三《职官二》中有这么一句:[①]

凡官人及勋,授永业田。

至于《册府元龟》,[②]记载官、爵、勋受永业田有两处,一在卷四九五《邦计部·田制门》,一在卷五〇六《邦计部·俸禄门》,但其所述不出于《唐六典》《唐会要》所传范围,均无六品以下职、散官受永业田的规定。即使以博采诸家之说见长的《玉海》,仅在卷一七七食货官职分田条系:

亲王以下至职事官,又有永业田,自百亩(案,当为顷)至武骑尉六十亩。

一句而已。

但是,尽管六品以下职事官受永业田记载仅见于《新唐书》,其他文献或不录,或不说,然而我们也不能轻率地否定欧阳修的史笔。即以《食货志》而论,"非蚕乡之调""输银"不是为出土实物部分地印证了吗?因此,说贞元以前六品以下职、散官不受永业田,还得有更充分的论据来证实。这充分的论据便是出土的敦煌籍帐手实。

二、从敦煌籍帐手实看六品以下职、散官不受永业田

敦煌籍帐中,标有职事官、散官、勋官身份的共有 29 人,他们分别见于 P.3699、罗振玉藏文书、P.3877、P.3354、S.3907、S.514

① 中华书局标点本。
② 中华书局影印明本。

等文书。为了研究方便,先列成官勋身份一览表:①

姓名	身份	所见籍帐	备注
张楚琛	果毅	大足元年	籍帐残缺
张师	前校尉云骑尉	大足元年	死,张楚琛户
王行智	轻车都尉	先天二年	籍帐残缺
杨义本	上骑都尉	开元十年	籍帐残缺
曹仁备	上柱国	开元十年	
□仁明	上柱国	天宝六载	籍帐不全
曹思礼	队副	天宝六载	
曹怀瑀	翊卫	天宝六载	籍帐残缺
程思楚	武骑尉	天宝六载	
程什住	翊卫	天宝六载	
程仁贞	翊卫	天宝六载	
程大忠	上柱国	天宝六载	
程大庆	武骑尉	天宝六载	
程智意	飞骑尉	天宝六载	
杜怀奉	上柱国	天宝六载	
杜崇真	武骑尉	天宝六载	杜怀奉户
卑德意	武骑尉②	天宝六载	略见大概
赵明鹤	别将	大历四年	赵大本户
索思礼	昭武校尉上柱国	大历四年	
索游鸾	折冲上柱国	大历四年	索思礼户

---

① 参见池田温《中国古代籍帐研究》之《录文》篇,唐耕耦、陆宏基《敦煌社会经济文献真迹释录》。下引文书不具注者均见于此。关于官勋身份一览表,参见池田温《中国古代籍帐研究》之《概观》篇第三章注32。

② 池田温补。当为骁骑尉或飞骑尉,待考。

续表

姓名	身份	所见籍帐	备注
安游璟	上柱国	大历四年	
令狐进尧	上柱国	大历四年	
令狐怀忠	上轻车都尉	大历四年	令狐进尧户,逃走
索仁亮	守别将	大历四年	
索思楚	翊卫	大历四年	索仁亮户,死
索如玉	别将上柱国	大历四年	
杨义巨	武骑尉	大历四年	李大娘户,逃走
王山子	武骑尉	大历四年	死
唐元嗣	武骑尉	大历四年	唐大昭户,残缺

对于敦煌籍帐手实所标出的有官勋的 29 人的受田情况,我们分四种方法处理:文书本身残缺,难见全貌者,如张楚琛、王行智、杨义本、卑德意及唐元嗣等,不作探讨;对兼有官勋的,如索思礼(兼有散官勋官)、索游鸾(兼有职事官勋官)、索如玉(兼有职事官勋官)等,由于"兼官爵及勋俱应给者,唯从多不并给",①我们全作勋官例看待;作为鉴别职官受田的参照系统,我们对众多的勋官受田只提出曹仁备作为代表说明;而对职事官受田情况,我们提出曹思礼、程什住、赵明鹤及索仁亮四人户来着重加以分析讨论。

先看曹仁备人户籍帐。P.3877《唐开元十年(722)沙州敦煌县悬泉乡籍》d 件载:

(前略)

45 户主曹仁备 年肆拾捌岁 卫士上柱国开元八年九月十日授,甲头康大昭,下中户 课户见不输

---

① 《通典》卷二《食货二·田制下》。

46	妻　张　年肆拾捌岁　职资妻
47	男　崇　年叁拾岁　　上柱国子
48	崇妻索　年贰拾肆岁　丁妻
49	男崇瓌　年伍岁　　　小男
50	女明儿① 年壹拾玖岁　中女
51	四十亩永业"兑了"
52	陆拾叁亩已受　　二十二亩口分
53	合应受田及勋田叁拾壹顷捌拾贰亩　一亩居住园宅
54	三十一顷一十九亩未受

（下略）

曹仁备身为上柱国卫士,其年龄正当正丁,其子崇为上柱国子,亦为正丁,据《唐六典》规定:"凡给田之制有差,丁男中男以一顷","凡田分为二等,一曰永业,一曰口分,二为永业,八为口分"。又曹仁备户六口,《唐六典》规定:"凡天下百姓给园宅地者,良口三人已上给一亩,三人加一亩……其口分、永业不与焉。"条列曹仁备户六口"合应受田及勋田叁拾壹顷捌拾贰亩",则

姓名	身份	勋田	永业田	口分田	园宅
曹仁备	上柱国卫士(丁)	30顷		80亩	2亩
曹崇	上柱国子(丁)		20亩	80亩	

从曹仁备受田分析,勋田三十顷中也包括了丁男永业田二十亩。但从 S.4583 天宝六载□仁明户"合应受田叁拾壹顷叁拾亩"看来,□仁明户受田,包括勋田三十顷,丁田一顷,寡妻妾三十亩,园宅地三亩,其勋田并不含丁男永业田二十亩。为了免生枝蔓,我们把这种现象置之一旁。也就是说,不管唐代敦煌地区实际受

---

① 池田作"咒",唐耕耦、陆宏基作"儿"。唐、陆是。

田情况如何,勋官受永业田在名义上是得到唐政府的认可的,而其他籍帐中的勋官受田也同于曹仁备。以此为比较基准,我们再来看卫官翊卫受田情况。

P.3354《天宝六载（747）敦煌郡敦煌县龙勒乡都乡里籍》c 件载：

87　户主程什住　载柒拾捌岁　老男翊卫景云二载二月三日授甲头张玄均曾智祖安父宽下中户空课户见不输

88　　妻　茹　　载陆拾贰岁　职资妻空

89　　妻　王　　载肆拾柒岁　职资妻空

90　　妾茹阿妙　载伍拾柒岁　职资妾空

91　　男　奉仙　载贰拾岁　　中男天宝四载帐后死空

92　　男　鹤子　载壹拾伍岁　小男天宝四载帐后死空

93　　女　法娘　载伍拾叁岁　中女空

94　　女　无尚　载叁拾玖岁　中女空

95　　女　守河　载叁拾叁岁　中女空

96　　女　尚真　载叁拾壹岁　中女空

97　　弟　大信　载叁拾肆岁　上柱国子取故父行宽上柱国荫天授元载九月二十三日授甲头宋思敬空

98　　信　妻张　载叁拾柒岁　丁妻空

99　　信　男老生　载壹拾岁　小男空

100　信　女水娘　载玖岁　　小女空

101　信　女老生　载贰岁　　黄女天宝五载帐后附空

102　合应受田壹顷伍拾伍亩　陆拾肆亩已受　四十亩永业一十五亩口分　九亩勋田　九十一亩未受

（下略）

分析程什住十五口具体受田情况,见下表：

姓名	身份	勋田	永业田	口分田	园宅
程什住	翊卫老男当户	9 亩	20 亩	30 亩	5 亩
程大信	上柱国子（丁）		20 亩	80 亩	

这里有两点要说明：一、老男当户受田，各文献记载不同，笔者取《唐六典》"若为户者减丁之半"①的说法；二、102 行九亩勋田当为程什住兄弟之父程行宽之勋田，然已含于程什住、程大信四十亩永业田中。但不论其勋田、永业田关系如何，八品卫官翊卫无二顷永业田却是十分明显的。为了说明此一情况，再举同籍帐之程仁贞为例：

116　户主程仁贞　载柒拾柒岁　老男翊卫景云二载二月三日授甲头张玄均曾智祖安父宽下下户空不课户

117　　妻　宋　　载陆拾玖岁　职资妻空

118　　妻　安　　载陆拾壹岁　职资妻天宝五载帐后漏附空

119　　男　大壁　载壹拾岁　　小男天宝三载籍后死空

120　　女　胜先　载肆拾伍岁　中女空

121　　女　放纯　载肆拾叁岁　中女空

122　　女　妙果　载肆拾壹岁　中女空

123　　女　法力　载叁拾叁岁　中女空

124　　女　妙果　载叁拾壹岁　中女空

125　合应受田伍拾叁亩　叁拾壹亩已受　一十七亩永业　一十四亩勋田　二十二亩未受

（下略）

程仁贞户九口"合应受田伍拾叁亩"，列成表：

---

① 参见仁井田陞《唐令拾遗》，东京大学出版会，1983 年，第 612 页案文。

姓名	身份	勋田	永业田	口分田	园宅
程仁贞	翊卫老男当户	14 亩	17 亩	19 亩	3 亩

这里的勋田十四亩中已包含永业田三亩,口分田十一亩。从其总受田数看,也绝无翊卫受田之理。

翊卫,有左右卫翊卫和诸卫及率府翊卫之分,前者以"四品孙、职事五品子孙、三品曾孙若勋官有封者及国公之子为之",后者以"五品以上并柱国若有封爵兼带职事官为之"。① 程什住、程仁贞之翊卫似得之于"勋官二品"之门荫,而依据《通典》卷四〇《职官二二》所载,翊卫为武职事官正八品上阶、从八品上阶,若按《新唐书·食货志》的说法,该有永业田二顷,但从敦煌文书中,我们并未看到一例此种现象。或许是翊卫之地位特殊吧,那么我们再看看其他职事官的情况。

P.3354《天宝六载敦煌郡龙勒乡都乡里籍》b 件载:

（前略）

5　户主曹思礼　载伍拾陆岁　队副开元十一载九月十六日授
甲头和智恭曾高祖廓父珍下中户空课户见不输

6　　母　孙　　载陆拾岁　　寡天宝五载帐后死空

7　　妻　张　　载伍拾捌岁　职资妻空

8　　弟　令休　载贰拾捌岁　白丁天宝五载帐后死空

9　　男　令璋　载壹拾捌岁　中男　天宝四载帐后死空

10　亡弟妻王　载拾伍岁　　寡　天宝四载帐后死空

11　女　娘娘　载叁拾壹岁　中女空

---

① 《唐六典》卷五兵部郎中员外郎条,中华书局,1992 年。吴宗国先生以为"官"字下疑有脱漏。参见吴宗国《唐贞观二十二年敕旨中有关三卫的几个问题》,载《敦煌吐鲁番文献研究论集》第 3 辑,北京大学出版社,1986 年,第 148—175 页。

12　女　妙音　载贰拾壹岁　中女空

13　女　妙仙　载壹拾柒岁　小女空

14　女　进进　载壹拾伍岁　小女空

15　女　尚真　载壹拾叁岁　小女空

16　弟　思钦　载肆拾贰岁　白丁开元十五载没落空

17　亡兄男琼璋载贰拾贰岁　上柱国子取故父德建上柱国荫景云元载十月廿二日授甲头张元爽天宝四载帐后漏附曾高祖廓父建空

18　亡兄男琼玉载壹拾柒岁　小男天宝四载帐后漏附空

19　妹　妙法　载肆拾叁岁　中女空

20　合应受田叁顷陆拾肆亩　陆拾贰亩已受　六十亩永业　一亩口分　一亩居住园宅　三顷二亩未受

（下略）

曹思礼户情况比较复杂，其中弟令休白丁天宝五载帐后死，男令璋中男天宝四载帐后死，弟思钦白丁开元十五载没落。根据笔者分析，思钦没落已过六年是不能受田的；①男令璋为十八岁之中男，因其"天宝四载帐后死"，死时尚是小男，于是也不能受田；唯有弟令休虽死，但在"天宝五载帐后死"，因此仍保留其受田份额，其寡母孙的情况亦同于令休。这样，排比曹思礼户十数口受田情况，见下表：

姓名	身份	勋田	永业田	口分田	园宅
曹思礼	队副（丁）		20亩	80亩	4亩
母孙氏	寡			30亩	

① 《通典》卷二《食货二·田制下》："诸因王事没落外蕃不还，有亲属同居者，其身份之地，六年乃追。"

续表

姓名	身份	勋田	永业田	口分田	园宅
曹令休	白丁		20亩	80亩	
亡弟妻王	寡			30亩	
亡兄男琼璋	上柱国子（丁）		20亩	80亩	

　　总计曹思礼户应受田数恰好是三顷六十四亩。队副是从九品下的武职事官，①依数字分析，似乎并未受永业田二顷。但曹思礼户情况复杂，如此分析恐怕难以令人信服，那么请看赵明鹤情况。

　　S.514《大历四年（769）沙州敦煌县悬泉乡宜禾里手实》载：

1　　户主赵大本　年柒拾壹岁　老男下下户课户见输

2　　妻孟　　年陆拾玖岁　老男妻

3　　女光明　年贰拾岁　中女

4　　男明鹤　年叁拾陆岁　会州黄石府别将乾元二年十月日授甲头张为言曾德祖多父本

5　　男思祚　年贰拾柒岁　白丁

6　　男明奉　年贰拾陆岁　白丁转前籍年二十大历二年帐后貌加就实

7　　男如玉　年贰拾肆岁　中男宝应元年帐后漏附

8　　合应受田肆顷伍拾叁亩　玖拾亩已受　八十九亩永业　一亩居住园宅　三顷六十三亩未受

　　（下略）

　　赵大本户（七口）情况非常清楚，我们来分析一下其受田情况：

---

① 《通典》卷四〇《职官二二》。

姓名	身份	勋田	永业田	口分田	园宅
赵大本	老男当户		20亩	30亩	3亩
赵明鹤	别将		20亩	80亩	
赵思祚	白丁		20亩	80亩	
赵明奉	白丁		20亩	80亩	
赵如玉	中男（？）		20亩	80亩	

受田总数与手实肆顷伍拾叁亩相符无误,何曾有别将受永业田的影子!而别将,是折冲府之职事官,"上府别将"官正七品下,中府从七品上,下府从七品下,①若依《新唐书·食货志》,当有永业田二顷五十亩,但我们并未看到受田迹象。同一手实的守别将索仁亮,似乎也未受田:

（上略）

147　户主索仁亮　年叁拾捌岁　守左领军卫宕州常吉府别将　乾元二年十月日授甲头唐游仙曾守祖济　父楚　代兄承户　下下户课户见输

148　兄思楚　年陆拾玖岁　老男翊卫宝应二年帐后死

149　亡兄妻宋　年柒拾岁　寡

150　亡兄男元亮　年贰拾伍岁　品子乾元三年籍后死

151　亡兄男元晖　年贰拾玖岁　品子　取故父思楚翊卫荫开元廿五年二月九日授甲头秀实　曾守祖济父楚　上元二年帐后逃还附

152　亡兄男元俊　年贰拾捌岁　品子上元二年帐后漏附

153　亡兄女来来　年贰拾肆岁　中女　乾元三年籍后死

154　亡兄女娘子　年壹拾肆岁　小女　乾元三年籍后死

155　合应受田叁顷叁拾贰亩　壹顷叁亩已受　六十亩永业四十三亩口分　二顷二十九亩未受

① 《通典》卷四〇《职官二二》。

（下略）

在合应受田的三顷三十二亩中：

姓名	身份	勋田	永业田	口分田	园宅
索仁亮	守别将		20亩	80亩	2亩
亡兄妻宋	寡			30亩	
索元晖	品子（丁）		20亩	80亩	
赵明奉	品子（丁）		20亩	80亩	

显然，无别将（武职官）受田之说。特别要指出的是"阶卑而拟高则曰守"①，因此，守别将索仁亮虽带有武散官之本品，然亦无受田之权利。

比照敦煌地区天宝、大历年间受永业田的情况，职事官、散官并无《新唐书·食货志》所云"六品、七品二顷五十亩，八品、九品二顷"永业田，这是很明白的。

或许有人会提出疑问，翊卫、队副、别将都为武职事官，六品以下的文职事官是否有受永业田的可能呢？由于现有出土文书中并无文职官户籍之实例，尚待以后出土的文书证明，但笔者以为，文职武职，体同一例，可作旁证的是他们同受职分田。《通典》卷二《食货二·田制下》（卷三五《职官一七·职田公廨田》略同）：

> 诸京官文武职事职分田一品一十二顷……六品四顷，七品三顷五十亩，八品二顷五十亩，九品二顷。

《唐六典》卷三户部郎中员外郎条：

> 凡诸州及都护府官人职分田二品一十二顷，三品四品以二顷为差，五品至八品以一顷为差，九品二顷五十亩。镇戍

---

① 《唐六典》卷二吏部尚书侍郎条。

关津岳渎及在外监官五品五顷，六品三顷五十亩，七品三顷，八品二顷，九品一顷五十亩。三卫中郎将上府折冲都尉各六顷，中府下府以五十亩为差，郎将各五顷，上府果毅都尉四顷，中府下府以五十亩为差，上府长史别将各三顷，中府下府各二顷五十亩，亲王府典军五顷五十亩，副典军四顷，千牛备身备身左右太子千牛备身各三顷，诸军上折冲府兵曹各二顷，中府下府各一顷五十亩，其外军校尉一顷二十亩，旅帅一顷，队正副各八十亩。

由此看来，文武职事职分田虽有多有少，但其受田则是一律的，因此，文职事官六品以下也当与武职事官一样，不可能有受永业田之权利。何况，以勋官受永业田为奖励军功而论，武职事官也比文职事官处于更有利的地位。

三、开元以前，无六品以下职、散官受永业田之可能

我们上面所举的实例，都是天宝、大历间事，这反映了开元令的实施，也奠定了我们的结论的基础。然而，在开元以前，是否有六品以下职、散官受永业田的可能呢？也就是说，《新唐书·食货志》所载的"六品、七品二顷五十亩，八品、九品二顷"是否反映了开元以前的情况呢？笔者以为，这同样是不可能的。

众所周知，唐袭隋制，隋的情况如何呢？《隋书》卷二四《食货志》称：

> 高祖……及颁新令……自诸王已下至于都督，皆给永业田，各有差。多者至一百顷，少者至四十亩。

《通典》卷二《食货二·田制》下称：

> 隋文帝令……自诸王以下至于都督，皆给永业田，各有差，多者至百顷，少者至三十顷。

两相比较，受永业田之数悬殊，其关键在《通典》作者杜佑一时疏忽，把"都督"官名错以为是都督府的都督了。其实，隋文帝令中的都督乃是勋官。《旧唐书》卷四二《职官志》说：

> 勋官者出于周齐交战之际，本以酬战士，其后渐及朝流，阶爵之外更为节级。周置上开府仪同三司、开府仪同三司、上仪同三司、仪同三司等十一号。隋文帝因周之旧，更增损之。有上柱国、柱国、上大将军、大将军、上开府仪同三司、开府仪同三司、上仪同三司、仪同三司、大都督、帅都督、都督。起正二品至七品，总十一等，用赏勋劳。

因此，《隋书·食货志》所说的"都督"，乃是七品勋官，而隋朝永业田的授受只及七品勋官而不及六品以下职、散官是不言而喻的。从其设勋官目的在"酬战士""用赏勋劳"来看，勋官有永业田而六品以下职、散官无之也应该是很清楚的。因此，唐在开元以前，六品以下职、散官不受永业田也当与隋相同。

此外，还有一个更有力的论据支持着我们的结论，那就是定律条于永徽，修改于开元一朝的《唐律疏议》。[①] 请看《唐律疏议》卷一二户婚律诸卖口分田条：

> 诸卖口分田者一亩笞十，二十亩加一等，罪止杖一百，地还本主，财没不追。即应合卖者不用此律。
>
> 疏议曰：即应合卖者，谓永业田家贫卖供葬及口分田卖充宅及碾硙邸店之类，狭乡乐迁就宽者，准令并许卖之。其赐田欲卖者，亦不在禁限。其五品以上若勋官（"五品以上"指职散爵官；"勋官"指十二转勋。）永业地亦并听卖。故云不用此律。

---

① 参见刘俊文先生《唐律疏议》点校说明，中华书局点校本。

诏、令的转相抄录可以有节文,可以改文字,而作为一代之典的律疏却容不得半点含糊,"其五品以上若勋官,永业地亦并听卖",肯定不会是偶然的疏忽,因为六品以下的职、散官本来就没有受永业田的资格,这是明摆着的。

如此看来,大历、天宝以至于开元之前,六品以下的职、散官是不受永业田的。

四、"六品、七品二顷五十亩,八品、九品二顷"问题的推论

我们已经证明了大历以前无六品以下职、散官受永业田之规定。但是如何看待《新唐书·食货志》所说的"六品、七品二顷五十亩,八品、九品二顷"的问题呢? 笔者以为,此一法令很可能定于两税法实施以后的德宗贞元之时,而实际上却并未执行,或者,竟是欧阳修之错简。由于史料缺乏,我们只能作些推论。

《新唐书》卷五二《食货二》在叙述了贞元时两税、杂科役之弊后说:

> 帝以问宰相陆贽,贽上疏请厘革其甚害者,大略有六……其六曰:

> 古者百亩地号一夫,盖一夫授田不得过百亩,欲使人不废业,田无旷耕。今富者万亩,贫者无容足之居,依托强家,为其私属,终岁服劳,常患不充。有田之家,坐食租税,京畿田亩税五升,而私家收租亩一石:官取一,私取十,稽者安得足食? 宜为占田条限,裁租价,损有余,优不足,此安富恤穷之善经,不可舍也。贽言虽切,以谗逐,事无施行者。

《资治通鉴》系此事于卷二三四德宗贞元十年五月条下,称陆贽又说:"望凡所占田,约所条限。"

陆贽罢相在贞元十年十二月，①那么，在贞元十年六月至十二月间，或许有"占田条限""凡所占田，约所条限"之举动，而六品以下职、散官受永业田之规定竟亦在占田条限中，欧阳修据之以修入《食货志》之中。而所谓"事无施行者"之"施行"字眼，正是官方公式文之用语，莫非六品以下职、散官受永业田规定竟在此时？此推论一。

我们再来分析一下《新唐书·食货五》记载官人永业田之用语。以"亲王以下"至"六品以下受于本乡"（引文见本文开头）一段与《唐六典》《通典》所记官人受永业田条文（引文见本文第一节）相比较，显然，《新唐书》漏记了"国公若职事官二品四十顷""伯若职事官从四品十一顷"两项，而且受田数量亦有不同；再看"六品、七品二顷五十亩，八品、九品二顷"，跨度之大，竟达八阶（正六品上、下，从六品上、下，正七品上、下，从七品上、下，是为八阶；正八品上、下，从八品上、下，正九品上、下，从九品上、下，亦为八阶）。这与五品以上官及勋官永业田逐品（两阶，如从五品上、下受永业田五顷，云骑尉、武骑尉受田六十亩）授受之体例大为不合，莫非真是欧阳修一时眼花，造成错简，或者出自臆断以至贻误于后世九百年？赖有敦煌文书之出，才能翻此一公案，这实在是"一时代之学术，必有其新材料与新问题"②之显著一例。此推论二。

论证至此，我们似乎可以说，有唐德宗贞元以前，六品以下职、散官绝无受永业田之法令；贞元十年曾有过占田条限之议，但由于其时两税法已取代租庸调制，均田制败坏，政治形势亦更恶化，因此，即使有六品以下职、散官受永业田之条例，也不过是一

---

① 《新唐书》卷六二《宰相表中》。
② 陈寅恪先生语，见《陈垣敦煌劫余录序》，引自《金明馆丛稿二编》。

纸空文而已。

以唐代均田农民而言,受田往往不足,即使勋官受田,亦多是徒有虚名,以此而论,考察六品以下职、散官有无永业田似乎是一个微不足道的问题。但情况并非如此简单,实际上,它关系到唐统治者的依靠对象、统治基础、对部分人的政治态度、在整个统治布局中的有机环节等等大问题。这些问题已逸出本篇范围,不再论述。

1987 年 6 月底

(原载《文史》第 34 辑,中华书局,1992 年)

《天圣令》所附《唐令》为建中令辩①

　　戴建国先生曾在《历史研究》《文史》上发表三篇文章,②揭出天一阁藏明钞本《官品令》,乃是久已失传的北宋仁宗天圣七年(1029)刊布的《天圣令》以及附录的《唐令》残篇,并对此进行研究。据称其数占到原文三十卷的三分之一,达十卷之夥。③ 而在这十卷中,戴先生又披露了《田令》与《赋役令》全文,这就使我们对于北宋《天圣令》特别是所附《唐令》中的两卷令文有了比较完整的认识,厥功甚伟。但戴先生认定《天圣令》所依据及所附之《唐令》为"开元二十五年令"之结论,则笔者不敢苟同。2006 年,中华书局出版《天一阁藏明钞本天圣令校证(附唐令复原研

---

　　① 是文与熊伟合撰。撰写时,熊伟为浙江大学中国古代史研究所博士研究生。

　　② 戴建国:《天一阁藏明抄本〈官品令〉考》,载《历史研究》1999 年第 3期;《唐〈开元二十五年令·田令〉研究》,载《历史研究》2000 年第 2 期;《天一阁藏〈天圣令·赋役令〉初探(上)》,载《文史》2000 年第 4 辑(总第 53辑);《天一阁藏〈天圣令·赋役令〉初探(下)》,载《文史》2001 年第 1 辑(总第 54 辑)。

　　③ 天一阁藏明钞本官品令全册共一一二页,约三万五千余字。原足本应为"元亨利贞"四册,现仅存第四册"贞";前三册的装订形式与封皮书签名亦如第四册,并在书签下端分别题小楷"元""亨""利"表示书册号。以"贞"册为依据匡记,全四册约有四百五十页,十四万字。参见袁慧《天一阁藏明钞本官品令及其保护经过》,载《天一阁藏明钞本天圣令校证(附唐令复原研究)》,中华书局,2006 年,第 1 页。

究)》,全文披露十卷《天圣令》及所附《唐令》,其中还有宋家钰、黄正建等九位先生的研究成果;①而在是年的《唐研究》第 12 卷上,亦有他们对于《天圣令》暨《唐令》的考察。② 黄正建等先生还提出:"我们的《唐令》复原,没有明确指出复原的就是开元二十五年令。因为除田令等令以外,有些令似乎与开元二十五年令稍有不同。"③其实《天圣令》所附《田令》,亦非为"开元二十五年令"而为《建中令》。于是撰成此文,以作辩正云。

一、《天圣令》所附《唐令》为开元二十五年令质疑

首先,在遗存的《天圣令》令文及记述《天圣令》的文献材料中,我们并未看到所附录的《唐令》是开元二十五年令的文字。

根据戴建国的抄录披露,现存的《天圣令》每卷都分为两个部分,前一部分是"右并因旧文,以新制参定"的令文,即当时据唐令修订颁行的天圣令令文,后一部分则是"右令不行"仅为留存的唐令令文。而"旧文"与"不行"之令文,虽说都是唐令,但都没有揭出行用年代。

其次,在记载《天圣令》撰成及刊布的文献材料中,我们也没有看到它的依据是开元二十五年令的文字。比如在《宋会要辑稿》刑法一之四中,是这样描述天圣时期的修令活动的:

(天圣七年)五月十八日详定编敕所(止)〔上〕删修令三十卷,诏与将来新编敕一处颁行。先是诏参知政事吕夷简等参定令文,乃命大理寺丞庞籍、大理评事宋郊为修令〔官〕,

---

① 《天一阁藏明钞本天圣令校证(附唐令复原研究)》。
② 《唐研究》第 12 卷,北京大学出版社,2006 年。
③ 黄正建:《关于天一阁藏宋天圣令整理的若干问题》,载《天一阁藏明钞本天圣令校证(附唐令复原研究)》,第 18 页。

判大理寺赵廓、权少卿董希颜充详定官，凡取《唐令》为本，先举现行者，因其旧文，参以新制定之。其令不行者，亦随存焉。又取敕文内罪名轻简者五百余条，著于逐卷末，曰"附令敕"。至是上之。

这里的"先举现行者，因其旧文，参以新制定之"就是戴先生所揭示之"右并因旧文，以新制参定"的《天圣令》；而所谓的"其令不行者"就是《天圣令》所附之"右令不行"的《唐令》。但这里并未提及其为何年之唐令。

南宋王应麟《玉海》卷六六天圣附令敕条所引《志》之文，记载此事亦道：

天圣四年，有司言，敕复增置六千余条，命官删定。时以唐令有与本朝事异者，亦命官修定。有司乃取咸平仪制及制度约束之在帙者五百余条，悉附令后，号曰："附令敕"。（天圣）七年令成，颁之。

这里说的是天圣四年《附令敕》的修撰，由于敕附在令之后，便也提到了"亦命官修定"的《天圣令》，而《天圣令》所依据的仍未提及开元二十五年令。又有《玉海》同卷天圣新修令条，其所引《书目》所载内容大略与上引《宋会要辑稿》文字相同，只称：

天圣令文三十卷，时令文尚依唐制，（吕）夷简等据唐旧文，斟酌众条，益以新制，天圣十年行之。

这里仍然没有涉及开元二十五年令令文。

看起来，当时人们所记载的，以及后来人们能看到的记载所及的《天圣令》中，只与唐令有关而不及开元二十五年令。

这本来也不足为怪，依数学上的"集合"概念而言，开元二十五年令是唐令之子集，为唐令所包含，这里的唐令也有可能就是开元二十五年令。但引起我们注意的是：先于《天圣令》修订的《淳化令式》，在说到唐令时，却明白地标示着"开元"年号。《玉海》卷六六《淳化编敕》云：

（宋）太宗以开元二十六年①所定令式，修为淳化令式。

这里就与《天圣令》的修撰据唐令有不同，《淳化令式》的修撰，依据的是"开元二十六年所定令式"。

同样地，《玉海》同卷开元前格条引《中兴书目》也提到：

《唐式》二十卷，开元七年上，二十六年李林甫等刊定。皇朝淳化三年校勘。

而在陈振孙《直斋书录解题》卷七法令条则云：

《唐令》三十卷，《式》二十卷，唐开元中宋璟、苏颋、卢从愿等所删定。考《艺文志》，卷数同，更（后唐）同光、（后晋）天福校定。至本朝淳化中，右赞善大夫潘宪、著作郎王泗校勘。其篇目、条例颇与今见行令式有不同者。

陈振孙所言与上二家略有不同，右赞善大夫潘宪、著作郎王泗所校勘之淳化令当为同一物，但其所依据的却并非为开元二十

---

① 仁井田陞《唐令拾遗》（第41页）序说以为当为开元二十五年之误。是。

五年令，而是开元七年令，①开元七年令自有与开元二十五年令不同处，故称"其篇目、条例颇与今见行令式有不同者"。但无论如何，它还是标出了"开元"年代。这就与《天圣令》仅言"唐令"而不言年代大异其趣了。这样的状况就更使得我们对于《天圣令》所附之《唐令》为开元二十五年令的判断产生了怀疑。

鄙意揣之，戴建国先生之所以认定《天圣令》所修撰、所附录者为开元二十五年令，其重要依据之一大约在于它与《通典》所载之"大唐开元二十五年令"令文文字相仿的缘故。但这又颇值得怀疑，即使撇开《天圣令》辗转抄录过程中之错讹以及《通典》所录并非完璧这样的可能情况，②仅就令文内容本身而言，仍可发现《天圣令》所附《唐令》有与开元二十五年令不相一致之处。这首先在《天圣令》有关赋役令的规定上有所表现，《天圣令·赋役令》002所附"右令不行"之唐令第1条称：

> 诸课〔役〕每年计帐至户部，具录色目，牒度支支配〔来〕

---

① 仁井田陞以为经宋璟等所删定的即是开元七年令式。见《唐令拾遗》，第41页。但《新唐书·艺文志》并未见唐开元七年令式之记载，陈振孙所记或为《旧唐书·经籍志》之误？《旧唐书》卷四六《经籍志》作："令三十卷式二十卷姚崇等撰"，而《唐会要》卷三九《定格令》载："至（开元）七年三月十九日修令，格仍旧名曰开元后格。吏部尚书宋璟、中书侍郎苏颋、尚书左丞卢从愿、吏部侍郎裴璀、慕容珣、户部侍郎杨缭、中书舍人刘令植、大理司直高知静、陕州司功参军侯郢琏等同修。"《册府元龟》卷六一二《定律令四》载："（开元）六年敕吏部尚书兼侍中宋璟、中书侍郎苏颋、尚书左丞卢从愿、吏部侍郎裴滟、慕容珣、户部侍郎杨滔、中书舍人刘令植、大理司直高智静、幽州司功参军侯郢琏等九人删定律令格式。至七年上之，律令式仍旧名，格曰开元后格。"

② 戴建国的录文校勘就说明了这一点。参见戴建国《唐〈开元二十五年令·田令〉研究》录文校勘部分，载《历史研究》2000年第2期。

年事,限十月三十日以前奏讫。①

而《通典》卷六《赋税下》载开元二十五年赋役令则道:

> 诸课役,每年计帐至尚书省,度支配来年事,限十月三十日以前奏讫。

由于戴先生认定《天圣令》所附之《唐令》为开元二十五年令,为此,他必须解决"每年计帐至户部"与"每年计帐至尚书省"这"小有差异"的问题。

戴先生以为,根据南宋王应麟《玉海》所说,在淳化三年(992),宋曾"校勘"过一次令式,校勘的根据为唐开元二十五年令式,这次校勘的结果便是淳化令式。而"《天圣令·赋役令》与《通典》的差异,可能就是这次校勘所造成的"。戴先生还推测,在淳化修令式之前,朝廷的财计归之于盐铁、度支和户部三个部门,"因此,淳化三年将原开元二十五年令的'尚书省'改作'户部'",而再由户部机关"牒"并行的度支机关。而到天圣七年修纂《天圣令》时,"又以新制'三司'替代了原《淳化令》中的'户部'和'度支'。而淳化三年校勘过的唐令第1条(笔者案:即上引条目)废弃不用,附录于后,没有必要再予以修改,从而保存了淳化三年校勘后的原样"②。

戴先生的论证颇似缜密,其推测也似为有理,但细细推敲,则其说不能成立。其一,《天圣令》的制订不依开元二十五年令原本而依校勘过的《淳化令》,不符合校勘原则。其二,淳化三年以

---

① 《天一阁明钞本天圣令校证(附唐令复原研究)》校录本,《赋〔役〕令》卷二二,唐1条同,第269页。

② 戴建国:《天一阁藏〈天圣令·赋役令〉初探(下)》,载《文史》2001年第1辑,第169页。

前既有盐铁、度支和户部三个部门,何以只及度支、户部而未及盐铁? 其三,假若依唐代体例,"计帐至尚书省,度支配来年事"与"计帐至户部,具录色目牒度支支配〔来〕年事"二者并无原则区别,它们只不过各是公文施行中的一定的步骤而已。① 以此而论,与其说《天圣令》依据了《淳化令》,不如说《天圣令》所依据所附者并非为开元二十五年令,而是另有所本。两者文字的差异正说明《通典》所载之开元二十五年赋役令在此后有过修订的事实。

黄正建先生在《唐研究》第12卷《〈天圣令(附唐杂令)〉所涉唐前期诸色人杂考》一文中,揭出《天圣令》(附唐杂令)第8条与《通典》所列开元二十五年官品令在有关流外官记载的不一致处,并由此出发,提出了自己的看法:"唐8条有而《通典》无的流外官有'漕史'。查《唐六典》卷二三,都水监舟楫置'漕史'二人,位于'典事'、'掌固'上。后二者分别为流外五品和七品,按理说'漕史'也应列入,为何《通典》不列呢? 这是个疑问。"而"更大的不同在于,《通典》将太史局'历生'列为流外七品,但在唐8条中被列入'流外长上'类。如何解释这种不同? 是史籍的错抄还是因时代造成的不同? 如果是后者,《杂令》能否定为开元二十五年令就要慎重考虑了"。②

黄正建先生依据诸家意见说:"另外要说明的是,我们的唐

<hr>

① 唐之前期,凡施行公事都得经尚书都省,再由都省下发各部。而计帐归户部所管辖,具体的操作则由户部曹与度支曹负责。可参见李锦绣《唐代财政史稿(上卷)》第一编第一章第一节"支度国用(预算)",北京大学出版社,1995年,第15—56页。黄正建主编《中晚唐社会与政治研究》,李锦绣撰第一章第三节第二目,中国社会科学出版社,2006年,第56页。

② 黄正建:《〈天圣令(附唐杂令)〉所涉唐前期诸色人杂考》,载《唐研究》第12卷,第215页。

令复原,没有明确指出复原的就是开元二十五年令。因为除田令等令外,有些令似乎与开元二十五年令稍有不同。"因此,"我们在复原时一般只称其为开元令或唐令"。①

而我们又从戴先生所披露的两卷遗文中,发现了两者似乎并不是同一文件的蛛丝马迹。

比如《天圣令》所附之《唐令·田令》"右令不行"之第3条记为:

> 诸给田,宽乡并依前条,若狭乡新受者,减宽乡口分之半。②

同一性质的材料,在《通典》卷二《田制》则记载为:

> 应给宽乡,并依所定数,若狭乡所受者,减宽乡口分之半。

两相比较,原则虽然一致,但文字显然不同,而语气亦有差异,两者似乎并非为同一文件。而更能说明问题的则是《天圣令》所附《唐令·田令》之第5条:

> 诸永业田,亲王一百顷,职事官正一品六十顷,群(郡)王及职事官从一品各五十顷,国公若职事官正二品各四十顷,郡公若职事官从二品各三十五顷,县公若职事官正三品各二十五顷,职事官从三品二十五("五"字衍文)顷,(侯)若职事官正四品各十四顷,伯若职事官从四品各十一顷,子若职事官[正五品各八顷,男若职事官]从五品各五顷,六品、

---

① 黄正建:《关于天一阁藏宋天圣令整理的若干问题》,载《天一阁藏明钞本天圣令校证(附唐令复原研究)》上册,第18页。

② 《天一阁明钞本天圣令校证(附唐令复原研究)》校录本,《田令》卷二一,唐3条同,第254页。

七品各二顷五十亩，八品、九品各二顷，上柱国三十顷，柱国二十五顷，上护军二十顷，护军十五顷，上轻车都尉一十顷，轻车都尉七顷，上骑都尉六顷，骑都尉四顷，骁骑尉、飞骑尉各八十亩，云骑尉、武骑尉各六十亩，其散官五品以上同职事给。兼有官爵及勋俱应给者，唯从多，不并给。若当家口分之外，先有地非狭乡者，并即回受，有剩追收，不足者更给。①

此条亦属在宋"不行"之唐令。但在《通典》中，则是这样记载的：

> 其永业田，亲王百顷，职事官正一品六十顷，郡王及职事官从一品各五十顷，国公若职事官正二品各四十顷，郡公若职事官从二品各三十五顷，县公若职事官正三品各二十五顷，职事官从三品二十顷，侯若职事官正四品各十四顷，伯若职事官从四品各十顷，子若职事官正五品各八顷，男若职事官从五品各五顷，上柱国三十顷，柱国二十五顷，上护军二十顷，护军十五顷，上轻车都尉十顷，轻车都尉七顷，上骑都尉六顷，骑都尉四顷，骁骑尉、飞骑尉各八十亩，云骑尉、武骑尉各六十亩。其散官五品以上同职事给，兼有官爵及勋俱应给者唯从多不并给。若当家口分之外，先有地非狭乡者，并即回受，有剩追收，不足者更给。

两相对勘，关键的是前者有"六品、七品各二顷五十亩，八品、九品各二顷"，而后者则无这样的记载。戴先生说："(《天圣令》)这一段令文的存在，反映出《天圣令》所附唐田令的完整性

---

① 《天一阁明钞本天圣令校证(附唐令复原研究)》校录本，《田令》卷二一，唐5条，第255页。

和可靠性。"①此话实在有极大的局限性。如果说这一令文反映的是建中令的内容,则其结论可以成立;若以为开元二十五年田令中就已有这样的条文,则大约是站不住脚的,原因正在于从开元二十五年令到建中令,其令文内容已经有了一些变化,而有关六品以下职散官受永业田,正是这一变化的结果。由于我们还将着重讨论这个问题,先按下不提。

二、开元二十五年定令之后的三次修令活动

实际上,要弄清《天圣令》所附《唐令》是否为开元二十五年令颇为不易,其原因有二:第一,现在较多留存的唐代令文仅有武德七年令、开元七年令以及开元二十五年令,其余的则残剩者甚少,大约也因为这个原因,仁井田陞先生的《唐令拾遗》在复原唐令时,其所列主要为上述三令;第二,在开元二十五年定令以后,唐令渐趋稳定与完备。后世即使对其中令文有所"删定",也多以开元二十五年令为基础而较少改易,也就是说,我们很难判别出"删定"以后的令文原文的状况,由于唐令越来越呈现稳定的特征,以至于杨际平先生以为戴建国先生所复原的《唐令·田令》,并非为唐代的某年之令,而是具有普适性的唐代的"一代之令",即使为"开元二十五年令",也是没有"实质性的变化"的"有唐一代之令"。②

然而,唐代令文并不因为它渐趋稳定而缺少变化。令在唐代律、令、格、式的法律体系中占据着特殊重要的地位,一直以来,唐

---

① 戴建国:《唐〈开元二十五年令·田令〉研究》,载《历史研究》2000 年第 2 期。

② 杨际平:《〈唐令·田令〉的完整复原与今后均田制的研究》,载《中国史研究》2002 年第 2 期;《北朝隋唐均田制新探》(修订版),岳麓书社,2003 年。

代的统治者们都重视对于唐令的修订与完善。这里，我们有必要对唐代令文的修撰、删定作一总体介绍。对此，仁井田氏有着很好的概括。他说：

> 唐代之令，在武德、贞观、永徽、麟德、乾封、仪凤、垂拱、神龙、太极、开元三年（或云开元初）、开元七年（或云四年）及开元二十五年等都曾进行修改。[①]

而根据仁井田氏的考察，在开元二十五年之后，大约又有过三次颁行、删定令文的活动。第一次在天宝四载（745）七月与贞元八年（792）十一月之间，因为在此期间存有一个名为《颁行新定律令格式敕》的文件，[②]至于具体的时间，仁井田氏未作考察。笔者以为，此敕为孙逖所作，据其在世及活动时段推断，这次的"颁行新定律令格式"大约在天宝四载（745）七月至天宝五载（746）间。[③]我们可以把它称作"天宝令"。

第二次在唐肃宗至德二载（757），其时曾诏，"其律令格式未折衷者，委中书门下简择通明识事官三两人并法官两三人删定，近日改百官额及郡名并官名一切依故事"[④]。但这次的"删定"，依仁井田氏的分析，"就其逸文看来，与旧律令式几无差异"。其修订时间在肃宗至德年间，我们可以把它称作"至德令"。

---

① 仁井田陞《唐令拾遗》序说第一，第三节"唐令"，第 12 页。

② 《唐大诏令集》卷八二《政事·刑法》。在此敕之前，有天宝四年七月《宽徒刑配诸军效力敕》，孙逖所作；此敕之后，有贞元八年十一月《罪至死者勿决先杖敕》，佚名作。学林出版社，1992 年，第 429—430 页。

③ 据《旧唐书》卷一九○中《孙逖传》，孙逖开元二十四年（735）为中书舍人，天宝三年（744）权判刑部侍郎，五载（746）以风病求散秩，改太子左庶子。其间曾服父丧，故文称："逖掌诰八年，制敕所出为时流叹服"云云，以此计之，此敕或在天宝四、五年之间。

④ 《唐大诏令集》卷一二三《政事·平乱上》收复两京大赦条，第606页。

第三次则从唐德宗大历十四年（779）开始，一直延续到建中以后。《旧唐书》卷五〇《刑法志》称：

> 大历十四年六月一日，德宗御丹凤楼大赦，赦书节文：律令格式条目有未折衷者，委中书门下简择理识通明官共删定。自至德已来制敕，或因人奏请，或临事颁行，差互不同，使人疑惑，中书门下与删定官详决，取堪久长行用者编入格条。三司使准式以御史中丞、中书舍人、给事中各一人为之，每日于朝堂受词推勘处分。

其后，在建中二年（781）时，对令文又有进一步删定：

> 建中二年罢删定格令使并三司使。先是，以中书门下充删定格令使，又以给事中、中书舍人、御史中丞为三司使。至是，中书门下奏请复旧，以刑部、御史台、大理寺为之，其格令委刑部删定。

对于这一时期的修令活动，仁井田氏给出的评价是①：

> （德宗时代对于律令格式的删定，）则是建中二年及其以后的事了。建中后的资料中，多有与开元二十五年令矛盾的逸文者，如官品令等。其中也许可以拟为此时删定之令。然改动的程度恐怕并不大。唐令的复旧，除去与开元二十五年令有矛盾的条文以外，作为复原开元二十五年令的资料，大约不会大错。

仁井田氏意识到建中时期修订的令文与开元二十五年令多有"矛盾的逸文者"，并把它拟称为"建中令"。

依照仁井田氏的说法，在开元二十五年以后"令"的修改、删

---

① 仁井田陞：《唐令拾遗》，第 24—25 页。

定中，以第三次的规模稍大，其他两次，则甚少改动。而建中定令以后，对于律令的删定，则可说是绝无仅有的了。

由于"天宝令""至德令"以及"建中令"都以开元二十五年令为基础加以修订，四令在内容、形式上有许多相似处，那么《天圣令》修订所依据、所附录的《唐令》，只能是开元二十五年令、"天宝令""至德令"以及"建中令"这四令中的一令。而笔者以为，《天圣令》所依据并收录的正是"建中令"。

在李德裕所撰《会昌一品集》中，留下了开元二十五年之后官品内容曾作修改的记录，《会昌一品集》卷一一厘革故事请增谏议大夫等品秩状条称：

> 右据《大唐六典》：隋氏门下省置谏议大夫七人，从四品下，今正五品上。自大历二年升门下、中书侍郎为正三品，两省遂阙四品，建官之制有所未备。

李德裕活跃于唐文、武宗时期，是当时重要的政治人物，其所处时代距离德宗时较近，对大历二年官品调整应相当熟悉，这次官品变动的情况被如实反映于《唐会要》卷二五辍朝条中，此材料记载唐文宗太和元年（827）七月，朝廷讨论"大臣薨辍朝"事，中书门下提到了"官品令"，并列出了主要官僚的官名与官品名目：

> 又准官品今（令）：太师、太傅、太保、太尉、司徒、司空，以上正一品；太子太师、太子太傅、太子太保，以上从一品；侍中、中书令，以上正二品；左右仆射、太子少师、太子少傅、太子少保、三京牧、大都督、上将军统将，以上从二品；门下、中书侍郎，六尚书、左右散骑常侍、太常、宗正卿、左右卫，及金吾大将军、左右神策、神武、龙武、羽林大将军、内侍监，以上正三品。

仁井田氏将该材料认作建中令之官品令材料。这个官品令与开元二十五年官品令相比较，则可发现二令在官名与官品上有所不同。比如官品，前者载侍中、中书令为正二品，而后者则为从三品；比如官名，前者有左右神策、神武、龙武大将军，后者则既无这样的机构，于是便也没有这样的官名。①

天一阁藏《天圣令》虽然阙失官品令原文，然而，宋天圣令之官品令却并非无迹可寻，又据仁井田氏所言，《太常因革礼》卷二六，《宋史》卷一五二，都保存着《天圣令》之官品令内容，而从所记载的《天圣令》之官品令中看到，门下、中书侍郎的官品皆在正三品之中，这正与《唐会要》卷二五辍朝条关于门下、中书侍郎的官品记载一致。

归纳一番。通过《会昌一品集》记载情况，我们知道在唐代宗大历二年时，曾对开元二十五年令之后的官品内容进行过调整，其结果被反映于《唐会要》太和年间提及的"官品令"之中。若依唐后期三次主要修令时间作出筛选，天宝、至德两令都于大历二年前颁行，可加以排除，那么，文宗太和年间提到的"官品令"自然当属建中令的了。② 我们又看到宋《天圣令》之官品令未采用开元二十五年令之官品内容，吸收的是大历二年官品调整后的成果，这与《唐会要》记载之"官品令"内容相一致。由此作一推测，宋《天圣令》之官品令，极可能取材于唐建中令之官品令。

仁井田氏又以出土文书来考察诸令的删定情况。比如，《敦

---

① 仁井田陞：《唐令拾遗》，第 25、118—119 页。
② 注意：戴建国复原的《天圣令》所依据者为明抄本的《官品令》，两者仅为偶然的巧合。

煌发见唐职官表》①有田令、禄令的简文,记载各级官员的给职田数与给禄米数。仁井田氏将其与《通典》所载之数进行比较,两者颇为不同,显然,这是与开元二十五年令不同的一个令文,根据此文书之时间特性及上节所述,则应为天宝令。由于《天圣令》残留部分并无禄令,于是,我们仅将《通典》所记载的开元二十五年令、《敦煌发见唐职官表》所载之天宝令以及《天圣令》所附之《唐令》中的给职田数加以比较,应该也是一件饶有兴趣的事。②

开元二十五年令:诸州及都护府、亲王府官人职分田二品一十二顷,三品一十顷,四品八顷,五品七顷,六品五顷,七品四顷,八品三顷,九品二顷五十亩。京畿县亦准此。

天宝令:二品职田十五顷,三品职田十二顷,四品职田九顷,五品职田七顷,六品田五顷,七品职田四顷,八品职田三顷,九品职田两顷五十亩。

《天圣令》所附《唐令》:诸州及都护府、亲王府官人职分田,二品一十二顷,三品一十顷,四品八顷,五品七顷,六品五顷(京畿县亦在此),七品四顷,八品三顷,九品二顷五十亩。

将三令中各级官员依品给职田数额表示如下(单位:顷):

	一品	二品	三品	四品	五品	六品	七品	八品	九品
开元二十五年令	—	12	10	8	7	5	4	3	2.5
天宝令	—	15	12	9	7	5	4	3	2.5
《天圣令》所附《唐令》	—	12	10	8	7	5	4	3	2.5

---

① 此文书编号为 P.2504,唐耕耦、陆宏基编《敦煌社会经济文献真迹释录》第 2 辑题为《唐天宝年代国忌、诸令式等表》,全国图书馆文献缩微复制中心,1990 年,第 587—595 页。

② 把《敦煌发见唐职官表》所载之令视为天宝令,可参见《唐天宝年代国忌、诸令式等表》注二,《敦煌社会经济文献真迹释录》第 2 辑,第 595 页。在证明完成以前把《天圣令》所据、所附唐令称为建中令只是权宜之计。

据上表,天宝令中,二品、四品官员在给职田数额上,与开元二十五年、《天圣令》所附《唐令》存在明显差异。我们对于三令的关系大概可以得出两个不同的结论:其一,天宝令修改了开元二十五年令,开元二十五年令与《天圣令》所附《唐令》实际上就是同一个令;其二,天宝令修改了开元二十五年令,《天圣令》所附《唐令》又修改了天宝令,返回到开元二十五年令上去了。这里当然是可能性,单凭此还不能让我们对于《天圣令》所附《唐令》就是建中令作出结论。但无论如何,天宝令对开元二十五年令作了修改则是事实。出土文书对于令式研究的重要性可见一斑。我们还得往下看。

戴先生对唐田令的若干问题进行了探讨,其中《天圣令》所附《唐令》之第 2 条有"诸黄、小、中男女及老男、笃疾、废疾、寡妻妾当户者,各给永业田二十亩、口分田三十亩"。但诸文献如《通典》等记载均为"口分田二十亩",戴先生说,"王(永兴)先生引池田温《中国古代籍帐研究·录文》辩其为'三十亩之误',今本《天圣令·田令》亦可证其'二十亩'实为'三十亩'之讹误。"①这是很对的,而出土文书辩正令文之功效又见一斑。

由于出土文书具有辨证令文之功,以下将从出土文书中反映出来的情况,讨论唐令令文修订与变化情况。

三、由出土文书发现唐令修订与变化情况

为了说明《天圣令》所附《唐令》为建中令这个问题,我们还得做一些准备工作,廓清一种只及通性,不重个性的片面观点。

杨际平先生尝有文推崇戴建国先生的发现,特别是对于其中

---

① 戴建国:《唐〈开元二十五年令·田令〉研究》,载《历史研究》2000 年第 2 期。

的田令。他认为，刊布的田令解决了许多长期争议的问题。这当然是对的。但他的一些具体意见则为笔者所不赞同。比如他说，复原的田令具有普适性，"新近完整复原的是《唐令·田令》，而不是某年之令"，"武德七年田令与开元七年田令、开元二十五年田令没有实质性的变化"。甚至以为："唐田令前后没有什么变化。"并进一步发挥说，"新复原的《唐令·田令》既然是有唐一代之令，那么，它就不仅适用于开元二十五年以后的均田制研究，同时也适用于开元二十五年以前的均田制研究"。① 基于这样的认识，杨先生批评说，"戴建国先生率先完整复原《唐令·田令》，诚系嘉惠学林的盛举，但他将新复原的《唐令·田令》定名为《开元二十五年令·田令》，不能不说有画蛇添足之憾"。② 而到杨先生修订重版《北朝隋唐均田制新探》时，更是说："宋《天圣令·田令》所参考、所附录的唐田令，不是标示为开元二十五年令，而是标示为唐一代之令——唐令。其田令部分也是如此。"而这整部的田令，"是否有过文字上的改动，还很难说。"他说："由于国内外唐史学界有些学者常根据上述各书记载的同异，研究武德七年令、开元七年令与开元廿五年令的'区别'，故做以上说明，以期予以澄清。"③

应该说，杨先生有着敏锐的观察力。他在揭出《天圣令》的重大意义的同时，也觉出了《天圣令》所参考、所附录的并非为开元二十五年令这样的事实。然而，他矫枉过正，否定各令的区别，则不能不说有削足适履之憾。

---

① 杨际平：《〈唐令·田令〉的完整复原与今后均田制的研究》，载《中国史研究》2002 年第 2 期。

② 杨际平：《〈唐令·田令〉的完整复原与今后均田制的研究》，载《中国史研究》2002 年第 2 期，第 63 页脚注 6。

③ 杨际平：《北朝隋唐均田制新探》（修订版），第 84—85 页。

差异就是矛盾,有矛盾就得分析解决。诚然,以文献说令,很难清楚各令的区别,也难以说清"是否有过文字改动"的情况,但若用出土文书来比照,则能看出各令之间还是存在区别的。这种区别,不仅仅在文字上,也有具体的内容变动。

我们看《唐开元十年(722)沙州敦煌县悬泉乡籍(草案)》D件:①

(前略)

10　户主赵玄义年陆拾玖岁　　老男　下中户　　不课户

11　　妻　王　年陆拾叁岁　　老男妻

12　　男元　祚年　叁　岁　　黄男　开元九年帐后附

13　　女　妙介年叁拾伍岁　　中女

14　　女阿　屯年叁拾壹岁　　中女

15　　女花　儿年　叁　岁　　黄女　开元九年帐后附

16　　　　　　　　　　　　　十一亩永业

17　　　　　壹拾壹亩已受

18　合应受田伍拾贰亩

19　　　　　四十一亩未受

(下略)

此户老男当户,除去居住园宅,"合应受田"50亩(18行)。再往下:

25　户主氾尚元年伍拾捌岁　　寡　下下户　　不课户

26　　　　　　　　　　　　　十四亩永业

27　　　　　壹拾伍亩已受

28　合应受田伍拾壹亩　　　　一亩居住园宅

---

① 池田温:《中国古代籍帐研究》,东京大学东洋文化研究所发行,1979年,第183—184页。

29　　　　　　　　卅六亩未受

（下略）

此户寡当户，除去居住园宅，"合应受田" 50 亩（28 行）。

此二户为开元十年籍，应执行开元七年令，据《唐六典》卷三户部郎中员外郎条：①

> 凡给田之制有差：丁男、中男以一顷；（中男年十八已上者，亦依丁男给。）老男、笃疾、废疾以四十亩；寡妻妾以三十亩，若为户者，则减丁之半。凡田分为二等，一曰永业，一曰口分。丁之田二为永业，八为口分。

若与开元二十五年田令及《天圣令》所附《唐令》相较，文字虽有不同，然内容体现出来的给田数额并无差异。

《唐天宝三载（744）敦煌郡敦煌县神沙乡弘远里籍》载：②

（上略）

7　　户主张奴奴载陆拾叁岁　　老男　下下户空　不课户

8　　　母　宋　载捌拾叁岁　　老寡空

9　　　妻　解　载陆　拾岁　　老男妻空

10　　女妃　尚载叁拾玖岁　　中女空

11　　　合应受田捌拾贰亩　贰拾贰亩已受　廿亩永业二亩居住园宅　六十亩未受

（下略）

此户老男当户，应受田 50 亩，有老寡一人，应受田 30 亩，"合应受田" 除去居住园宅，共 80 亩（11 行）。又有《唐天宝六载

---

① 《唐六典》卷三户部郎中员外郎条，第 74 页。一般以为，《唐六典》所载为开元七年令。参见仁井田陞《唐令拾遗》，第 610 页。

② 池田温：《中国古代籍帐研究》，第 190 页。

（747）敦煌郡敦煌县效谷乡□□里籍》C 件:①

　　43 　户主徐庭 　芝载壹拾柒岁 　　小男天宝五载帐后漏附代姊承户 　下下户空不课户

　　44 　　姊 　仙 　仙载贰拾柒岁 　　中女空（卢案:仙仙即为被代承户之姊）

　　45 　　婆 　刘 　　载捌拾伍岁 　　老寡空

　　46 　　姑 　罗 　束载肆拾柒岁 　　中女空

　　47 　　姑 　锦 　束载肆拾柒岁 　　中女空

　　49 　合应受田壹顷壹拾贰亩 　叁拾亩已受 　廿亩永业 　一十亩口分八十二亩未受

（下略）

　　此户户主虽记为小男,但已 17 岁,属不足 18 岁之中男,其应受田为 50 亩,而户中一老寡、一寡各有应受田 30 亩,除去居住园宅,共"合应受田"110 亩(49 行)。又有令狐仙尚户:

　　211 　户主令狐仙尚载叁拾叁岁 　　中女 　下下户空 　不课户

　　212 　　妹 　妙 　妃载贰拾捌岁 　　中女空

　　213 　合应受田伍拾壹亩 　　捌亩已受 　七亩永业 　一亩居住园宅 　四十三亩未受

　　此户中女当户,除去居住园宅,"合应受田"50 亩(213 行)。

　　以上户籍,一为天宝三载、一为天宝六载,各受田者之应受田数额,前者应执行开元二十五年令,后者应执行天宝令(即笔者上文所说之天宝五载修订之令),我们把它们与《通典》所载开元

---

① 池田温:《中国古代籍帐研究》,第 200、210 页。

二十五年田令①及《天圣令》所附《唐令》相较,亦无不同,也就是说,在上述人员的受田数额上,天宝令与开元二十五年令及《天圣令》所附《唐令》是一致的。我们再往下看。《唐开元四年(716)沙州敦煌县慈惠乡籍》B件:②

```
1   母  王  年叁拾陆岁        寡    开元二年帐后死
2   姊思  言年壹拾陆岁        中女  开元二年帐后死
3   姑客  娘年贰拾岁          中女
4                            廿亩永业
5       贰拾陆亩已受          六亩口分
6   合应受田伍拾壹亩
7       廿五亩未受
```

(下略)

此佚名户当为小男或不足18岁之中男当户,其"合应受田"50亩(6行)。同籍同件:

```
12  户主董思勗  年贰拾贰岁    白丁残疾转前籍年廿开元
二年帐后貌加就实  下上户课户见输
13  父回通      年柒拾伍岁    老男开元二年帐后死
14  母  张      年伍拾陆岁    寡
15          计租二石
16                          廿亩永业
17      贰拾捌亩              八亩口分
18  合应受田壹顷叁拾壹亩
19          一顷三亩未受
```

---

① 《通典》卷二《食货二·田制下》,第29—32页。参见仁井田陞《唐令拾遗》,第610—611页。

② 池田温:《中国古代籍帐研究》,第173—176页。

（下略）

董思勖白丁当户 1 顷,户内寡 30 亩,"合应受田" 1 顷 30 亩（18 行）。但同籍 C 件则载:

（上略）

13　户主余善意年捌拾壹　　岁　老男　　下中户　　课户见输

14　孙男伏保年贰拾壹　　　岁　白丁

15　保妻杨年壹拾　捌　　　岁　丁妻开元三年帐后娶里内户
主王妙智女杨王王为妻

16　　　　计租二石

17　　　　　　　　　廿亩永业

18　　　　贰拾捌亩已受　七亩口分

19　合应受田壹顷陆拾壹亩　一亩居住园宅

20　　　　　　　一顷卅三亩未受

（下略）

余善意户的"合应受田" 1 顷 60 亩,其户内丁男 1 顷不异,而余善意身份为老男当户,却有应受田 60 亩,则与他户之状况不同了。我们把上述揭出之各应受田数额列成下表,则为:

	小男当户	户内寡	老男当户	寡当户	中女当户
开元四年	50	30	60		
开元十年			50	50	
天宝三载		30	50		
天宝六载	50	30(2 例)			50

十分明显,唯有开元四年余善意老男当户应受田 60 亩是特殊的。但这似乎也符合唐令之规定。

余善意户籍登录在开元四年,据上述,应据开元七年以前之令,但我们现在能看到的只有武德七年令。《旧唐书》卷四八《食

货志》载：①

> 武德七年始定律令，以度田之制五尺为步，步二百四十
> 为亩，亩百为顷。丁男、中男给一顷。笃疾、废疾给四十亩，
> 寡妻妾三十亩，若为户者加二十亩。所授之田十分之二为世
> 业，八为口分。

这里虽然没有看到老男应受田之规定，但老男给田当同于笃
疾、废疾。笃疾、废疾当户可得田额为 60 亩，则老男亦可受田 60
亩。余善意即是这种情况。依此而言，开元七年前后之令，是有
所变化的。

然而，这样的说法却有一个破绽，我们看《唐开元四年（716）
西州柳中县高宁乡籍》A 件的索住洛户之情况：②

33 　户主索住洛年陆拾岁　　老男　下下户　　不课户

34 　　妻令狐年伍拾捌岁　老男妻

35 　　男仁惠年肆岁　　　　小男　先天贰年帐后新生附

36 　　　　　　　　　　　捌亩永业

37 　　　　　　　　　　　捌亩肆拾步已受

38 　应受田叁拾陆亩　　　　　肆拾步居住园宅

39 　　　　　　　　　　　贰拾柒亩贰伯步未受

此件在开元四年，与余善意之户籍登录同在开元四年，只不
过地域不同而已。西州为狭乡，《文献通考》卷二《历代田赋之
制》载：③

---

① 《旧唐书》卷四八《食货志上》，中华书局，1975 年，第 2088 页。参见
仁井田陞《唐令拾遗》，第 609—610 页。

② 池田温：《中国古代籍帐研究》，第 245 页。

③ 《文献通考》卷二《历代田赋之制》载武德七年令。并参仁井田陞《唐
令拾遗》，第 609—610 页。

（武德）七年始定均田赋税，凡天下丁男十八以上者给田一顷，笃疾、废疾给田（四）十亩，寡妻妾三十亩，若为户者加二十亩，皆以二十亩为永业，其余为口分。永业之田树以榆桑枣及所宜之木。田多可以足其人者为宽乡，少者为狭乡，狭乡授田，减宽乡之半。

索住洛老男当户，如依余善意受田数减半计之，则当为 20 亩永业，20 亩口分，共为 40 亩。然其仅 35 亩应受田（除 1 亩居住园宅），相差 5 亩，这 35 亩既与同籍王孝顺户小男当户之应受田同额，又与同籍之寡应受田亩相当，并且还与开元七年以后敦煌同类人等，即老男当户应受田 50 亩相当。

如此说来，余善意应受田 60 亩为 50 亩之误，即开元七年前后的田令于此并无改变？或者是索住洛应受田 35 亩为 40 亩之误？

这里我们暂不作判断，但唐令有改变，这一事实则毋庸怀疑。下列勋田数目的不同又是极好的一例。

《唐开元十年(722)沙州敦煌县悬泉乡籍（草案）》D 件载：[①]

45　户主曹仁备年肆拾　捌　岁　卫士上柱国开元八年九月十日授,甲头康大昭,下中户　课户见不输

46　　妻　张　年肆拾　捌　岁　职资妻

47　　男　崇　年叁　拾　　岁　上柱国子

48　　崇妻　索年贰拾　肆　岁　丁妻

49　　男崇　瑰年　伍　　岁　小男

50　　女明　儿年壹拾　玖　岁　中女

51　　　　　　　　　　　　　　　　四十亩永业

52　　　　　　　陆拾叁亩已受　　　廿二亩口分

---

① 池田温：《中国古代籍帐研究》，第 185—186 页。

53　　合应受田及勋田叁拾壹顷捌拾贰亩　一亩居住园宅

54　　　　　　　　卅一顷一十九亩未受

此籍作成年代为开元十年,当执行开元七年田令,据《唐六典》记载,"凡官人受永业田……上柱国三十顷"①,曹仁备为卫士上柱国,其子丁男,其户"合应受田及勋田"31顷82亩(53行)。分解一下,居住园宅2亩,其子1顷,曹仁备应受田(含勋田)为30顷80亩。也就是说,曹仁备以丁男身份应受之永业田20亩包含在30顷的勋田中,其余下之80亩应受田则为口分田。

我们再看《唐天宝六载(747)敦煌郡敦煌县龙勒乡都乡里籍》中勋田的登录,则唐令的变化可谓历历在目:②

131　户主程大忠　载伍拾壹岁　上柱国　开元十七载十月二日授甲头卢思元　曾通　祖子　父义下中户空　不课户

132　妻张　载伍拾叁岁　职资妻空

133　妻宋　载贰拾贰岁　职资妻　天宝四载帐后漏附空

134　男　思璟　载壹拾陆岁　小男　转前籍载廿天宝五载帐后貌减就实空

135　男　思谏　载伍岁　小男　天宝三载籍后死空

136　男　思让　载贰岁　黄男　天宝五载帐后附空

137　女　仙仙　载贰拾岁　中女空

138　女　仙仙　载壹拾陆岁　小女空

139　女　妙音　载壹拾叁岁　小女空

140　女　妙音　载壹拾叁岁　小女空

①《唐六典》卷三户部郎中员外郎条,第75页。参见仁井田陞《唐令拾遗》,第617—618页。

②池田温:《中国古代籍帐研究》,第205—207页。

141　　女　娘娘　载　捌　岁　小女空

142　　妹　王王　载壹拾柒岁　小女空

143　　妹　寄生　载壹拾陆岁　小女空

144　合应受田叁拾壹顷肆亩　　捌拾贰亩已受　廿亩永业　六
十一亩口分　一亩居住园宅　卅顷廿二亩未受

（下略）

程大忠丁男上柱国，为其户唯一受田口，时当天宝六载，当执
行天宝令，①其"合应受田"31 顷 4 亩（144 行），4 亩为居住园宅，
而 31 顷中，当包含上柱国勋田 30 顷，余下的 1 顷，则为其丁男身
份所应得。与曹仁备之"合应受田及勋田"相比较，显然，程大忠
多出了 20 亩的丁男永业田。列成表则是：

	上柱国身份	丁之身份	备注
曹仁备	30 顷	80 亩	开元十年
程大忠	30 顷	1 顷	天宝六载

在敦煌户籍中，如同程大忠这样的例子颇多，比如同为天宝
六载籍中就有：□仁明上柱国丁男身份"合应受田"31 顷；程思楚
"合应受田"1 顷 60 亩，其武骑尉身份应得 60 亩，而其丁男身份
则得 1 顷；程智意亦类似，"合应受田"1 顷 80 亩，其飞骑尉身份
应得 80 亩，而其丁男身份也是 1 顷。②

这样的事实告诉我们：年代不同，适应当时情况的需要，所执

_____

①　由于天宝令不见记载，我们只能把它看作是开元二十五年之田令之
规定。

②　比如同籍之程思楚、程什住、程智意、程大庆等及《唐天宝六载（747）
敦煌郡敦煌县效谷乡□□里籍》□仁明等，凡勋官身份受勋田，其额都与曹
仁备不同而与程大忠相似，见池田温《中国古代籍帐研究》，第 191、192—214
页。其有关程思楚、程智意受勋田之引文见下第六节。参见拙著《唐代西州
土地关系述论》，上海古籍出版社，2001 年，第 143—146 页。

行的法令也会有所不同了。

我们特别要指出的是，虽则曹仁备的"合应受田及勋田"为孤证，但此孤证却极有说服力，原因就在其登记方式上。31项的整数显然比30顷80亩易于登录，而之所以曹仁备以"合应受田及勋田叁拾壹顷肆亩"登录在案，乃在于法令的规定原本如此。

若然，则我们只能说，从开元七年令到开元二十五年令（天宝令？），关于勋田授受的数额发生了变化。于是，前例举余善意以老男当户，其应受田数额在开元七年前后令文存在变化，也应该是可能之事。

四、《天圣令》所附《唐令》为建中令考释

唐令在不同时期有着不同的变化。我们在第二节中曾指出，戴建国先生关于《天圣令》所附《唐令》中"六品、七品各二顷五十亩，八品、九品各二顷"的记载，"反映出《天圣令》所附唐田令的完整性和可靠性"，这样的说法有着极大的局限性。原因正在于《天圣令》所附《唐令》，就其令文而言，应属建中令，而非开元二十五年令。

在第三节中，我们也提到了，开元二十五年令后，以田令而言，其条文的改动是不多的。但在不多的条文改动中，关于六品以下职散官授予一定数量的永业田，应该说是改动较大的一条。这样的改动，不单是文字方面的，还带有一定的实质性。

笔者尝撰有《唐代六品以下职散官受永业田质疑——敦煌户籍勋职官受田之分析》一文，①从现在看来，其间也有判断失

---

① 卢向前文《唐代六品以下职散官受永业田质疑——敦煌户籍勋职官受田之分析》，载《文史》第34辑，1992年。收入《敦煌吐鲁番文书论稿》，江西人民出版社，1992年。

误之处，①但总的结论应该是能站得住脚的。为了说明《天圣令》所附《唐令》为建中令这个问题，笔者还得把拙文有关的结论及证明再说一说。

我们说，勋官各品级受永业田的规定在敦煌吐鲁番文书中有具体表现。勋官上柱国可受勋田如曹仁备、程大忠已见上述；而六品勋官飞骑尉身份可得勋田 80 亩，七品勋官武骑尉身份亦可得勋田 60 亩。以下三例就是这样的情况。《唐天宝六载（747）敦煌郡敦煌县龙勒乡都乡里籍》C 件略载：②

175 户主程智意 载肆拾陆岁 卫士飞骑尉开元十七载五月廿三日授甲头贡子曾延 祖子 父住下中户空 不课户

191 合应受田壹顷捌拾陆亩 玖拾贰亩已受 廿亩永业 七十一亩口分 一亩居住园宅 九十四亩未受

同件载：③

158 户主程大庆 载肆拾伍岁 武骑尉开元十八载闰六月廿日授甲头李郎子曾通 祖子 父义下中户空 不课户

167 合应受田壹顷陆拾叁亩 陆拾捌亩已受 廿亩永业 四十七亩口分 一亩居住园宅 九十五亩未受

同件还有：④

56 户主程思楚 载肆拾柒岁 卫士武骑尉开元十七载三月

---

① 该文的失误之处就在于，对于《新唐书·食货志》中关于官员永业田"六品七品二顷五十亩，八品九品二顷"的田令记载，以为是"欧阳修之错简"，这肯定是不对的，欧阳修所依据的正是《天圣令》所附之唐田令；而文中以为"此一法令很可能定于两税法实施以后的德宗贞元之时"，现在看来，恐怕也有再探讨的必要。

② 池田温：《中国古代籍帐研究》，第 208—209 页。

③ 池田温：《中国古代籍帐研究》，第 207 页。

④ 池田温：《中国古代籍帐研究》，第 200—202 页。

廿九日授甲头吴庆广曾信　祖端　父德下中户空　　　不课户

64　　弟　思忠　载叁拾玖岁　卫士空

69　　弟　思太　载叁拾伍岁　白丁空

74　　合应受田叁顷陆拾伍亩　柒拾玖亩已受　六十亩永业　一十八亩口分　一亩居住园宅　二顷八十六亩未受

　　六品以下勋官受永业田在文献以及敦煌吐鲁番文书中都有记录，然而，在搜检文献当中，笔者注意到，除了《新唐书·食货志》外，其他的各种文献，包括《唐六典》《通典》及《旧唐书》在内，均无六品七品以下职散官受永业田的记载，这就很使人可疑。而尤其令人惊讶的是，根据文书有关唐德宗以前的记载可知，六品以下的职散官并没有受官人永业田的资格。

　　《唐天宝六载（747）敦煌郡敦煌县龙勒乡都乡里籍》C件载：①

87　　户主程什住　载柒拾捌岁　老男翊卫景云二载二月三日授甲头张玄均曾智祖安　父宽下中户空　　　课户见不输

　　（中略不受田口9行之记载）

97　　　弟　大信　载叁拾肆岁　上柱国子取故父行宽上柱国荫　天授元载九月廿三日授甲头宋思敬空

　　（中略不受田口4行之记载）

102　　合应受田壹顷伍拾伍亩　陆拾肆亩已受　四十亩永业　一十五亩口分　九亩勋田　九十一亩未受

　　（下略）

　　程什住正八品上卫官翊卫身份，②却并无二顷之职官永业田。同籍之程仁贞亦是如此：

---

① 池田温：《中国古代籍帐研究》，第202—203页。

② 翊卫为正八品上之卫官，见《通典》卷四〇《职官·秩品五》，第1099页。

116　户主程仁贞　载柒拾柒岁　老男翊卫景云二载二月三日授甲头张玄均曾智祖安　父宽下下户空　　　　　不课户

（中略不受田口 8 行之记载）

125　合应受田伍拾叁亩　叁拾壹亩已受　一十七亩永业　一十四亩勋田　廿二亩未受

（下略）

而同籍 B 件曹思礼户则略载：①

5　户主曹思礼　载伍拾陆岁　队副开元十一载九月十六日授甲头和智恭曾高　祖廓　父珍下中户空　　　　课户见不输

6　　母孙　载陆拾岁　寡　天宝五载帐后死空

8　　弟令休　载贰拾捌岁　白丁天宝五载帐后死空

9　　亡弟妻王　载贰拾伍岁　寡　天宝四载帐后漏附空

17　　亡兄男琼璋载贰拾叁岁　上柱国子取故父建德上柱国荫，景云元载十月廿二日授甲头张元爽天宝四载帐后漏附　曾高　祖廓　父建空

20　　合应受田叁顷陆拾肆亩　陆拾贰亩已受　六十四亩永业六十亩永业　一亩口分　一亩居住园宅　三顷二亩未受

细析此户应受田，曹思礼从九品下武官队副身份，②并未有受永业田二顷之资格。

又有《唐大历四年（769）沙州敦煌县悬泉乡宜禾里手实》略载：③

1　　户主赵大本　年柒拾壹岁　老男　下下户　课户见输

4　　男　明鹤　年叁拾陆岁　会州黄石府别将乾元二年

① 池田温：《中国古代籍帐研究》，第 195—196 页。

② 队副为从九品下之武官，《通典》卷四〇《职官·秩品五》，第 1102 页。

③ 池田温：《中国古代籍帐研究》，第 215 页。

十月　日授甲头张为言曾德　祖多　父本

　　5　　　男　思祚　年贰拾柒岁　白丁

　　6　　　男　明奉　年贰拾陆岁　白丁转前籍年廿大历二年帐
后貌加就实

　　7　　　男　如玉　年贰拾肆岁　中男宝应元年帐后漏附

　　8　　合应受田叁顷陆拾肆亩　玖拾亩已受　八十九亩永业
一亩居住园宅　三顷六十三亩未受

　　别将为折冲府七品职事官，①赵明鹤任此职，却没有受永业田二顷五十亩之资格。此外，尚有同手实索仁亮，带有"守左领军宕州常吉府别将"之头衔，亦无受田之权利。②

　　天宝六载（747）籍，应执行开元二十五年令或天宝令，而大历四年（769）籍，应执行至德令，上述诸例职散官受永业田情况，应在开元令、天宝令、至德令令文原则下展开，然而，从中我们却未得看到拥有职散官六品以下身份者，有着"六品、七品各二顷五十亩，八品、九品各二顷"的应受官人永业田的资格。如此看来，在大历以前，应无六品以下职散官受永业田之可能。开元二十五令以后三次进行修令活动中，由于六品以下职散官受永业田在至德令中没有相关表现，那么，这一受田资格取得，应反映在唐德宗大历至建中时期的修订唐令的活动，即所谓建中令中。

　　这里需要回答一个问题：唐中后期，在均田制渐趋瓦解的时期，仍在建中令添加有关均田制的新内容，会不会存在问题？笔者以为，其中并不矛盾，建中令对田制内容的填补，正反映出这一时期社会变动的趋势。

　　推行均田制本身即含有政治统治的意味。统治者希望通过

---

　　① 上折冲府别将正七品下、中府从七品上、下府从七品下，《通典》卷四〇《职官·秩品五》，第1098—1099页。

　　② 池田温：《中国古代籍帐研究》，第225—226页。

实施均田制,建立与一般民众间直接的权力支配关系,民众被视为皇帝统治下的"编户齐民"。然而,这种皇帝与民众之间直接联系的愿望并没有得到切实满足,唐代均田制更多体现出皇帝与各级官僚之间的利益分配关系,唐前期,官僚等级、官僚身份的区分非常突出。这一时期可以划分出三种主要的官僚级别。一至三品为一类,四五品为一类,六品以下又为一类。有关三品、四品之间,五品、六品之间在官员身份、待遇上的差异,吴丽娱先生在整理研究《天圣令》有关丧葬令部分时,作了许多有益的探讨。①而有关五品与六品之间在身份、待遇上的差异,我们同样可以从职散官是否受永业田的角度窥知一二。

安史之乱结束以后,出现了藩镇割据局面,这一局面在德宗时期更为胶固。藩镇使府掌握各自领域内的各种资源,而皇帝能直接控制的资源则越来越少,皇帝需要更有效率的统治手段来获取资源与巩固统治,建立起皇权与地方之间更为紧密的联系。原由府兵系统发展而来的勋官品级,作为唐前期皇帝笼络地方的手段、评价身份的标准,在勋官不断滥授之下,其价值日趋低落,失去了实际笼络官僚的效能。于是,职事官与散官被皇帝利用来作为代表官僚身份的新的重要标识,通过将统治权益向更宽泛的方向扩展,来换取各级官僚对皇权的忠诚,职散官"六品、七品各二顷五十亩,八品、九品各二顷"永业田受田规定正是在这一背景下出台,而随着职散官品级普遍授予,职散官进一步与具体职事内容相分离,有力地推动了中晚唐时期使职差遣制度的发展。而建中令的对田令内容的增加,正体现出这一时代变化的特征,适应了当时政治统治的需要。

---

① 参见吴丽娱《唐丧葬令复原研究》相关内容,载《天一阁藏明钞本天圣令校证(附唐令复原研究)》,上册。

"唐令是关于国家体制和基本制度的法规，因而也是唐代整个法律体系的主干。"①正是因为唐令在唐代政治与社会生活中有着特殊重要的位置，因此，自高祖立唐以来，唐各统治者不断开展对令文的修订与完善工作，令文内容也处在不断发展变化之中。德宗时对令文的修订有着切实的需要，而六品以下职散官受永业田的规定正从需要中产生出来。如此看来，《天圣令》所附《唐令》暨《新唐书·食货志》所载之"六品、七品各二顷五十亩，八品、九品各二顷"官人永业田非为开元二十五年田令所规定可明；而从这里，我们更可以知晓，《天圣令》所附《唐令》当为建中令了。

（原载《国学研究》第 22 卷，北京大学出版社，2008 年）

---

① 戴建国：《唐〈开元二十五年令·田令〉研究》，载《历史研究》2000 年第 2 期，第 50 页。

唐代西州合户之授田额

笔者在《部田及其授受额之我见——唐代西州田制研究》①一文中,提出了唐代均田制下,西州一丁男的土地授受额有:

常田四亩、部田二亩——基准额——常田四亩、一易部田二亩;

常田四亩、部田四亩——折算额——常田四亩、二易部田四亩;

常田四亩、部田六亩——标准额——常田四亩、三易部田六亩。

这样的对应关系。然而在西州,似乎还有一种合户者的土地授受额。本文所欲揭示者,就是合户者的土地授受额。

关于唐代的合户问题,冻国栋先生有《隋唐时期的人口政策与家族关系——以析户、合贯(户)为中心》②一文进行考察,他认为《唐开元十九年(731)西州柳中县高宁乡籍》③和《唐开元四年(716)西州柳中县高宁乡籍》④反映了一般民户中累世同居共财家庭存在,甚至包括旁亲在内的状况。

---

① 载《敦煌吐鲁番研究》第1卷,北京大学出版社,1984年。
② 载《唐研究》第4卷,北京大学出版社,1998年。
③ 《吐鲁番出土文书》第八册,文物出版社,1987年,第403页。
④ 池田温:《中国古代籍帐研究》,第243页。

韩国磐先生在《再论唐朝西州的田制》[1]一文中提出，《唐开元二十九年(741)前后西州高昌县退田簿及有关文书(附开元二十五年文书)》[2]中，和静敏户"合授常田三亩部田五亩"，大概"又反映了另一种授田数额"。

李锦绣先生在讨论给侍制度时说，儒家学说在唐朝的实现，并非只是给侍这一制度，唐代均田制关于一部分人的给田，就是以儒家学说为指导思想的。武德七年、开元七年、开元二十五年田令中，都规定了老、笃疾、废疾、寡妻妾的给田，这正是"大道之行"，矜寡孤独老疾有所养这种儒家社会理想中的一个内容。[3]

联系三位的说法，我们就来看看唐代西州的合户者的授田额。

《唐开元四年(716)西州柳中县高宁乡籍》a 件略载：[4]

21	户主王孝顺年拾壹岁	小男代父贯	下下户	不课户	
22	父盲秃年叁拾陆岁	卫士开元贰年帐后死			
23	母苏年叁拾陆岁	丁寡			
24	弟思忠年肆岁	小男开元贰年帐后括附			
25		肆亩永业			
26		肆亩肆拾步已受			
27	应受田伍拾壹亩	肆拾步居住园宅			
28		肆拾陆亩贰伯步未受			
29	壹段壹亩永业常田	城南三里	东渠	西梁师	南

①　韩国磐主编：《敦煌吐鲁番出土经济文书研究》，厦门大学出版社，1986 年，第 21 页。

②　池田温：《中国古代籍帐研究》，第 416 页。

③　李锦绣：《唐代制度史略论稿》，中国政法大学出版社，1998 年，第 374 页。

④　池田温：《中国古代籍帐研究》，第 244 页。

王堆女　北安秃子

30　壹段壹亩永业常田　城西肆里　东郭申　西孙喜　南李伯　北魏海

31　壹段贰亩永业部田二易　城西三里　东荒　西还公　南渠　北渠

32　壹段肆拾步居住园宅

此户为小男当户，有丁寡一，应受田51亩，当是此二人之额。但从他们占有2亩常田、2亩"部田二易"来看，仅符合一丁"常田四亩、部田四亩"的折算额，而其母苏，虽是丁寡，不为户主，并未受田。这是一种情况。然而，亦有另一种情况，即身为寡妇而不为户主者受田之事实。同文书又有：

3　户主江义宣年贰拾贰岁　白丁亲侍　下中户　课户不输

4　母张年肆拾壹岁　　　丁寡

5　弟抱义年拾伍岁　　　小男开元贰年帐后死

6　弟义珍年拾伍岁　　　小男

7　妹寿持年拾伍岁　　　小女

8　叔母俎渠年伍拾柒岁　丁寡笃疾两目盲

9　　　　　　壹拾叁亩壹拾步永业

10　　　　　壹拾叁亩捌拾步已受

11　应受田玖拾壹亩

12　　　　　柒拾步居住园宅

13　　　　　柒拾柒亩半肆拾步未受

江义宣户一丁男二丁寡，应受田91亩。其实际受田，丁男当得田10亩，而其户已受田13亩80步，除却70步居住园宅，尚余3亩10步（据分段亩数之和，实为2亩半10步），这余下的土地，显然是其寡母、寡叔母份额之土地。于是，对照王孝顺户，此户的情况就显得特殊了。这是什么原因呢？

面对这似乎不合理的现象，杨际平先生说："江义宣户实际上为两户合一户。"①这话说得很对。而正是从这现象中，我们可以寻觅出西州尚有一种特殊的授田额，即合户者的授田额。

《唐开元二十九年(741)前后西州高昌县退田簿及有关文书(附开元二十五年文书)》第49件载：②

1　尚贤乡

2　　和静敏一段二亩常田　城东二里七顷渠　　　东渠　西翟大索　南驿田　北渠

3　　　一段三亩部田　　城北廿里屯亭　　　　　东荒　西渠　南张守悦　北荒

第51件载：

8　　和静敏死退二亩常田　　城东二里七顷渠(后略)

9　　　一段三亩部田　　城北廿里新兴屯亭(后略)

10　右件地，所由里正孙鼠居

第74件载：

1　　[⎯⎯⎯⎯⎯]籍帐未除。户俱第六，家有母及叔母

2　　二人丁寡，合授常田三亩、部田五亩，所合退地，请

3　　追静敏母问，即知退地□□，请处分。

4　牒，件状如前，谨牒。

5　　　　　　　　　　开元廿五年四月　日里正孙鼠居牒

第49件与第74件文书实际上属同一牒件，为里正孙鼠居牒中之前后部分；第51件，则是县司判案中的一部分。孙居鼠牒与县司判案互相关联。据上引文书可知，和静敏死，当退常田二亩、

---

① 杨际平：《唐代西州欠田、退田、给田诸文书非均田补正——兼论唐代西州的两种授田制度》，载《敦煌吐鲁番出土经济文书研究》。

② 池田温：《中国古代籍帐研究》，第399—417页。

部田三亩,因为其母与其叔母丁寡而合户(从"户俱第六"之"俱"字即可看出),退田似有疑问,故里正孙居鼠提出"合授常田三亩、部田五亩,所合退田,请追和静敏母问"之请求。而这"常田三亩、部田五亩"就是西州二寡妇合户授田之标准额。

再分析一下,则和静敏母丁寡当户(即使和静敏为户主,当他死去,则其母丁寡当户),合授常田二亩、部田三亩,和静敏叔母丁寡不当户,合授常田一亩、部田二亩。可以说,这常田一亩、部田二亩,是寡妇合入他户后当得之数额。

以此份额来衡量《唐神龙三年(707)西州高昌县点籍样》中一些人户的受田,大约情况类似:[1]

80　户主曹莫盆年四十　　卫士

81　　口大小总七丁男

82　　合已受田一十三亩四十步

83　户主康寿感年七　　小男

84　　口大小总七小男一　丁寡二　小女三　中女一

85　　合已受田八亩四十步

曹莫盆丁男当户,合受田 10 亩,余下的,40 步为居住园宅,3亩则是寡妇合户应受之额,故其户合已受田 13 亩 40 步。康寿感则小男当户,合受田 5 亩,户中有丁寡二,其中之一为合户者,合受田 3 亩,加上居住园宅 40 步,故已受田为 8 亩 40 步。

寡妇如此,其他的合户是否以此标准受田呢?请看《唐开元四年(716)西州柳中县高宁乡籍》a 件的索住洛户:[2]

33　户主索住洛年陆拾岁　　老男下下户　不课户

34　　妻令狐年伍拾捌岁　老男妻

---

[1]《吐鲁番出土文书》第七册,第 475 页。

[2] 池田温:《中国古代籍帐研究》,第 245 页。

35	男仁惠年肆岁	小男　先天贰年帐后新生附
36		捌亩永业
37		捌亩肆拾步已受
38	应受田叁拾陆亩	肆拾步居住园宅
39		贰拾柒亩贰伯步未受
40	壹段壹亩半柒拾贰步永业陶,(后略)	
41	壹段肆拾捌步永业常田,(后略)	

索住洛老男当户,当受田5亩,此户除40步居住园宅外,户内别无人口有受田资格,然其户却有田8亩40步,3亩为谁之份额呢?考察其户成员,颇疑即为四岁小男仁惠之受田,因为索住洛之男仁惠年4岁,其妻令狐,年58岁,往上推四年,恐亦无生育之能力,而仁惠由于合户,即可得3亩之份额。

于是,从以上数例大约可以推出,西州合户之受田,即使不为户主之老男亦应有此份额。

回过头去看江义宣户,其户13亩10步已受田,户主江义宣占10亩,其不为户主之寡叔母占3亩,只是10步无处着落,或许是二户居住园宅之余吧(40+40−70=10)?

合户者常田一亩,部田二亩之标准施行于何时,我们不得而知,但看唐高宗开耀二年(682)左近的欠田簿,大约可以得出此一标准的实施与丁男10亩之标准施行时间一致的结论:[1]

1	□住行□□□□	户内欠常田二亩　部田三亩
2	米文行廿五卫士	户内欠常田三亩　部田四亩
3	四等	
4	高峻端四十五卫士	户头欠常田二亩　部田三亩
5	高君达廿二卫士	户内欠常田三亩　部(田)五亩

---

[1]《吐鲁番出土文书》第六册,第574—575页。

6　　张文固五十六勋官　户头欠常田三亩　部田五亩

7　　张□□五十五□官　户头欠常田三亩　部田五□

8　　弟建嘿四十九府史　欠常田四亩　　部田六亩

9　　　　　　　　　　　　　　　　　　　　阴永

10　　上上户

11　　史义感廿九品子　户内欠常田四亩　部田六亩

12　　堂弟仁俨廿六品子　欠常田四亩　部田六亩

此件之欠田数额,均在一丁男受田额之下,但所欠常田三亩、部田五亩,总让人觉得与合户有关。尤其是张建嘿兄弟,一为55岁,一为49岁,仍在一户,史义感与其堂弟仁俨亦未分家的事实,更使人有这种联想。如果联系《唐景龙三年(709)十二月至景龙四年(710)正月西州高昌县处分田亩案卷》,严氏家族"一户总有四丁,三房别坐"之事实,[1]联系《唐开元二十九年前后(741)西州高昌县欠田簿》中既有丁中又有老寡的记载,[2]我们有理由相信,此件三亩常田、五亩部田之欠田额,就是合户之受田额,只不过我们并不具体知道他们各自合户的情况而已。

合户授田亦有折算额与标准额相对,《唐开元十九年(731)西州柳中县高宁乡籍》[3]就有这样的记载:

1　　柳中县　　　　　　　　□宁乡　　□□□□□□

2　　女修思　年拾肆岁　　　小□

3　　弟大智　年贰拾捌岁　　废疾　开元拾□年□□□□□

4　　□□意　年叁拾壹岁　　丁女空

5　　妹小戒　年贰拾叁岁　　丁女空

---

① 《吐鲁番出土文书》第七册,第506—523页。

② 池田温:《中国古代籍帐研究》,第391—398页。

③ 《吐鲁番出土文书》第八册,第403—405页。

6   伯母韩　年陆拾捌岁　老寡空

7   姑汉足　年柒拾玖岁　老寡开元拾陆年籍柒拾玖其帐后貌减三年就实

8　　　　　　　　　壹拾伍亩永业

9　　　　　壹拾伍亩柒□步已受

10　应受田壹顷陆亩　　柒拾步居住园宅

11　　　　　玖拾亩半伍□步未受

12　壹段壹亩永业常田　城南壹里　东左仁　西张伏寿南樊相　北道

13　壹段肆亩永业常田　城西壹里　东辛海　西至道　南李仁　北□□□□□

14　壹段贰亩永业常田　城南壹里　东驿田　西渠　南□田　北渠

15　壹段三亩永业部田贰易　城西三里　东自至　西王渠南令狐龙　北徐德

16　柳中县　　　　　　　高宁乡籍　　　开元拾玖年籍

17　壹段壹亩永业部田贰易　城西三里　东王熹　西渠南张海　北郎中寺

18　壹段肆亩永业部田贰易　城北□里　东荒　西渠南苏建　北自至

19　壹段柒拾步居住园□

此户有弟28岁，当为丁男，其户"应受田壹顷陆亩"，则应受田口为一丁三寡（60亩+15亩×3+1亩＝106亩）。可注意者，其已受田为15亩。对于此一数字，笔者曾错误地认为是户主与其弟大智之份额,但常田欠少一亩。① 现在看来,那是忽视了弟大智下"开元拾□年□□□□□"的脚注。若据脚注,可以说,当此之时,大智已发生了变故,他已不再为应受田及已受田口了。

但分解这 15 亩土地到各人名下则仍相当困难,原因就在它既与合户有关,又与折算额有关。试着推演,就是:户主丁男当户,常田 4 亩、部田 4 亩;伯母、姑均老寡,常田 3 亩、部田 4 亩;户主之母虽寡,不当户不受田。

然而,这样的推算似乎亦有小问题,合户者常田 1 亩、部田 2 亩,则二老寡应是常田 2 亩、部田 4 亩,余出常田 1 亩。对于此一问题,我们只能认为,其户伯母、姑原为二户,先已合为一户,其已受田,一为常田 2 亩、部田 2 亩,(以折算额受田,)一为常田 1 亩、部田 2 亩(以标准额受田),待到三户合为一户,则仍保留此一份额不变。

若此说不误,则我们不但看到了合户者亦有折算额与标准额相对,也看到了丁男受田折算额常田 2 亩、部田 2 亩的事实。

当然,合户者亦应有基准额与标准额、折算额相应的状况,只是我们无缘寻出实例及其具体的数额了。

根据以上的分析,我们的结论便是:唐代西州老、寡及小等合户,可额外多得常田一亩、部田二亩。此种标准存在的原因,一方面在于当地土地的欠少(若为两户,官府之授田数量当更多),另一方面,则在于唐代官府所标榜的矜寡孤独老疾有所养的儒家理想。

---

① 拙文《唐代西州田制的普遍意义——唐代西州田制研究之一》,载《文史》第 44 辑。与此错误相应,应受田额亦认为"当为 110 亩"。

唐代西州之"合附籍田"

一、缘　起

在吐鲁番出土的唐代西州户籍中,有两件文书中有"合附籍田"字样。这两件文书刊载于《吐鲁番出土文书》第六册,一件是哈拉和卓39号墓出土的《唐贞观年间(640—649)西州高昌县手实一》,[①]一件是阿斯塔那5号墓出土的《唐残户籍二》之(一),[②] (为叙述方便,前件称甲文书,后件称乙文书。)这两件文书,若与西州其他户籍手实相比较,有其特异之处。一般户籍手实在记载该户户主、户内成员的后面,记载田土地积、类别、处所、四至的前面,往往记作"应受田若干亩"等等字样,比如《唐开元四年(716)西州高昌县安西乡安乐里籍》:[③]

(中缺)

25	计缕□□
26	计租陆斗
27	壹拾亩永业
28	壹拾亩肆拾步已受
29　应受田柒拾陆亩	肆拾步居住园宅

---

①《吐鲁番出土文书》第六册,文物出版社,1985年,第105—106页。
②《吐鲁番出土文书》第六册,第342—343页。
③《吐鲁番出土文书》第八册,文物出版社,1987年,第317—318页。

30　　　　　　　　　　　　　陆拾伍亩贰佰步未受

31　壹段贰亩永业□□　城西贰里孔进渠　东至渠　西张住
海　南安苟仁　北傅阿洛子

（下略）

（我们将此件称为丙文书。）这样的记载,当然是"严格按照
全国统一规定的狭乡标准计算'应受田'的"。① 但甲、乙两件文
书就不一样了:乙件记作"合附籍田柒拾玖亩半四十步",甲件记
作"合附籍田柒拾玖亩一百二十步"。

这种差异自然引起了学者的注意,并各自作出了判断。比如
韩国磐先生说:"这里所载'合附籍田'不是买田,也不是新授之
田,我推测这是按田令此户合该得田若干亩,就写成'合附籍
田',与一般写为'应受田'之意相同。"②至于甲、乙件中不规则的
田亩数字,韩先生未作出解释。

杨际平先生说:"此种户籍所登录的'合附籍'田园若干亩不
知什么含义",但可以肯定,"它不是均田制下的'应受田'标准",
因为,"实际上,均田制下的'应受田'也并无'柒拾玖亩半四十
步'与'柒拾玖亩一百二十步'者",并得出结论说:"自贞观年间
起,西州就有两种户籍:一种是均田户的户籍,按唐代均田令规定
的统一标准计算应受田、已受田、未受田;另一种户籍则是非均田
民户籍,它虽也具载家口丁中情况与田土分配情况,各种格式与
前者也无大差别,但'应受田'标准却完全不同于均田令的规定,

---

① 杨际平语,见《唐代西州欠田、退田、给田诸文书非均田说补正——兼
论代西州的两种授田制度》,载《敦煌吐鲁番出土经济文书研究》,
第100页。

② 韩国磐:《再论唐朝西州的田制》,载《敦煌吐鲁番出土经济文书研
究》,第15页。

这就有力地证明了唐代西州确实并存着两种不同的授田制度。"①

池田温先生对甲、乙两件文书的缺字作了一些推补后说："'合附籍田'之含意大概为籍帐之应受田，而'应受田'实际表示西州给田中之已受田"，他分析说："前者（即甲件）5 段受田包含常田、菜、桃（葡萄园）、部田、赐田五种，而其累计面积可能（为）10 亩+赐田若干亩"，"后者（即乙件）残存部分登载 4 段计常田 4 亩，正是符合一丁之给田基准，后缺部分可能登载部田 6 亩余等"，"前者（即甲件）第 3 和后者（即乙件）第 5 行之亩数可能表示赐田之类，与常部田有别"。至于"合附籍田柒拾玖亩云云之亩数甚费解，眼下无明确解释，但两者（即甲乙件）亩数相近恐不是单纯偶合。贞观十四年安苦知延手实有'合受田八十亩'亦与此等记载不无关系"。②

由上述几位学者的论述可知，关于"合附籍田"这个概念的讨论的意义非常重大，它甚至关系到了均田制是否在西州实行的关键问题。那么，"合附籍田"的含义究竟是什么，它与均田制又有什么样的关系？这就是我们在本文中所要讨论的问题。

二、"合附籍田"的含义

依笔者看来：唐代西州之"合附籍田"，并非就是"应受田"；尽管它不是均田制下的"应受田"，但又属于均田制范围；唐代西州亦并无两种户籍、两种不同的授田制度存在；而甲、乙两件亩数相近虽非单纯之偶合（实际上，亩数相同），但又与"合受田八十

---

① 载《敦煌吐鲁番出土经济文书研究》，第 103—104 页。
② 《唐代西州给田制之特征》，载《敦煌吐鲁番学研究论文集》，汉语大词典出版社，1990 年，第 75—76 页。

亩"毫不相干;文书记载"合附籍田"柒拾玖亩余之地积有其特殊意义在。

应该说,池田温先生几乎走到了解决此一问题的边缘,但他未能再加以深究,与正确的结论失之交臂,殊为可惜。而其中的要害还在原卷(录文?)关键处有误。我们还是从补正甲、乙两件文书着手,再给出唐代西州之"合附籍田"的含义。

([　]内文字系笔者改正添加。)

甲　唐贞观年间(640—649)西州高昌县手实一

(前缺)

[0　　　　　　　　　　　　　　　　　一十亩世业]

1　　　　　　　　　　　　[应受田]一十亩七十步已受

2　[合附]籍田柒拾玖亩一百二[六][十步]　七十[步居住园宅]

3　　　　　　　　　　　　　　[三亩一百]六十步[赐田]

4　　　　　　　[六十五]亩一百七十步[未受]

5　[一段　亩]半世业常田　城东一里[　　]东董悦护　西渠　南[　　][北　　]

6　[一段　]十步世业菜　城北一里[　　]东荒　西渠南[　　][北　　]

7　[一段　]步世业桃　城北三里苦[　　]东渠　西渠南李[　　][北　　]

8　[一段六]亩世业部田　城东二里潢渠　东渠　西渠　南阴沙[　　][北　　]

9　[一段三亩]一百六十步世业赐田　城东二里潢渠　东渠西荒　南道　[北　　]

10　[一段七十步]　居住园宅

11　[通当户]来年手实,具注如前,并皆依实[　　　　　　]

（后缺）

乙　唐残户籍二之（一）

（前缺）

1　[　　　]拾壹岁　丁[　　　　　　　　　　　　　　　]

2　[　　　　　]岁　小[　　　　　　　　　　　　　　　]

[2′　　　　　　　　　　　　　一十亩永业]

3　　　　　　　应受田一十亩一百步[已受]

4　合附籍田柒拾玖亩半四十步　　[一百步居住园宅]

5　　　　　　　　　　　三亩半四十步[赐田]

6　　　　　　　　六十五亩[半廿步未受]

7　一段二亩永业常田　城北一里[　　　　　　　]

8　一段一亩廿二步永业常田　城北二里[　　　　　]

9　一段九十八步永业常田　　城北二里　东阴相[　　]

10　一段半亩永业常田　城南[　　　]　东康柱[　　　]

（后缺）

乙件文书据编者介绍，其墓同出文书有纪年者，起麟德二年
（665），止总章元年（668），则乙件文书之纪年大约亦在高宗时。

补正已毕，下面述说补正之理由。

甲、乙两件文书格式相类，当可比较而填补缺字，如甲件第1
行之"应受田"，即依乙件第3行补出，同样地，乙件第3行之"已
受"则据甲件第1行补出，其他一些缺字亦仿照于此，自不待言。
另外，如田亩段数、四至东西南北等，则据常理补出，亦不待言。
而甲件第1行前之"世业"、乙件第2行后之"永业"皆各仍其本
件之用语补出，具有鲜明的时代特色，更不待言。问题的关键还
在那些具体数字的补正。

甲件第1行标明"一十亩七十步已受"，则第2行自可填补成
七十"步居住园宅"，而第1行前之"一十亩世业"之填写也顺理

成章。可注意者,在乙件第 2 行与第 3 行之间,文书编排者特意留出了一空行,这自是编者审慎之处,可说反映了原件状貌,而正是这一空行给我们填补第 2 行后的"一十亩永业"及甲件第 1 行之前的文字提供了一有力之旁证。假若我们看到甲件同墓出土之《唐贞观某年男世达户籍》中有"一十亩世业"的字样,①则这里的填补该是没有疑问的。当然,如何分割乙件第 3 行"已受"之"应受田一十亩一百步",即居住园宅、永业田各是多少尚成问题,因为唐代西州之园宅多为四十步或七十步,但是考虑到唐代西州一丁的受田标准额为 10 亩(4 亩常田、6 亩部田,甲件第 9 行"一段三亩"即据此填写),而 40 步、70 步、100 步恰成一等差级数,于是,我们也就填上了乙件第 2 行以下的"一十亩永业"及第 4 行的"一百步居住园宅"。

甲件之第 5—10 行田土类别为"常田""菜""桃""部田""赐田"及"居住园宅",而第 1 行及此前之一行与第 2 行必包含除"赐田"之外的内容,且第 9 行"赐田"尾数"一百六十步"正与第 3 行尾数"六十步"相同,于是,我们便在第 3 行尾数下填上了"赐田"。同理,乙件标出田土类别的文字虽"后缺",我们还是在第 5 行下填上了"赐田"。

如此,依据乙件第 3—6 行之残存数字,我们可以列出乙件诸数字关系之等式:

乙壹式:

79 亩半 40 步 = 10 亩 100 步 + 3 亩半 40 步 + 65 亩半 20 步
(合附籍田)　(已受之应受田)(赐田)　　　(未受)

其中,乙贰式:

10 亩 100 步　　 = 10 亩　 + 100 步

---

① 《吐鲁番出土文书》第六册,第 103—104 页。

（已受之应受田）（永业）(居住园宅)

根据乙壹式，我们在乙件第 6 行填成了"六十五亩半廿步未受"。

至此，我们完成了乙件推补文字的证明。然而，假若再列两个等式，结果如何呢？

乙叁式：

79 亩半 40 步 = 3 亩半 40 步 + 76 亩；

（合附籍田） （赐田）

乙肆式：

76 亩 = 10 亩 100 步　+ 65 亩半 20 步

　　（已受之应受田）（未受）

十分明显，叁式、肆式中的 76 亩即是应受田，相当于唐代田令中狭乡一丁一寡应受田数额。①

那么，甲件如何呢？ 参照乙贰式，先列出，

甲贰式：

10 亩 70 步　　 = 10 亩 + 70 步

（已受之应受田） （世业）(居住园宅)

此式毫无疑问，但其他各项数字太残缺，唯有"合附籍田柒拾玖亩一百二十步"仅存，而这数字又与其他各项数字之和不合，故很难直接列出甲件数字关系等式，我们只能先作一点假设。

如果，甲件之应受田为 76 亩，则

76 亩 = 10 亩 70 步　+ 65 亩 170 步

　　（已受之应受田）（未受）

这里的 65 亩 170 步之尾数与第 4 行的尾数"一百七十步"相符。

----

① 参见《敦煌吐鲁番出土经济文书研究》，第 82—83 页。

如果我们再把第 2 行之"合附籍田柒拾玖亩一百二十步"与我们假设的应受田 76 亩之差计算一下,则赐田为 3 亩 120 步。但是,3 亩 120 步之尾数既与第 3 行尾数"六十步"不合,亦和第 9 行"一百六十步"赐田尾数相异。于是我们另换一种算法,即将赐田之数假定为 3 亩 160 步,并将其与假定之应受田 76 亩数相加,得到的和为合附籍田 79 亩 160 步,实际上就是甲叁式:

79 亩 160 步 = 3 亩 160 步 + 76 亩

(合附籍田) (赐田) (应受田)

然而,79 亩 160 步之尾数又与第 2 行之"合附籍田柒拾玖为一百二□□"之尾数不符。

看起来,在"合附籍田"79 亩 120 步与"赐田"3 亩 160 步之间必有一误。

笔者以为,"合附籍田柒拾玖亩一百二十步"之数不对,而第 3 行之赐田之数当为我们上文推补的"三亩一百六十步"。理由有三。

其一,观赐田及合附籍田之尾数。第 9 行赐田之尾数"一百六十步"与第 3 行(赐田)之尾数"六十步"两相符合,且无缺字;而第 2 行合附籍田尾数有缺。很有可能,"合附籍田"数中之"二"仅为"六"之上半部分,"二"为"六"之误书或误录。

其二,赐田 3 亩 160 步之记载,非但乙件有,且《唐开元二十九年(741)西州高昌县给田簿》第 16 件亦有:[1]

(前略)

4 □□□亩部田三易 [ ] 西渠 南田[ ]

5 "[ ]"

6 一段壹亩贰伯步赐田二易 城西[ ] 西渠 南卜武

---

[1] 池田温:《中国古代籍帐研究》,第 424 页。

北[　　]

7　　　　"已　上　安　忠　秀"

8　□□壹亩贰伯步赐田二易　城南五里　东渠　[　　　　　]

9　　　　　"给　□　[　　　　　　　　]"

（后略）

据文书格式，这里的两段"赐田二易"属同一户，如果我们把它们相加，则为 3 亩 160 步，与甲乙件之赐田"三亩一百六十步""三亩半四十步"正相符合。时隔近百年，这该不会是偶然的巧合。因此，尽管有乙件同墓出土的"□□□亩赐田"等的记载，[①]我们还是认为甲件之"合附籍田"该是 79 亩 160 步，而其赐田是 3 亩 160 步。

其三，若据我们的补正，则甲、乙两件各数字关系互相对应：

乙壹：79 亩半 40 步＝10 亩 100 步＋65 亩半 20 步＋3 亩半 40 步

甲壹：79 亩 160 步＝10 亩 70 步 ＋65 亩 170 步 ＋3 亩 160 步

　　　（合附籍田）　（已受之应受田）（未受田）　　（赐田）

乙贰：10 亩 100 步　　＝10 亩　　　＋100 步

甲贰：10 亩 70 步　　＝10 亩　　　＋70 步

　　　（已受之应授田）（永业、世业）（居住园宅）

乙叁：79 亩半 40 步＝3 亩半 40 步＋76 亩

甲叁：79 亩 160 步 ＝3 亩 160 步 ＋76 亩

　　　（合附籍田）　（赐田）　　（应受田）

乙肆：76 亩　　＝10 亩 100 步　＋65 亩半 20 步

甲肆：76 亩　　＝10 亩 70 步　　＋65 亩 170 步

　　　（应受田）（已受之应受田）（未受田）

如此看来，甲件"合附籍田柒拾玖亩一百二十步"之"二"为

————————

① 《吐鲁番出土文书》第六册，第 345 页。

"六"之误便确定无疑了。识读文书,一字之辨,竟须费如许笔墨,吾辈可不慎乎?

论证至此,笔者关于甲、乙两件文书补正的假设可说都得到了证实,而"合附籍田"的含义亦在我们的论证过程中得以明了,即"合附籍田"是"应受田"与"赐田"之和。

这里还得作一解释。杨际平先生、池田温先生都将甲件第1行"应受田一十亩七十步已受"、乙件第3行"应受田一十亩一百步已受"中之田亩数仅仅理解为"独特的应授田标准"、①"实际表示西州给田中之已受田"。② 笔者以为,这样的理解似欠全面。因为应受田是已受田与未受田之和,则"一十亩七十步"等当包含在应受田76亩之中,亦即"一十亩七十步"等仅仅是应受田中之一部而非全部,所以,我们可将"应受田一十亩七十步已受"读若(理解为)"应受田76亩中,10亩70步已受",或简作"已受之应受田10亩70步"。这种读法虽然拗口,却符合实际。即使如一般户籍手实中之记载,比如上引之丙件:

(前略)

27	壹拾亩永业
28	壹拾亩肆拾步已受
29 应受田柒拾陆亩	肆拾步居住园宅
30	陆拾伍亩贰佰步未受

(后略)

亦可读成"应受田76亩中,10亩40步已受,65亩200步未受。10亩40步已受中,10亩永业,40步居住园宅"。读者以为然否?

---

① 载《敦煌吐鲁番出土经济文书研究》,第103页。
② 载《敦煌吐鲁番出土经济文书研究》,第76页。

顺便说一下，我们现在所见到的"合附籍田"的例子，较为完整的，唯有甲、乙两件，作为官田授受制的旁证，杨际平先生"另据图版"引录69TAM119出土的文书，认为它"很可能也属于此类（即甲乙件）文件"，恐怕判断有误。

这件文书现在刊于《吐鲁番出土文书》第八册第2—3页，与杨先生之录文有两处不同。[①] 笔者还是照录八册之文，而在与杨文不同处附上问号：

丁　唐西州高昌县手实

（前缺）

1 　　　　［　　　　　　　　　　　　　　　］顷伍拾陆亩
2 　　一顷四十（卅?）步一［　　　　　　　　　　　　　］
3 　　□□□□永业常田　城南二里樊渠［　　　　　　　　］
4 　　□□四亩永业常田　城西二里孔□［　　　　　　　　］
5 　　□段三亩永业部田　城西五里树［　　　　　　　　　］
6 　　一段三亩永业部田　城东五里胡［　　　　　　　　　］
7 　　一段三（二?）亩永业部田　城西五里［　　　　　　　］
8 　　一段七十步居住［　　　　　］
9 牒，件通当户［　　　　　　　　　　　　　　］
10 尽，若后脱［　　　　　　　　　　　　　　　］

（后缺）

杨先生以为，此件第2行"一顷卅（?）步未受，那么，该户已受田当有五十亩二百一十步"，故与甲、乙件相类。然而，该户果真1顷40步未受吗？笔者以为，从文书格式看，引件没有如同甲

---

① 录文载《敦煌吐鲁番出土经济文书研究》，第102—103页。又见同氏《均田制新探》，第297页。后者之录文与《吐鲁番出土文书》第八册之录文有三不同。

件第 3 行、乙件第 5 行之内容,故与甲、乙件并不相似,而第 2 行之"四十步"当为"四十亩"之误,"步"下有"一"字就明确地说明了这一点;而这"一"字下当可补以"百七十步未受"字样。这样,略去烦琐的论证,整件文书之数字关系可列成:

丁壹:156 亩 = 15 亩 70 步 + 140 亩 170 步

　　　(应受田)(已受田)　(未受田)

丁贰:15 亩 70 步 = 15 亩 + 70 步

　　　(已受田)　(永业)(居住园宅)

丁叁:15 亩 = 6 亩　 + 9 亩

　　　(永业)(常田)(部田)

实际上,与乙件同墓出土之《唐残户籍二》之(二)倒与甲、乙件格式相似,当为同类,惜其太残,无缘作出数字分析也。

三、"合附籍田"之性质

我们在上面已论证了"合附籍田"之含义,即它是应受田与赐田之和,那么,它的性质如何呢? 笔者以为,"合附籍田"固然有它的特异性在,但依然在均田制范围之内。

我们先以敦煌出土文书作比较。

在敦煌出土之户籍手实中,由于身份有勋官与非勋官(白丁)之别,因而其"应受田"的数量也是不同的。比如《唐天宝六载(747)敦煌郡敦煌县龙勒乡都乡里籍》C 件载:[①]

(前略)

248　户主卑二郎　载贰拾玖岁　白丁代父承户下下户空　课户见输

249　　父　思亮　载伍拾捌岁　卫士天宝三载籍后死空

---

① 池田温:《中国古代籍帐研究》,第 212—214 页。

250   母　程　　载伍拾贰岁　寡空

251   弟　仙昭　　载壹拾玖岁　中男转前籍载十六,天宝四载帐后貌加就实空

（中略中女、小女八口记载）

260   合应受田贰顷叁拾肆亩　　伍拾柒亩已受,四十亩永业,七亩口分,一十亩勋田,一顷七十七亩未受。

（下略）

卑二郎户之"合应受田"显然符合于开元二十五年令宽乡给田之规定。《通典》卷二《田制下》载其令略曰：

> 丁男给永业田二十亩,口分田八十亩;其中男年十八以上亦依丁男给。
>
> 寡妻妾各给口分田三十亩。
>
> 应给园宅地者,良口三口以下给一亩,每三口加一亩。

依此,卑二郎户之合应受田为：

234 亩 ＝ 200 亩 　＋30 亩 ＋ 4 亩

　　　（一丁一中）　（寡）　（居住园宅）

虽然,其户勋田 10 亩,但并不计入"合应受田数"中。[①]

而同籍同件：[②]

（前略）

131   户主程大忠　载伍拾壹岁　上柱国开元十七载十月二日授　甲头卢思元　曾通　祖子　父义　下中户空　不课户

（中略妻、小男、黄男等十二口记载）

144   合应受田叁拾壹顷肆亩　　捌拾贰亩已受　廿亩永业　六

---

① 敦煌户籍手实中,多有无勋官而有勋田,有勋官而无勋田现象,又有有勋官有勋田现象,情况颇为复杂,因非本文主旨,存而不论。

② 池田温：《中国古代籍帐研究》,第 205—207 页。

十一亩口分 一亩居住园宅 卅顷廿二亩未受

（下略）

程大忠户"合应受田"亦与田令相符，《通典》同卷同条又有：

其永业田，上柱国三十顷。

程大忠户"合应受田"即为：

3104 亩 ＝ 100 亩 ＋ 4 亩 ＋ 3000 亩

（一丁）（居住园宅）（勋田）

虽然其户实际上并无勋田，但勋田数仍计入"合应受田"数中。

假若我们把唐代西州、敦煌籍帐两相比较，除了宽狭乡之差异外，则西州丙件文书可与敦煌卑二郎户对应，而西州甲、乙件文书则与敦煌程大忠户相类。既然程大忠户符合田令之规定，那么甲、乙亦应符合田令，即是说，甲、乙件之籍帐、其受田均不离均田制之范围。

当然，若从格式上看，甲、乙件与程大忠户之记载还是有一些差异，但那可能是年代不一样的缘故。假若我们再引敦煌之年代早一些的户籍，则情况就会看得更明白。《唐开元十年（722）沙州敦煌县悬泉乡籍（草案）》D 件略载：①

（前略）

45 户主曹仁备 年肆拾捌岁 卫士上柱国开元八年九月十日授甲头康大昭 下中户 课户见不输

46 男 崇 年贰拾肆岁 上柱国子

51 四十亩永业 "兑了"

52 陆拾亩已受 廿二亩口分

① 池田温:《中国古代籍帐研究》，第185—186页。

53　　合应受田及勋田叁拾壹顷捌拾贰亩　一亩居住园宅

54　　　　　　　　　　　　　　　　卅一顷一十九亩未受

（后略）

曹仁备户之"合应受田及勋田"，若依上引《通典》开元二十五年令则当为 32 顷 2 亩。但其户籍为开元十年物，依据的当是开元七年令，曹仁备之丁男 20 亩永业田似已含于"官人受永业田"三十顷中，①故其数仅为"叁拾壹顷捌拾贰亩"。于此可见，开元七年令与开元二十五年令有所不同。若将其分析一下，则为：

3182 亩（合应受田及勋田）= 100 亩（一丁应受田）+ 80 亩（一丁应受口分）+ 2 亩（居住园宅）+ 3000 亩（勋田，含一丁永业）

请注意其用语为"合应受田及勋田"。"合应受田"与"勋田"显然有别。若与程大忠户之用语比较，则显见开元十年之"勋田"不属于"合应受田"之范围。

曹仁备户"合应受田及勋田"的记载显然与西州甲乙件"合附籍田"为应受田与赐田之和的记载有密切的关系。我们虽不敢贸然地就说"合应受田及勋田"亦可记为"合附籍田"，但西州"合附籍田"与曹仁备户一样都属均田制范围的性质似可更加明了了。

当然，敦煌勋田记载并无如同西州赐田单独立项。其原因，恐怕：一在勋田因勋官身份而得，有一定之规，赐田则有较大之随意性；二在敦煌程大忠、曹仁备等实际上并未有勋田，②而西州赐田却是实实在在的存在，要是程大忠等实际得到勋田，恐怕也得

---

① 《唐六典》卷三户部郎中员外郎条。

② 当然，亦有如同卑德意为勋官武骑尉而有勋田 5 亩的现象。但此 5 亩勋田乃承袭其父祖之勋田，卑德意本人并未得到勋田。

单独立项的吧？

　　尽管笔者将敦煌勋田与西州赐田作了比较，但勋田性质毕竟与赐田有所区别，我们还得找出根据来说明"合附籍田"不离均田制范围的性质，而《金石萃编》卷七四所载《少林寺赐田敕》就是这样的好材料。

　　《少林寺赐田敕》实际上由两件文书组成，一件是开元十一年（723）十二月二十一日，以中书令都知丽正修书（丽正殿修书使）张说的名义颁给少林寺主慧觉的牒（敕牒？）件，另一件是贞观六年（632）六月二十九日以丞万寿、佐董师、史吉海署名的阳城县官府颁给少林寺的符牒。① 前件与我们的论证无涉，笔者所要利用的是后一件文书。②

　　阳城县符牒是对少林寺牒件的判案批复。少林寺牒称：

　　　　上件地，往因寺庄翻城归国，有大殊勋，据格合得良田一百顷。去武德八年二月蒙敕赐寺前件地为常住僧田，供养僧众，计勋仍少六十顷。至九年，为都维那故惠义不闲敕意，妄注赐地为口分田。僧等比来知此非理，每欲咨改。今既有敕，普令改正，请依籍次附为赐田者。

　　① 符牒中无阳城县名。据《元和郡县图志》卷五告成县条略称："告成县本汉阳城县。……（隋仁寿四年即 604 年）以县属河南郡。万岁登封元年（696），则天因封中岳，改名告成。"登封县条略称："登封县本汉嵩高县。……后省入阳城，累代因之。高宗将有事于中岳，分阳城、缑氏置嵩城县，万岁登封元年，则天因封岳，改为登封。"少林寺所在地少室山，在告成县西北 50 里，在登封县西 10 里，则贞观六年（632）时，少林寺在阳城县管辖范围内。

　　② 实际上，阳城县牒件与少林寺赐田敕亦似无关。颇疑此件乃少林寺僧拉大旗作虎皮，在开元时依附于下件敕牒之上，作为对付括责寺观庄田之一手段。参见《唐会要》卷五九祠部员外郎条、《金石萃编》卷七七裴漼《少林寺碑》。

牒中所云"上件地""前件地"，所指为《金石萃编》卷七四《少林寺柏谷坞庄碑》记载的李世民在武德八年二月十五日所下教令中的"赐地肆拾顷"。这些赐田当然得登录在籍（僧众之户籍？）上，但由于"都维那故惠义不闲敕意"，（其实是李世民武德八年二月之教，下同。）在武德九年，①将这赐地"妄注"为口分田，如此，田土的性质就有所不同。于是，少林寺众"每欲咨改"，至贞观六年，就向阳城县司递交了这份牒件。

可注意者，为少林寺牒末"今既有敕，普令改正，请依籍次，附为赐田"句。十分明显，赐田在户籍手实上的记载，很可能就有"合附籍田"之字样，恐怕就和甲、乙件之记载相类似。而此种将口分田"改正"为赐田的做法，是当时之敕所规定的。

少林寺牒之后，是阳城县司的一系列判案工作，其中包括勘问少林寺僧、追问有关人员等。尽管少林寺僧之款答依笔者看来有不实之处，但下列寺僧款答之词又与我们的论证有关：

> 其地肆拾顷，特敕还寺，既蒙此赉，请为赐田，乞附籍从正云云。

牒中尚称"请依籍次，附为赐田"，这里就直截了当地称为"附籍"，与甲、乙件的书法如出一辙。

或许，以上仅为僧家之言，而阳城县司的判词则是：

> 少林僧等……功绩可嘉，道俗俱蒙官赏，特敕依旧立寺，寺即蒙立，还地不计俗数，足明赉田非惑。今以状牒，帐次准敕从实改正，不得因兹浪有出没。故牒。贞观六年六月廿九日。丞万寿，佐董师，史吉海。

---

① 《唐六典》卷三户部郎中员外郎条称，"造籍以季年（丑、辰、未、戌）"。武德八年为乙酉，非造籍之年；武德九年为丙戌，正是造籍之年。

　　所谓"帐次"恐怕就是一岁一造之"计帐",①贞观六年虽为造籍之年,但六月二十九日已过造籍之时,②于是只能"从实改正",附于"帐次"。但无论如何,少林寺赐田登载于籍帐是田令所规定的,其赐田归属于均田制亦自不待说。

　　如此看来,甲、乙件文书之所谓"合附籍田"亦非西州一地之规,乃是整个大唐帝国的皇皇巨制。

　　当然,赐田若与均田农民之永业口分田比较又有其特殊性,但假如我们不否认如同官人永业田(包括勋官之勋田)属于均田范围,则西州"合附籍田"不离均田制度亦可确定无疑了。

四、小　结

　　本文对《吐鲁番出土文书》第六册中刊载之哈拉和卓 39 号墓出土的《唐贞观年间(640—649)西州高昌县手实一》与阿斯塔那 5 号墓出土的《唐残户籍二》之(一)两件文书进行了补正,纠正了史界关于文书中的"合附籍田"这一概念的不当看法,认为"合附籍田"的含义就是"应受田"与"赐田"之和。本文又将此两件文书与敦煌文书及传世文献进行比较,认为"合附籍田"应是唐代田令施行下的产物,它的性质当在均田制度范围之内。

---

① 《旧唐书》卷四八《食货志》所载武德七年令。
② 贞观六年为壬辰,但《唐六典》称,"诸造籍,起正月,毕三月"。

20世纪唐研究·土地关系

一、通　论

　　唐代土地关系的研究,大体而言,主要围绕着前期的均田制和后期的庄园制展开,其间也涉及唐代的田令及政策、公田关系、租佃关系、吐蕃归义军时期土地关系诸问题。这样的状况,与唐代的社会、经济、政治、军事前后期的转折密不可分。当然,由于参与讨论的学者众多,意见便也很不一致。比如均田制,就存在着是否实行过的论争;比如庄园制,是否成其为制度,也存在着严重的分歧。而其中对于各种大大小小问题的不同看法、观点,更是层出不穷,不一而足。本篇的评述,力图抓住主要矛盾,反映出各家的主要观点,以揭示出研究的轨迹。

　　纵观20世纪唐代土地关系研究的特点,大致有以下这些。

　　其一,详于前期而略于后期。这固然与文献材料的多寡有关,更重要的是与20世纪以来出土的敦煌、吐鲁番文书更多地反映唐前期的土地关系有关。可以这么说,唐前期的土地关系研究,与敦煌吐鲁番文书的整理刊布的阶段性是一致的。而众多的学者在对文献材料作出分析的同时,也大多利用了文书材料来论证自己的观点,或印证文献材料,或有新的发明。

　　其二,在唐代土地关系的研究中,分量最大、着墨最多的是均田制。不说论文的数量,单看论著及论文选集,关于均田制研究的就有韩国磐的《隋唐均田制度》(上海人民出版社,1957年),其后,作者又修订扩充为《北朝隋唐的均田制度》(上海人民出版社,1984年),又有贺昌群《汉唐间封建的国有土地制与均田制》(上海人民出版社,1958年)、《汉唐间封建土地所有制形式研究》(上海人民出版社,1964年),以及宋家钰《唐朝户籍法与均田制研究》(中州古籍出版社,1988年)、杨际平的《均田制新探》(厦门大学出版社,1991年)、武建国的《均田制研究》(云南人民出版社,1992年)等。而历史研究编辑部编的《中国历代土地问题讨论集》(生活·读书·新知三联书店,1957年)、南开大学历史系中国古代史教研室编《中国封建社会土地所有制形式问题讨论集(上)、(下)》(生活·读书·新知三联书店,1957年)也都反映了当时中国学界对均田制讨论的代表性成果。而其他方面的,则可说很少有专著面世。

如果看一看日本学者的研究,则有曾我部静雄的《均田法及其税役制度》(讲谈社,1953年)、西村元佑的《中国经济史研究——均田制度篇》(东洋史研究会,1968年)、堀敏一的《均田制的研究》(岩波书店,1975年)、铃木俊的《均田租庸调制度的研究》(刀水书房,1980年)等等。

并且由于均田制研究成果众多,于是就有武建国《建国以来均田制研究综述》(《云南社会科学》1984年第2期),乌廷玉、张占斌《六十年来日本学者均田制研究综述》(《中国史研究动态》1985年第6期),以及收集了日本学者铃木俊、山本达郎、池田温、西川正夫、佐竹清彦、土肥义和、杉山佳男有代表性的论著的译文集《唐代均田制研究选译》(姜镇庆编,甘肃人民出版社,1992年)。当然,《隋唐五代史研究概要》"土地"节(张国刚主编,李锦绣、陈衍德撰写,天津教育出版社,1996年)主要评述的也是均田制研究的成果。

另外,韩国的均田制研究虽然起步较晚,但在90年代,亦有金圣翰《中国土地制度史研究——中世均田制》（新书苑，1998年）、金铎敏《中国土地经济史研究——联系北朝·隋·唐的均田制》（高丽大学出版部，1998年）诸专著。

其三，在唐代土地关系研究史上，我们可以把它划分为三个阶段，即：一、1949年前；二、1950年到1976年前；三、1976年至20世纪末。其间，由于历史社会原因，也有空白时期，即30年代以前，抗战时期及"文化大革命"时期（当然，这样说也不是绝对的）。三个阶段各显现出其一定的特色。大致说来，第一阶段的研究成果较少而论述也较为简略，但在第二阶段所展开讨论的重大问题，都已在此一阶段提及，或者说有了雏形。第二阶段研究成果众多，论述也较为详细，但侧重于性质的讨论，在这样的过程中，有些学者亦进行定量分析，利用出土文书进行研究的比重大大增强，为以后的研究打下坚实的基础。第三阶段的前期又形成土地关系研究的一个高潮，并且向纵深开拓发展，利用出土文书进行研究已成为当时此一领域的热点，但自进入90年代以后，虽有研究总结的著作问世，亦有学者仍在进行执着的探讨，但总的趋向则是成果减少。如何在前三阶段研究的基础上，汇成新的更高层次的综合性研究的任务便摆在了学者的面前。

其四，毋庸讳言，在唐代土地关系特别是均田制的研究方面，日本学者着了先鞭，这当然是历史原因所造成的。但纵观整个研究史，我们就会发现，随着时间的推移，中国学者奋起直追，迎头赶上，到80年代以后，已形成两国学者互相交流、互相借鉴、互相批判这样的局面。

总而言之，20世纪唐代土地关系研究的状况是成果辉煌，新见迭出，而如何综合提高，特别是将敦煌吐鲁番文书结合起来研究则有待于来者。

二、关于田令及其政策

唐代田令,具载于新旧《唐书》《通典》《六典》及《册府元龟》《资治通鉴》等文献中,研究均田制度者,无不以此作为基础展开,因此,我们先来看看有关唐代田令研究的状况。

对唐代田令最早进行整理的是日本学者中田薫,他的《唐令和日本令的比较研究》(《法制史论集》,1926年),为复原唐令做了开拓性的工作,其中即有《田令》的比较与复原。其后,仁井田陞《唐令拾遗》(开明堂,1933年)复原唐田令三十九条,并将其分为武德令、开元七年令、开元二十五年令三项。除田令外,户令中亦有"分田宅"一条与土地有关。他的工作为唐田令及均田制的研究奠定了坚实的基础。铃木俊《均田法和唐令的关系》(《东亚》1934年第7卷第4期)又对田令进行补充并解释其疑点。菊池英夫《唐朝令复原研究序说》(《东洋史研究》1973年第31卷第4期)探讨了仁井田陞等复原的户令、田令,强调田土与官品身份相应,是唐田令的基本点。

王永兴《唐田令研究》(《纪念陈垣诞辰百年史学论文集》,北京师范大学出版社,1981年)利用敦煌叶鲁番文书,以为田令可补者十条,可以文书验证者三条,可资商榷者三条。王永兴指出,武德七年令,老男当户合应受田60亩,开元七年及开元二十五年令则为50亩。他还指出,唐朝田令中当包括永业口分田制、贵族官吏受永业田制、职分田制、公廨田制、屯田制、驿封田制、僧尼道士给田制、工商给田制,并探讨了唐田令之渊源。宋家钰《唐朝户籍法与均田制研究》也对部分重复条文的复原,提出了补充和全盘修订意见,并探索了田令内容及包含的土地范围。他在《有关唐代均田制内容的几个问题》(《光明日报》1985年3月20日)中指出,均田制与封建土地所有制有所区别,均田制是封建国家颁行的法规，但并不是唯一的立法，应把均田制、均田令与它本来的法律篇名"田令"作为一个相同的概念来使用。他还以为田令反映了当时存在的官田、私田、寺院田的土地占有关系。徐庆全《关于〈新唐书·食货志〉所载田令颁行年代》（《北京师院学报》1988 年第 4 期）以为《新唐书·食货志》所载田令年代既非武德七年，亦非开元二十五年，而在永徽二年。武建国《均田制研究》依据《唐律疏议》"杂户及太常音声人，各附户贯，受田、进丁、老免与百姓同"之条文为《唐令拾遗》补田令一条。1997 年，东京大学出版会又出版了仁井田陞著、以池田温为编集代表的《唐令拾遗补》，其中有《有关唐僧道、寺观的〈田令〉逸文》，并对田令进行了修订补充。

汪籛《唐田令试释》（《汉唐史论稿》，北京大学出版社，1992年）以《通典》所载开元二十五年令为基础，分 27 条进行解释，他提出的几点意见值得引起我们注意。他以为，"先永业者，通充口分之数，谓老男入老以前，笃疾、废疾人未疾以前，寡妻妾之夫未死以前原有的永业田，予以保留，不需还官，仅以永业田名目纳入口分田额内计数"，以为"唐六品以下官吏，所受永业田之数，与庶人同"。"在唐初，在宽乡多占田亩，合乎律令，因此，追收宽乡剩田之规定，当在玄宗开元中宇文融括户以后，非武德令中所有。"卢向前《唐代六品以下职散官受永业田质疑〉》（《文史》第34 辑，1992 年）统计了敦煌天宝、大历年间户籍，以为贞元前，六品以下职散官均无受永业田之法令，《新唐书·食货志》所谓"六品七品二顷五十亩，八品九品二顷"永业田之规定可能定于两税法实施之后，而实际上并未施行，或为欧阳修之错简。

高敏《天宝十一载"禁官夺百姓口分、永业田诏"试释》（《中国古代史论丛》1982 年第 3 期）一文指出，从勋荫占地，客户及买地处理方法看，此诏已构成对《户婚律》口分、永业田有条件买卖典帖的否定,说明天宝十一载后,均田制已完全破坏。牟发松《唐玄宗朝土地关系的矛盾及其调整略论》(《武汉大学学报》1992年第3期)围绕玄宗时期土地关系的矛盾,政府调整对策及其效果、影响等,揭示了中唐土地赋税制度发生变革的深层原因,并探寻封建土地关系演变的趋势、规律,这是一篇从宏观上进行研究的文章。池田温《唐朝开元后期土地政策之考释》(《堀敏一先生古稀纪念——中国古代的国家和民众》,汲古书院,1995年)研究了北图周字69号文书,认为它应是开元新格户部残卷。他考察了格中职田定租价、岭南禁断置庄、禁卖口分永业田等敕令,并将其与太极敕与天宝诏令相比较,认为应重视以李林甫为代表的宰相在开元后期坚持实行均田制的努力。这种意见很有见地。

李伯重《关于均田令中农民受田标准的依据问题》(《历史教学》1982年第2期)认为其标准的基础为农民生产能力,而农民的耕种能力,主要取决于畜力。蒋福亚则考察了均田制下丁男年限不断缩小的原因在于地主土地所有制的发展。(《均田制实施期间丁男年限不断缩小的原因》,《平准学刊》1989年第4期)他们的研究,虽属初步,但可说是指出了今后继续探索的方向。

三、均田制度

(一) 均田制实行与否

20世纪20年代,学术界开始进入唐代土地关系研究领域,日本学者玉井是博最先发表了《唐代土地问题的管见》(《史学杂志》1922年第33编第8、9、10期)一文,首次对均田制的内容、过程及破坏作了系统的论述;而《关于敦煌户籍残简》(《东洋学报》1927年第16卷第2期)一文则是通过敦煌户籍对给田制及均田制的实施状况进行研究的早期论述,他最早提出唐代并未按均田制度规定授田,而是便宜授田的见解。

王国维在有关敦煌户籍、手实等文书的跋文（《沙州文录补》，1924 年）中以户籍所载应受田数、已受田数与有关均田的规定相比较，开启了运用文书研究田制的先河。

铃木俊《关于唐的均田法和唐令的关系》（《东亚》1934 年第 7 卷第 4 期）、《关于唐均田制和租庸调的关系》（《东亚》1935 年第 8 卷第 4 期）、《敦煌发现的唐代户籍和均田制》（《史学杂志》1936 年第 47 编第 7 期）等文拓展了玉井是博的观点。他揭示出敦煌户籍记载中的这样一个现象，即已受田额远远不及均田法规定的应受田额，因此，均田制不过是限制占田的一种政策，由此之故，受田并非为国家的班给制度，而均田制不曾实行。假若说到户籍上登记的，不过是农民现有土地，所谓永业、口分田的区分亦不过是户籍登记的一种形式。仁井田陞不同意铃木俊的意见，他在《唐宋法律文书的研究》中认为唐代敦煌户籍田亩登记的四至记载有"退田"，而吐鲁番出土文书中又有"还公""死退""剩退"的字样，因此，并不能否定唐代的土地还授的实行，不能否定均田制度。仁井田陞和铃木俊的两种截然不同的观点，揭开了关于均田制是否曾在唐前期实施的论争的序幕。

30 年代的中国学者，亦开始涉足于唐代土地关系研究领域，当然，他们也面临着均田制是否在唐代实行的问题。陈登原《中国土地制度史》（商务印书馆，1932 年）认为，均田制中的世业口分田之制，自齐、隋脱胎而来，亦及唐而坏，这原因则如北宋刘恕所言，"魏齐周隋，兵革不息，农民少而旷土多，故均田之制存；至唐，承平日久，丁口滋众，官无闲田，不复给授，故田制为空文"。陈登原还比较了唐与北魏田令，以为前者较后者放宽了土地买卖限制，因此有豪族兼并土地，且加以户籍不修，虽有宇文融括户，唐玄宗之禁止兼并，但终于是均田坏而行两税。因此，均田制不曾实行。陶希圣、鞠清远《唐代经济史》（商务印书馆，1936 年）亦持这样的意见,他们认为唐代均田制存在的先决条件是土地空荒,他们说"均田制度,要能长久的实行,必须国家始终保有大量的土地,随时利用从未开发的荒田,并且收授的规定,也须始终遵守者",否则"均田制必然要成为空空的令文"。曾了若走得更远一些,他在《隋唐均田制度》(《食货》1936年第4卷第2期)一文中认为隋唐均田制与北魏、北齐、北周均田制"截然不同","盖隋唐之均田,官样文章为一事,实施状况又为一事","隋唐两代之所谓均田制度,仅属具文,自开国以迄败亡,始终未尝实行","而推其原因,则地少人众,犹其次焉者,影响最大者,厥为兼并之风大盛"。他从敦煌户籍中,摘出"与均田制最有关系之合应受田数,已受田数,未受田数等作成表格",经过统计,得出结论:"已受田数,仅占应受田数之百分之六,而未受田数竟占令应受田数之百分之九十三,是证均田制度之在唐,从未如法实行"。武仙卿关于此一问题,则取折中之态度,他的《唐代土地问题概况》(《食货》1936年第5卷第4期)把唐代土地占有分成皇帝私有、政府所有及人民私有三类,均田制度"实行在一部分官有土地上","官有地包括天荒田,无主田,绝户田及没官田。这些土地都归政府支配,政府以一部分划为屯田,以另一部分作为施行均田制度的基础","皇帝的私有地,一割属户部管理,或者也就参加均田的范围;私人土地也或许包含在均田法令之下,但地主的(土地)私有数,政府是显明没有加以侵犯的"。当然,他还认为"均田的法令,维持到开元天宝,天宝以后,成为具文了"。

40年代末,韩国学者全海宗发表了《唐代均田考——以户籍为中心考察其实施状况》(《历史学研究》1949年第1期)一文,这应是韩国学者第一篇关于唐代均田制研究的论文。全海宗亦持否定说,以为均田制得到实施令人怀疑,因为当时的给田额比法令的给田额要少,而不论农民所有的土地多少,一律交纳相同的租庸调。正由于此，均田制由于制度上的自相矛盾而未能实施，这种状况，在敦煌户籍残卷上也得到了证明。

第一阶段的研究状况，就中国学者而言，稍为简略，但可看出，他们大多持否定说。这种现象，进入第二阶段就发生了变化。

50年代，邓广铭发表了颇有影响的一篇文章——《唐代租庸调法研究》(《历史研究》1954年第4期)。他认为，"唐初所公布的所谓均田令，自始就不曾认真推行过，其在下令之后所确曾做过的工作，只是把全国各地民户私有的土地一律更换其名称，凡在一户丁口平均二十亩的数量之内的，一律改称为世业田；超出此数之外的，一律改称为口分田。既丝毫不能触犯土地私有制度，也不把政府所掌握的无主荒地真正照此规定而分授给所有没有土地或土地很少的农民而归其使用"。他列举了三点作为论据：其一，重视田制的杜佑，在《通典》中却不载武德七年田令，而所载开元二十五年田令，据其注释却未曾实行；其二，永徽年间，潼关以东，大河南北多有荒芜土地，这里应是推行均田的重点地区，但未见把荒芜土地授予贫苦农民的迹象；其三，敦煌户籍所载农户之已受田，距其应受田之数无不相差甚多，而各户土地占有比例又绝不相同，且农户土地呈现出零散分布之现象，与田令"务从近便，不得隔越"的原则大相径庭，这种状况，说明这些土地当是在不同的年月日，凭靠不同的机缘分别购买而得。因此，"唐初的均田令，实际上还应算了一种具文，在其时社会经济的发展上是不曾起过任何作用的"。可以说，邓广铭对均田制持完全否定说，虽则邓氏后来的观点有所变化，但此文在学术研究史上却占有极重要的地位，它大大地推进了均田制问题的研究。

邓广铭文一出，反响颇为强烈，许多学者都从不同的侧面提出了不同的看法。

乌廷玉《关于唐代均田制度的几个问题》(《东北人民大学人

文科学学报》1955年第1期）以为均田制是"适应封建经济发展要求的"，它之所以能够实行，一在唐朝统治集团"对农民阶级作一定程度的让步"，一在"出现大量无主荒地"，于是，武德七年遂向全国宣布实施均田制度。当然，"均田户所领的土地，是'国有'荒地或处女地，并不是私有土地"。他对全盘否定均田制的论据进行分析，以为敦煌户籍中土地颁的零散与其授受时间的早晚有关。开元以前虽有土地兼并，但因为有大量荒地，故仍能实施均田，至于贞观、永徽年间，潼关以东，大河南北有大片荒地有灾荒发生这样一个特殊原因在，而"邓先生所引'（永徽时）洛州刺史贾敦颐括获豪右之籍外占田，赋与贫乏'的事件，正是均田制度在伊洛以东实行（均田）的迹象"。乌廷玉例举关中、关东、沙州"依据均田制度受田"及"退田"的事实，认为均田制度实行的范围是十分广泛的。当然，他又指出"（均田制度）实行的程度，都未能足额，多少打了一些折扣"。

李必忠在《唐代均田制的一些基本问题的商榷》（《四川大学学报》1955年第2期）中说，综观各书的记载，可以肯定，"唐代确是在武德七年就沿袭了隋的制度而开始实行了均田制以及与均田制相适应的租庸调法"，《通典》未及武德七年令，那是杜佑编田令的目的在于"临事不惑"，所以"冀其精详"的缘故，《唐律疏议》关于田令的记载"正可以证明唐初确已实行了均田制"，而若从户籍资料看，一般的"合应受田数"均合乎均田令的规定数目也可以作为均田制实行的佐证。

岑仲勉《租庸调与均田制有无关系》（《历史研究》1955年第5期）一文乃"依邓文顺序，进而一一商量之"。他以为，《通典》记载之开元二十五年田令，不必疑其不实，唐人所言及敦煌户籍等都可证明均田制度确曾施行。

韩国磐《唐代的均田制与租庸调》（《历史研究》1955年第5

期）则以为"唐初实施过均田制，不过很不彻底"，他指出：北魏北齐北周都采用均田制，到隋时并把它推广到江南地区；唐朝也曾一再颁布均田令，《唐六典》记载均田的办法"比《通典》、《旧唐书》等都出现得早，应该不是无中生有的记载"；敦煌材料"亦只能说明均田的实施很不彻底，而不能否认它的存在"。韩国磐还指出，日本、高丽、吐蕃、南诏的田制都受唐朝均田制的影响，这些都可作为唐代均田的旁证或参考。

胡如雷《唐代均田制研究》（《历史研究》1955 年第 5 期）亦以为"均田制曾经在一定程度上实行过，但是在实行的开始就遭遇极大阻力和破坏，最后造成这种制度的全部隳坏"。他认为，"杜佑的记载不但不能说明均田令只是一纸具文，反而足以证明均田制之确曾施行"，"均田制的推行并不排斥土地兼并的存在，而敦煌材料的运用也应该考虑到其实际条件"。他还提出"所谓受田，口分永业均为受自政府的官田，既非私有土地，而且也并不包括私有土地"。至于残卷记载土地零散的原因，除受自然环境影响外，还在于土地的不断还授和不能动私有土地及土地买卖。永徽以后，禁止买卖永业口分田的事实却正是肯定均田制实行的证明。

此后，持均田制未曾实行说者及实行说者各有其人，罗元贞《论均田制的产生与解体》（《山西师院学报》1957 年第 1 期）就认为北魏均田虽非彻底，却是全面的，并非具文。但他又认为均田制在唐初（武德贞观时）就"逐步解体"，高宗武后时，代之而起的是"小土地私有制和新兴地主经济"。陈登原《唐均田制度为闲手耕弃地说》（《历史研究》1958 年第 3 期）发展了他 30 年代论述唐代均田的观点，以为武德令中之口分田可能是荒秽未垦土地，可能即是当时的弃地，若从地主政权的性质看，也不会实行均田，若要说均田，不过是平均领垦荒地而已。而贺昌群《汉唐间封建的国有土地制与均田制》(上海人民出版社,1958年)以为根据文献和文书材料,不能把均田制说成是"一纸空文"。田野《关于唐代均田制实施的几个问题》(《山东大学学报》1959年第4期)也明确表示不同意邓广铭、陈登原的意见,认为唐代确实实行了均田。杨志玖《论均田制的实施及相关问题》(《历史教学》1962年第4期)则认为均田制不是一纸空文,但因为它没有触动私有地,"所以在实际上,它又和一纸空文差不多"。

这里,我们要特别提出汪篯的三篇文章,这就是《史籍上的隋唐田亩数非实际耕地面积》(《光明日报》1962年8月15日)、《史籍上的田亩数是应受田数》(《光明日报》1962年8月29日)、《唐代实际耕地面积》(《光明日报》1962年10月24日)。他根据现代、历代的垦田数,以及天宝时各类人口之应受田数,认为《通典》所载天宝中1430386213亩并非是实际耕地面积,而是应受田面积;他又认为,杜佑推测天宝时期据以征收地税的620余万顷田亩数,指的是那时候政府所掌握的全国耕地面积;他推测唐天宝时实有耕地面积,在800万顷至850万顷之间。汪氏虽没有直接讨论均田问题,却给我们一个有益的启示。惜乎至今尚未见学者从此方面措意的。

在中国国内热烈展开讨论之前后,日本学者关于唐代均田制是否实行的讨论仍在继续。金井之忠《唐均田令》(《文化》1943年第10卷第5期)以为均田制的意义,与其说是土地还受,不如说是田土登记。日野开三郎《大唐租调惑疑》(《东洋史学》1954年第9期)、《租调和户等》(《东洋史学》1954年第11期),西川正夫《关于以玄宗时代为中心所见的北方禾田地域之八九等户》(《社会经济史学》1955年第21卷第5、6期)、《敦煌发现的唐代户籍所见的"自田"》(《史学杂志》1955年第64编第10期),池田温《论敦煌发现的大历四年手实残卷》(上、下)(《东洋学报》

1957 年第 40 卷第 2、3 期）等均持土地还授否定论。

然而，西嶋定生、西村元佑等通过大谷文书的探索却使得唐代均田制是否实行的研究别开生面。

西嶋定生《从吐鲁番出土文书看均田制的实施状况》（《西域文化研究》之二，1959 年）列举出给田文书 76 件，退田文书 70件，通过分析论证了开元二十九年唐代西州高昌县实行着按均田制的规定授与并收还田土的事实，并指出过去认为均田制仅仅是虚构的那种说法，必须彻底清除。特别是他发现了退田和给田之间的对应关系，给出了七对给田与退田内容一致的文书例证，从而使结论具有较强的说服力。他还指出唐代西州之均田现象应该具有普遍意义。西村元佑《唐代吐鲁番实行均田制的意义》（《西域文化研究》之二，1959 年）也例举了大量的欠田、给田、退田文书，论证它们之间的关系，得出了与西嶋定生同样的结论。

西嶋、西村的长篇论文又一次把讨论推向了高潮，人们纷纷注目于大谷文书，并各自作出了解释。针对唐代西州每丁 10 亩的授受田标准，宫崎市定《论吐鲁番出现的田土文书的性质》（《史林》1960 年第 43 卷第 3 期）认为与屯田法有关，大谷文书中的欠、退、给田等文书应是屯田文书。池田温《评〈敦煌吐鲁番社会经济资料〉（上）》（《史学杂志》1960 年第 69 编第 8 期）不同意宫崎市定的看法，认为西州民田与屯田，有着明显的区别。不过他从原先所持均田制未曾实行之观点转向了均田制实行论者。然而他又以为，西州的均田制带有很深的地区的自然历史特点，具有许多与唐田令的规定不同的因素。他在后来的《唐代西州给田制之特征》（《敦煌吐鲁番学研究论文集》，汉语大辞典出版社，1990 年）一文中写道，西嶋等人的研究成果"对于中国古代土地制度，特别（是）均田制之研究投与一大光明，一方面使人确认唐代西州实行收授田地而打破旧日之均田制虚构说，而且他方面

明示其给田额之少(一丁大约十亩),以及租佃制之流行及官田
比重之大,使人识认西州田制之特异性"。杉山佳男《从西域出
土文书看均田制实施状况》(《骏台史学》44,1978年)则认为户
籍中田土四至之改写与土地的户内继承有关,不能仅据此即断定
均田制已经实施。日野开三郎《唐代租庸调的研究》Ⅱ《课输篇
上》认为敦煌户籍所反映的据资产定户等,对农户来说全都是根
据已受田,因此,户籍上的应受田、未受田额毫无现实意义,所谓
的已受田,实质上是私田,所以均田制未曾施行。堀敏一《均田
制的研究》(岩波书店,1975年)认为,虽然不能说均田制在全国
统一实施过,但显然至少在局部地区实行过土地还授,从吐鲁番
独特的土地还授标准来看,可推测当地实行了与均田令的规定不
同的形式,因此应看到均田制的实施一般是根据地区的不同而有
所变化的。铃木俊《均田租庸调制的研究》则重申了他过去的观
点,敦煌地区土地还授仅是个别情况。但他也承认关于均田制几
乎未实施的说法讲过了头。关尾史郎《吐鲁番携来唐代田制文
书的理解》(《集刊东洋学》1989年第61期)分析了大谷退、给田
文书,仍不主张吐鲁番存在均田制。认为唐均田令一丁百亩的规
定是占地的最高限额。

　　与日本学者讨论的热烈程度不同,国内学者利用大谷文书来
论证均田制是否实行的状况在60年代初期似乎有些寂寞,但得
风气之先者亦有人在。韩国磐《根据敦煌和吐鲁番发现的文件
略谈有关唐代田制的几个问题》(《历史研究》1962年第4期)一
文以为关于唐代均田制的施行问题,由于敦煌户籍中有"西还
田",交河郡文书中有"北还公"的记载,这就是均田制下土地有
授有还的证据;而从"剩退""死退"看,均田制见诸实行,当然,
"给田"亦有实例,进丁需田户可以请受田地。唐耕耦《从敦煌吐
鲁番资料看唐代均田令的实施程度》(《山东大学学报》1963年第

1期）一文分析了敦煌吐鲁番资料，从户籍所记应授田数、土地的还授，以为"可以认为唐代均田令是实施了的"。不过，他认为把均田令理想化也是不对的。若从已受田进行分析，唐代均田令的实施，并不是把政府掌握着的大量好地、荒地、处女地根据统一标准，按丁分给无地少地的农民，更不要说能动土地私有制了。

第三阶段的研究随着吐鲁番文书的出土与刊布，更向纵深发展，讨论也随之趋向热烈、细致，国内学者关于均田制是否实行的问题出现了新的动向。

杨际平《从敦煌户籍看唐代均田制下土地还授的实施问题》（《中国社会经济史研究》1983年第3期）以为，邓广铭"均田制自始不曾认真推行过"的论点不甚妥当，但亦有其合理的成分，而岑仲勉、胡如雷、乌廷玉等以为土地实行还受的意见则与事实不符。他提出的观点是，"初授田后的土地还受未曾实行"而列举的论据则有10条。其要点则在敦煌户籍登载土地状况与田令不相符合，比如各户之受田普遍不足，永业田常足口分田恒不足，各户之土地零散不符田令，等等。针对西村元佑、西嶋定生关于西州土地实行均田制的论点，杨际平在《唐代西州欠田、退田、给田诸文书非均田说》（《唐史论丛》第1辑，陕西人民出版社，1988年）及其《补证》（《敦煌吐鲁番出土经济文书研究》，厦门大学出版社，1986年）从唐代西州欠田、退田、给田文书所反映的对象及其数额与唐代均田令的有关规定进行比较，又从文书的编制手续及田土分布零散情况进行分析，认为西州存在着均田户与非均田户这样两种户籍，存在着均田制与官田授田制这样两种授田制度。杨氏的观点新颖而有意思，他的执着追求、细致分析给我们留下了深刻印象，促使人们认真思考并进行深入研究。

池田温《唐代西州给田制之特征》、卢开万《对唐代西州均田制若干问题的管见》（《敦煌吐鲁番文书初探》，武汉大学出版社，

1986年)、卢向前《唐代西州田制的普遍意义》(《文史》1998年第44辑)等都表示不能同意杨际平关于西州存在两种田制的意见。池田温承认西州给田制内容与田令不同点很多,但不赞成杨际平的官田授田制说,指出西州土地分为官田、寺观田及百姓田诸种,给田诸制有关土地属百姓田,给田与屯田为两种性质土地,欠退田等文书为收授民田制,因此,西州田制可称为均田制。卢开万认为西州"在均田问题上也是毫无例外地按中央制度的准则办理的",同时又有其自身的地方特色。他认为西州欠田、退田和给田文书均由里正办理,当属均田制性质。他还考察了欠田户等、丁中诸关系,认为欠田者非但有八、九等户,也有其他户等,甚至也不能排除中男单独授田的事实。卢向前指出,从田土授受额、式之规定性、授田对象、田土分类、土地还授诸方面看,西州田制或可认作唐代狭乡均田的缩影,它应具有全国的普遍意义。

均田制是否在全国范围内实行,各地是否相同,学界也存在不同意见。冈崎文夫《唐的卫府制和均田租庸调法之我见》(《十周年纪念史学文学论集》,岩波书店,1935年)认为均田制与府兵制关系密切,因而在府兵制实行的中心陕西、河南西部实行。宫崎市定《论晋武帝户调式》(《东亚经济研究》1937年第19卷第4期)、日野开三郎《大唐租调惑疑》(《东洋史学》1954年第9期)等均认为岭南未行均田制。古贺登《唐代均田的地域性》(《史观》1956年第46卷)从租和地税额推定江淮间租税按户等征收,其重点在地税,因而虽同处均田制下,但主要是据南朝以资产税征收,均田制在此一地区并未彻底实行。徐德嶙《略论北魏到隋唐的均田制》(《历史教学问题》1958年第1期)亦以为隋和唐朝前期在长江以南是没有实行过均田制并且南方和北方的赋税制度是不尽相同的。

田野《关于唐代均田制实施的几个问题》(《山东大学学报》

1959 年第 4 期）则认为，均田是全国性的，在江南、四川也实行，而均田主要在江北，中心地区则是关东四道，边远地区则不可能均田。铃木俊《均田租庸调制的研究》分析了岭南、江淮制度，以为唐在江南与华北一样努力施行均田制，但没有取得充分成就，均田租调思想原则是贯彻到全国的，只是因地区而采取了特别措施。张泽咸有《唐代江南实施均田小议》一文（《中国古代史论丛》，福建人民出版社，1982 年）。钱君晔《论唐代封建土地制的形式问题》（《历史教学》1979 年第 6 期）认为，均田制只在西北部分地区施行过，且只占唐前期的一段时间。霍俊江《关于唐代均田区域问题的札记》（《北京师院学报》1989 年第 6 期）以为，均田制在河西走廊和黄淮流域实施是没有问题的，其区域有关中、河东、河南、黄淮及包括四川、湖北和苏杭在内的长江流域（即剑南、山南、江南道）而岭南未行。

武仙卿上揭文认为均田制实行在一部分官地上，不是在一切土地上实行。而陈登原上揭文则认为均田制只在新开垦土地上实施。

翁俊雄《唐初中原地区均田制实行情况初探》（《北京师院学报》1986 年第 6 期）指出，不论京畿狭乡还是两河宽乡，唐初均行均田制，而无论是从中原地区还是从敦煌户籍来看，都有一个宽乡趋向于狭乡化的过程。

韩国似乎亦有关于此一问题的讨论。金裕哲《均田制与均田体制》（《讲座中国史》2，知识产业社，1989 年）认为均田制只是一个外壳。金铎敏《唐代吐鲁番地区退田、给田的意义》（《李公范教授停年退任纪念——东洋史论丛》，1993 年）认为吐鲁番文书虽然说明当时施行了土地授受，但这并不能证明唐代前期通过田令在全国范围授受了土地，而且即使在吐鲁番地区也未能普遍地施行田令；同氏上揭书的观念则有所改变，他认为玄宗时有可能实行均田制。金圣翰上揭书认为均田制从法令上得到了实施,它具有两个机能,一是防止豪右的大土地兼并,即"限田",二是为了全面利用劳动力而"给田"。

以上,我们简略地回顾了学界关于唐代是否实行均田制的问题。总的说来,关于此问题,有完全否定说,有不完全否定说(包括时间上和地区上),有不完全实行说,有一定程度实行说,等等,要在从各自的立场观点出发来进行观察,对文献、文书材料的不同理解而导致此种状况的存在。但无论如何,总的倾向则是"实行说"占了主导地位。如何综合整理,对此问题作出全面的评价便摆在了学者的面前,而我们下面将要展开的论述,实际上都与此一问题有关。

(二) 均田制的性质、作用

关于均田制的性质、作用问题,学界亦有较多论述。

冈崎文夫《关于唐的均田法》(《支那学》1922年第2卷第7期)认为均田制是以承认原有私有财产为前提,在一部分地区实行。他在前揭文中还认为均田制与府兵制有密切关系。志田不动麿《北朝的均田制度》(《世界历史大系》四,平凡社,1934年)认为均田制的作用在于国家权力的集中和农民的农奴化。陶希圣、鞠清远前揭书认为,因为土地空荒而有均田,从户籍看,并未完全按照田令的规定给田,而口分永业,在民间,大概都当作私田,官府只是保留了名义上的所有权。

铃木俊《关于唐代均田法施行的意义》(《史渊》1951年第50期)认为均田制是一丁百亩的限田政策,国家在把农民纳入均田制的名义下,使农民变成赋税的负担者。邓广铭前揭文认为,租庸调法和均田制毫无关系,因为均田制自始不曾实行过。而乌廷玉、李必忠、岑仲勉、韩国磐、胡如雷等前揭文都认为租庸是建立在均田制的基础上。乌廷玉认为均田令的颁布是要把农民束缚在"国有"土地上。李必忠亦认为"唐代的均田制也仍然是国家土地所有制",农民有占有权、使用权,没有所有权。吴雁南《试谈唐代的土地制度和赋税制度》(《历史教学》1960年第2期)认为均田制"是一种封建土地国有制的土地形态",农民受得土地,其劳动带有强制性,它在恢复和发展生产上有一定的积极意义。杨志玖《论均田制的实施及相关问题》(《历史教学》1962年第4期)认为,均田制从法令上看,是一种国家土地所有制,但在实行过程中,却并没有能动私人的土地。唐长孺《均田制度的产生及其破坏》(《历史研究》1956年第6期)从均田制的渊源论证其性质,认为它的产生"与拓跋族内部的社会经济发展阶段有关",因此,均田制度当属于公社土地制度,而"组织农民开垦荒地以取得租调"也正是实行均田制的目的所在。苑士兴《北魏至隋唐的均田制度》(《中国历代土地问题讨论集》,1957年)认为均田制是在大土地所有制和国有土地并存下实施的,均田制实施没有侵犯大土地所有制,只是将国有土地分配给人民,均田制下,人民对土地没有所有权,只能长期使用和占有,而推行均田制的目的主要还在缓和矛盾。

金宝祥《北朝隋唐均田制研究》(《甘肃师大学报》1978年第2期)认为北朝隋唐均田令中,分为露田、桑田或口分、永业田以及还与不还等并无重要意义,因为它们"实质都是私田",均田制是"以地主土地所有制为前提,小土地所有制为内容的国家所有制"。钱君晔《论唐代封建土地制的形式问题》(《历史教学》1979年第6期)认为,唐代均田制并非是土地国有制形式,它之所以能实行是由于一部分无地少地的农民从地主手中夺回了小块土地,统治者加以承认而已,其主要目的是争取更多的剥削对象,均田制不是唐代主要土地所有制的形式,大土地所有制占有极大的比重。唐耕耦《唐代均田制的性质》(《历史论丛》2,齐鲁书社,1981

年)认为,均田制不是一种土地国有制,均田制下,私田继续存在,而占支配地位的是地主土地所有制。杨际平《北朝隋唐均田制下奴婢官吏的"授田"与限田》(《厦门大学学报》1983年第4期)提出,均田制对于奴婢,官吏的受田,"只是一种允许占田与限田的措施,并未照令文规定实授土地"。峻江《唐代前期土地所有制结构分析(上、下)》(《河北师院学报》1984年第4期、1985年第2期)提出,唐前期有三种不同的土地所有形式,均田制"带有某些国家权力企图干预的迹象"。王永兴《论唐代均田制》(《北京大学学报》1987年第2期)指出,唐代均田制度是国家对私田的管理制度,不是分配制度,其目的一在给贵族品官多占土地的特权,同时又限制这一特权,一在维护自耕农民的一小块土地。

要之,关于唐代均田制的性质有私有说、国有说、国家干预说、国有私有兼容说、管理说等等,而其目的则有限田说、征取租调说、缓和矛盾说、扶持小农说、优待贵族品官说诸种。实际上,在其他的论文著作中,也往往对均田制的性质、作用作出判断。从这里,我们可以看出学者的看法是多么不同。

(三) 均田制外的私田问题

唐代均田制外存在着私田,这是毫无疑问的,除了上面所阐述的国有土地、私有土地及国家干预哪一种形态占主导地位的争论之外,实际上学术界还存在着均田制外的私田是否为国家法令所允许、法令中永业田、口分田的性质如何以及敦煌吐鲁番文书中"自田""自至"之土地属性如何等等问题。显然,这些问题的探讨又都与均田制的实施与否、性质如何等大有关系,而这样的探讨也大大加深了我们对唐代均田制的理解。

陶希圣、鞠清远前揭书把口分田、永业田都当作私田,认为均田制下不否认私田的存在。邓广铭前揭文则否认均田制,因此,他认为均田令不过是把私有土地改称为世业田、口分田而已。

西川正夫《敦煌发现的唐代户籍残简所见的"自田"》（《史学杂志》1955 年第 64 编第 10 期）是一篇值得引起大家重视的文章。他通过统计分析户籍记载四至中的"自田"，认为有许多民户在已受田之外，尚有均田制之外公认的自田即私田的存在。西嶋定生前揭文则不同意西川正夫的观点，他认为唐均田以外还有为国家所承认的私田之说是站不住脚的，户籍中土地的四至记载不一定能反映实际情况，自田即自至，大部分并不表示它属于该户的已受田，而是属于已前退回者。他还总结出改写"四至"的规律。

山本达郎《对均田制末期敦煌地区土地四至记载的考察》（《东方学会创立二十五周年东方学论文集》1972 年，《东方学》1973 年第 46 辑、1974 年第 48 辑）考察了户籍中土地的四至记载问题。他将敦煌文书中开元十年籍草案和大历四年手实进行比较，指出前件文书中有 15 个人名在后件出现，并且，10 段土地没有改写四至，然而，四至未改，户主却发生了变化，这种状况应该是反映了均田制崩溃的景象。他的《敦煌发现籍帐中的自田》《续篇》（《东方学》1977 年第 53 辑、1978 年第 56 辑）也集中研究了"自田"。他从敦煌发现的天宝六载及此前的户籍中筛选出各民户完整记载已受田土地的例子，分析其四至记载自田之间的结合关系，认为自田不是均田法之内的土地。他认为自田当包含已受田及私人土地两大类，这就意味着与法律性质无关的"自己的土地"的存在。其后，他的《敦煌发现大历四年手实中所见地段记载》《敦煌地方均田制范围以外田土的存在》（《东方学》1980年第 60 辑、1983 年第 65 辑）又以大足元年、大历四年手实、计帐等继续证明这些观点。杉山佳男《从西域出土文书看均田制实施状况》（《骏台史学》1978 年第 44 期）同意西嶋说，认为均田制外存在自田与均田政策相违背,山本氏之"自田"说主要依据一户四至记载不对应,但如果考虑退田时重新登记四至以及土地一规则之形状,则四至记载不对应的实例可减少。他强调四至的改写与承户、析户有关。

田野前揭文认为均田制下"私田和均田并立存在"。他举出的新史料是《通典·考绩》条中的"永业口分外"之记载。他认为,敦煌文书中四至中的"自田"足以说明永业口分田之外,尚有私田的存在。韩国磐《关于中国封建土地所有制的几点意见》(《新建设》1960 年第 5 期)、《根据敦煌和吐鲁番发现的文件略谈有关唐代田制的几个问题》(《历史研究》1962 年第 4 期)认为"自田"可能是均田制的土地也可能是均田以外的私田,"是个尚待解决的问题",但若把自田都说成为均田外的私田还有困难,官府不会将"自田"这种私田登记到已受田总数中。

侯绍庄《"自田"考释》(《社会科学》1981 年第 2 期,甘肃)不同意韩国磐关于自田"不能即指自己另一段的已受田"的意见,以为它"应该是归各该户所有,不属于均田范围内的私地"。

张维训《唐代敦煌地区户籍和手实中的"自田"问题》(《中国社会经济史研究》1982 年第 1 期)认为,"自田"是均田户所拥有的土地泛称,"有的是均田户的均田土地,有的是该户均田土地以外的私田",籍外田不具有合法的地位,但官府是允许或默认其存在的。"自田"的大量存在及其不断增多,反映了均田制以外私田的存在和发展。杨际平《从敦煌户籍资料看均田制下私田的存在》(《厦门大学学报》1982 年第 4 期)认为,敦煌户籍、手实中不见私田,但从田亩四至的连接关系中可知其存在。四至中的自田,"多数即表现为确有私田的存在",他还对西嶋定生否认私田存在的意见逐条进行反驳,而着重于从四至改写时间、入老者未退田、青苗簿中土地四至记载都可连接等方面进行论证。他还指出，估计敦煌地区"每户（私田）有 25 亩上下"。其后，杨际平《再论唐代敦煌户籍中的田亩四至"自田"》（《中国社会经济史研究》1998 年第 3 期）又继续补充论据，加强其论点。宋家钰《有关唐代均田制内容的几个问题》（《光明日报》1985 年 3 月 20 日）认为，唐代之土地要登载于户籍上，因此有"有籍田"与"籍外田"之分，狭乡之有籍田即户籍上登载的已受田，为民户之全部土地，宽乡的已受田就不包括民户占有的全部土地。籍外田有合法与非法两种，前者为允许限外多占及借荒地等，后者则为隐漏未报及违法多占者。这种考察方法值得引起我们的重视。胡如雷《也谈"自田"兼论与唐代田制有关的一些问题》（《中国经济史研究》1986 年第 2 期）认为，不论四至相符与否，"自田"都是均田制外的私田，"自田"在每户田籍上出现的至数，虽不能准确但能大体反映其私田数量的多少。卢向前《部田及其授额之我见》（《敦煌吐鲁番研究》1996 年第 1 卷）考察了唐代西州部田四至记载中的易田问题，认为唐代西州之"自至"、沙州之"自田"等概念及性质有重新考察之必要。认为四至改写的时间当在户籍废弃时。朱雷《唐代"均田制"实施过程中"受田"与"私田"的关系及其他》（《魏晋南北朝隋唐史资料》1996 年第 14 辑）指出，均田制的推行，"并不意味着触动了封建大土地所有制"，"也不触动那些自耕农或半自耕农所拥有的小块土地"，但私有土地"均已纳入均田制的轨道"，四至中之"自田""自至"，当为私田"由其后人继承而不能没收以供再作分配"，由于土地形状及割裂，"故而四至记载难于反映现实，也就难于作出比较能反映现实的田地图"。

由此看来，关于均田制外的私田，既有存在说，又有否定说，既有合法说，又有非法说，还有非法默认说、隐漏土地说、宽乡狭乡区别说等等。关于四至记载中的"自田""自至"，则有完全私田说、均田私田两存说以及均田土地说。

（四）均田制中的永业口分、常田部田问题

随着讨论的深入，关于永业、口分田也开始区别对待，与此相联系，吐鲁番文书中出现的常田、部田问题亦为学界所瞩目。

贺昌群《汉唐间封建土地所有制形式研究》（上海人民出版社，1964年）以为均田制建立在国家土地所有制上，"均田制中带有私有性质的是永（世）业田"，"但唐的世业田还是可以充作口分田"，"可见永业田的土地支配权，不属私人而属封建国家"。贺氏虽把永业田、口分田加以区别，实际上却将永业田、口分田都当作国有土地看待。

韩国磐《根据敦煌和吐鲁番发现的文件略谈有关唐代田制的几个问题》（《历史研究》1962年第4期）认为，文书中的永业田的剩退、死退状况，与唐朝田令不符，或许，这与永业田不准买卖有关，永业田进行还授，说明它不是"完全世代私有"。他又考察文书记载的各种田地性质问题，以为：口分田必须还授，勋田和赐田一样可以买卖及传诸子孙；买田"自当传于子孙"；退田、还公田是"在均田制下进行还授的土地"；官田或为准备用以均田的土地，或者是用以屯田和营田以及官府所掌握的其他类型的土地。韩氏敏锐地指出了吐鲁番地区的永业、口分田都须进行还授的现象。在韩氏的《关于吐鲁番出土的唐代西州户籍残卷中的几个问题》（《中国社会经济史研究》1983年第2期）中，他指出，吐鲁番户籍残卷中未见口分田而只有永业田和居住园宅，说明"各户的永业田就是文牒中的口分田"，由于各户不能满足永业田之数，"因此就没有多余土地作为口分田"，"永业田有还有授，性质同于口分田，或者说，和口分田的性质相同"。其后，他的《再论唐代西州的田制》（《敦煌吐鲁番出土经济文书研究》，厦门大学出版社，1986年），根据新发布的吐鲁番文书，韩氏纠正了他自己关于吐鲁番户籍事实上没有口分田的说法，并且指出，西州永业田也要进行还授的一个重要因素是耕地欠少。

唐耕耦《关于吐鲁番文件中的唐代永业田退田问题》(《山东大学学报》1964 年第 2 期)认为高昌地区的永业田"既指均田制以前的私田，又指实施均田制时一丁 20 亩永业"，他还探讨了永业田的死退、剩退、出嫁退的原因。此外，他在《唐代均田制的性质》(《历史论丛》1981 年第 2 辑)中又提出，均田制有两重性质，永业田等是私田，口分田等是公田。

宋家钰《唐代户籍上的田籍与均田制》(《中国史研究》1983 年第 4 期)认为"由于私田是民户拥有私有权的土地，永业田与口分田不仅在上述法律规定的私有权上没有根本差异，而且在实际生活的许多方面也没有很大的区别""永业、口分田的区分实际上成为土地登记的一种形式而无本质差别"。宋家钰《从敦煌吐鲁番文书看唐代永业、口分田的区别及其性质》(《中国史研究》1986 年第 1 期)还考察了户籍登录土地的四个特点，继续加强上述论点。他还指出，永业、口分在户籍上的区别，与田令规定的占田额有关，以便于根据田令来审核民户土地继承、转让是否合符法律的规定。当然，永业、口分田在作物种植方面没有什么不同。杨际平《从敦煌户籍看均田制下土地还授的实施问题》(《中国社会经济史研究》1983 年第 2 期)亦有与宋家钰相似的意见，他指出，敦煌户籍中，永业田常足，口分田恒不足，永业田不足者悉无口分田，而各户口分田与人丁情况不相符，反映未按均田令规定进行土地还授，只进行帐面调整，永业、口分，只是帐面上的东西。杨氏《试论唐代均田制下永业田的不必还授》(《中国社会经济研究》1990 年第 2 期)又认为，唐代均田制，永业田是不必还授的，敦煌户籍中亦有永业田超出份额的现象，这种现象与继承有关。他指出，承户者继承永业田是无条件的，不必经过还公这一环节，而田令"先永业者通充口分之数"的含义是各户原有田土通过各户应授的份额,永业田诸子平分。

翁俊雄《关于唐代均田制中永业田的性质问题》(《中国史研究》1983年第2期)赞成永业田是"完全的私有土地的论点",以为永业田可以继承,可以买卖就说明了私有的性质,而对于永业田转变为口分田的问题,应理解为超出定额部分的永业田纳入口分田额中计算。

袁昌隆《初授的永业田不是均田农民原有私地》(《社会科学》1983年第6期,甘肃)认为,均田制的实施,是在不触动人们原有私地的前提下,封建国家将所掌握的无主荒地分授民户,因此初授的永业田不是均田农民原有私地。他在《永业田的买卖并非所有权的让渡》(《贵州社会科学》1992年第6期)中认为永业田似有某些"私有"的迹象,但实质仍属于国有土地,永业田的买卖并非为所有权的转让,而仅仅是涉及土地的使用权。武建国《均田制中永业田的授受问题》(《学术月刊》1985年第7期)认为永业田既有人户原有土地,又有国家直接授予的土地,还存在"人户世业"之田通过"回受"而成为永业田的情况。均田制在全国范围内施行,不是单纯为了将荒闲无主土地授予无地的游民,还包括限制土地的占有量、限制土地兼并,加强国家对土地和人口进行控制的目的。张维训《从桑田麻田到永业田的变化》(《中国社会经济史研究》1986年第2期)认为此种变化具有私有的倾向,而当永业田盈余时,采取了传给继承人或入充口分田两种途径解决的办法。孙天福《唐代均田制下的永业田》(《西南师大学报》1989年第3期)认为,即便是敦煌户籍,亦有永业田"还授的端倪",因为各户丁男未见有超出20亩定额状况的出现。

关于永业田、口分田的意见大体如上。要之,主要有二者均为国有说、永业私有口分国有说、二者形式区分实质私有说及永业转为私有说等。而在吐鲁番文书记载田土中的"常田""部田"

的区别,亦是学界的一个热门话题。

　　宫崎市定《论吐鲁番出现的田土文书的性质》(《史林》1960年第43卷第3期)根据大谷退田、给田文书,指出部田多为易田,它不是土地瘠薄,就是因为土地种植有某种限制,应是次等地。贺昌群上揭文认为,常田"是对'一易','三易'之田而言"的土地,部田"则是畿外州县的土地",但他没有进行论证。现在看来,他关于部田的说法显然是站不住脚的。马雍《麹斌造寺碑所反映的高昌土地问题》(《文物》1972年第3期)指出"倍""部"二字古音相通,可以假借,常田就是常年耕种,不需轮休之田,部田与常田相对,为需要轮休之田。

　　杨际平《试论唐代吐鲁番地区"部田"的历史渊源》(《中国社会经济史研究》1982年第1期)提出新解,认为部田之部即部内之部,其含义为辖区,部田是属于某州或某一机构的田地,部田或许与屯田有渊源关系,常田则指民田。其后,他在《再论麹氏高昌与唐代西州"部田"的历史渊源》(《中国史研究》1988年第2期)中又指出,"部田"与"倍田"无关,部田亦非薄田,常田不一定就是当里之田。黄永年《唐代籍帐中"常口""部田"诸词试释》(《文史》1983年第19辑)亦认为常田是质量较好的土地,部田有壹易、贰易、三易者,就是质量不好,需休耕一岁、二岁以至三岁的土地,即部田是质量不好的土地,是薄田的异写。赵吕甫《唐代吐鲁番文书"常田""部田"名义试释》(《中国史研究》1984年第4期)认为部田并不是笼统地指州、县境内的农田,而是分布在乡所属的各里,由乡直接掌管的农田。这些农田却又非里正直接处理的那一部分均田土地,而是作调剂用的土地。部田既不是劣质土地、抛荒土地,亦不是屯田,常田、部田虽同属于均田土地,但常田则是各里正下掌管的正田。这种说法似乎亦站不住脚。

　　孔祥星《吐鲁番文书中的"常田"与"部田"》(《中国历史博

物馆馆刊》1986 年第 9 期）考察了常田、部田名称流行的时代、分布位置、常田与其他田种的关系、耕作制度及亩产关系等，认为其名称来源很可能与当地的地域方位有关，常田质量最好，部田较次，常田一年二熟，部田一年耕作一季，歇茬一季。池田温《唐代西州给田制之特征》（《敦煌吐鲁番学研究论文集》，汉语大辞典出版社，1990 年）指出，常部田不仅表示土地性质，而且是所有田土的分类，它们大体上对应于高昌国之厚、薄田，用常田表示土地仅限于高昌城下，而外部则残存高昌时代旧称。

卢向前《唐初西州土地管理方式》（《唐研究》1995 年第 1 期）从水利角度考察常部田，认为新兴谷水系不足以浇灌所有土地，人们遂把土地分为常田、部田两类，对常田，一般保证用水，对部田则按年按片或按年按渠使水。杨际平《也谈唐代西州的土地管理方式》（《中国社会经济史研究》1997 年第 4 期）再一次强调部田源于屯田部，对于卢氏所称部田得名于土地"少高仰"之说，则认为难于断定。但他亦指出，部田可能和浇水时间、浇水遍数有关。

要之，论述常部田，或以土质分类，或以耕作制度立论，或从渊源分析，或从管理机构着眼，或从水利角度考察，意见颇不一致，有待于进一步探索。

（五）　均田制中的土地还授及标准

土地还授与否是判定均田制实行的一个重要条件，我们在第一目中已经介绍了各家争论的意见，而土地还授如何实行及其标准为又一问题，本目之介绍，虽有重复累赘之嫌，亦是不得已之事。

西嶋定生《从吐鲁番出土文书看均田制的实施状况》（《西域文化研究》第二册，1959 年）考察了退田给田文书的形式，并将两者进行详细比较，发现 7 例相对应的现象。据此，他认为"给田文书与退田文书具有密切的关系"，"给田文书抄自退田文书"。并且，退田发生在户内有受田资格者变动时，经里正之手办理，这种状况和田令的规定相符合。给田文书则以退田文书为原本，进行转抄。在此之前，由里正调查本乡的欠地丁口，作成欠田簿，这样的程序也是符合田令的。他认为狭乡的永业田，实质上就等于口分田，因此在户籍上记载永业田而达不到规定额时，尽管写作永业田，但在收授土地时，则当作口分田来处理。西村元佑《唐代吐鲁番实行均田制的意义》（《西域文化研究》第二册，1959 年）主要从欠田文书考察唐代均田制下授田的实际情况。他认为欠田文书是以九等户为主要对象、以八等户为次要对象制作，其制作目的与授田有关。他认为首先制作退田文书，接着再制作欠田文书，然后，将退田文书的地段抄为给田文书，最后由县令批准，将所退之土地授予受田者。他说，西州一丁男的受田标准为 10 亩，这种标准，包括在"作为一个大原则公诸天下的标准"之内，而各地区根据各自的实际情况，又有一种各不相同的实施均田细则的"式"的标准，西州的一丁男 10 亩这一标准额，大概是西州地方行政细则中规定的。西嶋、西村的文章使我们得以了解土地还授的大致过程。

　　王永兴《关于唐代均田制的给田问题的探讨》（《中国史研究》1986 年第 1 期）将大谷给田文书中县令元宪批语补充为"给欠地丁充"，确定冬季授田主要对象是欠地丁，其依据之一就是欠田簿。他并认为，冬季的授田过程是：欠田丁按照制度规定提出申请，上给县司请地或请射地等牒辞，经过县司批示，将这些牒辞连成请地簿，县司据之以授田。

　　土肥义和《唐代敦煌的居住园宅》（《国学院杂志》1976 年第 3 期）分析了敦煌文书中居住园宅的班给及分布状况，指出园宅应每户都有，而有的则未记载或未记四至。他在《唐代敦煌均田

制的田土给授文书》(《东亚古文书史的研究》)通过北图薑字 73
号背面文书,考察敦煌地区田土给授实施的状况,与西州相比较,
认为二者有各自不同的给田标准。土肥义和的《唐天宝时代敦
煌县受田簿断简考》(《坂本太郎博士颂寿纪念日本史论集》,吉
川弘文馆,1983 年)、《关于唐代均田制下敦煌地方的田土还授》
(《中国律令制的展开及其与国家、社会之间的关系》,刀水书房,
1984 年)二文通过英藏 S.8387、S.9487 号敦煌县受田簿断片的研
究,认为它们是由县府将各户给田文书进一步整理后的文书。池
田温《唐代均田制考察之一》(《敦煌学辑刊》1986 年第 2 期)在
土肥义和所整理文书之基础上,将其与俄藏三片敦煌文书拼接,
并认为它是将已受田数低于标准额的小户挑出、准备给田而制作
的《户别授田亩数簿》。文书反映了天宝后期县官对田土的支配
只留下一个外壳,退田与给田也是徒有虚名,这种状况暗示了 8
世纪中叶唐朝对西北统治的衰退。同时,他也指出,西州、敦煌均
实行了远隔地区给田的措施。这种状况,说明两地田制有共性,
以前视两地田土给授性质不同而严加区分的偏差,应该加以纠
正。池田温《关于神龙三年高昌县崇化乡点籍样》(《中国古代的
法和社会:栗原益男先生古稀纪念论集》,汲古书院,1988 年)分
析了吐鲁番出土的点籍样文书,根据其记载的户口探讨已受田
额,认为其地已受田相当普遍地颁给,它应是神龙初年吐鲁番盆
地有效实行给田的证明。杨际平《敦煌吐鲁番出土经济文书杂
考》(《中国社会经济史研究》1987 年第 1 期)也比较了敦煌受田
簿和吐鲁番点籍样,认为文书中之各户仅记丁中及“合已受田”,
而不记家口及应受、未受田,说明文书编制的目的仅在于控制丁
中,而不在于均田。

　　宋家钰《唐代户籍上的田籍与均田制》(《中国史研究》1983
年第 4 期)考察了民户土地的收授与除籍附籍的关系,认为民户

地权的变动有承继、买卖、授受、没收等。他认为退田可分六类，其中户绝退、逃死退、还公退各占二类。他认为土地收授"实际上是一种处理无主的可耕地的方法"，土地的民有性质并未发生根本变化。武建国《论均田制土地授受方式》（《历史研究》1987年第5期）把土地授受方式分为簿籍授受、官田授受、户内通分、对共给授四类，认为簿籍授受和户内通分是"以人户占有的土地为基础"，而官田授受和对共给授是"通过国家直接授予一定数量的国家土地而实现土地的授受"，因此，均田制是推行于全国范围内的土地制度。霍俊江《从敦煌文书看均田制授田的三种形态》（《唐代的历史与社会》，武汉大学出版社，1997年）指出，唐代均田制授田有三种特殊情况：老男授田不是40亩而是50亩，中女授田当丁田之半，官吏领有官吏永业田外还可以领有与其身份相适应的丁田或老田。这种说法似乎没有考虑到时代问题。

土肥义和上揭文认为受田20、80亩是敦煌县授给均田农民的给田额。此种结论尚待证实。而在《唐代均田制给田标准考》（《隋唐帝国与东亚世界》，汲古书院，1979年）中，他在西嶋定生、西村元佑研究基础之上，力图展示西州均田实施过程中的给田标准。他按居住园宅、永业田顺序详细探讨，认为西州的下下户居住园宅40步，高于下户者70步；而永业田的给田标准当从应受田标准考察，西州对于丁男中男20亩的标准，最初打算充足其10亩，然后再充足余额，但这种企图并未实现。他又讨论了各户实际受田差异原因，考证了老男、笃疾废疾、寡妻妾的给田标准，并批评铃木俊将百姓田仅仅分为口分、永业而登载在户籍上的说法没有反映均田法实行的实情。鲍晓娜《唐代户籍上的田籍与均田制》（《中国社会经济史研究》1985年第3期）以为，唐代西州给田标准与唐朝田令不同，它是结合吐鲁番地区的历史传统及环境条件,因地制宜制定的另一种原则。一丁10亩给田的估计不能成立,而应是"一丁得常田4亩,部田2亩,老寡减半",此种说法似乎未能见其全貌。

韩国磐《再论唐朝西州的田制》(《敦煌吐鲁番出土经济文书研究》,厦门大学出版社,1986年)认为由于西州的土地欠少,故永业田也要进行还授,授田除狭乡减半授给额一种外,尚有贞观后期的常田4亩、部田2亩,贞观时期的5亩及贞观后期至玄宗时的常田4亩、部田6亩三种授田额。池田温《唐代西州给田制之特征》认为西州给田基准额可推测为常田4亩加部田2亩,或常田2亩加部田3亩。池田温《初唐西州高昌县授田簿考》(《隋唐史论集》,香港大学亚洲研究中心,1993年)还考察了阿斯塔那42号墓的《西州高昌县授田簿》,进一步探讨初唐西州实施给田的状况。卢向前《〈唐西州高昌县授田簿〉整理与断代》(《学人》1997年第11辑)也考察了《西州高昌县授田簿》,调整文书编次顺序,并将文书年代断为贞观十六、十七年间。他的《唐代西州土地的管理方式》(《唐研究》1995年第1期)考察西州田制,指出《授田簿》成文前,原农户所有土地被重新承认与官府分授给无田少田农户这两种方法并行不悖,此后,则罕见有超过常田4亩、部田6亩的情况。他讨论了部田授受一分为三、零星分布的现象,认为此种现象与唐代西州水利有关。嗣后,卢向前撰《部田及其授受额之我见》(《敦煌吐鲁番研究》1996年第1卷),他提出,西州授田额有基准额一丁常田4亩部田2亩、折算额常田4亩部田4亩、标准额常田4亩部田6亩三种,它们都是互相对应而可以折换的。

利用吐鲁番出土文书研究西州均田制,还涉及贞观十四年唐灭高昌后的九月,即在民户手实中出现的"合应受田八十亩"问题。土肥义和《关于贞观十四年九月安苦昢延手实》(《铃木俊先生古稀纪念——东洋史论丛》，山川出版社，1975 年）对此进行分析，认为手实表明了从申报到给田这一均田制实施过程中申报阶段的情况，是唐在西州实行均田制的产物。唐长孺《贞观十四年手实中的"合受田"》（《魏晋南北朝隋唐史资料》1980 年第 2 辑）不同意合应受田 80 亩为唐制的观点。他根据更多的文书材料，认为此种田额与魏齐周隋四朝规定相符，而从丁中年令看，亦是如此。因此，唐置西州后，暂仍麹氏高昌之旧制，而这也反映出麹氏高昌曾经在某种程度推行均田制的明显迹象。嗣后，他在《唐贞观十四年手实中的受田制度和丁中问题》（《敦煌吐鲁番文书初探》，武汉大学出版社，1983）中又揭出了西州受田制几乎立刻改从唐制，而丁中制度则大致延续到 10 年以后的现象。池田温《初唐西州土地制度管见》（《史滴》1984 年第 5 期，又见《唐研究论文选集（池田温文选）》，中国社会科学出版社，1999 年）对于 80 亩应受田额的看法与唐长孺相同，同时也指出，文书中受田差异很大，且受田不包含居住园宅，以为"合受田"与均田制"应受田"不是同一制度下的产物，而是当时权宜之计。西州真正实行没官田的给授，当在贞观十六年正月《巡抚高昌诏》发布之后。而每丁常田 4 亩、部田 2 亩则是新定的给田标准，其后有增大迹象。这种以常部田相统一的给田，当是继承了高昌时代吐鲁番盆地独特的田土分配法，从而否定了西州均田制的普遍性。

综上所述，可知学界已基本了解了唐代土地还授的具体细节，而在西州的授田标准是否符合唐代田令、其标准又是多少、这样的还授与标准是否具有全国意义还是仅仅为一地之规这几个问题上还存在较大的分歧。

（六）均田制度的破坏

均田制起始颁行于北魏太和九年（485），历经东魏、西魏、北齐、北周、隋，至唐中期而坏。史家论述均田，多及其渊源，限于体例,本节略其渊源而仅述其败坏之研究状况。

陈登原前揭书以为,唐代均田制与此前比较,放宽了买卖限制,由于豪族兼并,户籍不修,导致均田制败坏。玄宗曾禁止兼并,亦有宇文融括户括田,但终于均田坏而行两税。陶希圣、鞠清远前揭书认为,均田制的破坏与国有土地减少、耕地不能增加,外拓内乱,不遵田令有关。此一阶段的论述比较简单。

进入第二阶段,研究向纵深发展。乌廷玉前揭文以为,"国有"土地的枯竭、土地兼并严重,人民的逃亡、户籍的紊乱、安史之乱导致均田制度全面崩溃。胡如雷前揭文认为,均田制破坏的原因在于兼并与官田的日益减少。孔经纬《唐代土地所有制形式的发展变化》(《新史学通讯》1955年第7期)认为,土地兼并、农户逃亡破坏了均田制。唐长孺《均田制的产生与破坏》(《历史研究》1956年第6期)对此一问题进行全面论述,是一篇较为重要的文章。他认为,均田制的破坏是在"农村内部土地私有化过程中和大土地所有者进攻的过程中瓦解的"。苑士兴《北魏至隋唐的均田制度》(《中国历代土地制度问题讨论集》,生活·读书·新知三联书店,1957年)认为,均田制崩溃原因在于它不适应生产力发展需要,土地兼并与自耕农增加,导致可分配土地减少。罗元贞《论均田制的产生与解体》(《山西师院学报》1957年第1期)从时间上进行考察,认为均田制在唐初就已"逐步解体",高宗武后以后,代之而起的是"小土地私有制和新兴地主经济"。徐德嶙《略论北魏到隋唐的均田制》(《历史教学问题》1958年第1期)意见略同,他认为,唐初对买卖土地限制较宽,土地兼并严重,随着分化的加剧,大批中小地主产生。其破坏始于高宗时,决定于玄宗时期。

第三阶段的研究更具规模,探索更加细致,领域也更开阔。金宝祥《北朝隋唐均田制研究》(《甘肃师大学报》1978年第1

期)认为,从隋初到开元,是均田制的发展时期,天宝以后,则是消亡时期。农民、卫士的逃亡,表明国家佃农依附关系相应减轻,表明均田制的接近瓦解,而世胄之家,在经济上已为庶族商贾地主所压倒,这种转化,正是在均田制消亡过程中产生的。陈自芳《唐代的土地买卖及其经济影响》(《北方论丛》1982 年第 3 期)认为,土地买卖是唐前期均田制无法实行的基本原因,唐前期土地买卖有两个特点,一是土地的私有化与土地的买卖的发展互相促进,二是小农的卖地与逃亡紧密联系。由此之故,均田制的收授制度根本无法实行。赵俪生《均田制的破坏》(《天津社会科学》1985 年第 5 期)指出,唐代均田制下,土地买卖对贵族官僚禁限最松,对新兴的商人地主、经营地主限制很严,对百姓很有局限。政府紧紧地控制了土地买卖权。因此土地兼并占主要地位的,并非是富者有赀可以买田,而始终是"贵有力者可以占田"。

汪籛在他的一篇提要式论文《均田制在中国历史上的地位》(《汉唐史论稿》,北京大学出版社,1992 年)中提出均田制的实施在于士族的败落,代替大族豪强地主大土地所有制和部田佃客制的,是普通地主大土地所有制和佃户制。由于豪强经济衰落和崩溃的速度超过普通地主经济成长和发展的速度,而"普通地主不论在政治上和经济上都还没有强大到能够进行大规模的土地兼并以控制大部分土地和农民的程度",所以这是均田制发展的时期。他认为,在唐前期的 130 多年中,总的趋势是均田农民中的自耕农民在总人口中所占的分量逐渐缩小,其原因在于自耕农经济不稳定,豪强地主经济崩溃,而普通地主的经济、政治则迅速上升,所以,这是均田制走向崩溃的时期。武建国《论唐朝土地政策的变化及其影响》(《社会科学战线》1992 年第 1 期,云南)将经济关系和国家政策关系结合起来进行研究,他认为,抑制兼并、均平占田是唐前期国家对土地问题的基本国策。唐中叶,政策发生变化,一方面,竭力维持均田制,另一方面,不得不调整政策,放松对土地的控制。而"均田制最后废弛的真谛,乃是庶族地主的发展壮大,土地私有制的日益发展和深化,政策转变的影响",因而土地迅速私有化。唐任伍《论唐代的均田思想及均田制的瓦解》(《史学月刊》1995年第2期)从人口与耕地的矛盾进行考察,认为均田法的基本精神是要做到耕地与人口的合理配置,但由于人口增殖太快,土地不敷分配而被零星分割,私有土地扩大,再加上农民逃亡、人口播迁,导致均田制的瓦解。

此外,亦有论及唐前期括田括户以维持均田制以及有关土地买卖的一些文章。

韩国磐《唐籍帐残卷证明唐代造籍均田之勤》(《敦煌吐鲁番学研究论文集》,汉语大辞典出版社,1990年)罗列文献、文书材料后指出,唐朝编造籍帐有许多详细的规定,史谓唐玄宗不重视户籍的编造,不符合实际,而"唐代前期编造籍帐之勤,实际上也即反映了这种施行均田的努力"。这是对历史上一般看法的挑战,颇有新意。王永兴《武则天长安二年(702年)西州括田括户中官府勘田文书考释》(《出土文献研究续集》,文物出版社,1989年)考释了八件吐鲁番文书,将其定名为长安二年西州括田括户中官府勘田文书,并考释了"旧主""人"等含义,分析了检括田户的具体情形。陈国灿《吐鲁番旧出武周勘检田籍簿考释》《武周时期的勘田检籍活动》(《敦煌吐鲁番文书初探二编》,武汉大学出版社,1990年)也考察了武周时期的勘检田簿,以为"它反映了唐代均田制下土地还授中的诸运动形态,也是封建官府对田亩进行大勘检的纪录"。他认为,"聚人阡陌,亲遣检量"不单在玄宗时代,即便在武周时已是如此,勘检土地的目的,还在于防止兼并。李志生《论宇文融括田括户对开元之治的影响》(《河北学刊》1994年第5期)认为宇文融的括田括户是武则天时期括田括户的继续。

小口彦太《中国土地所有序说》(《早稻田大学比较法学》1974 年第 9 卷第 1 期)注意到唐代买田契发现极少的现象,认为唐灭高昌后推行了均田制度,禁止土地自由买卖。池田温《中国古代买田买园券的一考察》(《西嶋定生博士还历纪念——东亚史上的国家和农民》,山川出版社,1984 年)认为买地契券具有半永久性,不能在短期内废弃,因而唐初古墓中极少发现作为废纸被二次使用的买田契券,另外,土地买卖在户籍上有反映,而从大谷文书三件买田契券中可以看到,禁止土地买卖在表面上还在遵守,但实际上对土地所有权的转移却没有统一限制,到 8 世纪开始盛行预付田租的租佃制度,均田制进一步崩溃了。山根清志《唐均田地制下的民田买卖》(《中国都市和农村》,汲古书院,1992 年)指出,唐田令可以买卖永业、口分田,"乐迁就宽乡者,其宗旨不是承认百姓自发迁移和卖掉土地,百姓不能自由处理个人所有土地"。赵云旗《论唐代土地买卖政策的发展变化》(《中国古代社会研究》,厦门大学出版社,1998 年)认为唐代土地买卖政策从唐初至唐末发生了重大的变化:首先是合法的土地买卖的范围由小变大,条件由严变宽,数量由有限额变为无限额;其次是非法土地的买卖从严禁变为公开合法,对非法典质由限制变为不限制;再次是逃绝户的土地由严禁买卖到公开买卖,对卖者由不再给授到重新分配。这样的变化与当时的社会经济的发展及土地公有向私有的发展是分不开的。

大致说来,关于均田制败坏,学者的意见还是比较一致的,土地兼并,土地不敷分配,战争的影响是其主要原因。但我们也要注意到以下一些倾向,即均田败坏时期的社会阶层的演变状况,特别是一些学者提出了政府为挽救均田制而进行的努力的新看法值得引起我们的注意。

四、庄园关系

唐代的庄园仅仅是个名称还是形成一种制度,庄园制下的土地关系如何,庄园的经营状况如何,庄园是如何发展起来的等等问题,亦为史学界注目。关于庄园的讨论多集中在第二阶段,此前此后则成果稍少。这种现象恰与均田制讨论的集中相映成趣。

加藤繁《关于唐的庄园的性质及其由来》(《东洋学报》1917年第7卷第3期)、《内庄宅使考》(《东洋学报》1920年第10卷第2期)、《关于唐宋时代的庄园组织及其聚落的发达》(《狩野教授还历纪念——"支那"学论丛》,弘文堂,1928年),玉井是博《唐时代的土地问题管见》(《史学杂志》1922年第33编第10期)等对于唐代庄园的研究做了开拓性的工作,使人们得以了解庄园的起源和发展、庄园的性质、官私及寺观庄园的分类等等。陶希圣、鞠清远前揭书认为,唐代"贵族大地主手中的大量土地,多数未能集中在一起,所以在经营上,便不得不分成若干单位,这些单位,在当时便称之为庄墅"。他们还说,"多数的小庄,地有不过一顷者……这样的庄田,就是地一'处'一'份'的'处'或'份'的意思"。第一阶段的研究为下一阶段工作的展开作了铺垫。

周藤吉之《唐宋五代的庄园制》(《东洋文化》1953年第12期)认为唐宋庄园除了那些以山水为界的一元化大耕地外,也有由几块分散地段所构成的,庄园往往组成聚落或村落。尚钺主编的《中国历史纲要》(1954年)说到中唐以后的庄园,认为庄园里的庄客"与农奴几无区别,他们是庄园主的'私属',被束缚在土地上,对庄园主构成人格上的依附关系",而"庄园主不仅占有大批土地直接榨取农民,而且他也是庄园的直接统治者"。这种意见引来了众多学者的批评,导致此后关于庄园性质的大讨论。

岑仲勉在他的《隋唐史》(高等教育出版社,1957年)中指出,唐初皇室已置庄园,则天时有庄宅使,其土地或为州府所没入,有时亦以卖给人民。官吏、富豪往往在别处购买土地,名为寄庄户,将士亦常置庄田。各地僧寺拥有田庄不少,唐政府曾加以限制。庄田土地或雇佃或奴佃。乌廷玉《关于唐代的"庄"》(《光明日报》1957 年 12 月 19 日)认为"中唐以后,均田制崩溃,私有土地变成当时的主要的土地制度,而私有土地的基本的形态就是'庄'",但是"唐朝根本不存在庄园制",当时的"庄"不过是一定数量田地之名称,它并不是包括多种产业完整的自给自足的经济单位。因此,庄不能叫做庄园,只能称为田庄或庄田。他认为,庄的生产关系中,"庄园主"就是地主,庄客基本上是佃农,多数庄客决不是庄主的"私属"。

郭士浩《唐代的庄园》(《中国封建经济关系的若干问题》,生活·读书·新知三联书店,1958 年)认为,"唐代的庄园是在均田制破坏的过程中普遍发展起来的"。唐代的庄园有官僚和一般地主的,有寺院的,亦有官庄与皇庄三类。庄园的名称极不一致,有庄、别墅、别业、别第、山庄、山居等等。庄园本来的意义是城外的别墅,具有林泉台榭等专供王公贵人游憩的地方。唐代的庄常包括田产,后泛指一切田产,但有些不能当大地产看待。在唐代的庄中,应该除去"私人花园"这一类。他认为唐代的庄,田产是分散的,因此,无法构成完整的封建庄园组织,并且,庄园也并无全套装备的庄园组织的内容。庄园主除将土地出租之外,没有其他的生产经营方式。唐代的庄园和欧洲的庄园是截然不同的东西。他认为,寺院庄园的土地来自皇帝的赏赐,信徒的施舍及典买侵夺而得,其数量虽然巨大,但内容颇为贫乏,规模则大小不一,而土地分布分散,不形成生产单位。他认为,官庄与皇庄,是在官田基础上组织而成,主要的经营方式是出租。

胡节《唐代的田庄》(《历史教学》1958 年第 12 期)认为,唐初的田庄比较稀少。随着均田制的破坏及土地兼并发展而日益形成。开元、天宝以后,大田庄遂在各地纷纷出现。唐代的田庄有属于地主政权及皇室者,前者为封建国有性质,后者为皇室私有;又有不少寺院,普通地主田庄。田庄规模大小不一,其生产以谷物为主,亦有手工业,但不能认为每个田庄都包括了很多种类的生产。田庄虽然土地集中在一起,但并非经济上的生产单位,其最主要的劳动力是庄客,庄客大多数是佃农,亦有雇工。他认为,田庄日益增加是地主土地所有制高度发展的集中表现,但不能肯定就是"庄园制",它与西欧庄园是大异其趣的。金宝祥《唐代封建经济的发展及其矛盾》(《历史教学》1954年第5、6期)、《论唐代的土地所有制》(《历史教学与研究》1959年第3期)认为,武则天以后均田制逐渐瓦解,庄园制逐渐兴起。庄园原是大土地所有制的一种主要形式,它占有大片土地而自给自足,不但存在于中唐以后,亦存在于中唐以前,只是后者是世族所有制而前者是庶族所有制。

韩国磐《从均田制到庄园经济的变化》(《历史研究》1959年第5期)认为,庄园经济发展的过程,也就是均田制崩坏的过程,同时亦即农民被兼并掠夺失掉其份地的过程。庄园在唐前已有,高宗武后以后就日趋发达,玄宗时期更加发达,在均田制破坏之后,就在全国范围内发展起来了。他把唐代庄园分为两类:一为私人大土地占有制下的庄园,包括官僚豪族等地主庄园和寺院庄园;一为封建土地国有制下的庄园,包括国家和帝王直接掌握的官庄和皇庄。他认为:皇庄、官庄始于武后或玄宗时,其土地或出租或僦募,遍布州县;地主庄园有土地、庄宅、铺、菜园、盐畦、车坊等,而有的地主庄园自给自足,土地亦非为一片一片的地段。他认为在庄园经济下,国有制仍居支配地位,私庄土地通过契约关系出租,而个体小农的数量仍很多。

加藤繁《中国经济史考证》第一卷（商务印书馆，1959 年）论述了包括庄园、田园、客坊三部分的唐宋庄园的完全形式。

张维华《中唐以后的地主田庄经济》（《山东大学学报》1963 年第 3 期）认为，田庄的土地主要由买卖而来，它既有连成一片的，也有零散的，田庄的生产关系一般是租佃，但也有超经济的奴役和剥削，田庄中出现了分散的、各自独立经营的生产部门，所生产的产品，都具有不同程度的商品性。关通《唐代庄园制说质疑》（《山东大学学报》1963 年第 4 期）反对唐代庄园制说，以为庄宅、店铺、茶菜园、盐畦、车坊等并不包括在庄宅或"庄园"内，即不能构成完整的庄园组织，而所谓的庄园、庄田、别业等名称，其含义并不是一所所的"庄园"。庄园、庄田指园宅、田地，庄或指住宅，别墅或指田地，或指地主经营土地的据点，或指村庄。

邓广铭《唐宋庄园制度质疑》（《历史研究》1963 年第 6 期）以为，唐宋的地主土地所有制是"属于绝对的支配地位的"。他介绍了中古时期欧洲庄园制的特征，认为唐宋时期的"庄"并不存在这样的特征，无论从其征取实物地租、农民对地主的依附性弱，还是从土地分布零散等等来看，唐宋两代的地主庄园不但没有制度化，并且没有表现出有走向制度化的趋势。因而，唐宋时期的"庄""庄田""庄户""庄园"等等，究其实"都不能反映出唐宋两代有什么庄园制或庄田制的存在"。郑昌淦《论唐宋封建庄园的特征》（《历史研究》1964 年第 2 期）与邓广铭进行商榷，提出封建庄园制度最普遍的特点是"地主占有土地以庄园或田庄为单位，即一个农庄，包括它周围的田地，有时也有菜园或树园，归一家地主所独占"。他认为，唐宋封建庄园有大有小，但只要具备"一家地主独占一庄及其周围大体联成一片的田地，以剥削和奴役农民"的特征和条件，就是庄园。

第三阶段的研究更向纵深发展。张泽咸《唐代的寄庄户》

（《文史》1978 年第 5 期）考察了唐代的寄庄与寄庄户，认为隋唐以后的田庄通常以封建租佃契约形式来进行经营，凡是在本籍以外别的地区买置的田产就称为寄庄，拥有寄庄的外乡人户便称为寄庄户。寄庄户不是农民而是地主。

吴泰《论唐宋文献中的"庄园"》（《历史学》1979 年第 4 期）认为，唐宋文献中的"庄园"，庄与园是两个不同的概念。园指"玩赏的园地"，庄为"官僚地主的别墅或带有园林的山居"，地主的园庄，"泛指一般的农田"，因此不能把庄园视为一种土地所有制形式或一种社会经济形态。他认为，唐代地主田庄的发展，是普通大土地所有制发展的产物，其设置通常通过买卖，召人垦荒广占民田、购置别业等途径获得，官府也有许多庄田，但结构都非常简单。他认为，唐宋的地主田庄并不具备封建庄园的基本特性，也没有形成什么制度。

田泽滨《唐代中叶前后土地所有制关系的变化》（《吉林师大学报》1980 年第 1 期）认为，均田制崩溃后，土地私有制主要以"庄田"形式发展着，政治干预减少，私有性质增加，等级土地所有制逐渐发展为经济强制。陈良文《唐代地主庄园中雇佣劳动者的几个问题》（《中国社会经济史研究》1986 年第 4 期）认为庄园的剥削关系可分作从事农业、从事放牧、从事手工业及从事家庭佣作等类型。雇佣者"始终有籍"，脱离国家控制是暂时的，其经济、社会地位低下。

日野开三郎从 1981—1984 年连续发表了《唐代先进地区的庄园》共 13 篇论文（《产业经济研究》，久留米大学），嗣后集结成专著（汲古书院，1986 年）。该书评论了庄园的设置地区、资产、人员构成、税役负担、收支经营、劳务关系、土著庄主和非土著庄主之不同及其历史意义等问题。池田温《东亚中古庄园之一考察》（《东亚史中的国家和地域》唐代史研究会报告Ⅷ，刀水书房，

1999 年）从初唐的用例,日本及高句丽、新罗、高丽初的用例,隋以前的用例,庄字的含义上考察了庄园。

在论述庄园问题时,也有一些论述寺院道观庄园的文章。金毓黻《从榆林窟壁画耕作图谈到唐代寺院经济》(《考古学报》1957 年第 2 期)认为,唐后期,寺院已形成庄园形式,劳作者为一部分僧道、雇农、佃农,亦有庄客(依附者)。

荆三林《〈唐昭成寺僧朗谷果园庄地亩幢〉所表现的晚唐寺院经济情况》(《学术研究》1980 年第 3 期)根据地亩幢,揭出在广德二年(764)至贞元二十一年(805)41 年间,昭成寺兼并土地1791 亩,成为一大寺院庄园之事实。这是一篇很有说服力的文章。

白文固《唐代僧尼道士受田问题的辩析》(《社会科学》1982年第 3 期,甘肃)认为至迟在武德九年,就有僧尼、道士受田制度,其用意在于限制僧侣、地主的兼并土地,"试图把寺观占田纳入均田制度而加以控制",达到抑制寺院经济无节制膨胀的目的。他在《试论唐前期的寺院经济》(《兰州大学学报》1983 年第 4期)还认为,南北朝寺院经济的发展构成了隋唐寺院经济发展的基础,他们主要通过赏赐、捐献、施舍及均田制下的受田这些途径获得土地。

张弓《唐代的寺庄》(《中国社会经济史研究》1989 年第 4期)认为,唐代寺院庄园的发展,以开元、天宝时期为界。唐前期,是旧型寺庄的复苏,其土地"往往派生于皇室贵族的施予,具有强烈依存于政权护持的资质,恪守农奴式庄客耕作制",庄园经营具有自然经济特点,以庄客耕作作为生产关系的主体。唐后期,由于均田制废弛,土地兼并合法化,新型寺庄普遍兴起,呈现出多途径广泛设置的情景,而普遍实行租佃制,则是新型寺庄的基本特征。

谢重光《东晋—唐时期的佛教寺院庄园》(《文史知识》1990 年第 7 期)认为东晋至唐朝时期寺院庄园的产业结构,以农业为主,也有一定的手工业、商业乃至高利贷业的成分,寺院庄园是一种分工分业、多种经营、自给自足的自然经济体系。他在《关于唐后期至五代间沙州寺院经济的几个问题》(《经济研究》,厦门大学出版社,1986 年)论述道,此一时期的沙州寺院依附人口众多,在吐鲁番时期,为领主制经济或农奴奴役制经济,在归义军时期,主要是租佃制,但实际上,常住百姓还是寺院的农奴。张泽洪《唐代道观经济》(《四川大学学报》1993 年第 4 期)认为道观土地的来源有道士受田、赐田、施舍等。依附于道观者有观户、奴婢、部曲等,道观的经济活动同世俗社会并无二致,庄田经营亦有出租的。

根据上述内容,我们可以看到,关于唐代庄园的探讨,主要围绕着它是否与西欧的封建领主庄园相似这一论题展开。其中的议题有庄园土地是集中还是分散、庄园封建关系的依附性如何、地租形态如何、庄园的概念如何、庄园怎样形成、庄园的分类等等。可以认为,经过讨论,学界的意见基本趋向于一致,即唐代的庄园与西欧的封建领主庄园是大异其趣的。而如何在现在基础上,将此一课题进行量化的考察则有待于来者。

五、官田关系

官田中包括屯田、营田、职田、公廨田诸类。官庄、皇庄亦可归于此类,因前有所论述,此节略之。

(一) 屯田和营田

青山定雄《唐代的屯田和营田》(《史学杂志》1954 年第 63 编第 1 期)研究了屯田经营方式的变迁,指出屯田由兵士耕种,均田制时代驱使人民义务耕种的现象很普遍,安史乱后出现了雇佣农民耕种。崔瑞德《唐代的官田》(《东方经济社会史杂志》1959年第2卷第2期)亦研究了唐代的屯田、营田及军田。日野开三郎在《租粟与军粮》(《东洋史学》1962年第5期)及《天宝以前唐的军粮》(《东洋史研究》1962年第21卷第1期)指出,屯营田在开元二十五年左右由直接经营转为租佃经营。

郑学檬《试论隋唐的屯田和营田》(《厦门大学学报》1962年第3期)认为隋唐屯田,持续时间、规模都超过前代。屯田都是国家土地所有制,它在解决军粮供应、安置流民、开发落后地区等方面都起过一定的积极作用。他认为,营田与屯田有明显的共同点,一般地说,营田也可以认为就是屯田。但在唐中叶后,营田的私有性加强了,无论在管理制度、经营方式和生产者的地位诸方面都有别于屯田。乌廷玉《关于唐代屯田营田的几个问题》(《文史哲》1964年第2期)指出,随着府兵制败坏、边防军扩大,为了解决军粮问题,屯田区域扩大了。他根据南宋本《唐六典》,列出全国的屯田情况;同时指出,亦有属于司农寺主管的非军事性屯田,这类屯田,在7世纪初,既已开始创立,一些地方刺史也设一些屯田区,遂设置营田使,具体管理军屯事务。在安史之乱以后,营田名称逐渐固定化,不再是"普通的屯田"了。营田主要地区在西北和北方各州镇,而内地多数节度使都兼任营田使。营田相当广泛,48个方镇,至少26个设置营田机构。当然,营田亦并非全由方镇控制,元和十四年后,除河朔三镇外,各道营田都是由政府管理。其领导机构,在唐中叶以后,工部掌管屯田政令,宪宗以后,由户部尚书总领,下设营田务。

王永兴《唐田令研究》(《纪念陈垣诞辰百周年史学论文集》,北京师范大学出版社,1981年)指出唐前期屯田经营方式有4种,即军卒营种、租佃、屯丁、户奴及丁夫,后期则有军卒、租雇、租佃及营田务等。他推测敦煌出土之河西支度营田文书(上海博物馆藏)所反映的当是徙边罪人充营田户。

黄正建《唐代前期的屯田》(《人文杂志》1985年第3期)、《唐代后期的屯田》(《中国社会经济史研究》1986年第4期)认为,屯田和营田在唐代尤其在前期,所指是同一回事。屯田所要解决的主要是军粮供应问题。他认为,唐前期屯田可分为三时期:自开国至高宗仪凤二年,屯田主要设在北方,范围、规模都不大;高宗至开元二十五年,屯田设置在西北和北方边地,其规模扩大了;开元至安史之乱,由于和籴的施行,使屯田减少。唐前期的屯田可分军屯和非军屯两类,前者,耕作者主要是本军州的士卒,土地属国家,官方供给耕牛、农具、种子及士卒口粮,收获物上交,收存在本军州;后者数量不多,征发丁夫耕作,是一种徭役,偶有佃耕。他认为,唐后期的屯田可分为两个时期:自安史之乱至穆宗时期,此一时期屯田多在内地;自穆宗至唐亡,此一时期屯田则多在边地。他认为唐后期屯田上的劳动者有一些变化,军屯主要招募士卒,并出现专门从事屯田的军队,还役使百姓;非军屯则招募贫民耕作,出现了雇佣劳动者,亦有囚徒。黄氏二文颇见功力。张泽咸《唐后期屯田的变质与败坏》(《平准学刊》1986年第3辑上册)考察唐后期屯田的变质,认为唐后期由于边防线的后撤,边境屯田转化为内地和边境地区的广泛屯田,各个节镇都掌握了数量多少不等的士兵,进行耕作,而屯田很难说有多大成果。屯田的主要劳动力不是兵士,而是雇民或借佣而耕的农民。他还考察了唐后期屯田败坏的原因。

殷崇浩《浅叙唐代营田户》(《江汉论坛》1986年第3期)以为营田与屯田是基本相同的公田经营法,营田作为专称恐怕是从唐代开始的。营田户主要是"召致"的农民强户、浮客及抑配的囚徒。营田户身份可以变动,由于营田地权的下放而成为自耕农。赵吕甫《关于唐代前期军屯经营管理的几个问题》（《四川师院学报》1989 年第 4 期）从军屯田数额及土地来源、劳动力及畜力、粮食生产的经营管理及分配诸方面考察了唐代前期军屯的经营管理。

李锦绣《唐财政史稿（上卷）》（北京大学出版社，1995 年）指出，军防令中有屯防侧近处给防人空闲地之条文，似乎在唐初期，由于军事需要，大规模的屯田在少数地区出现。开元年间，屯田的经营达到高峰，成为解决兵食的重要办法。她认为，唐前期屯田的主要开垦者是士卒，亦有一定数目的屯丁，另一类劳作者是流人刑徒，主要以无偿役使的方式进行，即使有租佃制，也不重要。唐前期并未实现内地屯田。假若估计屯田收入，开元时有496 万石，天宝时有 191 万石。李氏从财政角度考察屯田，颇有新意。

考察地区性屯田的文章亦有一些。齐陈骏《也谈唐代西北的屯田》（《平准学刊》1989 年第 4 辑上册）讨论唐代西北的屯田，以为它大都与军事有关。唐太宗时，西北边州就开始屯田。他还叙述西北地区屯田的规模及发展状况。他指出，唐代前期，把屯田叫作营田是很普遍的现象，凡是国家经营的都可叫作营田，屯田则只是营田的一部分。马国荣《唐代西域的军屯》（《新疆社会科学》1990 年第 2 期）以为唐代在西域的屯田规模相当大，支度营田使或营田使是统管西域军屯事务的最高官吏，军屯人员有正规部队、内地流犯、当地百姓、健儿及随军家属等。军屯的生产以粮食为主。

根据出土文书进行屯田研究的文章中有姜伯勤的《上海藏本敦煌所出河西支度营田使文书研究》（《敦煌吐鲁番文献研究论集》第 2 辑，北京大学出版社，1983 年），他认为此件文书反映了河西营田由镇戍兵卒屯田到实行傉募农民营田这一中唐营田制度的重要转变。王永兴在姜伯勤文后附记中指出,营田户当是因罪流徙到边境者。唐耕耦《敦煌所出唐河西支度营田使户口给粮会计簿残卷》(《中国历史博物馆馆刊》总10期,1987年)以为此件文书很可能是河西支度营田使向度支司申报之会计牒,其时当在广德二年(764)前,或者是河西支度营田使给河西或沙州仓曹的会计牒。杨际平《上海藏本敦煌所出河西支度营田使文书研究》(《中国社会经济史研究》1986年第2期)亦对上述文书进行断代并进行性质的分析,认为它可能是9世纪初即吐蕃占领敦煌20年后一般民户贷粮清册而并非屯田文书。他还研究了屯田问题,认为武德初年以后,军士屯田以府兵为主,唐后期则以募兵为主,非军士屯田在安史乱后大大发展起来了。陈国灿《斯坦因所获吐鲁番文书研究》(武汉大学出版社,1994年)指出西州屯田通常由军府输丁助屯来解决劳动力问题,此种方式与废屯的官有民佃方式运作是大异其趣的。

另外,程喜霖《唐代的烽铺田》(《武汉大学学报》1985年第6期)根据吐鲁番出土文书考察烽铺田,认为它是前期推行军屯的反映。它开始于高宗朝,发展于玄宗朝,开元年间,便普遍推行而制度化了。它的特点是在烽铺侧近少量营种,设置普遍,受支度营田使管辖。

据上所述,我们看到关于唐代屯田和营田的考察主要在其规模、区域、时期及目的与效果上,而分歧较大的则在屯田与营田的异同或包容问题上。总的说来,虽则屯田、营田在概念上尚有不同看法,而其内涵还是清楚的。

(二)　职田关系

大崎正次(《史潮》1943年第12卷第3、4期)曾有关于唐代职田废置时间问题的考察。谷川道雄《唐代的职田及其克服》(《东洋史研究》1952年第12卷第5期)从不断动摇的职田制及与官制矛盾关系的角度探索职田，同时也论及职田租佃问题，认为均田农民耕种职田，采取交纳一定收成形式来进行，具有一般徭役劳动的性质，而佃耕职田现象则在宋代以后。

李文澜《唐代职田的渊源及其演变》(《中国古代史论丛》第3辑，福建人民出版社，1982年)认为唐代的职田渊源于两晋南朝的禄田、北魏的公田、隋的职分田。唐代职田，以土地为俸禄，表明了它的自然经济的性质，但它又是封建土地制度的形式。他认为，唐代职田制度早于均田令的颁布，它虽不是均田制的组成部分而又与均田制相适应。职田屡有兴废而终不能废，目的在于维护官员利益。他认为，安史乱后，职田仍存，但中央对职田的管理，控制逐渐削弱，走向衰落，职田逐渐被兼并成为"形势庄园"。他在《论唐代职田的经营及官吏对自耕农的地租剥削》(《江汉论坛》1988年第7期)中还论述了职田的经营，以为职田与劳动者结合的形式是租佃制。一般地，有政府的"借民佃植"和官吏自佃两种方式，租佃"并取情愿，不得抑配"并非一纸空文，佃耕职田者与受职田官员之间不存在依附关系。唐代职田采取租佃制与封建大土地制的发展是紧密相关的。

翁俊雄《唐代职分田制度研究》(《北京师院学报》1990年第4期)认为，唐代职分田制度始于武德而瓦解于唐末，比均田制的实行首尾要长100多年。职分田并不是均田制的一个组成部分，但它或许是从均田制脱胎而来。他认为，在唐代官员的收入中，职分田地租占有重要地位。职田若与官员永业田相比，则较为落实，其地位亦重要得多。在均田制实行期间，同时存在着租佃职分田的佃农，他们是封建国家的佃农。有时，一个农民同时具有均田农民和国家佃农这两种身份。

李锦绣上揭书认为，职田制始于唐初，史籍关于贞观十年至十八年废置职田的记载有误，贞观当为开元，唐前期官收职田只有开元十八年一次,这一论断纠正了以前的错误。她认为,唐代职田有不同于前代禄田的特色,"以职事品给,以官吏职位的高低而给,它是按本品给禄的形势下,职事官给禄制的补充",此一定义简捷准确。她认为,职田的收入主要为粟、草两类,超过政府规定之租佃额收租的现象极为普遍,职田还一度征收脚钱。若是职官阙员,阙官之职田依然存在。

陈国灿《对唐西州都督府勘检天山县主簿高元祯职田案卷的考察》(《敦煌吐鲁番文书初探》,武汉大学出版社,1983 年)认为高元祯是居官挟势,以职田名义侵夺还公田、逃户田、死绝田而兼并土地的典型事例。

齐陈骏《简述敦煌、吐鲁番文书中有关职田的资料》(《中国史研究》1986 年第 1 期)将有关资料进行分类,指出敦煌、吐鲁番地区在高宗即位前后就已实行官吏给职田制度,但并没有按规定授足,其分布亦十分零碎。不过,官吏给职田的比例则高于百姓的受田。他认为,职田大多数由民户佃种,只有一小部分自佃,其税额与私田基本相当,而所谓职田租佃的抑配在于其附加税收甚多。

(三)　公廨田、宴设田、驿田、长行坊田、馆田

关于公廨田、宴设田、驿田、长行坊田、馆田等,学界涉足不多,有关论述,亦大都较为简略,这里一并述之。

小西高弘有《唐前期的公田》(《福冈大学研究所报》第 28 期)一文,此文总结论述了唐前期的职田、公廨田等。鹿野亮《隋唐时代的公廨田、公廨钱及其用途的考察》(《早稻田大学院文学研究科纪要》第 4 期)也探讨了公廨田的设置、用途等。

陈仲安、王素《汉唐职官制度研究》考察了汉唐间公廨田的形成及演变,认为到唐朝就确立了公廨钱与公廨田和职田同时供给的制度。但在唐代,三者同时并存时间并不长,不是此罢彼复,

就是此复彼罢，似乎同时并存显得重复和多余。孙晓林《关于唐前期西州设"馆"的考察》(《魏晋南北朝隋唐史资料》1991 年第11 辑)根据吐鲁番出土文书略述馆田，以为馆田种麦供客使食用。这是史籍所未载而文书提供的新情况。

李锦绣上揭书论述公廨田，以为京师公廨田有供公、供私两种用途，"公"指官厨、粮料外的杂食用，"私"指官吏俸食外的收入补充。后者是公廨田的主要用途，因而京师公廨田的分配以该司署局人数的多少为标准。她还以为，在外诸司公廨田，在户税充外官俸料之前，有常食公用及充官吏月料两种作用。她特别提示出州县佐史的公廨田，这是文献材料所不见的。她认为公廨田基本上以百姓租佃的方式进行。李锦绣还考察了牧田、驿封田、长行坊田、宴设田、城田、亭田等。以为牧田指监牧屯田，开元时达 5200 顷，主要是为了解决马料问题。驿封田为驿传马之配给田，其数推算得 11673 顷。馆田、长行坊田、宴设田、城田、亭田等仅见于吐鲁番文书。馆田收入主要是保证馆的食料支用，长行坊田收入主要是供长行坊马驴的食料，宴设田专供官吏宴会的粮料，以租佃方式经营。城田提供当城城司所需的粮食、蔬果等。

六、租佃关系

随着敦煌吐鲁番出土文书的陆续刊布，与土地有关的租佃关系也成为学者探讨的热点。关于此一问题的研究，主要集中在第二、第三阶段。

西嶋定生(前揭文)在整理大谷文书时注意到租佃土地与自耕地错综复杂交织在一起的现象，指出高昌县已受田所在地分散而不能直接耕种，导致了租佃关系的发生。这种关系与唐末以后的情况不同，在这里，地主往往是租佃人，因此就限制了两者身份上的隶属关系。仁井田陞《吐鲁番发现的唐代租佃文书的两种形态》(《东洋文化研究所纪要》1961年第23册)将租佃文书分为两类,一类规定了借贷双方的义务和责任,另一类只是严厉追究借方违反义务的责任。他认为,前者体现了均田农民彼此利用对方土地的循环关系。他在《吐鲁番出土的唐代交易法文书》(《西域文化研究》第三册)中还指出,唐代土地租借契约里没有发现后世那种在地主和佃户之间的人身统治关系。

孙达人《对唐至五代租佃契约经济内容的分析》(《历史研究》1962年第6期)通过8件租佃契约,对唐至五代租佃契约的经济内容进行分析,认为这里有两个类型:一种类型形式上和真正的封建租佃契约一样,但其实并非真正的封建租佃契约。在这类契约中,"田主"和"租佃人"完全不是封建地主和佃农的关系,恰恰相反,而是"租佃人"利用预付租价的方式剥削"田主"的关系。在这里,"田主"实际上是破产农民,而"租佃人"则是真正的地主。这类契约有三个特点:其一,租佃人"决不可能是贫苦的佃农,相反,他们应该是一些财力雄厚的地主";其二,田主占有的土地很少,他们的出租土地"并不是因为土地距离遥远,自己耕种不了,而是因为经济贫困,无资无力耕种,不得不被迫出租";其三,"租价的实质并不是地租,而是高利贷"。第二种类型是真正的封建租佃契约,"田主"和"租佃人"之间的关系与封建地主和佃农之间的关系是完全吻合的。这类契约有两个特点:其一,租田人是贫苦农民,因为没有或缺少土地而租佃;其二,地租是租地人向地主提供的无偿剩余劳动。

周藤吉之《佃人文书研究补考》(《唐宋社会经济史研究》,东京大学出版会,1965年)通过对佃人文书上乡名的分析,指出西嶋定生上述说法有疑点,认为租佃发达的原因在于农民受田少,生活困难。而西州官田比例大,百姓依靠租佃官田来补救生活穷困。周藤吉之根据佃人文书中的奴聚集等人名,认为他们是奴隶身份的佃人。认为在唐代，那些没有得到土地的奴隶也依靠独立地租种官田或百姓田为生，这种佃人就是佃奴。宫崎市定《龙谷大学所载西域文书和唐代的均田制》(《史林》1962 年第 45 卷第 5 期)认为奴聚集、奴典保中的奴为姓氏，他们身份为奴隶的可能性很小。

韩国磐《根据敦煌和吐鲁番发现的文件略谈有关唐代田制的几个问题》(《历史研究》1962 年第 4 期)研究了敦煌吐鲁番租佃文书后认为，租佃既"有贫穷百姓因缺乏劳动、缺少用度、欠债还不起等缘故，不得已而出租田地，所以这种出租就是以田地作抵押，亦即典租"，又有"缺乏土地的农民，以很高租额租种土地"。在前一种情况下，官田出租比私田多。韩国磐《从〈吐鲁番出土文书〉中夏田券契来谈高昌租佃的几个问题》(《敦煌吐鲁番出土经济文书研究》，厦门大学出版社，1986 年)还考察了高昌时期租佃关系，认为当时租佃关系相当发达，唐太宗、高宗时继续发展。他认为，这里的租佃，赋役仍由田主负担，引水溉田，则是耕种田地者之事。租佃的数量大致是一两亩或三四亩，极少数在 10 亩以上，这是基于人均田亩少这一事实的。夏（租）价，高昌和唐初用银钱的比重很大，而麦田价最低菜园价最高，唐初亦出现了对分制。他仍坚持他先前关于租佃的分类，并指出租佃发达的前提是经济繁荣，其原因则在兵役、力役重，从事耕作的人不足，一些人缺乏土地，一些农民弃农从商，等等。沙知《吐鲁番佃人文书里的唐代租佃关系》(《历史研究》1963 年第 1 期)不同意韩国磐关于官田出租多于私田的观点，他"根据对大多数佃人文书的分类统计，所能得出的论断应当是私田出租远远多于官田出租"，若从官私田占有看，也是私田多（约占 2/3 强）而官田少。沙知认为，当地租佃关系发达的一个重要原因在于田地分布的零散和相距遥远，正因为如此，所以不能大片出租，而为了克服田地分散和生产困难,则必须零星出租。他还考察官私田出租的性质,认为私田出租:一为小土地占有者之间的交错出租,这是小私有者(基本上是均田农民)之间自由租佃,剥削的性质较轻,佃人和田主之间不可能像一般佃农和地主之间那样具有较强的人身依附关系;另一类为寺田的出租,这是寺院地主对佃耕农民的剥削。官田的出租则是"一种强制性极强的租佃剥削关系"。

堀敏一《唐代田土的租赁契约同抵押、典当的关系》(《东洋史研究》1980年第39卷第3期)以吐鲁番文书为中心,论述了田主和租佃人之间的关系以及从租佃到典地之中产生的各种变化,否定了以租佃关系来反映阶级对立的说法。伊藤正彦《七、八世纪吐鲁番的田主和佃人的关系》(《中岛论集(上)》,1980年)认为吐鲁番的田主是脱离农耕的农民,他们为了从事商业活动,使得借贷关系长期化,田主因而丧失了耕作权和所有权,所以这种租佃关系并不过渡到后代的地主佃户关系。吴震《近年出土高昌租佃契约研究》(《新疆历史论文续集》,新疆人民出版社,1982年)将吐鲁番租佃契约分为三类:一类为地主贷付土地以收纳谷物;一类为佃人向地主提供货币、谷物获得土地使用权;一类是田地的质典、贷借。他还探讨了其中的剥削关系。

孔祥星《唐代前期的土地租佃关系》(《中国历史博物馆馆刊》总第4期,1982年)考察了此前租佃文书的研究情况,概括出4个争论问题,即:唐代前期租佃关系的流行情况;官田和民田的租佃情况(何者为主);唐代租佃关系的性质;土地租佃流行的原因。他认为,唐代前期土地租佃十分流行,官田的租佃从绝对量来说少于民田。他着重考察了租佃关系的性质,认为各契约可分成:主佃双方处于对等地位的均田农民结成的契约;封建地主与贫苦农民结成的真正的封建租佃关系。若以支付方式论,则可分成预付(包括货币、实物)、后付两类。他对这两类支付方式不同的租佃关系从田种、租额、主佃双方承担的责任（义务），租田交付的时间、租田位置和数量进行分析，主要还是说明租佃关系的性质，认为唐前期西州土地租佃契约的立契约双方主要是小土地占有者，其目的还在交错出租土地以更好地进行生产。

陈国灿《唐代的民间借贷》（《敦煌吐鲁番文书初探》，武汉大学出版社，1983 年）考察民间借贷与土地的关系，分析赁田和典田的区别，以为"租佃土地，赁田勿须还钱物，典田即使到期，也须归还所举之钱物才能收回土地"。他说，土地，在赁田契里是以使用价值出现的，但在典田契里则是作为质押品出现的。他还以为，典田、赁田"最容易引起土地所有权的转移或兼并"，地主往往用借贷和租佃（或以租佃形式出现的赁田）交替使用的办法来兼并土地，而潜藏在质保证下面的剥削也是惊人的。唐耕耦《关于唐代租佃制的若干问题》（《历史论丛》1985 年第 5 期）探讨了租佃关系的多样性及地租的形式、数量等问题。杨际平《麹氏高昌与唐代西州、沙州租佃制研究》（《敦煌吐鲁番出土经济文书研究》，厦门大学出版社，1986 年）考察了麹氏高昌与唐代西州、沙州的租佃关系，认为西州的租佃大大超过沙州，在西州，官田、寺观田绝大多数出租，百姓土地出租几达 3/5。他认为，土地分布零碎不是租佃关系盛行的主要原因，授田额低下之说亦可商榷，而"唐代西州，手工业、商业都很发达，可以推测，必有一部农民离开土地转而从事手工业、商业，唐代西州租佃关系特别发达，这很可能是其中的一个原因"。他以为，对于租佃关系的分类，以田土占有性质与地租形态区分为妥。从田土占有性质来看，可分官田、寺观田和百姓田出租；从地租形态区分，则有货币地租、实物地租；从租价来看，则有预付、后付的差异。赵文润《隋唐时期吐鲁番地区租佃制发达的原因》（《陕西师大学报》1987 年第 1 期）认为其原因在于社会生产力的发展、商品经济的发达、土地和劳动力较早地成为特殊的商品。

池田温从70年代到90年代都注意租佃关系,发表了《中国古代的租佃契》(上)、(中)、(下)三篇文章(《东洋文化研究所纪要》1973年第60期、1975年第65期、1992年第117期)。上篇汇集22件租佃契,探讨了文书内容,将它们分成地主型、麦主钱主型及舍佃型三个类型,指出到7世纪末以地主型为主,8世纪则麦主钱主型集中;中篇补充了吐鲁番契约,指出吐鲁番地区租佃关系普及状况,还探讨了均田制下田地的抵当、典地、租佃与均田制的影响、界限;下篇又增加了86件租佃契,并全面论述了租佃契约的诸要项(如契名、立契年月、当事人、土地类型、租价、契约种类特点、附加条件等),同时也比较了敦煌吐鲁番租佃关系的差异。

潘镛《论唐代租佃关系的积极意义》(《历史教学》1984年第4期)认为租佃关系的发展也是促成唐代社会经济发展的原因之一,同时他也指出,地主土地私有制和租佃关系是一对孪生兄弟。葛金芳《中国封建租佃经济主导地位的确立前提》(《中国社会经济史研究》1986年第3期)认为,契约租佃经济取代中古田制经济和部曲庄院经济是唐宋之际社会变革的具体表现,而这一变革乃由建中两税法发其端。这是从理论上阐发租佃关系意义的一篇文章。

总的说来,关于唐代租佃关系,学者们从租佃发生的原因、租佃关系的性质、租佃关系的类型来进行分析研究,取得了很大的成绩。但我们注意到,由于所根据的主要是敦煌和吐鲁番文书,有些学者似乎忽视了两地的地区和时代的差异,因此,将两地租佃契约类文书糅合在一起进行分析虽然用心良苦,但是否能进行类比则很难说。如何在仔细分析的基础上再进行整合则是此一课题下一阶段的任务。

七、吐蕃归义军时期敦煌田制

安史乱后，唐廷势力大衰，吐蕃在 790 年左右占领敦煌，待到 850 年左右，又有归义军政权建于敦煌。在吐蕃归义军时期，其土地关系如何，亦有一些学者根据敦煌文书进行探讨，这对我们认识吐蕃归义军时期的政治、经济、社会状况是大有益处的。

杨际平《吐蕃时期敦煌计口授田考》（《社会科学》1983 年第 2 期，甘肃）考证了两件敦煌文书，认为它们是"公元八世纪九十年代敦煌计口授田簿"。而吐蕃的计口授田"大体上都是一人 10 亩（即一人一突）"。与此相适应，吐蕃也实行一种新的赋税制度，这种制度"并非按口（即按地亩）或按丁缴纳，而是按户缴纳"。他再考察当时据民编制和户制度，认为它们是为实行"突田"制与"突税"制服务的。他指出，吐蕃的户籍手实制度大体上也是沿用了唐代格式。他认为，吐蕃的计口授田是一次性措施，农民所受之田很快就转为私有，既可以买卖，也可以私相赠送、割舍，还可以继承。吐蕃时期，并未进行土地还授，也未按各户家口异动情况重新分配土地。姜伯勤的《突地考》（《敦煌学辑刊》1984 年第 1 期）是研究吐蕃时期敦煌土地制度的一篇重要文章。姜伯勤指出，吐蕃在沙州地区也曾进行过地亩清查或登记工作，并适应汉人地区情况将一"dor"（突）换算为唐 10 亩。突地就是以"突"（10 亩）为单位的注籍土地，突地的注籍与征税有关。他还考证了突田、突税、突课等问题。杨铭《吐蕃在敦煌计口授田的几个问题》（《西北大学学报》1993 年第 5 期）亦考察吐蕃在敦煌的计口授田问题。他认为，吐蕃在计口授田之前，敦煌的土地与人口比例变化不大，计口授田实际上是吐蕃在敦煌从前的土地占有制基础上实行的，它与吐蕃首次划分部落（790）同时进行，计口授田实行得并不彻底，世家豪族、寺院、官吏对于土地的占有和兼并,是计口授田破坏的原因。

冷鹏飞《唐末沙州归义军张氏时期有关百姓受田和赋役的几个问题》(《敦煌学辑刊》1984年第1期)运用敦煌文书,论证归义军张氏政权初期曾进行过户口和田地重新登记,并对农户土地进行新的调整的工作。唐刚卯《唐代请田制度初探》(《敦煌学辑刊》1985年第2期)列举寺户成为百姓者、欠田者及逃户归还者因请地而受田之例,分析了归义军时期请地制的实态。杨际平《唐末宋初敦煌土地制度初探》(《敦煌学辑刊》1988年第1、2期)对唐末宋初敦煌土地关系进行研究,他区分了成为请射对象的田地、绝户地、必须负担公课的田地和官荒地的不同,认为应重视官荒地的请射制度。

池田温《敦煌土地税役制》(《东亚古文书史的研究》,刀水书房,1990年)则是对吐蕃及归义军时代土地税役的总结之作。

中　编

关于归义军时期一份布纸破用历的研究

——试释 P.4640 背面文书

王重民先生《敦煌遗书总目索引》P.4640 条载：

> 功德记传赞等文（大部分已印入《沙州文录》）。背为归义军破历，第一部分为粗布破，第二部分为纸破。（己未、庚申、辛酉）

笔者对这份文书的背面进行了研究，以为布纸破用历给我们提供了大量归义军时期社会、政治、经济的信息，便逐一录文、校注、笺释，并对其中的几个问题进行探讨。

一、录　文

归义军军资库己未、庚申、辛酉等年布纸破用历：

（前残）

1　日衙官①石文信传处分②，楼上③纳细布陆匹；又衙官令狐
回君传分④，

2　楼上纳粗⑤布两匹；同日俊诚传处分，支与铁匠⑥索海全
细布壹

3　匹。十四日⑦奉　判⑧矜放张使君布壹匹。　　十五日
都押衙罗通达传

---

① 衙官：当为归义军节度衙门低级官吏之一般称谓。《资治通鉴》卷二
二三唐代宗广德二年正月条胡注曰："节镇、州、府皆有牙官、行官。牙（衙）
官给牙前驱使，行官使之行役四方。自五季以后，诟詈武臣率曰牙官。"

② 传处分：传达口令之意，与形诸文字的"判"（如第三行）相对。《北梦
琐言》卷九载："（张）兴师幼年出宅门，见其门僧，忘其名。传相国处分，七
（卢案：疑叱之误）答之。其僧解后，莫知何罪。俄而相国召僧，坐安，见其词
色不怿，因问之。僧以郎君传相国处分见怪，未知罪名。"同书卷一一记有
"传语"一词，意亦相同。参见祝总斌《高昌官文书杂考》第二节，载《敦煌吐
鲁番文献研究论集》第 2 辑；朱雷《论魏氏高昌时期的"作人"》第一节，载
《敦煌吐鲁番文书初探》，武汉大学出版社，1983 年。

③ 楼上：归义军节度衙门之所在。论证见下文第五节。

④ 原卷缺"处"字。

⑤ 粗：原为俗体字，现改正。下同。

⑥ 铁：原为俗体字，现改正。

⑦ 池田温：《中国古代籍帐研究》脱落"日"字。下引此书简作池田书。

⑧ 判：即判凭，归义军支取物色的凭证、收据。今引一判凭于下（P.3160）：

1　内宅司

2　伏以去三月二日供楼上及楼下宅逐日桦四束，至

3　六月叁拾夜断，未蒙　判凭，伏请　处分。

4　　　　　　　　　　辛亥年六月　日押衙知内宅司宋迁嗣

5　"为凭，九日。（鸟押）"

然"奉判"之"判"当与内宅司之"判"稍有不同，此是支物人事先报告，
节度衙门同意批准之"判"。

　　4　处分,支与张使君细布壹匹。　　十六日支与璨微使①僧
文赞细布壹匹。

　　5　"四月"②五日衙官王留住传处分,楼上纳细布壹匹。六
日衙官尹进子

　　6　传处分,楼上纳细布壹匹;支与员外春衣细布壹匹、粗布

　　7　壹匹。　　十二日衙官张文建传处分,楼上纳细布壹匹。
十四日支与

　　8　纸③匠造洗麻襆④粗布壹匹。廿七日支与押衙⑤罗文达助
葬粗布

　　9　叁匹。　　"五月"二日都押衙罗通达传处分,支与卜师悉
兵略等二人各

　　10　细布壹匹。　　三日支与降人也朋欻律罗粗布壹匹。十
日衙官赵

---

　　① 璨微使:璨微,池田书作"璨微",是。璨,《龙龛手鉴》入声卷四玉第
八去声璨,璨为璨之俗体字;微,《干禄字书》微为微之通字。璨微,当是沙州西
南方向一地(部落)名。论证见下文第六节。

　　② "四月":二字似为朱色,用" "号标出。本件文书中有" "号者
均同。

　　③ 纸:原文为俗体字,现改正。下同。

　　④ 襆:丁度《集韵》卷九入声烛韵:"幞襆纀,逢玉切,帕也。"

　　⑤ 押衙:归义军节度衙门之官吏。严耕望《唐史研究丛稿》第三篇《唐
代方镇使府僚佐考》(下引均称严书)称:"节度使府押衙置员多者,大抵有
都押衙一人,左右押衙一人,左右押衙或不冠左右为称之押衙若干人。"《资
治通鉴》卷二一六天宝六载条胡注云:"押牙者,尽管节度使牙内之事。"

11　闰子传处①支与新城人细布壹匹；又支与紫亭镇使②高神政细

12　布壹匹。　十二日支与楼上僧智弁春衣粗布壹匹。十三日都

13　押衙罗通达传处分，支与押衙邓音三细布壹匹；　又衙押√③张留子

14　传处分，楼上纳细布陆匹。十六日衙官李④海满传处分，楼上纳

15　细布壹匹。　廿三日衙官史英贤传处分，支与邑归镇⑤使杨

---

① 原卷脱"分"字。

② 紫亭镇使：镇使，当是镇遏使之省称，P.2814 有悬泉镇遏使。紫亭，S.367《沙州地志》称："（沙州）西南有紫亭山。去山一百九十里，其山石皆紫色，复名紫亭。"P.2005《沙州图经》亦有："（甘泉水）至子亭镇西……"依甘泉水流方位，紫亭镇亦在沙州西南。P.5034 说得更明白："西子亭山，右在（敦煌）县西南一百九十八里。"参见向达《记敦煌石室出晋天福十年写本寿昌县地境》（载《唐代长安与西域文明》）。下引此文作《向达书》。

③ 原卷有乙转记号"√"。下作此记号者均原卷所有，不再注明。

④《池田书》"李"作"索"，误。

⑤ 邑归镇：邑归，亦作雍归，敦煌文书中多见。如 P.2156 曹元忠致甘州回鹘信札中有"去五月廿七日从向东有贼出来，于雍归镇下煞却一人，又打将马三两匹却往东去……又至六月四日悬泉镇贼下假作往来使人……其贼一十八人及前件雍归镇下并是回鹘……又去五月十五日被肃州家一鸡迷的作引道人领达怛贼一伯，已来于瓜州、会稽两处……"之语。悬泉、瓜州、会稽均在沙州之东，雍归亦应在彼处。另外，S.374 至道元年新乡副使王汉子监使郁佛德等牒、P.3727 都知兵马使吕富延都头知兵马使阴义进等状中都提及雍归。据《向达书》考证："雍归镇隶瓜州，其名亦见榆林窟张编六号窟，窟内门楣上元至正二书俆粮记，地无可考，疑今榆林窟南七十里之石苞城。紫亭、雍归当南山之要冲，为瓜州之屏藩，故曹氏于此置重兵以资防守也。"

16　神海粗布壹匹，又支与悬泉镇①使曹子盈粗布壹匹。　廿九

17　日衙官梁受子传处分，支与康山海粗布壹匹。　"六月"四日押

18　衙张崇景传处分，支与新城镇②使张从武粗布两匹。　十

19　日支与璨微使鈢悉甫、潘宁等二人共支粗布壹匹；　同日支

20　与酒户阴加晟、张再集二人淜酒粗布壹匹。　十二日衙官

21　康义通传处分，支与肃州僧二人各粗布壹匹，又支与常乐

22　县令氾彦唐√粗布壹匹。　十六日衙官张思胜传处分，支与城

23　东寺园子张文英粗布壹匹。　廿日衙官宋奴子传处分，楼上纳

24　粗布两匹；　同日支与押衙严君会春衣粗布壹匹。　廿

---

① 悬泉镇：悬泉镇的大致方位在沙州东面一百四十五里废驿悬泉驿的左近，地当瓜沙咽喉，为南山门户。P.2005《沙州图经》称："悬泉驿，右在州东一百四十五里，旧是山南空谷驿，唐永淳十年录奏，奉敕移就山北悬泉谷置。西去其头驿八十里，东去鱼泉驿四十里。同前奉敕移废。"而鱼泉驿则"东去瓜州常乐四十里"。这里的"常乐"，当指县界。参见向达书。

② 新城镇：敦煌文献中的新城地名至少有二：一见于 P.3727 广顺五年都知兵马使吕富延等状："递到消息言道，有马纵（踪）多少骑数来入会稽、新乡、雍归、新城管界。"此新城在州东。一见于 S.367 光启元年写本《沙州地志》："新城（东去石城镇二百四十里，康艳典之居鄯善，先修此城，因名新城，汉为弩之城）。"而"石城镇东去沙州一千五百八十里"，此新城，当在州西。根据当时形势判断，张承奉时期的新城当在沙州于阗一线左近。

一日衙

　25　官彭义和传处分，支与捉生人①张苟苟等二人各支粗布壹匹。　"七月"

　26　十三日衙官李文德传处分，支与张使君粗布两匹。　十六日衙官张清

　27　清传处②，楼上纳粗布壹匹。　廿日奉　判，支与员外男僧助粗布

　28　两匹；　同日支与退浑③悉多④没藏身死支粗布壹匹。"八月"三日衙官高

　29　忽文传处分，楼上纳粗布玖匹；　同日判官薛文通传处分，楼上

　30　纳粗布壹匹。　十四日衙官石章六传处分，楼上纳粗布壹匹；　同

---

　① 捉生人：池田书作"徒主人"，误。捉生人当是捕获俘虏、刺探敌方消息之人。《酉阳杂俎》前集卷之四《喜兆》条中称："（段）成式见大理丞郑复说，淮西用兵时，刘沔为小将，军头颇易之。每捉生踏伏，沔必在数，前后重创，将四数四。后因月黑风甚，又令沔捉生，沔愤激深入，意必死。"《唐蕃会盟碑》："蕃汉二国所守见管本界，以东悉为大唐国境，已西尽是大蕃境土，彼此不为寇敌，不举兵革，不相侵谋，封境或有猜阻，捉生问事讫，给以衣粮放归。"（引自王尧编著《吐蕃金石录》）

　② 原卷脱"分"字。

　③ 退浑：即吐谷浑。《旧唐书》卷一九八《吐谷浑传》："今俗多谓之退浑，盖语急而然。"

　④ 池田书"多"作"如"。

31　日支与设①人昌昌、逍遥等捌人各粗布叁丈，共计支
布陆匹。　十

32　六日奉　判,支与兵马使刘英集助葬粗布壹匹。　十七
日衙官赵

33　闰子传处分,楼上纳粗布壹匹。廿日九√都押衙罗通达
传处

34　分,支与曹保保粗布半匹,又支与乐营使②张怀惠助葬
粗两布√匹。

35　"九月"七日支与帐设③王文胜补大幕粗布壹匹；　同日

---

① 设司:归义军节度衙门主管宴设的一个部门。S.3728 柴场司判凭可
以看出设司机能的一个侧面。录文如下:

1　柴场司

2　伏以今月廿三日马群赛神付设司柽刺叁束,廿四日于阗使

3　赛神付设司柴壹束,马院看工匠付设司柴壹束,

4　廿七日看甘州使,付设司柴两束,十三日供西州走人逐日

5　柴壹束,至贰拾肆断,未蒙判凭,伏请处分。

6　　　　　　　乙卯年二月　日押衙知柴场司安祐成

7　"为凭,廿八日。(曹氏鸟押)"

设司的设立至少可以追溯到天宝时期,P.2641 即为宴设司之判凭。设
司当为宴设司之简称。

② 乐营使:当为归义军衙门管理伎乐一部门。《旧唐书》卷一四五《陆
长源传》:"加以(孟)叔度苛刻,多纵声色,数至乐营与诸妇人嬉戏,自称孟
郎,众皆薄之。"

③ 帐设:当为设司下一部门,主管幕布等物。

支与音声①

36　张保升造胡縢衣②布贰丈肆尺。　九日支与设司吹丹
粗布

37　壹丈肆尺。　十日押衙张安件传处分,支与刘和信助葬
粗布

38　壹匹,又支与口承③把道人④唐力信、宋骨骨等拾人共支
粗布伍

---

① 音声:当是身份低贱的伎乐一类人物。《唐律疏议》卷三《名例律》诸
工乐杂户及太常音声人疏议曰:"太常音声人谓在太常作乐者,元与工乐不
殊,俱是配隶之色,不属州县,唯属太常。义宁(隋末年号)以来,得于州县附
贯,依旧太常上下,别名太常音声人。"敦煌文书中多见"音声",如 S.5800 光
化三年庚申岁正月一日讲下破除数中:"用粟叁斗等讲物日与音声用",
P.2641丁未年六月宴设司判凭中:"东园音声设看后座细供柒分,贰胡并
(饼),并廿三日大厅设于阗使用细供贰拾捌分,内口叁分,贰胡并,音声作语
上次料两分,又胡并贰拾捌枚……"

② 胡縢衣:当是游牧民族裹脚用之行縢一类物,以给音声用。《释名》
卷五《释衣服第十六》:"偪,所以自逼束,今谓之行縢,以裹脚可以跳腾轻
便也。"

③ 口承:口头担保之意。沙州地区的习惯用法,常见于契约等文书中。
P.3370口子年六月五日公廨粟出便帐:
　　3　口口口安官通便粟两硕至秋叁硕　见人杜口口
　　4　兵马使曹智盈便肆斗至秋陆斗　口承外生口略
　　5　赤心宋鸣进便粟壹硕伍斗至秋壹硕伍斗　口承阿姉赵口
　　6　赵善口便粟叁硕至秋肆硕伍斗,"广"口承沙弥幸通(画押)
　　7　口法律便粟壹硕至秋壹硕伍斗　口承沙弥幸通
　　8　口口游怀闿便粟肆斗至秋陆斗"口"　口承曹婢晟(画押)。

④ 把道人:亦称捉道人,守卫路口之人。P.2814 天成三年悬泉镇遏使
安进通状:"当镇捉道人走报,称于八虞把道处,有贼骑马蹤(踪)。"P.2482
常乐副使田员宗启:"(贼)便向东去,到于东宴,共把道人相逢,放箭斗,下城
张再诚致死。"

39　匹；　同日衙官唐怀恩传处分,楼上纳粗布壹匹,又同日支

40　与把鹰人①程小迁等三人各支粗布半匹。　十五日支与吴叔②庆等

41　杂喜衣布③两匹肆尺,内叁丈贰细。　十九日都押衙罗通达传处分,

42　支与押衙阴弁君等粗布壹匹；　又同日衙官李文德传处分,

43　楼上纳粗布壹匹。　廿日衙官田文通传处分,楼上④粗布壹匹；

44　同日衙官石怀信传处分,楼上纳粗布两束;又同日支

①　把鹰人:第八十八行作"网鹰人"。S.5008 粮食帐中有:"网鹰料用麦贰斗。"《酉阳杂俎》前集卷二○《肉攫部》:"取鹰法,七月二十日为上时,内地者多,塞外者殊少。八月上旬为次时,八月下旬为下时,塞外鹰毕至矣。鹰网目方一寸八分,纵八十目,横五十目。以黄蘗和杼汁染之,令与地色相类。螽虫好食网,以蘗防之。有网竿,都杙,吴公。磔竿二:一为鹑竿。鸽飞能远察,见鹰,常在人前,若辣身动盼,则随其视候之。"其捕鹰目则在进贡。《旧唐书》卷一九下《懿宗纪》:"(咸通四年)七月,沙州节度使张议潮进甘峻山青骹鹰四联、延庆节马二匹、吐蕃女子二人。僧县延进大乘百法门明论等。"

②　叔:原卷为俗体字,现改正。

③　原卷"布"字在行外,池田书补在行中。下不注明者皆依原卷。"杂喜衣",佛家语中有"随他修善,喜他得成"。(见《新修大正大藏经》第四六卷诸宗部三之《四明尊者教行录》卷二修忏要旨,北宋初年知礼述。)杂喜衣当为施舍之物。

④　原卷似脱"纳"字。

天使①驿

45　吹丹布壹丈。　廿九日支与玉门口承人刘友住粗布
壹匹。

46②　　　　"已前"诸处"计"用得粗布柒

47　　　　　伯肆匹壹尺，"细布"壹伯柒

48　　　　　拾玖匹叁尺。"粗细"都"计"用

49　　　　　得捌伯捌拾叁匹肆尺。"又"诸

50　　　　　杂破免文状"计"布壹拾伍匹

51　　　　　贰丈。"余残"合见管库内数

52　　　　　目具在别状。

53　"纸"破用数"己未年"四月三日支与靴匠阿丹助葬粗纸

54　壹帖。　十四日衙官张君子传处分，楼上纳细纸壹帖；又支

与罗么令粗纸壹帖；　又城东赛神③用画纸叁拾张。

56　六日衙官阴再盈传处分，楼上纳细纸壹帖。　九日赛青

57　苗神用钱财纸壹帖。　十三日衙官尹进子传处分，楼上
纳细纸

---

① 天使：归义军对中原朝廷使者的称呼。P.3451《张淮深变文》有"独有沙州一郡，人物风华一同内地，天使两两相看，一时垂泪。"《资治通鉴》卷二三○唐德宗兴元元年二月胡注曰："朝廷所遣，谓之天使。盖谓君，天也；君之所遣，犹天之所遣也。"

② 第46、47、48行上方空白处有："幼年贞洁，清慎无双，含羞不亏，舍亲弃爱，今因生居念善，诚慕空王，割爱俗缘，愿投佛日。"

③ 赛神：《说文》："赛，报也。"《史记》卷二八《封禅书》："冬塞祷祠。"《索隐》："先代反，与赛同。赛，今报神福也。"

58　伍帖。　十七日押衙索众通传处分,西宅①纳细纸叁束。　十九

59　日衙官高忽文传处分,楼上纳细纸壹帖。　同日鹿家

60　泉赛神②用钱财画纸叁拾张。　廿七日

61　支与造扇③细纸壹束两帖。　廿九日衙官康义通传处分,

62　楼上纳粗纸壹帖。"五月"三日支与押衙汜文君粗纸壹帖。　七

63　日衙官唐欺忠传处分,楼上纳细纸壹帖。　十日衙官阴再

64　盈传处分,支与新城镇使张从武细纸壹帖。十一日赛神支画

---

①　西宅:当是归义军节度副使李弘愿居住之处,又为其官府所在地。S.4470背有布施文,录之于下:

　　1　细毡壹匹　面贰槃,秒贰槃　纥林子贰槃

　　2　貐气子一槃(已上施入大众)　藕一槃　缫壹匹(充法事)

　　3　右所施意者,伏为长史司马夫人

　　4　己躬及两宅合家长幼无灾

　　5　瘴,保愿平安。请申　回向

　　6　乾宁十年三月十日弟子归义军节度使张承奉副使李弘愿。

又有P.2744宴设司会计历中:"西衙看四道使客,细供五十八分。"

②　鹿家泉赛神:亦称禄加泉赛神。S.2474归义军宴设会计历中:"同日　使出禄加泉赛神用单供四十分,胡并一百一十五枚,用面一石三斗三升五合,油三升两合。"

③　造扇:当为端午用扇做准备。此是中原礼节。《宋史》卷四一《后妃明恭王皇后传》:"元徽五年五月五日,太后赐帝玉柄毛扇,帝嫌其毛柄不华,因此欲加酖害。"S.5933某残公文两行:

　　1　端午造扇着把木三十一个。咨者。令狐丑

　　2　　　　四月十九日……

65 纸叁拾张。 十五日赛马驼神用画纸肆拾张； 同日支与氾乾

66 真助葬粗纸两帖。 十八日衙官张紧子传处分,楼上纳粗纸

67 壹帖。 廿三日百尺下①赛神支钱画②肆拾伍张。 廿八日衙官赵欺

68 子传处分,楼上纳细纸壹帖； 又同日支与押衙曹光进助葬粗纸

69 两帖;又支与退浑卜师纸伍张。 三十日支与都押衙阴惠达东行

70 细纸壹帖。"六月"一日押衙阴明建传处分,将细纸壹帖。 同日支

71 与都押衙阴惠达细纸两帖;又钱财粗纸壹帖。二日又支与押

72 衙阴明建造文籍纸壹帖。 七日支与押衙浑子集细纸壹

73 帖； 同日支与安紧子细纸叁拾张。 八日楼上纳粗纸壹帖;同日

---

① 百尺下:当为一地名,敦煌文书中多见。P.2162 背吐蕃寅年左三将纳丑年突田历中,"百尺下"和瓜州、常乐并列。P.2641 丁未年归义军宴设司判凭中有"百尺下神堂""百尺下修神堂""百尺下赛神"诸语。

② 原卷脱"纸"字。

74 支与宅官①张安午细纸壹拾伍帖②。 十三日衙官尹进子传处分,楼上

75 纳细纸两束。 十七日衙官宋奴子传处分,楼上纳大细纸

76 壹帖;同日赛用画纸壹帖; 又同日亭子上道场用钱财粗

---

① 宅官:归义军时期有内宅司,宅官当是内宅司属下之官员。内宅司为管理归义军当权者及其亲贵内务之部门。P.3160 即为辛亥年内宅司判凭,宅官之职位似在押衙之下,如本文中宅官张安住,后来便升为押衙(第87行),但其权力甚大,S.4459 背常乐押衙王留子状可见一斑:

  1 常乐押衙王留子

  2 伏以留子前遣留子放牧羊后,自不谨慎,只……

  3 拾伍斤,今

  4 阿郎开大造之门,应有诸家积债,并总终免,只有留子合被

  5 宅官逼逐,不放存活,伏乞

  6 司空台□光赐下,即讨始自存活。

又有 P.2703 背壬申年内宅判凭:

  1 伏以领得壬申年诸群羖羊毛,除四月末,已前自

  2 死外,每羊柒口,管毛壹斤,谨具逐群分析如后:

  3 西宅合领冯达子群羖毛贰斤 穆章三群壹

  4 拾斤 卢悉颓子群肆斤半 北宅合领麹进连

  5 群羖羊毛叁斤 宅官宋任子周文昌领阎延通群肆斤

  6 半 王再晟群拾贰斤 张再庆群捌斤半 阎通儿

  7 群壹拾玖斤 张通达群贰斤 宅官慕容祐子合领祝小朵毛拾斤

  8 王盈信群壹拾叁斤 张保留两群共毛玖斤半 南宅

  9 合领李佛奴群壹斤半 孔丑子群毛叁斤 宅官

  10 张庆通合领杜弘恩群毛肆斤。未蒙

  11 判凭,伏请 处分。

  12   壬申年十二月 日故都头知内宅务安延达等

② "帖"系"张"涂改而成。

77 纸壹帖贰拾张； 又同日衙官吴庆子传处分，楼上纳大细

78 纸壹帖。 廿日平河口①赛神用画纸叁拾张； 又支与都虞候②

79 索怀济东行用画纸叁拾张。 廿三日支与判官喜首造花

---

① 平河口：敦煌城东三里东河河母上的引水口。P.3560 背《敦煌行水章程》："千渠口，右件渠利子口下过则满即放，前件渠减塞向下，先进下用，河母不胜，渠口较多，三节用水，名为三大河母：从两支至利子口为一丈，从利子口至千渠口为二丈，从千渠口至平河口为三丈，从下收用，蓄堰向上。"参见宁欣《唐代敦煌地区农业水利问题初探》。

② 都虞候：唐方镇辖下属官，掌伺察、刺奸之职。《全唐文》卷四一三常衮《授张自勉开府仪同三司制》略曰："职在刺奸，威属整旅，齐军令之进退，明师律之否臧。"虞候之地位本极低微，《魏书》卷一八《广阳王深传》："（拓跋）深上书曰：'……征镇驱使，但为虞候白直，一生推迁，不过军主……'"虞候与白直为列。至唐中期以后，虞候权责极重，《旧唐书》卷一二八《段秀实传》："（白孝德）遂以秀实为都虞候，权知奉天行营事，号令严一，军府安泰。"

80　树①细纸壹束。　廿四日镇压②用粗纸贰拾张。　廿六日赛

---

①　花树：当是一种装饰物。《酉阳杂俎》前集卷一《忠志》："立春日，(皇帝)赐侍臣采花树。"P.3111曹氏文件："庚申年七月十五日于阗公主新建官造花树、新花树陆，内壹是瓶蓝树，又新布树一，又旧瓶蓝树壹，又布树壹……"花树似乎又和佛教有关，P.2629酒帐："(七月)十日支校花树僧酒一角，六日供造花树僧逐日酒壹斗，至十日夜断，中间五日。"《初学记》卷四《岁时部》下七月十五日第十条："(叙事)《荆楚岁时记》曰：七月十五日，僧尼道俗悉营盆供诸寺。案《盂兰盆经》云，有七叶功德并幡花歌鼓果实送之。盖由此。"同条(事对)《供僧》注在引《盂兰盆经》目连救母故事后曰："故后人因此广为华饰，乃至刻木割竹，饴蜡剪采，摸(当为模)花叶之形，极工巧之录。"(赋)杨炯《盂兰盆赋》则有："陈法供，饰盂兰，壮神功之妙物，何造化之多端：青莲吐而非夏，稹果摇而不寒；铜铁铅锡，璆琳琅玕；映以甘泉之玉树，冠以承露之金盘。"此处花树的制作虽在六月下旬，恐怕也是为七月十五日的盂兰盆做准备。

②　镇压：当是为消除灾祟而进行的一种迷信活动。S.4400为曹氏《镇压文》："谨请中央黄帝、怪公怪母怪子怪孙，谨请□□□风伯雨师五道神君，七十九怪，一切诸神并愿来降，此座主人再拜渌酒。维大宋太平兴国九年岁次甲申二月壬午朔十一日壬寅，敕归义军节度使特进检校太师兼中书令敦煌王曹，谨于百尺池畔，有地孔穴自生，时常水入无停，经旬亦不断绝，遂使心中惊愕，意内惶忙，不知是上天降祸，不知是土地变□？伏睹如斯灾现，□事难晓于吉凶，怪异多股，只恐暗来而搅挠。遣问阴阳师检看百怪书图，或言宅中病患，或言家内□□，或言口舌相违，或言官府事起，远处避逃，解其殃祟。谨择良月吉日，依法备充，书符清酒，果干鱼鹿肉，钱财来作，□事皆新，敬祭于五方五帝，土地阴公，山□□灵，一切诸神。伏愿东方之怪还其东方，南方之怪还其南方，西方之怪还其西方，北方之怪还其北方，中央之怪还其中央，天上之怪还其天梁，地下之怪入地深藏，怪随彻减，合氏无妨。更望府主之遐受，永无灾祥，宫人安乐，势力康强，社稷兴晟，万代吉昌。或有异心恶意，自受其殃，妖精邪魅，勿令容伤，兼及城人喜庆，内外恒康，病疾速离，福来本乡，邪魔之恶寇，密保钦优之当方。今将单礼，献奉神王，转灾成福，特请降尝。伏惟尚飨。"

81 金鞍山神①用粗纸叁拾张。 廿七日衙官价福胜传处②，

82 支与邕归镇使杨神海细纸壹帖。 廿八日楼上纳大细纸壹帖。"七

83 月"三日衙官张庆子传处分,楼上纳细纸壹帖。 四日押衙吴

84 元信传处分,支与肃州使细纸壹帖; 同日押衙氾延庆传处

85 分,支与汉僧细纸壹帖; 又同日支与张使君画纸叁拾张。十日衙

86 官王钵罗传处分,楼上纳细纸捌帖; 同日两处赛神支钱财

87 画纸壹帖拾张。 十六日衙官宋进晟传处分,楼上纳粗纸壹

88 帖。 十七日支与押衙张安忤细纸壹帖。 廿二日支与网鹰人程小

89 迁画纸壹帖。廿五日衙官梁受子传处分,楼上纳粗纸壹帖;

---

① 赛金鞍山神:S.5448《敦煌录》:"金鞍山在沙山(鸣沙山)西南,经夏常有雪,山中有神祠,甚灵,人不敢近。每岁土主望祀献骏马驱入山中,稍近立致雷电风雹之患。"

② 原卷脱"分"字。

90 又支百下①道场粗纸壹帖； 又同②支赛祆③画纸叁拾张； 又衙

---

① 原卷脱"尺"，当为"百尺下"。
② 原卷脱"日"字。
③ 赛祆：敦煌文书中，和"祆"字形十分相近的"祅"，一般写作"祅""妖"，就像"土"字写作"圡"一样。祆，S.936《唐光启元年写本沙州伊州地志残·伊州》条："火祆庙中有素书形象无数。有祆主翟槃陀者，高昌未破以前，槃陀因入朝，至京下即下祆神，因以利刃刺腹左右通过腹外，截弃其余，以发系其本，手执刀两头高下绞转，说国家所举百事皆顺天，心神灵助，无不征验。神没之后，僵仆而倒，气息奄，七日即平复如旧。有司奏闻，制授游击将军。"P.2005《沙州图经》《四所杂神·祆神》条："右在州东一里，立舍画神主，总有廿龛。其院周回一百步。"P.2748《沙州敦煌二十咏》："十二安城祆咏：板筑安城日，神祠与此兴。一州祈景祚，万类仰休征。苹藻来无乏，精灵若有凭。更看零祭处，朝夕酒如绳。"归义军时期赛祆的记载有多处：甘肃敦煌文物研究所藏《酒帐卷子》："（四月）廿日城东祆（赛）神酒壹瓮。"P.2569《光启年官酒户马三娘牒案》："四月十四日夏季赛祆用酒肆瓮。"S.1366《张承奉时期油面历》："（五月）十七日准旧城东祆赛神用神食五十七分、灯油一升、妙面二斗、灌肠九升。"P.2629《酒帐》："（七月）十日城东祆赛神酒两瓮。"陈垣先生在《火祆教入中国考》（载《陈垣学术论文集》）中说："（苏鲁阿士德）倡善恶二原之说：谓善神清净而光明，恶魔污浊而黑暗；人宜弃恶就善，弃黑暗而趋光明；以火以光表至善之神，崇拜之，故名拜火教。因拜光又拜日月星辰，中国人以为其拜天，故名之曰火祆。祆者天神之省文，不称天神而称祆者，明其为外国天神也。"S.2241《公主君者者状》，可见当时信仰之一斑：

1 孟冬渐寒，伏惟
2 北宅夫人司空□□安尊体起居
3 万福，即日君者人马平善而……
4 不用忧心即当妙照，切嘱
5 夫人与君者沿路作福，祆祠燃灯，□
6 劫不坚。又嘱
（中略）
11 　　　　　　　十月十九日公主君者者状上

91 官令狐升贤传处分，支百尺下道①细纸壹帖。　廿六日衔官张庆子

92 传处②，楼上纳细纸壹帖。　廿八日衔官索通通传处分，楼上纳

93 纸伍帖。"八月"一日支与直司押衙③严君会细纸壹帖。六日平河

94 口赛用钱财纸叁拾张；　又同日翟再诚传处分，楼上

95 纳细纸壹帖。　十日当司④通文字支粗纸壹帖。　十三日衔官刘

96 胡儿传处分，楼上纳细纸壹帖，粗纸壹帖；　又支与都知⑤史孝忠

97 东行画纸叁拾张；　同日支与押衙浑子集细纸壹帖。廿七

98 日支与仓司⑥索文楚粗纸两帖、细纸壹帖。"九月"九日支水司⑦都

---

① 原卷脱"场"字。
② 原卷脱"分"字。
③ 直司押衙：疑非固定官职，当是轮番直司之押衙。此处直司押衙严君会，第118、184、196行则作"押衙严君会"。严君会的身份很特殊，在支给春衣之列，疑是张承奉亲信。
④ 当司：即军资库司，论证见第二节。
⑤ 都知：当为都知兵马使之省称，执掌兵权。
⑥ 仓司：归义军衙门一下属机构，与设司等平行，疑为管理粮食之部门。
⑦ 水司：归义军衙门一下属机构，似为管理水利、"括地"之部门。

99 乡口①赛神钱财纸壹帖。 十八日押衙张安伴传处分,西宅支

100 粗纸壹帖; 又同日衙官张神得传处分,楼上纳细纸壹帖。廿四

101 日衙官宋奴子传处分,楼上纳粗纸壹帖。 廿八日支与草场司②细

102 纸两帖。 廿九日支与邑归镇使杨神海细纸壹帖。"十月"二日衙官价福

103 胜传处分,支与寿昌镇使③研罗悉兵细纸壹帖。 四日支与员外细

104 纸叁帖、粗纸两帖。 五日判官薛文通传处分,楼上细纳 纸伍帖;又

105 支赛祆画纸叁拾张。 七日衙官张君子传处分,楼上纳细纸

106 壹帖。 九日支与押衙氾延庆粗纸伍帖。 十日角节④支都押衙齐

107 加闰粗纸两帖;同日衙官张庆子传处分,楼上纳细⑤壹

---

① 都乡口:即都乡渠口,在敦煌西南。P.2005《沙州图经·七所渠》:"都乡渠,长廿里。右源在州西南一十八里。甘泉水马圈堰下流造堰,拥水七里,高八尺,阔四尺,诸乡共造,因号都乡渠。"参见宁欣《唐代敦煌地区农业水利问题初探》。

② 草场司:归义军衙门下属机构,似为管理马料之类的部门。

③ 寿昌镇:《元和郡县图志》卷四〇沙州条:"寿昌县(东至州一百五里),本汉龙勒县,因山为名,属敦煌郡。周武帝省入鸣沙县,大业十一年于城内置龙勒府,改置寿昌县,因县南寿昌泽为名也。"S.788、P.2691及向达先生所录《寿昌县地境》有"西寿昌城",寿昌镇当在此一带。参见向达书。

④ 角节:池田书作"用节"。

⑤ 原卷脱"纸"字。

帖。 十

108 三日衙官张思胜传处分,楼上纳细纸壹帖; 同日支与北地使①梁

109 景儒上神画纸壹拾伍张; 同日衙官张通达传处分,楼上纳大

110 细纸两帖; 又押衙浑子集传处分,楼上纳细纸壹帖。 十五日押衙浑

111 子集传②,支与新城镇使张从武细纸壹帖。 十六日支与设司细纸

112 壹帖。 十八日支与水司盘濯③粗纸壹帖。 十九日支与 员外细纸

113 壹帖。 廿日入奏朔方④两伴使共支路上神赛画⑤壹帖; 廿一日支与

---

① 北地使:归义军文书中称"某某使"者有两种情况:一为某地派遣之使,一为派往某地之使。本文书中,两种情况都有。最明显的例证:前者,第256行"朔方麻大夫",第265行作"朔方使麻大夫";后者,第250行"押衙王保安东行",第254行作"甘州使押衙王保安"。这里的"北地使",从支"上神画纸一十五张"看,当是归义军遣往北地的使者。"北地",《旧唐书》卷一八《地理志一》:"邠州上,隋北地郡之新平县。"北地,时在李继徽控制下。见《资治通鉴》卷二六一唐昭宗乾宁四年七月条,《文苑英华》卷四五七翰林制诏授李继徽秦州节度使条。

② 原卷脱"处分"二字。

③ 盘濯:《池田书》作"盘灌",下同。

④ 入奏朔方:朔方,《新唐书》卷三七《地理志》:"夏州朔方郡,中都督府。"时朔方在韩遵、韩逊替代之际。《唐大诏令集》卷六三钱珝《册赠韩遵太尉》文在《赠李茂庄太师》文后,文略曰:"中权未襄,内寇难遏,朔风方劲,朝露已晞。"此当在唐昭宗光化二年。而明年,《新唐书》卷二一七《回鹘传》:"昭宗幸凤翔,灵州节度使韩逊表回鹘请率兵赴难……不报。"

⑤ 原卷脱"纸"字。

114 喜首换①纸细纸壹帖；　同日衙官高忽文传处分,楼上纳大

115 细纸壹帖。　廿日衙官令狐赞忠传处分,楼上纳大细纸壹帖。　廿

116 五日押衙浑子集传处分,楼上纳细纸两帖、粗纸壹帖。廿七日

117 都押衙罗通达传处分,支与法律报恩等僧三人细纸肆帖。

118 廿九日押衙周文建传处②,将粗纸壹帖。"十一月"四日衙押√严君会

119 传处分,楼上纳细纸两帖；　同日支与管内都知③张海清细纸壹

120 帖。　七日支与柴场司④细纸壹帖。　十日支与宅内⑤钱财粗纸叁

121 帖。　十四日衙官李海满传处⑥,楼上纳细纸壹帖。十六日衙官石加政

122 传处分,楼上纳大细纸壹帖。　十九日衙官张通达传处分,楼上

---

① 换:原卷为俗体字,现改正。

② 原卷脱"分"字。

③ 管内都知:疑管内都知兵马使之省称,主兵事。参见严耕望书。

④ 柴场司:归义军衙门下属机构,为供应柴火薪炭之部门。

⑤ 宅内:当为张承奉府宅。S.4470背《乾宁二年张承奉李弘愿布施疏》有两宅之称。两宅,一为李府,一为张府。P.3942《名目册》在书写了参加某项活动人的名目后有"故仆射宅(主人)西宅(主人)尚书宅(主人)司徒宅(主人)"。故仆射即指张承奉,P.3155背有一《天复四年状》,即是上于"仆射阿郎"张承奉的。

⑥ 原卷脱"分"字。

123 纳细纸壹帖。　廿七日支与押衙张忠贤造历日细纸叁帖。廿八

124 日衙官马粪①堆传处分,楼上纳大细纸壹帖。"十二月"十二日奉　判支

125 与汉僧细纸壹帖。　十五日衙官张良义传处分,支紫亭副使细

126 纸壹帖。　十六日衙官高集子传处分,楼上纳细纸壹帖;　同

---

① 粪:原文为俗体字,现改正。

127 日支与坊作✓司①画钟葵②细纸两帖,粘登笼③粗纸拾张。　十七日支

128 与押衙康伯达路上赛神画纸拾张。　廿一日衙官孔盈德传

129 处分,楼上纳大细纸壹帖。　廿三日支与押衙张忠贤造文细纸

---

① 作坊司:归义军衙门下属机构,为管理诸如造扇等杂作之事,疑纸匠、金银匠等都在其管辖之内。

② 钟葵:葵,《干禄字书·平声》:"甈、葵、夔,上俗下正。"钟葵,即打鬼之钟馗。《新五代史》卷六七《吴越世家》:"岁除,画工献钟馗击鬼图,(钱)俶以诗题图上,(胡)进思见之大悟,知俶将杀己。"钟馗故事,顾炎武《日知录》卷三二终葵条有考证,然所引用书不及《文苑英华》,该书卷九五收时人周繇《梦舞钟馗赋》:"皇躬抱疾,佳梦通神,见番绰兮上言丹陛,引钟馗兮来舞华茵,寝酣方悦,于宸震不知为异,觉后全销,于美疢始讶非真。开元中抚念齐民,忧勤大国,万机亲决于宸断,微虐遂沾于圣德,金丹术士,殊垂九转之功,桐篆医师,又寡十全之力,爰感神物,来康哲王。于时,漏滴长乐,钟敲建章,扃禁阒兮闲羽卫,虚寝殿兮间嫔嫱。虎魄枕欹,象榻透荧荧之影,虾须帘卷,鱼灯摇闪闪之光,圣魂惝恍以方寐,怪状朦胧而遽至,硋砅(疑作硅砅)标从,顄类特异,奋长髯于阔臆,斜领全开,搔短发于圆颅,危冠欲坠。"S.2055(2)《除夕钟馗驱傩文》:

1　□□□都节万物,咸□春龙,欲腾波海,欲(下残)
2　端,乞敬今时,大王欲如山岳门,壹口(下残)
3　辉,今夜新受节裁,凡天龙奉兴飞(下残)
4　道,将军新至,虎领十万,能削(下残)
5　衣领,铜头锹额,魂身总着豹(下残)
6　欲使采,欲染赤,咸称我是钟馗,捉□
7　浮游浪鬼,积那拜出。三峗学郎(下残)
8　不才之庆,敢请宫奉音声

这样,钟馗驱傩之仪式又和音声有关了。

③ 粘登笼:登,即灯,灯笼似亦为除夕驱傩所预备的用具之一。P.3878《己卯年十二月归义军军资库判凭》有:"廿六日,准旧造灯笼索子,麻捌两。"

130 壹帖。　廿六日祭春①用钱财粗纸壹帖;同日衙官张思胜传

131 处分,楼上纳粗纸叁帖。　三十日楼上纳粗纸叁帖,又壹拾叁张。

132 "庚申年正月"四日押衙张崇景传处分,楼上纳细纸壹

133 帖。　六日衙官张庆子传处分,支与邕归镇使杨神海细纸

134 壹帖。　七日支与押都∨衙曹光嗣细纸壹帖。　九日都押衙罗通达

135 传处分,支与新城镇使张从武细纸壹帖。　十日支与员外细②叁

136 帖,粗纸两帖。　十一日开口③支钱财粗纸壹帖;同日宅内营

137 亲④支造楼子粗纸壹帖。　十日二∨都押衙罗通达传处

138 分,支与常乐县令安再宁细纸壹帖。　十三日支与赛

① 祭春:当为祭祀的一种仪式。《太平御览》卷一八《时序部》三《春》上:《尔雅》春曰青阳。凡三春时不得服赤也。

② 原卷脱"纸"字。

③ 开口:似为正月十五日僧徒俗众云集礼佛的习俗。《太平御览》卷三〇《时序部·正月十五日》条:"《西域记》曰:摩竭陀国正月十一日僧徒俗众云集,观佛舍利放光雨花。"同书同条崔液《正月望夜游》诗又曰:"神灯佛火百轮张,刻像图形七宝装。影里如闻金口说,空中似散玉毫光。"S.5008《粮食帐》中有"开口羊价用麦壹硕,粟叁斗五升"。泛指一般道场上和尚阐扬佛经。P.3974《礼佛文》:"故得明闲万法,开口以悦于众人,凡有疑问,分譬如瓶之泻水……倾心三宝,静听法音,来此道场,专以听受者,即我天皇之德也。"此处当指前者。

④ 营亲:办婚事之意。《全唐诗》卷三八三张籍《祭退之》诗:"荐待皆寒羸,但取其才良。亲朋有孤稚,姻婚有办营。"

袄画

139 纸叁拾张。　十六日都押衙罗通达传处分,楼上纳细①壹帖。　廿

140 日都押衙罗通达传处分,楼上纳细纸陆帖;　同日藉

141 田②支钱财粗纸壹帖。　廿六日押衙张留子

142 传处分,楼上纳细纸壹帖。　廿七日支当司抄录粗纸壹帖。　廿

143 九日支与押衙氾英信上神画纸贰拾张;　同日衙官张文晟

144 传处分,楼上纳大细纸壹帖;　同都日√押衙罗通达传处分,

145 楼上纳大细纸壹束;　同日支与押衙张安仵粗纸两帖。"二月"七日

146 支与悉么遮粗纸叁拾张。　十日支与张闰子助葬粗纸

147 肆帖。　十二日衙官梁受子传处分,楼上③细纸壹帖;又同④支与

148 羊司⑤押衙刘存庆粗布⑥贰拾张。　十三日衙官张良义传处

149 分,楼上纳粗纸两帖。　十八日都押衙罗通达传处分,楼上纳细纸

---

① 原卷脱"纸"字。
② 藉田:礼仪的一种形式。《初学记》卷一四《礼部》下:"《说文》曰:籍田者,天子躬耕。"
③ 原卷脱"纳"字。
④ 原卷脱"日"字。
⑤ 羊司:归义军衙门下属机构。
⑥ 粗布:原卷如此,当为"粗纸"。

150 陆帖。　廿日衙官宋奴子传处分,楼上纳粗纸壹帖。廿三日衙官平

151 紧子传处分,楼上纳细纸壹帖。　廿九日押衙张留子传处分,楼

152 上纳粗纸叁帖。"三月"三日衙官张文晟传处分,楼上纳粗纸贰

153 拾张; 又衙官宋奴子传处分,楼上纳粗纸贰拾张、细纸壹帖。

154 三水池①并百尺下、分流泉②等三处赛神用钱财粗纸壹帖。

155 五日衙官梁受子传处分,支与寿昌镇使张义诚细纸壹帖。

156 六日衙官李留住传处分,楼上纳大细③壹帖。　同日衙官平集

157 君传处分,楼上纳细纸两帖。　七日支与甘州押衙宋彦晖画

---

① 三水池:P.2005《沙州图经》有"三所盐池水",又有"三所泽"。疑三水池即其一。

② 分流泉:P.2005《沙州图经》:"一所壕堑水,阔四十五尺,深九尺,壕绕城四面。右其壕西南角有一大泉,分为两道流,绕城四面,周匝至东北隅合流北出,去城七里投入大河。"疑西南角之大泉即为分流泉。P.2748《沙州敦煌二十咏》:"廿分流泉咏:地涌澄泉美,环城本自奇,一源分异派,两道入汤池,波上青萍合,州前翠柳垂,况逢佳景处,从此遂忘疲。"

③ 原卷脱"纸"字。

158 纸贰拾张。　九日祭川原①支钱财粗纸壹帖。　十四日支与作坊

159 粗纸壹帖。廿五日押衙张留子传处②，取粗纸拾张；又衙官张

160 紧子传处分，楼上纳细③壹帖。"四月"一日衙官梁受子传处分，楼

161 上纳粗纸叁拾张。　三日奉　判，支与都乡口赛神画纸叁

162 拾张。　八日赛祆支画纸叁拾张；　又同日奉　判支与设

163 司写算案细纸壹帖。　十二日衙官田文通传处分，楼上纳

164 细纸壹帖。　十六日孔目④高延德传处分，楼上纳大细纸壹⑤。

---

① 祭川原：川原即川源，亦即湫神。S.5448《敦煌录》："（敦煌）城西八十五里有玉女泉，人传颇有灵，每岁此郡率童男女各一人，充祭湫神，年则顺成，不尔损苗，父母虽苦生离，儿女为神所录，欢然携手而没。神龙中刺史张孝嵩下车求郡人告之，太守怒曰，岂有川源妖怪害我生灵？遂设坛备牲泉侧曰，愿见本身，欲亲享。神乃化为一龙从水而出，太守应弦中喉，拔剑斩首，亲诣阙进上。玄宗嘉称再三，遂赐龙舌，敕号龙舌张氏，编在简书。"P.2748《沙州敦煌二十咏》："八玉女泉：用人祭淫水，黍稷信非馨。西豹追河伯，蛟龙遂隐形。红妆随洛浦，绿鬓逐浮萍。尚有销金冶，何曾玉女灵。"

② 原卷脱"分"字。

③ 原卷脱"纸"字。

④ 孔目：《资治通鉴》卷二二八唐德宗建中四年胡注："唐藩镇吏职，使院有孔目官，军府事无细大皆经其手，言一孔一目无不综理也。"

⑤ 原卷脱"帖"或"束"字。

165 同①赛清苗神②支粗纸壹帖。又赛祆画纸叁拾张。十七

166 日衙押√张留子传处分，楼上纳细纸两帖。　廿三日支与程里仵③

167 助葬粗纸两帖。　廿七日支与作坊造扇细纸壹束两帖。

168 "五月"六日判官薛文通传处分，楼上纳细④壹帖。七日衙官杜

169 通信传处分，楼上纳细纸叁帖。　十一日康家娘子葬支粗

---

① 原卷脱"日"字。
② 清苗神：即青苗神。
③ 仵：《池田书》作"仟"，误。
④ 原卷脱"纸"字。

170 纸壹束。　十四日当司纳布①支细纸壹帖。　十四日赛驼马神

171 用钱财粗纸壹帖。　十六日衙官张君子传处分,楼上纳

172 细纸两帖。　十七日衙官彭义和传处分,楼上纳细纸

---

① 纳布:布是归义军时期的赋税之一。P.3324《天复四年随身官刘善通状》:

1　随身官刘善通

2　应管衙前押衙兵马使子弟随身等　状

3　右伏缘伏事在衙已来,便即自办驼马,驱驱不谏

4　三更半夜,唤召之徒声鼓亦须先到,思

5　罪有取阙,身役本无,处身壹驼高马,

6　更亦无人贴遂针草,自便典家买(卖)舍,□

7　立鞍马,前使　役使,见有文凭。

8　价(假)令衙前军将不满随身等,

9　判下文字。若有户内别居兄弟者,则

10　不喜沾采,如若一身,余却官布地子

11　烽子官柴草等大礼,余者知难

12　役次。　并总矜免,不喜差遣。文状

13　见在。见今又乡司差遣车牛芟芦

14　茭者,伏乞

15　司空阿郎仁恩照察,伏请公凭

16　裁下　　处分。

17　牒,件状如前,谨牒。

18　天复四年甲子八月八日

又有 P.3236 背《壬申年官布籍》:

1　壬申年三月十九日敦煌乡官布籍

2　"布"头阴善友柒拾捌亩、阴保升叁拾陆亩半、阴保住壹拾玖亩、张富通

3　贰拾柒亩、安慜儿贰拾亩、安友住叁拾捌亩半、桥贤通拾柒亩、

4　张欺忠壹拾伍亩。"计"地贰顷伍拾亩,共布壹匹。

　　(下略)

两帖。

173 廿六日衙官集子传处分，楼上纳大细纸壹帖，粗纸壹帖。廿七①

174 衙官令狐昌信传处分，楼上纳大细纸壹帖。　廿九日支与管

175 内都知张海清细纸壹帖；同日支与都押衙曹光嗣细纸

176 壹帖。"六月"一日衙官高和子传处分，楼上纳细纸壹

177 帖。　二日攘送蝗虫②钱财粗纸壹帖。五日衙官目员子传处

178 分，楼上纳细纸壹帖；　同日判官薛文通传处分，楼上纳

179 细纸两帖。　七日衙官尹进子传处分，楼上纳细纸壹

180 帖。　六日押衙张伯盈传处分，楼上纳粗纸壹帖。　十五日衙

181 官刘胡儿传处分，楼上纳细纸壹帖。　十七日金山传处分，

182 楼上纳粗纸壹帖。　廿日支与羊司粗纸壹帖。　廿四日衙

183 官李留住传处分，楼上纳大细纸壹帖。"七月"二日支与押衙

---

① 原卷脱"日"字。

② 攘送蝗虫：攘，《池田书》校作"攘"，亦是，作"禳"更确切。沙州时有蝗灾，禳而送之。P.2632《手决占光不明廿三》："四月不明，注，多阴谋事，敦煌、酒泉、晋昌三州蝗虫食粟麦根……"《酉阳杂俎》前集卷一七："蝗，荆州有帛师，号法通，本安西人。少于东天竺出家，言蝗虫下有梵字，或自天下来者，乃忉利天。梵天来者，西域验其字，作本天坛法攘之。"帛师者，当是龟兹人，攘送蝗虫则是西域习俗，却又和佛教相关联。

184 张安仵细纸两帖。 四日押衙严君会传处分,楼上纳细①叁

185 帖。 九日赛袄用画纸叁拾张。 十二日衙官张神德

186 传处分,支与厢虞候②张文信细纸叁帖。 十三日支与都知氾

187 文德细纸壹帖。 十四日支与押衙张安仵粗纸壹帖; 同日

188 支与兵马③程文威东行画纸贰拾张。 十二日④衙官赵温子

189 传处分,楼上纳大细纸壹帖; 同日衙官唐黑子传处分,

190 楼上纳细纸两帖。 十七日支与玉门镇⑤使索通达细纸壹

191 帖。 十九日都押衙罗通达传处分,楼上纳细纸两束。 廿三

192 日支与水司马圈口赛神粗纸叁拾张。"八月"五日衙官唐

---

① 原卷脱"纸"字。

② 厢虞候:其地位当在都虞候之下。

③ 兵马二字下脱"使"字。

④ 十二日:池田书作"十六日",误。

⑤ 玉门镇:《元和郡县图志》卷四〇凉州条:"玉门军(肃州西二百余里)武德中杨恭仁置。"又同书同卷瓜州条:"玉门关,在(晋昌)县东二十步。"不知玉门镇孰是。S.619 背为"悬泉镇遏使行玉门军使曹子盈状。"P.3718 有"唐故河西节度都头知玉门军事银青光禄大夫检校国子祭酒兼御史中丞上柱国清河张府君邈真赞。"

193 文通传处分,楼上纳大细纸壹帖。 十日赛张女郎神①用

---

① 赛张女郎神:张女郎神是沙州地区民间供奉的司雨之神,是中原文化在敦煌的一个反映。S.6315《祈雨文》:

（前残）

1 （前缺）应三千三千之界,作四生之慈父,

2 （前缺）雨,控九龙而洒甘津,亘娑婆而赦恩。

3 （前缺）今跪双足,捧金炉,焚宝香,陈我意者,

4 其谁施之,时则有玄泉诸礼士等,并共启一心,各减家储,就此龙龛,

5 请□延僧设斋崇愿,意者（下略）

（中略）

12 （前略）唯愿以兹设斋,种种功德,一一良缘,

13 先用庄严释梵四王龙天八部,唯愿降神,足运悲心,洒甘津施雨泽,又持

14 是福庄严张女郎神江海河神等,唯愿令功德分发,欢喜心运,灵（后缺）

15 通降神德,益河流之□□,施甘泽以济时。（下略）

P.2814 背:

1 都头知悬泉镇遏使银青光禄大夫检校国子祭酒兼御

2 史大夫上柱国安厶乙乃觌古迹,神庙圮□,

3 毁坏年深,若不修成其功,恐虑

4 灵祇无效,遂则彩绘诸神,以保

5 河湟永固,贼寇不屈于疆场

（中略）

11 门神

12 阿孃神、张女郎神、祅祠（下残）

（下略）

194 粗纸叁拾张。廿七日支与张忠贤助葬粗纸壹束；

195 又支与押衙阎奉国助葬粗纸伍帖。"九月"二日刘和

196 信传处分，楼上纳大细纸壹帖。四日押衙严君会传处

197 分，楼上纳大细纸壹帖，次细纸两帖。　　同日押衙张

留子

张女郎神庙还可以从敦煌所辑的诗集中看出。P.3885（P.3619同）苏乾《青明日登张女郎神》："汧水北，陇山东，汉家神女庙其中。寒食尽，青明旦，远近香车来不断。飞泉立，注潆道，间大岫横遮天半。花正新，草复绿，黄莺现见千桥木。汧流枯，古树攒，浇返高高布云族。水清灵，竹朦密，无连仙谭难匹碧。谈楼阁，人尽成，翠岭山花天纶出。尘冥寞，马盘桓，争奔陌上声散散。公子王孙一队队，管弦歌舞几股股。酌醲醑袖锦筵罗。怜翠幕，掩灵泉，是月淹留不觉寏。归来明月满秦川。"张女郎神，恐怕和张氏的附会有关，而考其渊源，则似乎出于道家者流。《太平广记》卷六〇张玉兰条："张玉兰者，天师之孙，灵真之女也。幼儿（而）洁素，不茹荤血。年十七岁，梦赤光自天而下，光中金字篆文，缭绕数十尺，随光入其口中，觉不自安，因遂有孕。母氏责之，终不言所梦，唯侍婢知之。一旦谓侍婢曰：'吾不能忍耻而生，死而剖腹，以明我心。'其夕无疾而终。侍婢以白其事，冀雪其疑。忽有一物如莲花，自蹦其腹而出，开其中，得素金书《本际经》十卷，素长二丈许，幅六七寸，文明甚妙，将非人功。玉兰死旬月，常有异香，乃传写其经而葬玉兰。百余日，大风雷雨，天地晦暝，失经，其玉兰所在坟圹自开，棺盖飞在巨木之上，视之，空棺而已。今墓在益州，温江县女郎观是也。三月九日是玉兰飞升之日，至今乡里常高斋祭之。灵真即天师之子，名衡，号曰嗣师，自汉灵帝光和十年己未年正月二十三日，于阳平化白日升天。玉兰产经得道，当在灵真上升之后，三国纷竞之时也。——《传仙录》"同书卷四一八龙一张鲁女条："张鲁之女，曾浣衣于山下，有白雾濛生，因而孕焉，耻之，自裁，将死，谓其婢曰：'我死后，可破腹视之。'婢如其言，得龙子一双，遂于汉水。即而女殡于山，后数龙至，其墓前成蹊。——《道家杂记》"显然，张玉兰和张鲁女故事同出一源。而张女郎不是张玉兰之又称，就是张玉兰之音转。张鲁女产龙子一双，则张女郎为司雨之神无疑。

198 传处分，楼上纳细①肆帖。　五日支与水司北府②括地细纸

199 壹帖；　同日奉　判，支与押衙张宝山画纸叁拾张。十一日

200 高加兴传处分，支与常乐③副使细④壹帖。　廿五日奉

201 判，支与修城钱财粗纸壹帖；　又同日衙官高集子

202 传处分，楼上纳大细纸壹⑤。"十月"九日支与箭匠董

203 飑飑母助葬粗纸两帖；　同日支与赛袄画纸叁

204 拾张。　廿三日押衙张留子传处分，楼上纳细纸壹帖。

205 同日押衙张留子传处分，楼上纳细纸肆帖；　又同⑥刘和信

206 传处分，楼上纳大细纸壹帖、次细纸两帖。　三十日高加兴

207 传处分，楼上纳细纸肆帖。"十一月"一日都押衙罗通达传

---

① 原卷脱"纸"字。

② 北府：地名，在沙州东北。P.2005《沙州图经·七所渠》："北府渠长四十五里　右源在州东三里甘泉上中河斗门，为其渠北地每年破坏，前凉时刺史杨宣，以家粟万斛，买石修理，于今不坏。其斗门垒石作，长四步，阔三丈，高三丈。昔敦煌置南府、北府，因府以为渠名。"

③ 常乐：即常乐镇。《元和郡县图志》卷四〇陇右道下·瓜州条："常乐县(中下，东至州一百一十五里)本汉广至县地，属敦煌郡。魏分广至置宜禾县，后魏明帝改置常乐郡，隋于此置常乐镇，武德五年置常乐县也。"P.2005《沙州图经》一十九所驿条在记载了清泉、横涧、白亭、长亭、甘草驿后称："阶亭驿　右在州东一百七十里，东去瓜州常乐驿卅里"，由于清泉等驿在沙州东北向，常乐驿当在沙州东北二百里处，而常乐镇亦即在此。

④ 原卷脱"纸"字。

⑤ 原卷脱"帖"或"束"字。

⑥ 原卷脱"日"字。

208 处分,支与紫亭、寿昌镇各细纸壹帖;又新城壹帖;同

209 日支与押衙翟元嗣画纸壹拾伍张;奉　判支盘濯粗

210 纸壹帖。　二日奉　判,支与"草"场司细纸两帖。四日奉　判,

211 支与仓司细纸两帖。　九日衙官阴再盈传处分,楼上纳

212 细纸肆帖;　同日衙官杜通顺传处分,楼上纳大细纸

213 壹帖;　又同日押衙张安伃①妻亡助粗纸伍帖;　又同日押衙

214 张西豹甘州充使支画纸叁拾张。　十二日衙官刘富子传处

215 分,楼上纳大细纸壹帖;　又高加兴传处分,楼上纳细纸两

216 帖。　十八日支巡官②下槐子钱财纸拾张。　廿日衙官索猪③苟传

217 处分,楼上纳粗纸壹帖。　廿七日押衙张伯盈传处分,支钱

218 财粗纸叁帖;　同日支与押衙邓音三造历日细纸叁帖。　廿

219 八日刘和信传处分,支与法律道广细纸两帖。　廿九日支与

220 柴场司细纸壹帖;　同日支与巡官助葬细纸壹束、粗纸

221 壹束。　三十日盘濯又支粗纸壹帖。"十二月"七日衙

---

① 池田书"伃"作"仟",误。

② 巡官:《新唐书》卷四九下《百官志》节度使条:"节度使、副大使知节度事、行军司马、副使、判官、支使、掌书记、推官、巡官、衙推各一人。"巡官职掌游奕,警固在候。

③ 池田书"猪"作"稀"。

官米和儿传处

222 分，楼上纳粗纸壹拾伍张。　十四日押衙邓留住东行支画纸

223 叁拾张。　廿一日支与作坊使造钟蔓细纸两帖，粘登笼用粗

224 纸壹拾伍张。　廿五日刘友信传处分，楼上纳粗纸壹帖。"辛

225 酉年正月"六日支与吴叔庆粗①叁拾张。　一日判官薛文通传

226 处分，支与宅内钱财粗纸叁帖；　同日衙官价忠贤传处分，

227 楼上纳细纸壹帖。　同日支与员外细纸两帖、粗纸壹帖。　七日

228 立春用钱财粗纸壹帖。　八日支与押衙邓音三造文细纸壹

229 帖。　十一日赛袄支画纸叁拾张。　十五日高加兴传处分，支

230 肃州僧细纸壹帖；又支开口钱财画纸壹帖；　同②赛金鞍

231 山神支粗纸叁拾张。　十六日奉　判支与金银匠王神神

232 妻亡助葬粗纸两帖。　同③支押衙康伯达　天使院修

233 文字细④壹帖。　十八日支与都押衙曹光嗣修文字细纸壹帖。

---

① 原卷脱"纸"字。
② 原卷脱"日"字。
③ 原卷脱"日"字。
④ 原卷脱"纸"字。

234 廿一日支与设司细纸壹帖。　廿二日支与作坊司细纸壹帖。　廿四

235 日支与押衙张留子细①壹帖。　廿七日藉田支钱财粗纸壹

236 帖。　三十日衙官平紧子传处分,支宅内钱财粗纸两帖。"二月"六

237 日衙官马苟子传处分,楼上纳大细纸壹帖。　又都押衙罗通达

238 传处分,支与常乐县令安再宁细纸壹帖;　又支与玉门副

239 使张进达细纸壹帖。　九日刘和信传处分,支与张使君细纸

240 壹帖。　十三日都押衙罗通达传处分,支与客司②押衙吴元信细

241 纸叁帖。　十四日支与王建铎队武卜③舞额子粗纸壹帖。十九日都

242 都押衙罗通达传处分,支与玉门副使张进达细纸两帖。　廿日

243 奉　判,支与瓜州福员细纸壹帖。　廿一日奉　判,支与鹿家泉赛神

244 粗纸贰拾张;　同日支与押衙孔回政助葬细纸壹束、粗纸

245 壹束;　同日赛祆支画纸叁拾张;　同日又与当司通过文

---

① 原卷脱"纸"字。
② 客司:归义军衙门下属机构,掌接待使客事。
③ 池田书注:"武"及下之"都"有除字记号,当除。

246 字粗纸壹帖。　廿二日衙官石文信传处分，支与紫亭镇使

247 高神政细纸两帖。　廿五日都押衙罗通达传处分，楼上纳大

248 细纸壹帖。　廿七日支与璨微引路人刘悉多①咄令细纸两帖。"三

249 月"二日衙官卢咨传处分，楼上纳大细纸壹帖。三日东水池

250 及诸处赛袄用粗纸壹帖。　同②支与押衙王保安东行画纸

251 壹拾伍张。　四日支与　天使打钱财粗纸壹束；　同日刘和

252 信传处分，支与邕归镇使杨海神√细纸两帖；　同日支与

253 直司押衙严君会粗纸壹帖。　六日衙官马粪堆传处

254 分，支与甘州使押衙王保安细纸肆帖；　同日支③与押衙张伯盈宅

255 内钱财粗纸伍帖。　又奉　判，支与员外粗纸两帖。七日支与

256 朔方麻大夫细纸壹帖。　十一日支与于阗使押衙张良真画纸

257 壹帖；　同日押衙张留子传处分，支与　天使钱财粗纸伍

---

① 池田书"多"作"夃"。

② 原卷脱"日"字。

③ 池田书"支"作"又"，误。

258 帖。 十二日衙官康骨骨传处分,楼上纳细纸肆帖;又都押

259 衙罗通①达传②,支与于阗使梁明明等一行细纸壹束捌帖。

260 十四日高加兴传处分,支与紫亭监使副使二人各细纸壹帖。

261 十七日衙官马满员√传处分,楼上纳大细纸壹帖。 廿日衙官史

262 英贤传处分,楼上纳大细纸壹帖。 廿三日祭川原支钱财粗

263 纸壹帖。 廿八日奉 判,支与押衙董佛护细纸贰拾张。"四月"二日

264 支与设司写算案细纸壹帖。 七日衙官张神得传处分,楼

265 上纳大细纸壹帖。 四日支与朔方麻大夫细纸壹帖。八日支

266 与兵马使氾恒信上神画纸壹拾伍张。 十日都押衙罗通

267 达传处分,楼上纳细纸肆帖。十一日奉 判,支与员外细纸

268 壹束; 同日奉 判,支与 天使修文字细纸两帖。十三日赛

---

① 自第259行至262行之间有涂鸦文字:"寏骥注河州蕃使纳鲁张回□此一篇;驿骑骖趋遏相回,笙歌烂漫奏倾杯。食客三千蹈珠履,美人二八舞金台。西园明日刘贞赋,南楚雄风宋玉才。幕德每忠门下事,兴嗟世上乏良婤(媒?)。"
② 原卷脱"处分"二字。

269 袄用画纸叁拾张； 同日赛青苗神用钱财粗纸

270 壹帖。 十四日衙官黄胜荣传处分，楼上纳大细纸壹帖；

271 同日衙官康沙子传处分，楼上纳大细纸壹帖。 十五日押牙

272 范忠信东行用画纸壹拾伍张； 同日衙官姚文通传

273 处分，楼上纳细纸叁帖； 同日支与安庆全助葬粗纸柒帖。

274 十六日衙官刘友信传处分，支与押衙张庆子细①壹帖，楼上

275 细纳√纸壹帖。 廿六日支与作坊使宋文晖造扇细纸壹束

276 两帖。 廿七日衙官阴胡子传处分，楼上纳大细纸壹帖。

277 "五月"三日衙官田文通传处分，楼上纳大细纸壹帖，又孔目高延

278 德传处分，楼上纳细纸壹帖； 同日衙官梁受子传处分，

279 楼上纳大细②两帖； 又孔目高延德传处分，楼上纳大细纸

280 壹帖； 又同日当司收纳一十一乡官布打帐用细纸壹帖；又

281 同日鹿家泉赛神用画纸贰拾张。 六日马圈口赛③

282 神用钱财纸壹帖，又支与宅官钱财纸壹帖，又押衙张

---

① 原卷脱"纸"字。
② 原卷脱"纸"字。
③ 《池田书》"赛"作"塞"，误。

留子

283 传处分,支与管内都知张海清细纸壹帖。　九日孔盈子

284 传处分,楼上纳细纸叁①帖;　同日兵马使刘②英集传处

(后缺)

二、关于文书的名称

文书的定名关系到文书的性质,必须认真对待。对于这件文书,王重民先生定为"归义军破历",这未尝不可,然而略嫌简单;池田温先生定为"唐己未—辛酉年(899—901 年)归义军衙内破用布纸历",这固然不错,然而仍有疵可求。

这件文书的纪年有三处,即 53 行的己未年,132 行的庚申年和 224—225 行的辛酉年。这三处纪年都在纸破历上。由于纸破历的起首便是己未年四月三日,因此上限定己未年是正确的。但是下限呢?纸破历记载到辛酉年的五月九日,以下便残缺了,再来看布破历,它的起止日期是(三月)十四日到九月廿九日,不见年份。由于 48—52 行是对布破历的总结,因此可知布破历的残存是最末部分。但是,我们定不了这布破历就是辛酉年的记载。即便从记载的内容看,以纸破历辛酉年三月—五月和布破历的内容做比较,两者毫不相干,倒是 284 行纸破历辛酉年五月九日有"兵马使刘英集传处分"的记载,而布破历八月十六日有"兵马使刘英集助葬"的记载,但这还是说明不了什么问题。所以下限定在辛酉年嫌少斟酌。不过,虽然布破历纪年不清楚,但即使不是辛酉,也不会离辛酉太远的。

再说文书发生的单位,池田先生把它定为"归义军衙内"。

---

① 池田书"叁"作"贰",误。

② 池田书"刘"作"阎",误。

其实，要说确切一点，这件文书当发生在军资库。文书46—52行称："已前诸处用得粗布柒佰肆匹壹尺，细布壹佰柒拾玖匹叁尺，都计用得捌佰捌拾叁匹肆尺。又诸处杂破免文状，计用壹拾伍匹贰尺，余残合见管库内数目具在别状。"显然，这是某库的破用账目。而文书的95行"当司通文字"、245—246行"当司通过文字"，280行"当司收纳一十一乡官布打帐"的"当司"就是管理此库的部门。由于归义军衙门管理布、纸的机构是军资库司，因此这库也就是"军资库"了。280行"当司收纳一十一乡官布打帐"已可说明布匹的管理，而S.6249军资库司一残判凭便是纸张管理的明证：

1　军资库司

2　伏以今月三日准旧佛现忌日斋打钱纸壹帖，法

3　事纸壹帖；五日准旧北宅小娘子忌日斋打钱纸壹

4　帖；同日准旧南院赛神纸拾张，大院楼子赛神纸

5　柒张，尚书院赛神纸柒张，准旧（下残）

可见，纸张破用的管理权在军资库司。那么，本件文书所称之库，也就是军资库无疑。

至于本件文书称为"历"，那是不错的。新疆博物馆TAM506《唐天宝十四载轮台县牒》有"合当坊从正月一日已后至九月三十日以前都支□□□□斗捌升"，形式和本文书46—52行相似，而其判道："会在槽实食历，都收斛斗数同。"以此类推，可见本文书也是一份历。

要指出的是，此历有日期颠倒现象，如180行"六日"在后，179行"七日"在前；186—187行"十三日""十四日"在前，188行"十二日"在后。又有文字写在纸缝上的现象，如127行、176行。这样的现象恐怕可以说明破用历并非逐日记载，而是一时汇总而成的。

尽管如此,我们还是把 P.4640 背文书定名为"归义军军资库己未、庚申、辛酉(899、900、901)等年布纸破用历"。

然而,归义军时期干支为己未、庚申、辛酉的年代有三,何以把它定在公元 900 年左右呢?

三、关于文书的年代

我们之所以把这件文书定在公元 900 年左右,是因为在本文书中出现的人物,至少有八人生活在这段时间内。

先来看 8—9 行"(四月)廿七日支与押衙罗文达助葬粗布叁匹"中的罗文达,他就是归义军时期显赫一时的罗氏家族的一员。P.2482《罗盈达墓志铭》称盈达"即以天福八年岁次癸卯九月十日卒于怀安坊之私宅也"。而叙述其家族成员则有"故堂兄归义军管内衙前都押衙检校左散骑常侍兼御史大夫上柱国讳通达(案:亦即本文书中的都押衙罗通达,下文第六节中将介绍),兄节度押衙文达"。依本文书看来,罗文达死于罗通达之前,因为本文书中的"助葬",是在本人死之时发生的。如 123 行"押衙张忠贤造历日"、129 行"押衙张忠贤造文"发生在己未年,而 194 行庚申年八月"廿七日支与张忠贤助葬粗纸壹束"以后,张忠贤再也没有露面,代之而起的是庚申年十一月廿七日"押衙邓音三造历日(218 行)"、辛酉年正月八日"押衙邓音三造文(228行)",可见张忠贤的确死了,而罗文达之死亦是无疑的。《罗盈达墓志铭》中,罗文达没有"故"字,大概是疏漏吧——这且不说。

第二,213—214 行"押衙张西豹甘州充使"之张西豹就在P.3033背《龙泉神剑歌》中出现:"短兵自有张西豹,遮收遏后与罗公。"据王重民先生在《金山国坠事零拾》(载《国立北平图书馆馆刊》九卷六号)中考证,《龙泉神剑歌》作于唐天祐三年(906)的金山国时期。尽管另有几种说法,但距本文书发生的年代总不会相去很远吧！

第三，便是 16 行"悬泉镇使曹子盈"。S.619 是曹子盈的状：

1　悬泉镇遏使行玉门军使曹子盈

2　右子盈辕门贱品，未立功，夙夜兢惭，

3　连日□处，今者□□

4　将军大造状自塞城攫居专镇，

5　分符有愧于先贤，军额难当，私

6　冗未终，愿磨砺踶钝，上报恩私，

7　捍虏宁边，岂敢辄亏于烽堠，

8　前件草笥，详须等诚，效野老□

9　污状，深伏乞　容纳，生诚幸甚。

这件文书虽无年代，然而后面又有二行作"使守左绕(骁)卫将军兼御使(史)大夫张"字样，曹子盈"自塞城攫居专镇"当是在张承奉时期，亦即 P.4640 文书称为"悬泉镇使"之前。这样，曹子盈生活在公元 900 年左右便是可以确立的了。

又有 12 行五月"十二日支与楼上僧智弁春衣粗布壹匹"的和尚智弁，散见材料不少，抄录发现的几件于下，以资参考，S.5810：

1　门僧法律智弁

2　伏以常年春布壹匹，今未蒙支给，伏乞

3　阿郎仁恩照察，特赐支给，伏请处分。

4　　　　　　　六月　日

5　"待打断天使了，廿四日。"

S.5804：

1　门僧智弁

2　右智弁楼上转念之次，忽闻叁君郎君出郭于园收李，

3　馋心望在叁君郎君特赐美李壹顿，生死荣幸，今且

4　叁君郎君儒行继袭,穷百栢氏之根源,鼎绪函

5　荣,超五侯之望族。又智弁质则散劣常材,谬蒙驱策,道

6　尘无伸,劳效未彰,伏望叁君特赐美李

7　壹顿,智弁愿尽驱驰。

同号背:

1　自拙将治染,时疾隍达,只在铺席,忽闻孟闰子慈母□

2　没,便合奔赴吊门,愍为力不赴心,行李寸步不前,伏望
不

3　责。　白罗壹段、紫紬壹、绯紬壹段,色物三事,谨遣堂
子卿

4　为奴送赴,伏惟　照察,谨状

5　　　　　　　六月十七日　智弁状

上引文书虽然没有确切纪年,但是 S.5810 中的"阿郎",
S.5804背中的"愍"讳唐讳,不是可以证明楼上僧智弁就是生活在
公元 900 年左右吗?

倘若这些尚不足以取信的话,还有 79—80 行造花树,113—
114 行换纸等等的"判官喜首"。说起喜首,他还是张延锷的表
哥,张承奉的本家,魏礼(A. Waley)《斯坦因敦煌所获绘画目录》
(*A Catalogue of Paintings Recovered from Tun-huang by Sir Aurel
Stein*)261—262 页:

1　时当龙纪二载二月十八日,弟子

2　将仕郎守左神武军长史兼御史

3　中丞上柱国赐紫金鱼袋张延锷敬

4　心写画此经一册,此皆是我

5　本尊经法及四大天王六

6　神将等威力,得受　宪

7　衔,兼赐章物,永与供养记。

8　表兄僧喜首同心勘校。

龙纪是唐昭宗的年号,龙纪二年是公元890年,张淮深父子还没有被索勋所杀。P.3718《张和尚写真赞》中的张和尚即是喜首,抄录如下:

1　梁故管内释门僧政临坛供奉大德兼阐扬三教大法师赐紫沙门张和尚写

2　真赞(并序)都头知上司孔目官兼御史中丞上柱国杜太初撰

3　和尚俗姓张氏,香号喜首,即先首厅宰相检校吏部尚书张

4　公之中子也。师自幼出家,业优颜曾,澄清皎洁,戒珠晓朗

5　于冰霜,洞达幽微,阐扬名端而别求,文则亲持越髓,儒

6　锋杰辩,鸿深法门,数播当时,便是优波的子,十载都司,

7　管内训俗,处下方圆,累岁勾当五尼,约身刚柔,两用故知,心

8　明水镜,理物上下匀停,贤将幽闱能夸,全姑务例同平直,遂

9　遇　尚书谯公秉政,光曜大扇玄风,举郡以荐贤良,师乃

10　最称第一,请弃遂要之司,转迁释门僧政和尚,宠加紫授之袟,业

11　超日日渐新,兼奖供奉大德之荣,奇才月月盛赞,叹一场法事,

12　灵鸟下听,翔飞宣白,释门要关,徒众千僧,自悚四分,心台了了,

13　八索趋骤以来,迎十诵意府明明,九丘波涛而涌出,笔动则

14　鹊骇云际,沿纸锦绣而盈手,指砚则鸾翥碧霄,珠玉丰

15　荣于案侧,百法该通,本地有缘,化度开迷,瑜珈大论,千
门随类,

16　劝除昏路,资持一钵,悟贮积而虚空,房实三衣,睹两庭
而聚

17　沐,舍危而就安之政,地水火风不调,疫既集于膏肓,命
遂随于

18　秋叶,祥花蔫萎,难以再荣,芳树霜凋,丛林变色,日掩

19　西山将暮,门人粉骨茶毗,日流东海之昏,亲枝恸伤云
雁,初

20　以挈瓶之器,帐恋意下,颜任一岁以丧二贤,天不恤于愚
昧,奉

21　简枉题,聊为颂曰:奇哉法奖,江淮比量,处众不群,

22　具足人相,舌动花飞,言行中说,儒林袖领,释门师长,

23　父哲前贤,子接后响,问一知十,辨端明朗,威仪俌俌,

24　神容荡荡,笔述难穷,绘真绵帐,四时奠谒,千秋瞻

25　仰。　　　　　己卯岁九月二日题记。

后梁的己卯岁是末帝贞明五年,亦即公元919年,离开公元899年已经整整二十年了。

要说喜首是张延锷的表哥,而同时又是张承奉的本家,则喜首与延锷可能是姨母表兄弟的关系,否则,同姓为婚是礼教所不允许的。这些姑且不论,光从喜首的姓氏、身份、经历看,他是《布纸破用历》中的"判官喜首"无疑。只是由于曹议金上台,喜首失宠,才丢了判官的头衔,干他的和尚行当去了。

还有几位人物,由于下文还要提及,这里就先不介绍了。

从以上的材料中,我们可以看出,P.4640背《布纸破用历》的时间界限应在公元900年前后,池田温断定的年代是正确的。

四、关于纸张的种类和用途

P.4640 背文书分《布破历》和《纸破历》两大项,它详细地记载了公元 900 年前后几年内归义军军资库布和纸的破用细帐(其中布的记载只有五个月)。我们现在仅仅对这件文书中的纸张各类及其用途考察一番。

潘吉星在《中国造纸技术史稿》第十章第三节中说:"麻类的写经纸一般经过下列过程来制造:(1)选料→(2)湿润→(3)切碎→(4)洗涤→(5)浆灰→(6)蒸煮→(7)洗涤→(8)捣料→(9)洗涤→(10)打槽→(11)抄纸→(12)干燥→(13)加工、整治"。他以为:"从敦煌纸的制造精细和技术纯熟角度来品评这些写经纸,那么,大体可以说,隋唐时代是高峰,晋、南北朝次之,而五代纸反而粗制滥造。"他又说:"至于说到造纸设备,首先应指出,往往从纸的帘纹就可以判断出所用的抄纸设备。敦煌纸中,晋以后的大多有帘纹。大凡晋、十六国、南北朝及五代时多为粗帘纹,每纹 1.5—2.0 毫米粗,其纸帘可能是西北产的芨芨草杆编成的,这类纸多是甘肃当地所造。"在第十一章第二节中,潘吉星说:"新疆出土古代纸与敦煌石室古纸一样,在抄造方面分两种技术类型,其一为布纹纸,其二为帘纹纸。""抄纸时将已打好的纸浆注在纸模上,或将纸模投入纸浆中,经滤水后放在日光下干燥,揭下即成一张纸。""帘纹纸是用活动的帘床抄造出来的,因此纸上留下了纸帘的痕迹。""应当指出,在粗帘纹纸中也有较高质量的,并不尽是劣纸。""敦煌石室写经纸中的加工纸,有染色、加蜡、砑光、表面涂布等。""官府籍帐、民间契约及文教用纸,多用较便宜的本色纸。"在同章第三节中,又说:"五代时,敦煌出土的粗帘纹纸就多起来了,这是因为内地纸供应不上,只好靠当地造纸。"

P.4640 背 7—8 行中有"支与纸匠造洗麻襆粗布壹匹",可见,归义军有自己的纸匠,纸张应是当地制造的。敦煌本地产纸是布纹纸还是帘纹纸呢? 这要经过实物检验才能知道,而据潘吉星介绍,一般都是帘纹纸。纸匠支一匹粗布,只不过用作造"洗麻襆",亦即造纸流水作业第(4)(7)(9)中的"洗涤"环节而已,并非是造布纹纸的纸帘用的。至于作为造纸原料的麻,敦煌也是出产的,P.3878《军资库司判凭》就有麻的记载:

1 军资库司

2 伏以今月廿五日准旧给弩家敦煌赵富晟、安员国、张胡儿、莫

3 白祐、达俊憨多、荆达慈、张员德、康员住、梁和德。已上玖人各好

4 麻壹斤;廿六日准旧造灯笼索子麻捌两,未蒙 判凭,伏请 处分。

5 乙卯年十二月 日都头知军资库官张富高

6 "为凭 廿七日(曹氏乌押)。"

关于纸的品种和用途,固然可以从一件件实物的用途中了解它们的品种,反之,我们不是也可以从品种的分类中了解它们的用途吗?《纸破历》就给我们提供了这样的条件。

我们先把文书中出现的纸张品种、用途列成下面这样的一个表,然后再加以分析:

附表　纸张各类用途数量一览表

种类	用途	数量	备注
大细纸	楼上	一束　　三十五帖	传处分。
次细纸	楼上	二帖	传处分，仅 900 年用。
次纸	楼上	二帖	传处分，仅 900 年用。
细纸	楼上	四束一百一十二帖	传处分。
	宅官张安午	一十五帖	传处分，仅 899 年用。
	西宅	三束	奉判二帖，无 901 年。
	仓司	三帖	无 901 年。
	柴场司	二帖	奉判二帖。
	设司	四帖	奉判二帖，无 901 年。
	草场司	四帖	901 年造扇作坊使宋文晖。
	作坊司画钟馗、造扇	三束十帖	无 899 年。
	当司纳布、收纳一十一乡		
	官布打帐	二帖	仅 900 年。
	水司北府括地	一帖	传处分，仅 901 年。
	客司押衙吴元信	三帖	无 899 年。
	都押衙曹光嗣修文字	三帖	仅 899 年。
	直司押衙严君会	一帖	无 901 年。
	押衙张安忤	三帖	仅 899 年。
	押衙阴明建	一帖	仅 899 年。
	押衙浑子集	二帖	仅 899 年。
	安紧子	三十张	仅 901 年。
	押衙张留子	一帖	奉判，仅 901 年。
	押衙董佛护	二十张	仅 901 年。
	押衙张庆子	一帖	传处分，900 年。
	厢虞候张文信	三帖	传处分一帖。
	管内都知张海清	三帖	仅 900 年。
	都知氾文德	一帖	仅 899 年。
	押衙张忠贤造历日、造文	四帖	900 年造历日、901 年造文
	押衙邓音三造历日、造文	四帖	传处分，无 901 年。
	新城镇使张从武	四帖	传处分，其中一次无。
	邕归镇使杨神海	五帖	传处分，无 901 年。

续表

种类	用途	数量	备注
细纸	寿昌镇使研罗悉兵、张义诚	三帖	传处分，无 901 年。
	紫亭镇使高神政	三帖	传处分，无 900 年。
	紫亭监使、副使	二帖	传处分，900 年。
	玉门镇使索通达	一帖	传处分，901 年。
	玉门副使张进达	三帖	传处分，900 年。
	常乐副使	一帖	传处分，900、901 年。
	常乐县令安再宁	二帖	奉判一束。可见一束等于十帖。
	员外	一束　　九帖	899 年。
	都押衙阴惠达东行	四帖	传处分，901 年。
	押衙王保安甘州使	四帖	传处分，901 年。
	于阗使梁明明等一行	一束　　八帖	901 年。
	璨微引路人刘悉多咄令	二帖	奉判二帖，901 年。
	康伯达天使院修文官	三帖	901 年。
	朔方麻大夫	二帖	传处分，899 年。
	肃州使	一帖	899 年。
	判官喜首造花树、换纸	一束　一帖	传处分。
	汉僧	二帖	传处分，899 年。
	百尺下道场	一帖	传处分，899 年。
	法律报恩等僧三人	四帖	传处分，900 年。
	法律道广	二帖	900 年。
	巡官助葬	一束	传处分，901 年。
	肃州僧	一帖	传处分，901 年。
	瓜州福员	一帖	奉判，901 年。
	张使君	一帖	传处分，901 年。
	押衙孔回政助葬	一束	901 年。
粗纸	楼上	二十二帖　九十八张	传处分，899、900 年。
	仓司索文楚	二帖	899 年。
	当司抄录、通文字	三帖	899 年。
	水司盘渥	二帖	奉判一次，889、900 年。
	羊司、羊司押衙刘存庆	一帖　二十张	900 年。
	作坊	一帖	900 年。
	都押衙齐加闰	二帖	899 年。

续表

种类	用途	数量	备注
粗纸	押衙氾延庆	五帖	899 年。
	押衙周文建将	一帖	传处分，899 年。
	押衙张安住	三帖	900 年。
	直司押衙严君会	一帖	901 年。
	押衙氾文君	一帖	899 年。
	押衙张留子取	十张	传处分，900 年。
	西宅	一帖	传处分，899 年。
	员外	七帖	奉判二帖。
	罗么令	一帖	899 年。
	悉么遮	三十张	900 年。
	吴叔庆	三十张	901 年。
	作坊司粘登笼	二十五张	899、900 年。
	宅内营亲造楼子	一帖	900 年。
	王建铎队舞额子	一帖	901 年。
	靴匠安阿丹助葬	一帖	899 年。
	氾乾真助葬	二帖	899 年。
	押衙曹光进助葬	一帖	899 年。
	张闰子助葬	四帖	900 年。
	张忠贤助葬	一束	900 年。
	押衙阎奉国助葬	五帖	900 年。
	箭匠董飚飚母助葬	二帖	900 年。
	押衙张安住亡助葬	五帖	900 年。
	程里住助葬	二帖	900 年。
	康家娘子葬	一束	900 年。
	巡官助葬	一束	900 年。
	押衙孔回政助葬	一束	901 年。
	安庆全助葬	七帖	901 年。
	金银匠王神神妻亡助葬	二帖	奉判，901 年。
	镇压用	二十张	899 年。
	赛金鞍山神	六十张	899、901 年。
	百尺下道场	一帖	899 年。
	赛青苗神	一帖	900 年。
	水司马圈口赛神	三十张	900 年。
	赛张女郎神用	三十张	900 年。
	鹿家泉赛神	二十张	奉判，901 年。
	东水池及诸处赛祆用	一帖	901 年。

续表

种类	用途	数量	备注
画纸	城东赛神、赛神、赛	一帖六十张	899 年。
	赛驼马神	四十张	899 年。
	平河口赛神用	三十张	899 年。
	赛袄	三百张	899 年、900 年、901 年。
	都乡口赛神	三十张	奉判,900 年。
	鹿家泉赛神	二十张	901 年。
	北地使梁景儒上神	十五张	899 年。
	入奏朔方两伴使路上赛神	一帖	899 年。
	押衙康伯达路上赛神	十张	899 年。
	都知史孝忠东行	三十张	899 年。
	都虞候索怀济东行	三十张	899 年。
	押衙氾英信上神	二十张	900 年。
	甘州押衙宋彦晖	二十张	900 年。
	兵马程文威东行	二十张	900 年。
	押衙张保山	三十张	奉判,900 年。
	押衙翟元嗣	十五张	900 年。
	押衙张西豹甘州充使	三十张	900 年。
	押衙邓留住东行	三十张	900 年。
	押衙王保安东行	十五张	901 年。
	于阗使张良真	一帖	901 年。
	兵马使氾恒信上神	十五张	901 年。
	押牙范忠信东行用	十五张	901 年。
	张使君	三十张	899 年。
	网鹰人程小迁	一帖	899 年。
钱财画纸	鹿家泉赛神	三十张	899 年。
	百尺下赛神	四十五张	899 年。
	两处赛神	一帖十张	899 年。
	开口	一帖	901 年。
钱财纸	赛青苗神	一帖	899 年。
	平河口赛	三十张	899 年。
	水司都乡口赛神	一帖	899 年。
	巡官下槐子	十张	900 年。
	马圈口赛神	一帖	901 年。
	宅官	一帖	901 年。

续表

种类	用途	数量	备注
钱财粗纸	都押衙阴惠达东行	一帖	899 年。
	亭子上道场	一帖	899 年。
	宅内	二十张	899 年。
	祭春用	三帖	899 年。
	开口	一帖	900 年。
	藉田	一帖	900 年。
	三水池并百尺下分流泉	一帖	900 年。
	等三处赛神	一帖	
	祭川原	二帖	900、901 年。
	赛驼马神	一帖	900 年。
	禳送蝗虫	一帖	900 年。
	修城	一帖	奉判,900 年。
	押衙张伯盈支	三帖	传处分,900 年。
	宅内	五帖	传处分,901 年。
	立春用	一帖	901 年。
	藉田	一帖	901 年。
	天使打钱财粗纸	一束	901 年。
	天使	五帖	传处分,901 年。
	押衙张伯盈宅内	五帖	901 年。
	赛青苗神	一帖	901 年。
纸	押衙阴明建造文籍	一帖	899 年。可归入细纸类。
	退浑卜师	五张	899 年。可归入粗纸类。

从《纸破历》中可以看出,归义军军资库至少有九个种类的纸张,它们分别是:大细纸、次细纸、次纸、细纸、粗纸、画纸、钱财画纸、钱财纸以及钱财粗纸。下面介绍它们各自的用途。

大细纸　次细纸　次纸　这三种纸全为楼上所使用,数量较少,大细纸是一束三十五帖,次细纸、次纸各二帖。恐怕质量较高,大概仅仅作为归义军节度衙门公文案用纸。

细纸　前后两年内共支出十五束二百五十帖五十张,在九类纸张中,破用最多。细纸的使用大体分三类:第一,大都作为公文案纸使用。除了楼上外,还有节度衙门直属部门及辖下各司使用。如 233 行"都押衙曹光嗣修文字"、162—163 行"设司写算案"、170 行"当司纳布"、280 行"收纳一十一乡官布打帐用"等等。各镇的支用细纸虽然没有说明具体用途,大约也是作为公文案纸。至于支给天使修文字、朔方麻大夫、肃州使、都押衙惠达东行等,当也是作为公文案纸。第二,细纸又作为画钟馗、造扇、造花树的原材料及造日历用纸。第三,细纸还作为抄写经卷用纸,像支给法律报恩等三人、法律道广、肃州僧、汉僧、百尺下道场等等都是这样。S.376《尚书付邓法律书》中就有这样的文字:"今付细纸两帖,到日汝旧文字作本,与吾好与修写,若不如法写流将来必乃莫乘教法。"至于巡官助葬、押衙孔回政破用细纸是作为抄写经卷用还是作为随葬品用,及张使君、员外、宅内等又作何用途,就不敢妄加推论了。

　　粗纸　粗纸的支用数量仅次于细纸,有四束八十九帖三百七十三张。粗纸的使用一般可以分为四类:第一,作为公文案底稿纸用。95 行"当司通文字"、142 行"当司抄录"、245—246 行"当司通过文字"等就是这一点的注脚。这类用途中包括楼上及属下各司的底稿纸,然而却不见有各镇使及天使之类支取粗纸的。第二,作为粘灯笼和造楼子的原材料。显然,灯笼和楼子比起钟馗像和扇子来,制作材料可以粗糙一些。第三,作为助葬用品。两年中助葬支出粗纸帐上共记载十四笔。助葬的粗纸一般作纸钱,《旧唐书》卷一三〇《王玙传》称:"玙专以祀事希幸(玄宗),每行祠祷,或焚纸钱,祷祈福祐,近于巫觋,由是过承恩迈。"《新唐书》卷一〇九则称:"汉以来葬丧皆有瘗钱,后世里俗稍以纸寓钱为鬼事,至是玙乃用之。"《酉阳杂俎》续集卷一《支诺皋》上称:"元和初,(二鬼捉李和子,和子饮之酒,求宽假,鬼)曰:君办钱四十万,为君假三年命也。和子许诺……遽归,货衣具凿楮,如期务酹焚之,自见二鬼挈其钱而去。"凿楮即纸钱。而纸钱又有好坏

之分，《北梦琐言》卷一二：“唐王潜司徒，与武相元衡有分。武公
仓卒遭罹，潜常于四时爇纸钱以奉之。王后镇荆南，有染户许琛
一旦暴卒，翌日却活，（传武元衡语曰：司徒）每岁常以纸钱见遗，
深感恩德。然所赐纸钱多穿不得。司徒事多，检点不至，仰为我
诣衙具道此事。”这样看来，粗纸助葬也许是作为纸钱用吧？第
四，粗纸又作为赛神、赛袄、镇压用纸，具体用法不得而知。

画纸 画纸破用共五帖八百九十张，它的使用可分三类：第
一，赛神赛袄。第二，出使时所用，包括“路上赛神”“东行用”。
“路上赛神”其实是第一类的分枝。《艺文类聚》卷五《岁时部》下
《社》条称：“《风俗通》曰：谨按，礼传，共工之子修好远游，舟车所
至，足迹所达，靡不穷览，故祀以为神。”《初学记》卷一三《礼部》
上《祭祀第二·赋》晋嵇含《祖道赋》条：“祖之在于俗尚矣，自天
子至庶人，莫不咸用……《说文》，祈请道神谓之祖，有事于道者，
吉凶皆名，君子行役，则列于中路，丧者将迁，则称名于阶庭。”说
的就是这个道理。“东行用”画纸则一部分大约用作赛神，另一
部分用作画邈真赞。P.3718 背多有《写真赞》，其中《唐河西释门
故僧政京城内外临坛大德兼阐扬三教大法师赐紫沙门范和尚写
真赞》称和尚出使于阗而死，于是“古召良工，预为生前之仪”，同
号《张良真写真赞》亦有“偶因凋瘵，预写生前之容”的。由于出
使很危险，出发前发给画纸留下写真恐怕有预防万一之意吧？第
三类是支给网鹰人的，用途不详。

钱财画纸 共支出二帖八十五张，用作赛神。

钱财纸 共破用四帖十张，赛神用。

钱财粗纸 共破用一束三十九帖六十五张，大约全用作赛神
等迷信活动。钱财粗纸极可能是以粗纸加工而成，251 行“天使
打钱财粗纸”中的“打”，就可能是加工的意思。这从 S.6249《军
资库残判凭》中也可以看出，录文见上文第二节，这里不再重复。

　　小结一下,归义军张承奉时期的用纸大抵有这样一些特点:大细纸、次细纸、次纸、细纸大都作公文案用纸;画纸、钱财画纸、钱财纸、钱财粗纸大都作迷信用纸;粗纸则是上面两大类的中间形态。

　　假若用上面的分析来看一下 P.4640 文书的纸张,那么我们可以说,这份文书用的是细纸。而从显微机下,我们发现文书的大部分单张纸的规格长 41.8 厘米,宽 27.9 厘米(相当于唐的一尺半长和一尺宽)。由于没有实物,这件文书由几张纸张粘连成难以确定,希望读者们谅解。

五、关于归义军的机构

　　P.4640 背文书破用布纸记载的体例有以下几种:

A <u>十五日</u>　<u>都押衙罗通达</u>　<u>传处分</u>　<u>支与</u>　<u>张使君</u>　<u>细布壹匹</u>
　　1　　　2　　　　　　3　　　4　　　5　　　6

B <u>五日</u>　<u>衙官王留住</u>　<u>传处分</u>　<u>楼上</u>　<u>纳</u>　<u>细布壹匹</u>
　　1　　　2　　　　　3　　　5　　4　　6

C <u>十四日</u>　<u>支与</u>　<u>纸匠造洗麻襪</u>　<u>粗布壹匹</u>
　　1　　　4　　5　　　　　　6

D <u>廿日</u>　<u>奉　判</u>　<u>支与</u>　<u>员外男僧助</u>　<u>粗布壹匹</u>
　　1　　3　　　4　　5　　　　6

E <u>十四日</u>　<u>奉　判</u>　<u>矜放</u>　<u>张使君</u>　<u>布壹匹</u>
　　1　　　3　　　4　　5　　6

　　这里,由于 E 型仅有上举一例,我们便把它看作是 D 的亚型,暂且勿论。在 A、B、C、D 这四种类型中,假若把 A 型作为基本型,那么,一、A 和 B 的区别在第四项"支与"和"纳";二、A 和 C 的区别在于 C 缺第 2、3 项;三、A 和 D 的区别在于第 3 项"传处分"和"奉判"以及 D 缺了第 2 项。如果把所有的布纸记载依照它们的特点分别排列到各型之下，我们就会发现一些有趣的现象，而这些现象正是揭示了归义军内部的结构。

先说"纳"。毫无例外，凡是"楼上"破用布纸的，都使用了动词"纳"而不用"支与"，这是其地位所然。所谓的"楼上"，其实就是归义军节度衙门。《新唐书》卷四九下《百官志》曰：

> 节度使掌总军旅，颛诛杀。初授，具帑抹兵仗诣兵部辞见，观察使亦如之，辞日，赐双旌双节。行则建节，树六纛，中官祖送，次一驿则上闻。入境，州县筑节楼，迎以鼓角，衙仗居前，旌幢居中，大将鸣珂，金钲鼓角居后，州县赍印迎于道左。……罢秩则交厅，以节度使印自随，留观察使、营田使印，以郎官主之，锁节楼、节堂，以节院使主之，祭奠以时……

节度使办公地点在节楼，节度使衙门也就称之为"楼上"了，P.2594《白雀歌》中多次提到"楼"："白雀飞来过白亭，鼓翅翻身入帝城。深向后宫呈宝瑞，玉楼高处送嘉声。""白楼素殿白银钩，砌玉龙墀对五侯。"S.3565《曹元忠设斋功德疏》："弟子归义军节度使检校太保曹元忠，于衙龙楼上，开龙兴灵图二寺大藏经一变（请大德九人），启扬鸿愿，设斋功德疏……"可见，"楼上"的确是归义军节度衙门的代名词，而"楼上"的主人则为张承奉无疑。使用"纳"这个动词的，还有一例，这就是58行"十七日押衙索众通传处分，西宅纳细纸叁束"。从这一例，也可以看出"西宅"地位的特殊，它恐怕是归义军节度副使李弘愿的衙门。这点，校注里已有说明，不再累赘。至于"楼上""西宅"以外，则几乎全用"支""支与"，而只有一例是"矜放"。由于张使君身份不明，存疑。

其次，是第2、3项的比较。基本型A型的第2、3项的内容是"都押衙罗通达传处分"，亦即以职衔、姓名、传处分的顺序排列。

综观整件文书,凡是"传处分"者必定与职衔姓名联在一起,实际上我们可以把它们看作一个项目。"传处分"而破用布纸的除了"楼上"外,有"铁匠索海全""张使君""邑归镇使""寿昌镇使""于阗使一行""甘州使押衙王保安"等等。没有第2、3项内容而破用布纸的,则有"员外春衣""押衙罗文达助葬""设司人昌昌、逍遥等捌人""作坊司画钟馗、粘灯笼"等等。比较起来,大约前者无支取前例或者是非同一部门的人员,后者则有使用前例或为同一部门的人员。当然,"传处分"破用布纸的也包括"楼上"及"西宅"一例,但那可以作为特例看待,不必包含在上述结论中。

然而,传达处分的又是哪些人呢? 他们是判官、孔目,是都押衙、押衙、衙官,以及几位没写职衔的人物(其中的一位是衙官),没有一例是这些人以外的。这就可以看出这些人是在"楼上"的左右而为"楼上"服务的。

至于"传处分"与"奉判"的不同,则恐怕在于"传处分"者没有判凭,"奉判"者已有收据吧? 在一些用"奉判"的地方,还有一些现象值得注意,如227行"支与员外细纸两帖、粗纸壹帖"不用"判",255行则"奉判支与员外粗纸两帖";101—102行"支与草场司细纸两帖"不"奉判",210行则"奉判支与草场司细纸两帖"。这样的情况说明支取纸张是有限量规定的,超过了就得状上节度使,奉判后而破用。

这样,综合整个文书的各个方面,参考了其他的一些文献,我们把文书中出现的归义军各部门、各人员职衔姓名等列成一个表,然后再列出一个简表来显示本文书所反映的张承奉时期的归义军的结构。

官职姓名人数一览表

职衔	姓名或部门	备注
判官	薛文通　喜首	二人
孔目	高延德	一人
都押衙	罗通达　阴惠达　齐加闰　曹光嗣	四人
押衙	罗文达(亡)　邓音三　张留子　张崇景　严君会　张安仵　阴弁君　索众通　氾文君　曹光进(亡)　阴明建　浑子集　吴元信(客司)　氾延庆　周文建　张忠贤(庚申亡)　康伯达　氾英信　宋彦晖(甘州押衙)　张伯盈　阎奉国(亡)　张宝山　翟元嗣　张西豹　邓留住　孔回政(亡)　王保安　张良真　董仂护　范忠信　张庆子　刘存庆(羊司)	押衙共三十二人，其中五人死亡。
衙官	石文信　令狐回君　王留住　尹进子　张文建　赵闰子　李海满　史英贤　梁受子　康义通　张思胜　宋奴子　彭义和　李文德　张清清　高忽文　石章六　唐怀恩　田文通　石怀信　张君子　阴再盈　唐欺忠　张紧子　赵欺子　价福胜　张庆子(后升为押衙)　王钵罗　宋进晟　令狐升贤　索通通　刘胡儿　张神德(得)　张通达　石加政　令狐赞忠　马粪堆　张良义　高集子　孔盈德　张文晟　平紧子　李留住　平集君　杜通信　令狐昌信　高和子　目员子　赵温子　唐文通　杜通顺　刘富子　索猪苟　米和儿　價忠贤　马苟子　卢咨　康骨骨　马员满　黄胜荣　康沙子　姚文通　刘友信　阴胡子　吴庆子　唐黑子	衙官共六十七人
宅官	张安午(仵，后升为押衙)	一人
各司	当司(军资库司)　仓司　作坊使宋文晖　仓司索文楚　水司　草场司　柴场司　作坊司　设司吹丹　乐营使张怀惠(亡)　帐设王文胜　音声张保升　设司人昌昌、逍遥等捌人　羊司押衙刘存庆(又录于押衙)　客司押衙吴元信(又录于押衙)	十司
都虞候	索怀济	一人
厢虞候	张文信	一人
巡官	卞槐子	一人

职衔	姓名或部门	备注
管内都知	张海清	一人
都知	史孝忠　汜文德	二人
兵马使	刘英集　汜恒信　程文威(文书作"兵马")	三人
镇使	紫亭镇使高神政　邕归镇使杨神海　悬泉镇使曹子盈　新城镇使张从武　寿昌镇使研罗忠兵(己未年九月)、张义诚(庚申年三月)　玉门镇使索通达　常乐副使　紫亭副使　张进达　玉门副使　紫亭监使	七镇
县令	常乐县令安再宁(辛酉年二月)　常乐县令汜唐彦(辛酉年六月以后)	
其他	俊诚　安紧子　翟再诚　金山　刘和信　高加兴　孔盈子	不书职衔的衙官之类

　　下面则是张承奉时期归义军结构简表：

张承奉时期归义军结构简表

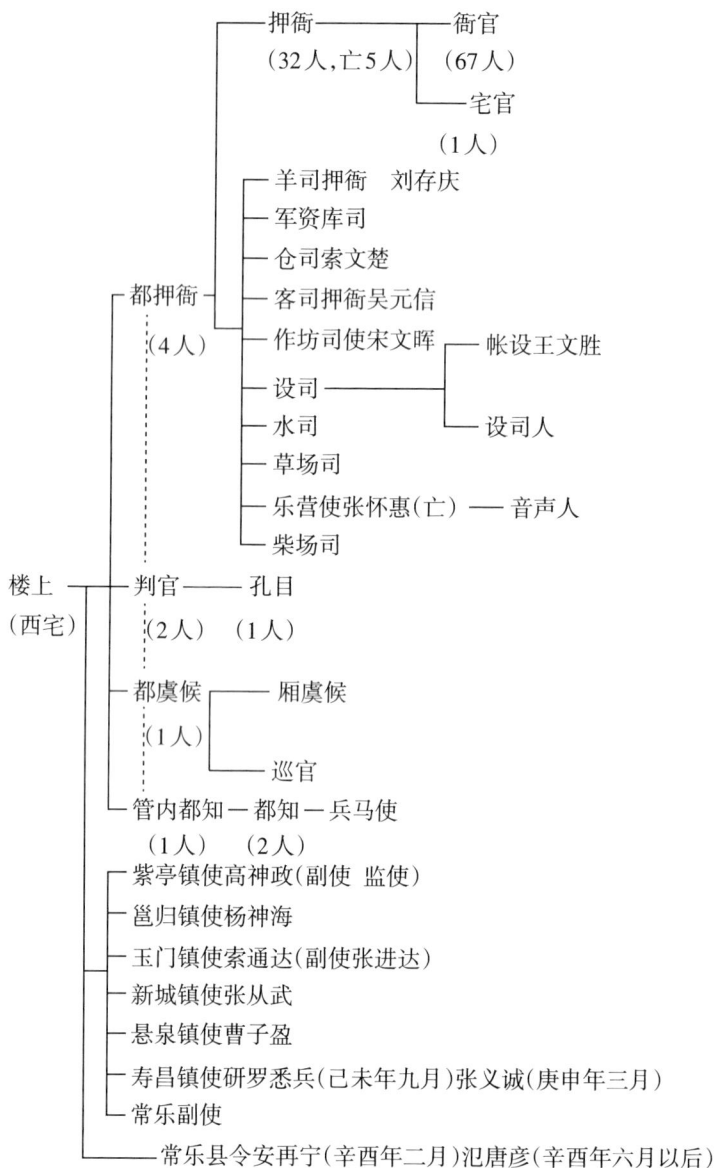

```
                              ┌── 押衙 ──────────┬── 衙官
                              │  (32人，亡5人)    │  (67人)
                              │                  └── 宅官
                              │                      (1人)
                   ┌── 都押衙 ┼── 羊司押衙　刘存庆
                   │  (4人)  ├── 军资库司
                   │         ├── 仓司索文楚
                   │         ├── 客司押衙吴元信
                   │         ├── 作坊司使宋文晖 ── 帐设王文胜
                   │         ├── 设司 ─────────┤
                   │         ├── 水司           └── 设司人
                   │         ├── 草场司
                   │         ├── 乐营使张怀惠(亡) ── 音声人
                   │         └── 柴场司
         楼上 ─────┼── 判官 ── 孔目
        (西宅)     │  (2人)   (1人)
                   │
                   ├── 都虞候 ┬── 厢虞候
                   │  (1人)  │
                   │         └── 巡官
                   ├── 管内都知 ── 都知 ── 兵马使
                   │  (1人)        (2人)
                   ├── 紫亭镇使高神政(副使　监使)
                   ├── 邕归镇使杨神海
                   ├── 玉门镇使索通达(副使张进达)
                   ├── 新城镇使张从武
                   ├── 悬泉镇使曹子盈
                   ├── 寿昌镇使研罗悉兵(己未年九月)张义诚(庚申年三月)
                   ├── 常乐副使
                   └── 常乐县令安再宁(辛酉年二月)氾唐彦(辛酉年六月以后)
```

这里要注意的有三点：一、部门、职衔仅是本文书中所出现的；二、巡官、宅官和其他官之关系不详，暂置之；三、表中实线表示主从关系，虚线表示同级关系。

很显然，楼上所统属的可分两大部分，一为衙内，一为外府。

以衙内而论，判官是节度使的助手，协助处理各种事务，孔目则是判官的下属。

衙内可分为三个系统。第一是行政系统。行政系统当以都押衙为首，下各属若干押衙（本文书中出现 30 多人），而各个主管某方面工作的如作坊使似乎设"使"，但也有称如"羊司押衙""客司押衙"的。各司下又有若干专门人员，如乐营使下的音声、设司下的帐设等等。第二是监察系统，当以都虞候为首。本文书中虽则都虞候只出现一人，但其实也有若干的。如 P.3718《梁幸德邈真赞》，梁幸德的职衔就是"唐故河西归义军左马步都虞候银青光禄大夫左散骑常侍上柱国"，而《赞》中又有"乃加都虞候之例，一自制辖，内外唱太平之声，民无告劳，囹圄息奸斜（邪）之响"，可见其职责所在。都虞候下属厢虞候。第三便是军事系统，当以管内都知为首，下属都知、兵马使，管内都知是管内都知兵马使的省称，都知是都知兵马使的省称，P.3727 是《吕富延阴义进状》，他们的职衔各是"都知兵马使""都头知兵马使"。

以外府而论，则是各镇遏使了。各镇使由楼上直接掌握。文书中共出现七个镇名、六个镇使，其中寿昌镇使有替代，而玉门镇出现副使，紫亭镇出现监使、副使。要注意的是常乐镇使之职由常乐县令所兼，先是安再宁，后来是氾唐彦。这样说来，早在张承奉时期，归义军就至少有七个镇的建制了。至于各镇的方位，校注已经说明，这里不再讨论。

六、关于璨微使

P.4640 背文书《布破历》第4行：

（四月）十六日支与璨微使僧文赞细布壹匹。

第18—19行：

（六月）十日支与璨微使釟悉甫、潘宁等二人共支粗布
壹匹。

《纸破历》第248行：

（辛酉年二月）廿七日支与璨微引路人刘悉多咄令细纸
两帖。

三次提及璨微及璨微使。日本学者藤枝晃在其《沙州归义军
节度使始末》第四节《归义军和唐之关系》中，引用 P.2569《官酒
户马三娘龙粉堆牒》文以后解释说："所谓撩微使恐怕是宣徽使
的假借字。"又说："从这件文书中可以看出，中央所派遣的宣徽
使一行六人，和西州回鹘的使者三十五人在这期间一直停留在
沙州。"

撩微使就是璨微使，藤枝作撩微使未尝不可。《龙龛手鉴》入
声卷四玉第八去声：

璨、璘、（二俗）璨（正，仓旦反，美玉也。）

同书上声卷二手第一去声：

撩（俗）撩（正，七计反，挑取也；又苍葛反。）

璨、撩形音相近，互相假借是完全可能的。并且，就在 P.2569
文书中，《马三娘龙粉堆牒》作"撩微使"，而《押衙阴秀丰牒》则称
"璨微使"，可见，撩微使和璨微使是同一回事。

然而,藤枝以为探微使就是宣徽使则恐怕是不对的。我们先来看宣徽使。《资治通鉴》卷二四三唐穆宗长庆三年四月条:

> 丙申,赐宣徽院供奉官钱,紫衣者百二十缗,下至承旨各有差。(胡注,唐中世以后,置宣徽院,以宦者主之,其大朝贺及圣节上寿,则宣徽使宣答。徐度《却扫编》曰:"宣徽使,本唐宦者之官,故其所掌皆琐细之事。本朝更用士人,品秩亚二府,有南院、北院,南院比北院资望尤优,然其职犹多因唐之旧,赐群臣新火,及诸司使至崇班、内侍、供奉、诸司工匠、兵卒名籍,及三班以下选补,假故、鞫劾,春秋及圣节大宴,节度迎授恩命,上元张灯,四时祠祭,契丹朝贡,内庭学士赴上,督其供帐,内外进奉名物,教坊伶人岁给衣给衣带,郊御殿,朝谒圣容,赐醡,国忌,诸司下别籍分产,诸司工匠休假之类。"今观穆宗所赐,则宣徽院官员数多矣。)

可见宣徽使以宦者为之,所掌皆琐碎细小之事。同书卷二七二后唐庄宗同光元年条:

> 初,李绍宏为中门使,郭崇韬副之。至是,自幽州召还,崇韬恶其旧人,位在己上,乃荐张居翰为枢密使,以绍宏为宣徽使。绍宏由是恨之。(胡注,唐制,宣徽使在枢密使之下,且权任不及远甚。)

李绍宏出朝为中门使,入朝才为宣徽使。《文献通考》卷五八《职官》一二宣徽院条:

> 唐置宣徽南北院使,有副使。梁因之,后唐省副使,院在枢密院北。二使共院而各设厅事,使一人检校官为之,或领节度使及两使留后,阙则枢密副使一人兼领二使,亦有兼枢密副使,签书枢密院者。南院使资望比北院使稍优,然事皆

通掌，只用南院印，掌总领诸司及三班内侍之籍，郊祀朝会，宴飨供帐之事，应内外进奉，悉检视其名物，分掌四案，曰兵案，曰骑案，曰仓案，曰胄案，其吏史则有都勾押官、前行后行，其给使则有知客、押衙、道引、行首之属。

这里叙述的宣徽使的特点亦和《资治通鉴》相差无几。而本文书中出现的璨微使则有僧人为之者。并且，假若璨微使就是中央派遣的宣徽使，依照记载的体例，也该是写作"天使"的。

职掌、身份既已不同，同音假借又非可能，璨微使非宣徽使是确凿无疑的了。那么璨微使到底是怎么回事呢？我们先从P.3569《官酒户马三娘龙粉堆牒》入手。

由于藤枝在引用这一牒件时，检校有疏漏之处，特别是对关键字眼的辨认不甚过细，因此影响了对璨微使的理解。我们把这件文书重新移录于下（并随处校注）：

1　官酒户马三娘龙粉堆

2　去三月廿二日已后，两件请本粟叄拾伍馱，

3　合纳酒捌拾柒瓮半，至今廿二日，计三十一日，

4　伏缘使客西庭、璨微及凉州、肃州，蕃

5　使繁多，日供酒两瓮半以上，今准本数

6　欠三五瓮，中间缘在四五月艰难之

7　济（际），本省全绝，家贫无可吹饮，朝

8　忧败阙。伏乞

9　仁恩，支本少多，充供客使，伏请

10　处分。

11　牒，件状如前，谨牒。

12　　　　　　　光启三年四月　日龙粉堆牒

13　"付阴季丰算过，廿二日，淮深。"

14　押衙阴季丰

15　右奉　判令算会,官酒户马三娘龙粪堆

16　从三月廿日于官仓请酒本粟贰拾驮,

17　又四月九日请酒本粟壹拾伍驮,两件共

18　请粟叁拾伍驮。准粟数合纳酒捌拾柒

19　瓮半。诸处供给使客及设会赛神——

20　逐件算会如后:

21　西州回鹘使上下叁拾伍人,每一日供酒捌斗陆升

22　从三月廿二日至四月廿三日中间计叁拾贰日,

23　计供酒肆拾伍瓮伍斗贰升。璨微使上下

24　陆人,每一日供酒壹斗陆升,从三月廿二日至四月

25　廿三日中间计叁拾贰日,供酒捌瓮叁斗贰升。

26　凉州使曹万成等三人,每一日供酒玖升,从三月

27　廿二日至四月廿三日,中间计叁拾贰拾(日),供酒肆瓮

28　半壹斗捌升。又凉州温末及肃州使,从四月一日

29　到下瞻(担)酒壹瓮,料酒从四月二日至四月十五日

30　发,中间壹拾肆日,上下壹拾壹人,每一日供酒贰斗

31　肆升,计供酒伍瓮半陆升。三月廿三日镅匠

32　王专等支酒壹瓮。四月十日赛官羊神用酒

33　壹瓮。四月十四日夏季赛祆用酒肆瓮。

34　十五日上窟用酒两瓮。十七日祭雨师用酒

35　两瓮。廿一日都香(乡)口赛青苗神用酒壹瓮。

36　廿二日西衙设回鹘使用酒叁瓮。已上诸处

37　供给计用酒捌壹瓮半贰升,准粟数

38　使用外余欠酒伍瓮伍斗捌升。

39　右通前件酒——检判凭算会如前,

40　伏请处分。

41　牒,件状如前,谨牒。

42　　　　　　　　　　光启三年四月　　日押衙阴季丰

43　"西州使今月廿五日□□

44　□瓮酒自供,廿三日。"

(后残)

假若我们把《官酒户马三娘龙粉堆牒》和《押衙阴季丰算会牒》比较一下,则很容易得出这样的对应关系:

西庭——西州回鹘使

璨微——璨微使

凉州——凉州使、凉州温末

肃州——肃州使

而这些"使客",马三娘龙粉堆牒中是统称为"蕃使"的!

璨微使既是"蕃使",璨微就很可能是译音了。那么,璨微的方位何在呢? 其实,《马三娘龙粉堆牒》已经给我们提供了信息:凉州、肃州并列在沙州之东方,西庭、璨微并列则在其西向。更确切一点,璨微的方位恐怕在敦煌的西南。P.4640 背文书经常出现的都押衙罗通达,在斯坦因劫走文书中就有一个他的邈真赞,其间即提到了璨微,现在移录 S.4654 文书于下:

1　唐故归义军节度衙前都押衙充内外排阵使银青

2　光禄大夫检校左散骑常侍兼御史大夫上柱国豫章罗

3　公邈真赞(并序)管内释门□□通三学大法师知都判官沙门福祐撰

4　豫章公讳通达,字琇环。公乃负雕鹗之性,出自豪

5　宗;兼鸿鹄之能,英门□子。少而异俊,深知礼乐之方;

6　长备雄才,穷晓黄公之术;家行五教,每严训□

7　子之风;国守四儒,众叹悬鱼之政。故得文成玉雪,不

8　映而览千张;武亚金星,弦鸣而空坠雁。练兵九拒,

9　终朝不暇,颜蒐军训将六奇,寝铁无亏于战塞。

10　洎金山王西登九五,公乃备位　台阶,　英高国相之班,

11　宠奖股肱之美。遂乃闭阗路阻,撢微艰危,骁雄

12　点一千精兵,公次权两旬便至。于是机宣韩白,谋

13　运张陈,天祐助盈,神军佐胜。指青蛇未出于

14　匣,蕃丑生降;表白虎才已临旗,戎虬伏死。弯□

15　一击,全收两城,回剑征西,伊吾弥扫。方保延龄固

16　寿,辅　主输忠,奈何疾遽伏床,掩归大夜。

17　乌呼! 良材斯折,泣弘演之忠贞;英明早亡,叹耿恭之绝

18　迹。悲嗟路博,苍为不春;哀悼亚夫,邻人罢杵。□孤

19　　　　子,望朱门而不回;图形写真,流万固而永

20　　　祀。余奉赞记,不勉所邀,自愧契瓶,乃为之

21　　辞曰(下残)

文书中称"闭阗路阻,撢微艰危",可见撢微在沙州至于阗一线。文书称罗通达战功"于是机宣韩白,谋运张陈,天祐助盈,神军佐胜。指青蛇未出于匣,蕃丑生降;表白虎才已临旗,戎虬伏死。弯□一击,全收两城,回剑征西,伊吾弥扫"。其中的"青蛇""白虎"当是指东方、西方。这次战争以归义军的胜利而告终是无疑问的,但是战争的具体年代不详,对手中是否有东面的甘州回鹘也不甚清楚,这些尚待探讨。但是大致年代在"金山王西登九五"之后不久,战争发生的地区包括伊吾则是明明白白的。关于这次战争的西方战场,P.3718《张良真写真赞》有较为详细的记载:

1　唐河西节度押衙知应管内外都牢城使银青光禄大夫检校国子祭酒兼

2　御史大夫上柱国清河郡张公生前写真赞并序

3　　　　　　　　　释门法律知福田司都判官灵俊撰

4 公字良真,则前凉天锡第二十八代之云孙矣。   公乃早岁

5 清廉,神童立效,龆年殊杰,异绩纳于   王庭,恒怀仁

6 义之心,罕慕忠贞之操,业同笔海,擅彰七步之端,德备

7 田韩,实蹈灌婴之迹。   故主司空称惬,荐为委首乡大□

8 久岁均平,广扇香风御众,故得民谈美顺,训俗嘉严

9 恪之威。金山王时光荣充紫亭镇主,一从莅任,独静

10 边方,人皆赞   舜日之欢,野老叹   尧年之庆。三余

11 无暇,奉国输劳。是时西戎起万里之危,域主隘

12 千重之嶮。   君王愠色,直欲自伐貔徒,贤臣匡谏而

13 从依,乃选谟师而讨掠。关山迢递,皆迷古境长途;

14 暗碛鸣沙,俱惑智阡卉陌。   公则权机决胜,获收

15 楼兰三城,容(宕?)㧰雄番,颖脱囊锥,此日仍充管内外

16 都牢城使,自居崇列,才经三五之秋,昼警夜巡,坚

17 卫郭郛雉堞,累率少年,□伤淳维之孙,敌毳幕

18 雪岭之南,牵星旗于伊吾之北。

19 元戎节下,不辛毫隙之非,异   郡退方,数受钦

20 哲之捧。龄当八九,晓悟幻化之躯,恳慕真宗,妙

21 达一如之理,每念聚散有限,受灭将临,四蛇不顺于

22 胸怀,二鼠阘吞于己体,时乖颜象之侣,家亏子

23 子之用,俄倏寿终,复恐世仪有之,偶因凋瘵,

24 预写生前之容,故命良工,爰绩丹青之貌,佼以忝

25 为宗流之暌,槐市之音,枉简美然,聊表琐陋之颂。

26 其词曰:

27 间气仁控   膺宿生焉   幼而别众   长而精妍

28 忠能奉国   孝行早全   故府为友   同话同筵

29 宠赐乡领   处侣无喧   虽居荣位   每弃妖言

30　文怀梦锦　武迹啼猿　偏优镇将　二八余年
31　调风易俗　坚守陲边　雄戎起雾　杜路西天
32　金王踜切　选将百千　甲兵之内　公独冲先
33　不逾晦朔　破收攻圆　虏降蕃相　金玉来川
34　委牢城务　酬勋安眠　从心之岁　翘情善缘
35　投师就业　顿捐盖缠　乃身不久　俄恐逝迁
36　庭唯一子　息之良贤　时因少疾　风烛难连
37　乃召匠伯　绘影生前　遗留祀礼　亲佐亏愆
38　余以寮识　聊表周旋
39　　于时天成肆年岁当赤奋若律中夹钟萱年圪□□

罗通达的“回剑征西，伊吾弥扫”在这里成了“获收楼兰三城”，而战争胜利的原因很大部分倒在于张良真的熟悉地形，引导沙州汉师走出“暗碛鸣砂”才转危为安而“权机决胜”。这样的话，璨微就可能在楼兰一带了，而和《罗通达邈真赞》中的“闬阗路阻，摻微艰危”相印证，它又正好位于于阗沙州之间。

其实，张良真的熟悉地形是不足为怪的。在“金山王时光荣充紫亭镇主”以前，他曾是张承奉归义军的押衙，P.4640 文书256—257 行“（辛酉年三月）十一日支与于阗使押衙张良真画纸壹帖”的于阗使就是《写真赞》中的张良真。非但如此，更早些，就是在索勋掌权之际，张良真就在璨微地区活动。P.2803 是张良真的一份状，录之于下：

1　押衙张良真，先伏蒙长使充璨毗界内，便逢
2　离乱，良真掌宗，身自将货物少多
3　被璨毗人劫将，名及物色谨具如后：大宰
4　相女婿劫锦非殑褰，绫壹匹又丈（？）寄（？）
5　绮绫壹，一丈捌尺，非罗士尺弓壹张，又被
6　女婿兄龙将绿皱文皮两张，花弓袋

7　两个,弓两,细布壹匹(下残)

这份文书虽然不全,也没有具体年代,但是在同一号上却又有《索大力状》一份,写明的绝对年代是景福三年,亦即公元893年,张良真之状的年代亦应相近。这份文书称张良真"长使充璨毗界",而由于离乱,货物被"璨毗人劫将",于是便上了劫将人"名及物色"的条目。

这是一份重要的材料。状中的璨毗,就是《马三娘龙粉堆牒》《阴季丰牒》《罗通达邈真赞》以及《归义军布纸破用历》中璨微或探微。之所以这样说,我们可以从音韵学上得到印证。

璨微和璨毗,前一字的相同毋庸置论,假若后一字,它们的发音也十分接近。微和毗在《广韵》声系中的地位如下列(据丁声树《古今音对照手册》):

微　无非切　止摄合口三等平声微韵微母
毗　房脂切　止摄开口三等平声脂韵并母

微之声母为微母,毗为并母,微母并母同属唇音,唐代微母、并母都有鼻音,可见两字声母发音相近。微、毗之韵母各为微、脂,这在唐代基本不分,可见二字之韵母亦相似,因此毗、微二字的读音十分接近,而璨微又是一部族的译音,译成"璨毗"也并非不可能。

如果说光从音韵学角度上来论证其真实性还仅仅是推测的话,那么,从上所引录的罗通达、张良真的材料不是恰恰说明了这个问题么?

璨毗是个地域概念,又是个部族概念。从 P.2803《张良真状》称"长使充璨毗界内""货物少多被璨毗人劫将"中,就可以知道这一点。并且,璨毗人又设官立职,状中就有"大宰相"之称谓。要是从"女婿兄"叫"龙将"这一点来推测,则恐怕和焉耆人有点关系。S.367《沙州地志》称："龙部落本焉耆人,今甘、肃、伊州各有首领。其人轻锐健斗,皆禀皇化。"

再进一步,我们提出下面这样一个假设。

《罗通达邈真赞》称"闭阗路阻,攕微艰危",尔后,"回剑西征,伊吾弥扫";《张良真写真赞》称"西戎起万里之危,域主临千重之崄",尔后,"乃选谟师讨掠。关山迢遞,皆迷古境长途;暗碛鸣沙,俱惑智阡卉陌",尔后,"公则权机决胜,获收楼兰三城","虏降蕃相,金玉来川"。

这"伊吾弥扫"之"楼兰三城"何在呢? S.367《沙州地志》称:

> 石城镇,东去沙州一千五百八十里,去上都六千一百里,本汉楼兰国。《汉书·西域传》云,地沙卤,少田,出玉,傅介子既杀其王,汉立其弟,更名鄯善国。隋置鄯善镇,隋乱,其城遂废。贞观中,康国大首领康艳典东来居此城,胡人随之,因成聚落,亦曰典合城。其城四面皆是砂碛(上元二年改为石城镇,隶沙州。)　屯城,西去石城镇一百八十里……
>
> 新城(东去石城镇二百四十里,康艳典之居鄯善,先修此城,因名新城,汉为弩之城。)
>
> 蒲桃城(南去石城镇四里……)
>
> 萨毗城,西北去石城镇四百八十里,康艳典所筑,其城近萨毗泽,山险阻,恒有吐蕃及土谷浑来往不绝。
>
> 鄯善城,周回一千六百四十步,西去石城镇廿步,汉鄯善城见今摧坏。　播仙镇(故且末国……上元三年改播仙镇。)
>
> 古屯城,在屯城西北,　湟末河源从南山大谷口出,其源去镇城五百里,经且末城下过,因以为名。以前城镇并陷吐蕃。

楼兰三城必在其中无疑。然而,我们又注意到萨毗城,它在石城镇的东南四百八十里,以城近萨毗泽而命名,恒有吐蕃及吐谷浑来往不绝。莫非它就是璨毗?

《旧唐书》卷一四四《尉迟胜传》称尉迟胜"本于阗王珪之长子",天宝中到长安,后来"授右威卫将军、毗沙府都督还国,与安西节度使高仙芝同击破萨毗播仙"。可见于阗和萨毗播仙是很有些联系的。

从地理环境联系史实来看,"闭阗路阻"了,"璨微艰危"了,而进攻的偏偏又是伊吾。石城镇地当沙州、于阗之间,伊吾要切断于阗、沙州的联系,攻占石城镇是厉害的一着,而石城镇一旦被占,与归义军保持关系的萨毗自然"艰危"了,而张良真在金山国时期"光荣充紫亭镇主",紫亭在沙州西南二百里左右,萨毗又在石城镇东南四百八十里,石城镇又在沙州西一千六百里,这样,尽管紫亭、萨毗相隔远了一点,但从大体方位上讲是一致的。而在张良真"充紫亭镇主"以前,则"长使充璨毗界",张良真参与进击西戎,"权机决胜""获收楼兰三城",这就有内在的联系。因为战役的胜利,打通了沙州、于阗的道路,那里的"金玉"也就到沙州来了,《归义军纸破历》中,张良真充于阗使,也不难想象出是由于他的熟悉地形地理。如此,张良真的立功不是偶然的,璨毗和萨毗很可能是同一地域。

从音韵上考虑,璨毗和萨毗也很有可能是一音两译。《广韵》系统中:

> 萨　桑割切　山摄开口一等入声曷韵心母
>
> 璨　苍案切　山摄开口一等去声翰韵清母

这两字的发音是很相近的。假如以《龙龛手鉴》上的"璨"印证则是:

　　揬　　仓葛切　山摄开口一等入声曷韵清母

由于清母心母同属齿头音,且其一是次清音,一是全清音,萨和璨的差别是很细微的。

当然,萨毗城是否就是璨毗还有待于更进一步的证实,这里不过提出一个假设而已。

七、结　末

P.4640 背面文书是一个长卷子,它提供的信息远不囿于上面所提及的。比方从 127—128 行"(己未年十二月)十七日支与押衙康伯达路上赛神画纸拾张"到 232—233 行"(辛酉年正月十六日)支押衙康伯达天使院修文字细(纸)壹帖",假若注意到"天使院""天使"最早出现在这里,并且联系到《旧唐书》卷二〇上《昭宗纪》光化三年:

八月己巳制张承奉为归义军节度使。

就觉得这几件事互有关系。又比方各种迷信活动是偶然发生的,还是呈一定的规律性也值得探讨一番。这里就不多说了。

1983 年 12 月

(原载《敦煌吐鲁番文献研究集》第 3 辑,北京大学出版社,1986 年)

论麴氏高昌臧钱

——67TAM84:20号文书解读

随着《吐鲁番出土文书》各册的陆续出版,学界对十六国至隋唐时期吐鲁番地区政治、经济、军事、文化等状况的研究逐渐深入,取得了很大的成果。但与此同时,由于高昌西州地区本身的特殊性,造成了某些概念、内涵各家论说的意见分歧,这是很正常的事。我相信,随着研究的更加深入,有些问题是不难解决的。本文正是本着这样的宗旨,从解读67TAM84:20号文书着手,就麴氏高昌中后期的臧钱问题,提出自己的看法,希望大家批评指正。

67TAM84:20号文书刊载于《吐鲁番出土文书》第二册207—208页,编者把它标目为《高昌条列出臧钱文书残奏》,今录之如下:

(前残)

1 ☐☐☐☐布二匹半,平☐☐☐☐☐☐☐

2 ☐☐☐☐半文。张申武☐☐☐百文☐☐☐

3 ☐☐☐☐泮作人秋富二☐☐☐蒲桃中赵武☐☐

4 ☐☐☐☐☐所臧绫十三匹☐☐一百廿一文☐☐

5 ☐☐☐☐臧钱一百一十文半☐☐出臧钱一百一十文☐

6 ☐☐☐☐阿苟作从,臧龙遮☐☐提婆锦一匹平钱五十☐

7 ☐☐☐匹平钱五十一文。张阿苟出臧钱五十半文。次传☐

8 ☐☐☐☐延作从,臧龙遮之棌提婆锦三匹平钱一百

五□□□□

9　　□□□红锦二匹,平钱九十文。祁守义提婆锦一□□□□

10　　□□□□文商胡握□延出臧钱一百五十七文□□□□

11　　□□□□□□□臧尽。赵武尊□□□□□

（后缺）

这份残缺甚多的文书十分有趣,它能帮助我们解开臧钱之谜。在解读此份文书之前,我先把各家的观点和自己的意见说一说。

由于关于臧钱的出土文书数量其少,论者便对臧钱的性质多有误解:或以为是“麴氏高昌的苛捐杂税”;[①]或以为不一定是特定的税目,而属于财政的分配管理范畴;[②]或以为是商胡之税[③]。但他们都没有展开论述。

笔者则认为,臧钱即赃钱,属官府对贪污受贿、鼠窃狗盗、窝赃销赃等等惩罚以罪而收取赎金之名色,为法律范畴之用语。试论之如下。

与20号文书同墓出土之《高昌条列入官臧钱》文书显然与20号文书有关,照录如下:[④]

（前缺）

1　　□□□□□□□钱壹佰□□□□□

（缝背押“暄”）

---

① 朱雷:《论麴氏高昌时期的“作人”》,载《敦煌吐鲁番文书初探》,第54页。

② 杨际平:《麴氏高昌赋役制度管见》,载《中国社会经济史研究》1989年第2期。

③ 姜伯勤:《敦煌吐鲁番和丝绸之路上的粟特人》,载《季刊东西交涉》1986年,池田温译成日文。本人未见到姜先生汉文文本。

④《吐鲁番出土文书》第二册,第209页。67TAM84:21(a)。

2　□案条列入官臧钱数列别如右记识奏诺奉　　□
3　　　　门　下　校　郎　阴　　　　　　　□
4　　　　门　下　□　□　高　　　　　　　□
5　　　　通　事　□　□　索　　　　　　　□
6　　　　通　事　□　□　□　　　　　　　□
7　　　　通　事　□　□　□　　　　　　　□

（后缺）

　　显而易见，这是一份官方文书，由于 20 号文书与之有关，则它也是官方文书。若单从此一文书年，我们还是不知臧钱为何物。但是请注意 1—2 行间背面款缝之押字"暄"。暄即麹暄，他的职务是"都官事"，请看《高昌都官残奏一》：①

（前缺）

1　────────────────索　　　斌
2　────────────────马　　　□
3　────────────────杨　　　□
4　────────────────张　　　□
5　　　　　九　日　都　官　　　　　　奏
6　　　　　都　官　事　麹　　　　　暄
7　────────────────司马　　□
8　────────────────翟　　　武□
9　────────────────王　　　□

（后缺）

　　我们知道，麹氏高昌之官制、文书格式大都同于中原。② 都

---

　　①《吐鲁番出土文书》第二册，第 210 页。67TAM84：23。
　　② 参阅：陈仲安《麹氏高昌时期门下诸部溯源》，载《敦煌吐鲁番文书初探》；祝总斌《高昌官府文书杂考》，载《敦煌吐鲁番文献研究论集》第 2 辑。

官的职务,在北朝之北魏有都官尚书;①而据北齐官制,尚书省下
都官曹"掌畿内非违得失事";②南朝宋、齐、梁、陈亦有都官尚书,
所统有"都官、水部、库部、功论四曹"而都官"主军事刑狱事"。③
南北朝之都官"掌畿内非违得失事""主军事刑狱事",则仿效中
原官制之高昌都官征取臧钱亦非无缘。若依唐朝公文格式,凡缝
背署名者,则表示此文书属其管辖。④ 如此,《条列入官臧钱文数
残奏》既由都官事麴暄押缝,而事由又为入官臧钱,则 20 号文书
的性质大体可以判断。⑤

　　非但如此,南北朝官制至隋唐有一个综合取舍的进程。都官
尚书至隋开皇三年(583)已改名为刑部尚书,其下属之都官郎中
之职亦改为"掌簿录配役官私奴婢良贱诉竞俘囚等事";⑥而南朝
原属吏部系统之比部至隋才划归刑部;比部在北朝虽属都官系
统,但原先之职掌仅是"诏书律令勾检等事"而已。⑦ 这样,比部
在隋之职能当为原先南北朝都官之职掌无疑。唐袭隋制,唐朝都
官郎中员外郎职掌诸事之一便是"赃赎"。⑧ 若以此推论高昌都

---

　　①《通典》卷二三刑部尚书条。

　　②《隋书》卷二七《百官中》。北周因效法周礼六官,则无此名目不足
为怪。

　　③《通典》卷二三刑部尚书条。

　　④ 参阅拙作《牒式及其处理程式的探讨》,载《敦煌吐鲁番文献研究论
集》第 3 辑。

　　⑤ 麴暄又见于《宁朔将军麴斌造寺碑》,碑中官名也是"□□令都官
事",碑文有言"□□□己之心,哀矜折狱之志,榜笞不忘其恩,刖足犹感其
惠",称颂其功德,适可见都官事之职掌。碑之录文见黄文弼《吐鲁番考古
记》第 54 页后。

　　⑥《通典》卷二三都官郎中条。

　　⑦《通典》卷二三都官郎中条。

　　⑧《唐六典》比部郎中员外郎条。

官事之职掌，"赃赎"当亦在其职权范围。于是，臧钱为赃钱便也无疑。

"臧"本通"赃"，《史记》一二二《王温舒列传》称其：

> 捕郡中豪猾，郡中豪猾相连坐千余家。上书请，大者至族，小者乃死，家尽没入偿臧。

20号文书中之臧钱亦当为"没入偿臧"之"臧"，即赃钱。

中国古代很早就有赎罪之科，南北朝时期自不例外。《隋书》二五《刑法志》称梁武帝：

> 乃制权典，依周汉旧事，有罪者赎。其科，凡在官身犯，罚金。鞭杖杖督之罪，悉入赎停罚。其台省令史士卒欲赎者，听之。

此赎罪之科，梁朝后期虽中止，到陈朝又兴，而北齐、北周以至于隋皆有此律。莫非麹氏高昌亦有赎罪之科而令犯者出臧钱而入于官府哉？

通观20号文书，还有几个法律用语，如"平""从"，先须作出解释才能通读文书，从而搞清臧钱之性质。

先看"平"字。《唐六典》二〇《京都诸市令》条：

> 凡与官交易及悬平赃物，并用中价。

《唐律疏议》四《诸平赃者》条：

> 诸平赃者，皆据犯处当时物价及上绢估。
> 疏议曰：赃谓罪人所取之赃，皆平其价值。

依照唐律，若有偷盗贪污之犯法行为，就须平定其价值，并估作绢帛数定案治罪。此评定物之优劣者就称为"评估"或"平估"。① 20 号文书中"平钱"若干，虽不同于唐朝的平为绢估而自有其特殊性，但"平"之为法律用语则无二致。《七世纪初高昌作头张庆祐等偷丁谷寺物平钱帐》就更好地说明了这点：②

1　□宁人张庆祐作头，独偷□□寺六纵叠五匹，匹平钱

2　□二文；大镬二口，□平钱□□；羊肉三脚，平钱二文。

3　□张庆祐子作头，道人□□、高昌解阿善儿二人作

4　□，三人合偷丁垯牛□□，□钱十文；马付一头，

5　□钱五文；小麦拾贰□□□叠被一，平钱八文。叠

6　□张庆祐子作头，田地□□□从，二人合偷丁垯寺

7　□□奴绵二匹半，匹平钱□□；柒纵叠三匹，匹平钱

8　□□八纵布一匹，平钱□□；□□□□匹，平钱十二文；

9　□□五文；绵衫一，平钱□□□平钱十二文；细布裙

10　□□□文；胃刀三，平钱□□□四，平钱二文；□

11　□□□□□绵七匹，匹平钱二文；

（后缺）

文书编者疑此帐中之"偷"字为"输"字，似乎不妥。由于张庆祐、张庆祐子、道人□□、解阿善儿偷了丁谷寺的叠、镬、绵、布等诸物，便有一个如何计算其赃物价值问题，于是便有了"平钱"之举。"平"之为法律用词昭然若揭。当然，"平"字在其他商业交往场合也使用，此且不提。

而 20 号文书中"作从"为法律用语更是确然无疑。观上《偷

---

① "评估"仅为一道手续，"平估"则为两道手续，即评定物价、评定绢价。"平"又有公平的意思。此涉及唐代估法，参阅拙作《唐代前期估法研究》。

② 《吐鲁番出土文书》第四册，第 193 页。72TAM151:102,103。

物平钱帐》3—4 行，有张庆祐子"作头"，道人□□与解阿善儿二人"作从"，三人合伙进行偷盗活动；6—7 行，又有张庆祐子"作头"，田地城之某人作"从"，是二人合偷；而 1—2 行则有张庆祐"作头"而"独偷"。"作头""作从"相对，则此偷盗活动有主犯和从犯之区别。《唐律疏议》五诸共犯罪者条称：

> 诸共犯者，以造意为首，随从者减一等。疏议曰："共犯罪者"，谓二人以上共犯，以先造意者为首，余并为从。

首即头，以此论之，则头、从与首、从词异而实同。"作头"者即唐律所称之"先造意者"，"作从"者即唐律所称之"随从者"是也。"作"字或为动词，或为名词之组成部分，但于我们的结论却总无妨碍，于是，20 号文书中"作从"亦为法律用语断然无疑。

然而，解读文书还有一个问题要解决，即"藏龙遮之栋提婆锦三匹""藏龙遮□□提婆锦一匹"之"藏"究为何义。我们若把 20 号文书中此句型和《偷物平钱帐》中"偷□□寺六纵叠五匹"之句型对照，则"藏"和"偷"字相对，也就能明了"藏"字在 20 号文书中作动词用，或为窝藏之意。即或不是，亦为不远，总之是表示违法犯罪的一种行为。而"龙遮之栋"和"丁谷寺"相对应，则是被侵害者。

搞清了 20 号文书的性质及其一些主要概念，我们就可以着手于解读工作了。虽然文书残缺甚为严重，但其大意尚可明了，藏钱问题便也迎刃而解。

20 号文书之前 5 行，内容因太残而不可知，只是"作人秋富"，又见于《高宁负藏钱人名》中[1]，但两件文书年代相隔久远，似非一人，且置勿论。第 6 行至第 11 行，内容实可分为两项：第

---

① 《吐鲁番出土文书》第四册，第 153 页。72TAM151:96(a)。

一项为第 6 行至第 7 行"次传"前；第二项从第 7 行"次传"起到第 11 行"臧尽"止。前者出现人名三，依次为"某阿苟"、龙遮□□、张阿苟；后者出现人名四，依次为"某延"、龙遮之椋、祁守义、商胡握□延。细细分辨的话，实际上两项内容共涉及四人，即张阿苟、龙遮之椋、祁守义、商胡握□延。第一项中的"某阿苟"即张阿苟；龙遮□□即第二项中的龙遮之椋；第二项中的"某延"即同项中的商胡握□延。于是出臧钱之两项内容便涣然冰释。其意即是：

第一，张阿苟作为从犯，"臧"龙遮之椋的提婆锦一匹，按质论价，平银钱 50 文。又"臧"龙遮之椋的某丝织品一匹，平银钱 51 文。由于张阿苟"作从"，以赎罪之科论，当出臧钱五十半文。

第二，商胡握□延在作案过程中为从犯，他"臧"龙遮之椋的提婆锦三匹，平银钱 150 文，某丝织品若干匹，平银钱若干文，红锦二匹，平银钱 90 文；又"臧"祁守义提婆锦一匹，平银钱 50 文。由于商胡握□延"作从"，当出臧钱 157 文而已缴纳，于是"臧尽"。

从张阿苟出臧钱中，我们还发现一个有趣的现象。张阿苟"臧"物平钱二项计 101 文，所出臧钱则为"五十半文"，是平钱数的二分之一。我想，这并非偶然的巧合，乃是平钱出臧的必然结果。若此说不误，那么商胡握□延所出臧钱 157 文，当亦是平钱总数之一半，总数即为 314 文。而由于祁守义所失提婆锦一匹平钱 50 文，则第 10 行开首可补以"平钱二十四"文字。以 20 号文书 4—5 行文字言，第 5 行前半有"（出）臧钱一百一十文半"之文字，则第 4 行文字"一百廿一文"当为"二百廿一文"之误，而 221 文恰好是所藏绫"十三匹"之倍数，并且第 5 行后半"出臧钱一百一十文"后亦可补以"半"字。而从文意看来，出臧钱"一百一十文半"者和出臧钱"一百一十文"者，皆为"作从"无疑。

然而，还有一个问题在。中原赎罪之科，梁、陈、北齐、北周、隋、唐各朝代以金以绢、以钱（铜钱）以铜，然皆无以银钱赎者，①此又为麹氏高昌时期之特殊性所然，读者似可不必疑虑。②

20 号文书通读已毕，臧钱含义即已明了，我们再来看看臧钱是否还有诸如商胡之税、麹氏高昌之苛捐杂税、属于财政方面分配管理范畴之含义。

臧钱为商胡之税者，似无可能。诚然，20 号文书中有商胡握□延之名，但他出臧钱乃是因为其犯法赎刑而已，并非交纳贸易税。看《高昌安乐等城负臧钱人入钱帐》：③

1　钱三十一文，任□——————————

2　五十四文。合□——————————

3　安乐负臧钱□————————□入九十六文，

4　六子入钱七十三文，□□守入钱九十文，

5　严保守入钱八十四文。合入钱二百四十三文。

6　盐城负臧钱人：道人□□□钱七十八文。

7　高宁负臧钱人：作人□□□钱六文，作人秋宣入钱□

8　文，肯买儿作春富入□文，冯相受入钱十文，□

9　□入钱十六文，张□奴入钱十五文，

10　□□□□钱十六文，苏头得入钱廿三文，

11　□□□入钱十四文，苏虫儿入钱廿一文，

12　□□□□□三文，韩相忠入钱四十文，

13　————————□祐子入钱一百廿四文，

14　————————□伯入钱十一文，

---

① 银钱一说，参阅拙作《高昌西州 400 年货币关系演变述略》。

② 《隋书》卷二五《刑法志》；《唐律疏议》卷一《名例律》。

③ 《吐鲁番出土文书》第四册，第 153 页。72TAM151:96(a)。

（后缺）

从此件文书统计，入钱人约略共有 21 名，其中可知身份者有道人一人、作人三人，其他的大概是百姓；可知为汉人任姓、严姓、冯姓、苏姓、韩姓等；可知其属地者有安乐、盐城、高宁等，而文书竟无一人是标为商胡的。若说汉人参与商胡之贸易活动也得交纳商胡之税，则其地位有如作人者参与其事似无可能①。如此，则臧钱为商胡之税的说法当在排除之列。

并且，从这份文书看，似乎更能增强我们的关于臧钱是赃钱的论点。看文书第 13 行"祐子入钱一百廿四文"，这个"祐子"我以为就是《偷物平钱帐》中的"张庆祐子"。理由如次：

第一，两人都称为"□□祐子"，似为一人。

第二，两人居住地都为高宁城。本件文书明确标明为"祐子"为"高宁负臧钱人"；而《偷物平钱帐》中，既有张庆祐子，又有张庆祐。张庆祐子或为张庆祐之子，或即一人双名，这都无妨，要之，文书第 1 行称张庆祐为"□宁"人，这□宁就是高宁。"祐子"与张庆祐子实为一人。

第三，记载两人名的两件文书都出自阿斯塔那 151 号墓，且都拆自男尸之纸鞋。② 两人当是一人。

第四，"祐子"入钱 124 文，张庆祐子偷物平钱数与之相当，除此之外，他人入钱数无能与之相比者。两人为同一人无疑。（由于张庆祐子是作头，他所入臧钱似应高于作从者，当与平钱数相当。）

这就是说，这两件文书是密切相联的，因而臧钱就是赃钱的

---

① 作人地位低下。参阅朱雷《麹氏高昌时期的"作人"》，载《敦煌吐鲁番文书初探》。

② 两件文书分别见《吐鲁番出土文书》第四册，第 193、153 页。文书编者称，"从其纸鞋拆出 94 号至 107 号文书"。

结论便无庸置疑。

臧钱为麴氏高昌之一般税收者，似亦无可能。虽则《入臧钱帐》登载了高昌各地的道人、作人、百姓中都有交纳臧钱的，但我们已证明了《入臧钱帐》与《偷物平钱帐》两件文书的密切性，即上件文书并不能作为臧钱是一般税收的证明。

《高昌延和八年（609）七月至延和九年（610）六月钱粮帐》：①

1 ▭▭▭▭▭▭▭▭▭▭午岁六月廿九日，得臧□□

2 □陆拾捌文▭▭▭▭▭▭钱究拾肆文半。次得前剂□

3 逋钱柒迁柒▭▭▭▭▭中半麦伍酐捌升苟壹壹

4 兜，床粟贰酐究▭▭▭▭▭

5 并合额得臧钱壹万▭▭▭▭文半，中半麦伍酐贰兜捌

6 升，床粟贰酐究兜，苟▭▭▭▭次依案，从己巳岁七月一日

7 至庚午岁六月廿九日▭▭▭伍佰肆文半，麦陆兜半。

8 次依案，除钱贰迁究拾伍文□，□半麦壹兜，粟贰兜半，

9 在臧；政钱贰拾伍文半，中半，以案在臧；案除对额。在民

10 逋钱柒迁陆佰柒拾陆文半，中半麦肆酐伍兜

11 □升，床粟贰酐陆兜半，苟壹壹兜。

为了搞清臧钱之不为税收，我们先从分析文书内容着手。

本件文书，实可分成三个部分：第一部分为一年中应得钱粮分类；第二部分为一年应得总额；第三部分为已收、免收、未收钱粮分类。我们从比较完整的第二、三部分开始。

---

① 《吐鲁番出土文书》第四册，第 151 页。TAM151:95。

第二部分从第5行起至第6行"次依案"前止。其内容是,根据写帐人对前一部分应得钱粮的统计"并合额"应得臧钱1万余文半,其中还伴有(中半)麦528升,床粟290升,苟卤(当是"麵"之避讳字)若干。第三部分从第6行"次依案"起至文书末。这一部分又可分为三项内容,第一项是已收钱粮,计"□□伍佰肆文半",麦65升。第二项是"依案"应收而免收的,计"除钱"2095.5文,其中还伴有麦10升,粟25升,再加上伴有免除的政钱25.5文。这些粮钱依案应当是收在内藏的(在藏)。而根据统计,免除之案与额相应无误(案除对额)。第三项是应收而未收的,计"在民逋钱"7676.5文,其中还伴有麦45□升,床粟265升,苟卤10升。

这两部分的数残缺也不少,唯有床粟之数字全存而麦之数字仅少一个尾数,虽则如此,这对于我们通读文书却是极其可贵的几个数字,我们据此把二、三部分的各项列成表一:

	合额	已收	免收	未收
床粟	290 升		25 升	265 升
麦	528 升	65 升	10 升	453 升?
苟卤	10 升?			10 升
钱	藏 1 万□半文	□504.5 文	除 2095.5 文 政 25.5 文	逋 7676.5 文

从表一可见,合额臧钱包含四项内容。我们先把它置于一旁,再来看第一部分内容。根据对二、三部分的分析,我们很容易通读其文,也把数字列成表,并与合额作比较即是表二:

	合额	应得
床粟	290 升	290 升
麦	528 升	508 升？
苟蒿	10 升	10 升
钱	臧 1 万□半文	臧□68.□文；□钱 94.5 文；前剂逋钱 77□□.□文

请注意表一之应收而未收的"在民逋钱"数和表二之"前剂逋钱"数虽较相近，但其意义是大不相同的：表二之逋钱是前一年遗留未收之钱；表一之逋钱则是据案除掉已收、已免钱以外，本年将收之钱。这一点很重要，它点明合额之臧钱的名称在此之后将不再存在，留存的只是又一"前剂逋钱"。而表二中，臧钱与前剂逋钱并列。也就是说，这臧钱并非上期留存，而为本期所产生。

还请注意表二中的矛盾现象：合额"臧钱"竟然包含了应得的"臧钱"。这矛盾的现象与其说是概念的混乱，不如说是概念的不同。很容易看出，第三部分"在臧"之臧即是合额"臧钱"之臧的正字。只有作如是观，我们才能解释合额臧钱既包含表二之内容又包含表一之内容的现象。而第一部分所称"得臧□□□陆拾捌文□"才是我们所说的真正意义上的臧钱。

那么，这真正意义上的臧钱是否会是一般税收呢？从其数量看，当无此种可能。

从最小的可能性推算，合额臧钱数不大于 2 万文，则臧钱数肯定小于 11068.5 文（计算推理过程从略）。

若以一整年的臧钱仅有一万余文而相对于"三郡、五县、二十二城、户八千、品三万七千七百、马四千三百匹"的高昌来说，①

---

① 《旧唐书》卷一九八《高昌传》。此虽为贞观十三年（639）的户口数，但在 609 年当不会相去甚远。

未免"苛捐杂税"太少了一点,因为我们知道出臧钱的有多达 157 文的(商胡握□延),而一般的也有二三十文之多(入负臧钱帐)。况且,这一万余文还是我们以最小的可能性来推算的,实际上最大的可能性是不会超过一千文的。

论证至此,臧钱为一般税收之说法亦当在排除之列。

那么,臧钱是否是属于财政管理系统的一种钱财呢?从广义上说,这种说法未尝不可,因为臧钱虽则是罚金,但它还是属于财政管理的范畴的,不过,这样的说法总让人觉得意犹未尽,因为它没有标出臧钱之特殊性。而臧钱和藏钱的混淆,却有辨清的必要。

诚然,从训诂学的角度讲,臧通藏,上件钱粮总额臧钱即是一例。然藏亦通臧,出土文书中亦有数例把臧钱写作藏钱的。

《高昌康鸡□等入银钱帐》称:①

1　起十二月一日,康鸡▢▢▢▢▢▢▢▢▢▢▢

2　银钱壹文。苟面贰斛▢▢▢▢▢▢▢▢▢▢

3　匹,平银钱贰文,么头▢▢▢▢▢▢▢▢▢▢

4　官藏银钱拾叁文半。▢▢▢▢▢▢▢▢▢▢

5　平银钱壹文。周阿揽作▢▢▢▢▢▢▢▢

6　得▢▢▢▢▢▢▢▢▢▢▢▢▢▢▢▢▢

(后缺)

通观整件文书,第 4 行之"官藏银钱"当同《残奏文书》之入"官臧钱";文书第 3 行有"匹,平银钱贰文"字样,第 5 行又有"周阿揽▢▢▢▢▢▢▢▢▢▢▢▢▢"字样,则此件文书性质当同于 20 号文书,也就是说这里的藏钱即臧钱。而《高昌某年高厕等斛斗

───────

① 《吐鲁番出土文书》第五册,第 102 页。60TAM337:11/37。

帐》:①

1　四十斛四斗,次入十五斛,　中取十九斛五斗自折。

2　高厕　七月十☐☐☐☐☐☐☐☐☐☐☐☐☐☐☐☐
　　　　　　二斛☐☐☐☐☐☐☐☐☐☐☐☐☐☐☐☐

3　王头六子七斗☐☐☐二斗半,赵法元一斛四斗

4　张资弥胡七斗,取藏钱四十文。八月十七日,安乐王元相八

5　斗七升半,伽子下樊文☐二斛六斗,德勇下高元礼一斛九斗二升半

6　永安杜延相一斛八斗七升,田地索举儿一斛五升,涝林康仁贤一

（后缺）

根据同墓出土文书,这里的斛斗或为酢酒。但无论"斛斗"为粮食或为酢酒,张资弥胡交纳七斗后又"取藏钱四十文""了",杂夹其中,无论如何也不会属于分配管理的范畴。"七斗"是一交纳项目,而"藏钱四十文"则是张资弥胡科罪征臧所入的又一项目。这里的藏钱也应是臧钱。

如此,麹氏高昌虽有藏钱一词,具有财政分配管理上的意义,但臧钱不等同于藏钱却是可以明了的,而对于臧钱和藏钱的区别,我们只能具体地对待,才能得出正确的结论。

综上所说,我们作一个简短的结论即是:臧钱既不是商胡之税,也不是一种税目,它虽属于财政管理的范畴,但又不等同于藏钱,它是麹氏高昌中后期科罪征赃的罚金,属于法律范畴的一种用语。

---

① 《吐鲁番出土文书》第四册,补22页。73TAM517;06/2(b)。

高昌西州四百年货币关系演变述略

魏晋以降,高昌地区政治形势复杂,前凉、西凉、北凉、柔然、高车等政权、势力相继或交替控制着此一地区,而嚈哒、吐谷浑势力于此亦深有影响;柔然势衰,突厥继起,高昌仍臣服于游牧民族;后虽有隋朝一统,然势力所及,不过鄯善,当此之时,高昌虽与隋朝亲善,亦唯突厥马首是瞻;到得唐朝开拓西域,侯君集一举降服高昌,中原朝廷才置西州,政治形势得趋稳定,但亦有吐蕃势力的影响;及至安史之乱后,吐蕃回纥争雄西域,那就又是另一局面了。此为高昌西州四百余年政治形势之大概。本文所述,乃是在此种政治形势下高昌西州之货币关系及其演变,以作为敦煌吐鲁番文书经济关系综述之一篇云。

纵观高昌西州此四百年之货币关系,根据吐鲁番出土文书,依其本身发展演变之特点,大致可分为三个阶段:

第一阶段,自公元 367 年至公元 560 年,即自前凉统治时期起,中经后凉、西凉、北凉沮渠氏、阚氏、张氏、马氏高昌,至麹氏高昌前期约 200 年间。此一阶段之货币关系表现出以毛、丝、棉、麻织品为一般等价物之特点。我们姑称之为纺织品本位阶段。

第二阶段,自公元 561 年至公元 680 年,即麹氏高昌中后期至唐朝初期约 120 年间。此一阶段之货币关系表现出以银钱为本位而向铜钱、帛练相辅而行的趋势发展之特点。我们姑称之为银钱本位阶段。

第三阶段,自公元 681 年至公元 763 年,即唐高宗后期,武则天时期至唐玄宗时期及安史之乱时期约 80 年间。此一阶段之货币关系表现出银钱本位渐次为铜钱本位所代替以及棉布冲击铜钱本位之特点,我们姑称之为铜钱本位阶段。

下面依次论述。

一、纺织品本位阶段(367—560 年)

本阶段又可分为两时期,即以毛毯为主要货币时期和以布叠为主的货币时期。

(1)以毯为主要一般等价物时期(367—482 年)

在吐鲁番出土文书中,反映以纺织品为一般等价物而又有确切纪年的第一件文书是《前凉升平十一年(367)王念卖驼券》①,我们即以此年代作为纺织品本位时期的开端。《券》曰:

1　升平十一年四月十五日,王念以兹驼卖

2　与朱越,还得嘉驼,不相贩移。左

3　来右去,二主各了。若还悔者,罚毯十张

4　供献。时人樽显丰,书券李道伯共

(后缺)

这份买卖契约,似乎并未明了毯之地位,但从"若还悔者,罚毯十张供献"之成约用语看,我们有理由认为毯是交换驼的等价物。

问题在于王念卖驼以毯作价是偶然的、孤立的现象,还是毯就是普遍的一般等价物。我们认为,从整个吐鲁番出土文书看来,它是后者而非前者。

---

①《吐鲁番出土文书》第一册,第 5 页。65TAM39:20。下凡引此书皆作《出土文书》一、5—65TAM39:20 例。

482 年左近《高昌主簿张绾等传供帐》称：①

1 ⎡⎽⎽⎽⎽⎽⎽⎽⎤张半,付索寅义,买厚绢,供涞□。

6 ⎡⎽⎽⎽⎽⎽⎽⎽⎤阿钱条用毯六张,买沾缬。

此件文书虽无纪年,但据文书编辑者的意见,本墓有柔然永康十七年(482)文书,则此件属阚氏高昌时期无疑。我们尚不知"涞□""沾缬"之含义,但十分明显,《传供帐》中的"毯六张半""毯六张"都是作为交换手段的一般等价物出现在官府的文件上的。

与此相应,官府的收入中亦有毯。如《西凉建初十四年(418)左右罚毯文书》称：②

(前缺)

1 ⎡⎽⎽⎽⎽⎽⎽⎽⎤罚毯贰拾贰张入官,民

2 ⎡⎽⎽⎽⎽⎽⎽⎽⎽⎤条⎡⎽⎽⎽⎽⎽⎤

此文书第 2 行可补作"□□条呈",当为官府专职人员的报告。罚毯 22 张入官,即是百姓以毯作为支付手段向官府交纳的一般等价物。同墓出土《刘普条呈为绵丝事》也是一例：

1 都合绵七斤⎡⎽⎽⎽⎽⎽⎤

2 杨瓜生丝一斤,索卢来丝十两。自出○○○毯一张。

3 请副内纪识。

4 　　　　五月十日刘普条呈

"自出○○○毯一张"虽经圈去,但毯作为征税物件或一般等价物当为无疑的。

又有《阚氏高昌惠宗等入缲帐》：③

---

① 《出土文书》二、17—75TKM90:20(a)、(b)。

② 《出土文书》一、21—63TAM1:18。

③ 《出土文书》二、22—75TKM90:21。

（前缺）

1 ____下□惠宗缣两匹、毯一张；

2 _____一张；王高隆入缣两匹。

3 _____锦十张，三张与画智、张阿双。

（后缺）

缣、锦也是此阶段的一般等价物，且勿论。入"毯一张"显然为官方之财政收入。

在民间，毯作为支付手段的一般等价物，表现得也很充分。《西凉建初十四年(418)严福愿赁蚕桑券》称：[①]

1 建初十四年二月廿八日，严福愿从阚

2 金得赁叁薄蚕桑，贾交与毯

（后缺）

这里所说的"叁薄蚕桑"指的是饲养三薄蚕种之桑叶。[②] 西凉建初十四年当东晋义熙十四年，据陈垣先生《二十史朔闰表》，二月丁卯朔当公历三月二十三日，则二月廿八日为公历四月二十一日。此时正是蚕种孵化之际，严福愿租赁三薄蚕种之桑叶尚未到手，却须先付毯，此种事实正说明毯具有一般等价物之支付手段功能。

《北凉玄始十二年(423)前后道人惠普取毯券》也反映了毯

---

① 《出土文书》一、17—62TAM1:16。

② 唐长孺先生《吐鲁番文书中所见丝织手工业技术在西域各地的传播》(载《出土文献研究》))注(12)云："这里所云'蚕桑'实即指蚕，所以用'薄'计算，但不解怎样租赁。"唐先生所说似误。这里所说的蚕桑，似乎指桑树桑叶，"薄"者，似乎指蚕种单位，《出土文书》一，195页《某家失火烧损财物帐》中即有"蚕种十薄"。笔者家乡养蚕，单位以蚕种几"张"计，而蚕所食桑叶，亦以可养几张蚕种之桑树桑叶计。若然，则"三薄蚕桑"即指可饲养三薄蚕种之桑树桑叶而言，于是，租赁三蚕薄桑之语亦不难理解。

的价值功能：①

1　道人惠普取毯五张▢▢▢

2　到来当年还偿五▢▢▢

毯作为借取之物而有一般等价物的用途自不待言。

更有北凉玄始十二年（423）前后至北凉义和二年（432）之《悬募追捕逃奴赏格班示》：②

1　还奴妇▢隗参军▢▢▢

2　浮游不出也，去九日▢▢▢

3　得者募毯十张。得将诣唐司马祠收检

4　受募，不负言誓也。

5　　　　　　五月十日僧　　▢渊班

追捕逃奴，悬募赏毯十张，毯作为支付手段的功能便活生生地显现了出来。

毯的一般等价物的性质还表现在它的价值尺度的功能上。晚于北凉玄始十二年（423）的建平年间之《相辞为共公乘艾与杜庆毯事》称：③

1　正月内被敕，催公乘艾枣直毯，到艾

2　舍。艾即赍毯六张，共来到南门前，见

3　杜庆。艾共相即以毯与庆。今被召审

4　正，事实如此，从官处分。辞具。

5　　　　　　"诔"

相催公乘艾交纳枣直毯，两人于南门前遇见杜庆，即把六张毯交付了。大约杜庆未把六张毯付于官府，或者相、公乘艾共同

---

① 《出土文书》一、206—64TAM22∶19（b）。

② 《出土文书》一、76—75TKM96∶21。

③ 《出土文书》一、208—72TAM233∶15/1。

作弊,于是便产生了这桩公案。事实真相到底如何,我们可以不加理会,问题在于催纳枣直,却"赍毯"交纳,毯作为枣子的价值尺度的功能便显现了出来。

又有西凉建初十四年(418)以前不久的《某人条呈为取床及习毯事》文书:①

1　杨翕以刘普取官床四斛,为丝十三两,

2　□□得床十一斛,作丝二斤三两半,阎儿前买毯贾

3　　　　　　　　　　　　　　条呈

这里上条呈者或为刘普。条呈说杨翕借取官床四斛,□□借取官床十一斛,当以丝十三两、丝二斤三两半偿付,②但他们都从阎儿处买得毯作价交纳,联系前引刘普条呈为绵丝事文书,即使是在丝绵同为一般等价物的情况下,亦以毯来衡量其价,而毯之价值尺度功能可见一斑。

上面论述了毯作为一般等价物的交换手段、支付手段、价值尺度之功能,而其中的贮藏手段的功能便也易而显见,此不多赘。

其实,毯之为一般等价物,在文献中亦可看出,《晋书·张轨传》称:

> 光禄傅祗、太常挚虞遗轨书,告京师饥匮,轨即遣参军杜勋献马五百匹,毯布三万匹。

毯布为物,亦与其他一般等价物一样具有两重性,即既有交换价值,又有使用价值,但"京师饥匮"而献毯,则至少反映了西晋末期河西地区毯是可作通货的。

高昌亦有氍毹之属。萧梁大同年间,麴子坚尝遣使萧梁,贡

----

① 《出土文书》一、18—63TAM1∶24。

② 这里的"为丝""作丝"约有二解。一为床估作丝,一为以工代赈。替官府服缲丝徭役。但无论何解,都不妨碍我们的结论。

献诸物中,即有氍毹;①而玄奘西天求经,路过高昌,高昌王麴文泰馈赠诸物中,亦有裘毯。② 这些虽是后话,其时毯已退出一般等价物的行列,但在我们所叙述的年代,毯却发挥了通货的功能。

毯之单位作"张",一张几何也是我们想要搞清的问题。从吐鲁番出土文书中,我们不见毯之规格,却有锦之规格可作对照。《北凉承平五年(447?)道人法安弟举锦券》中,③锦一张"长九(尺)五寸",《北凉义熙五年(454)道人弘度举锦券》中,④锦半张"长四尺、广四尺"。如此,则毯之规格为长八尺至九尺五寸之间,大致不误。

(2)以叠布为主的一般等价物时期(483—560年)

毯之为一般等价物,行用百余年,却在公元482年以后便销声匿迹了。毯之通货地位为众多的绢锦叠布之类所取代,而这样的情况一直延续至公元560年左右。

其实,丝、棉织物即使是在以毯为本位的时代也是并行不悖的。《北凉玄始十二年(423)翟定辞为雇人耕床事》称:⑤

1　玄始十二年□月廿二日,翟定辞:昨廿一日

2　顾(雇)王里安儿、坚强耕床到申时,得

3　大绢□匹□□□□今为□与□安、坚二口□□□□

4　□□□□□□□等□可□□□□□□□□□

5　□□□□□□□□状如前。

(后缺)

雇人耕地,付以大绢作为报酬,这是以大绢作为等价物。

---

① 见《梁书》卷五四《诸夷传·高昌国》。

②《大慈恩寺三藏法师传》卷一。

③《出土文书》一、181—75TKM88:1(b)。

④《出土文书》一、189—75TKM99:6(b)。

⑤《出土文书》一、39—66TAM59:4/1(b)。

西域地区早在5、6世纪就有丝织手工业，而"绵经绵纬"的"黄地丘兹锦""西向白地锦"等都作为一般等价物使用。《北凉承平五年(447?)道人法安弟阿奴举锦券》称：①

1　承平五年岁次丙戌正月八日道人法安　弟阿奴

2　从翟绍远举高昌所作黄地丘兹中

3　锦一张，绵经绵纬，长九(尺)五寸，广四尺五寸。

4　要到前年二月三十日，偿锦一张半，

5　若过期不偿，月生行布三张。民有私

6　要，要行二主，各自署名为信。故各半，

7　共员马一匹，各〇了。倩书道人知骏

8　时见　道智惠　承安

又有《义熙五年(454)道人弘度举锦券》曰：②

1　义熙五年甲午岁四月四日，道人弘度

2　从翟绍远举西向白地锦半张，长四尺、广

3　四尺，要到十月三十日还偿锦半张，即交

4　与锦，生布八纵一匹，若过期不偿，

5　一月生布壹丈。民有私要，要行二主，

6　各自署名为信。沽各半。倩书道护

7　　若弘度身无，仰申智偿

8　时见

如果上面所举借之"高昌所作黄地丘兹中锦""西向白地锦"尚不能确定是否为一般等价物使用，《北凉承平八年(450?)翟绍远买婢券》就很好地说明了这点：③

---

① 《出土文书》一、181—75TKM88：1(b)。

② 《出土文书》一、189—75TKM99：6(b)。

③ 《出土文书》一、187—75TKM99：6(a)。

1　承平八年岁次己丑九月廿三日,翟绍远从石阿奴

2　买婢壹人,字绍女,年廿五,交与丘兹锦三张半。

3　价则毕,人即付。若后有何盗仞名,仰本

4　主了,部还本贾。二主先和后券,券成

5　之后,各不得返悔,悔者罚丘兹锦七张入不

6　悔者。民有私要,要行二主,各自署名为信。

7　券唯一支,在绍远边。　倩书道护

以上引录之三件契约券,《吐鲁番出土文书》编者或疑为506年、509年、514年物,即使这样,仍不妨碍我们的结论。

从以上所举三件契券,我们非但看到了锦的作为一般等价物的现象,更应注意到作为违约罚条的"若过期不偿,月生行布三张""一月生布壹丈"和作为利息的"生布八纵一匹"的布。因为本时期的主要通货已从毾转变为布叠了。行布似为"世行布叠"之简称。《高昌重光元年(620)随葬衣物疏》中有"修布、行布各一千匹"、①《高昌延昌三十二年(592)随葬衣物疏》中有"世行布叠"之记录。② 布、叠连称似乎说明其为棉麻混织物,如《高昌章和十三年(543)随葬衣物疏》中所称"故布叠二百匹"者亦是。③八纵布者,当以其纺织经纬线之多寡而得名,此关系到编织工艺问题。《史记》卷一一《汉景帝纪》后二年条称,"令徒隶衣七綖布",司马贞《索隐》曰:"七綖,盖今七升布,言其粗,故令衣之也。"张守节《正义》曰:"綖,八十缕也。(七綖布)与布相似,七升布用五百六十缕。"如此,则"与布相似"之布为八綖布,用640缕而与七升布有差异。其差异之处即在精粗之别。《高昌互贷麦

---

① 《出土文书》三、117—64TAM31:12。

② 《出土文书》二、310—69TKM38:1。

③ 《出土文书》二、61—72TAM170:9。

布券》①有"次左舍子贷良相愿八纵布叁匹，要到八月内贷布叁匹使毕，若布不中，一匹 ⬚"之语，"布不中"者，即未达到八纵布之规格。就此看来，行布即是八纵布。若以世所行用言，名为"世行布叠"，简为"行布""中行布"；若以缫之多寡言，则名为"八纵布"。二者名异而实同。②

高昌产麻似无可疑，《高昌重光三年（622）帐》中即有"康愿问传麻一缏，用系练"之记载，③而《周书》卷五〇《高昌传》称：

> 税则计（田）输银钱，无者输麻布。

税田"输银钱"留待后说。"无者输麻布"，则可见麻之产量当为不少。而高昌产棉亦史有明文，《梁书》卷五四《高昌传》称：

> 多草木，草实如茧，茧中丝如细𬬻，名为白叠子，国人多取织以为布，布甚软白，交市用焉。

如此，则麻布、叠布或为一物，即棉麻混纺物或混织物，而"交市用焉"。"无（银）者输麻布"，显见其既有交换功能，又有支

---

① 《出土文书》三、6—64TAM34：11。

② 《出土文书》四、193—72TAM151：102，103 文书为《高昌作头张庆祐等偷丁谷寺物平钱帐（609 年左右）》，其中提到了六纵叠、七纵叠、八纵布。以其价值看，六纵叠"匹平钱□二文"，七纵叠"匹平□□□"，八纵布"一匹平钱五文"。若补上空格之缺字，则六纵叠似为"匹平钱十二文"，七纵叠"匹平钱□文"，似六纵叠价格高于七纵叠。事实上，我们知道七纵之工艺比六纵高，则七纵叠之价格当高于六纵叠。于是六纵叠之价格必不为 12 文而为 2 文。出土文书中亦有"匹平银钱贰文"的记载（《出土文书》五、102—60TAM337：11/27），我们可以认为这种纺织物也是六纵叠之类。如此，再拿这三类物之价格比较，则六纵叠每匹 2 文，八纵布每匹 5 文，七纵叠的价格在两者之间，为每匹 3—4 文。从以上的分析可知，"世行布叠"和"八纵布"似为一物，而布和叠的关系是很密切的。

③ 《出土文书》三、173—66TAM50：32（a）。

付功能。

《高昌主簿传供状》就有"出缳二匹,付□富买肉"之记录。①
这应当是缳(叠)布有交换价值功能之体现。

叠布作为一般等价物,非但在市场上流通,亦在买卖土地上
发挥作用。《高昌章和十一年(541)某人从左佛得边买田
券》云:②

1　章和十一年辛酉▢▢▢▢▢▢▢▢▢▢

2　从左佛得买孔进渠薄田五亩▢▢▢▢▢

3　度半。北诣渠,东与氾寺供畔,南与白参▢▢▢

4　西与供曹令寺分畔。交与叠▢▢▢▢▢▢

(下略)

我们虽不知五亩薄田当叠几何,但叠(布)之为一般等价物
则自然明了。

叠布既然为一般等价物,则其充当信贷货币也极自然。《高
昌和平元年(551)某人举叠锦券》曰:③

1　□□元年辛未岁三月二日▢▢▢▢▢▢

2　□□边举中行叠六十匹,要到八月▢▢▢▢

3　□□□中行叠九十匹。若过期不偿,一匹上▢▢

4　▢▢▢▢▢▢▢▢▢▢仰公偿。次取▢▢▢

5　□□柏树叶锦四十尺,要到八月三十日偿▢▢

6　□□六丈,若过期不偿,一月生锦四▢▢▢

(后缺)

举取布叠数量竟达60匹,而月息计算竟为8.3%以上,其信

①《出土文书》二、17—75TKM90:20(a)、(b)。
②《出土文书》三、72—66TAM48:32。
③《出土文书》五、151—60TAM326:10/4。

贷规模之大，足以使人吃惊。至于锦之为一般等价物，前已提及，此不赘。

（3）银钱铜钱是否广泛流通问题探讨

在纺织品本位时期，西亚的银钱、中原的铜钱也间或在吐鲁番出土文书的记载中出现。这样，我们就必须探讨本时期内银钱铜钱的流通问题，以说明我们本章立论之不误。

关于铜钱。《通典》卷八《钱币上》杜佑自注称前凉张轨时：

> 太府参军索辅言于轨曰："古以金贝皮币为货，息谷帛量度之耗；二汉制五铢钱，通易不滞；晋太始中，河西荒废，遂不用钱，裂匹以为段数，缣布既坏，市易又难，徒坏女工，不任衣用，弊之甚也。今中州虽乱，此方全安，宜复五铢，以济通变之会。"

张轨听从索辅建议，乃

> 立制，准布用钱。钱遂大行，人赖其利。

以此观之，4世纪初年，河西地区曾行用过五铢钱。

但是高昌地区呢？高昌于公元327年之际归属前凉，前凉于公元376年为前秦所破灭，尚有一个尾巴在我们所叙述的时间范围内。

我们所看到的铜钱名目首见于吕光破龟兹的384年左近之《缺名随葬衣物疏》，[①]其一称"铜钱二枚"，其二称"手中铜钱二枚"；相隔50余年，即阚爽为太守期内的437年左近，我们又看到一件《随葬衣物疏》，[②]其中载有"铜钱自副"之文字。这些记载是否可以作高昌地区在纺织品本位时期行用铜钱之证据呢？我以

---

① 《出土文书》一、9—59TAM305：8。
② 《出土文书》一、176—63TAM2：1。

为不能,理由如次。

第一,从时间和空间上说。前凉或曾行用五铢钱,但凉州、高昌两地相隔三千里之遥,[①]而其时间间隔又有六七十年,前凉即或"钱遂大行",高昌也未必就一定行用五铢。

第二,从铜钱来源说。前凉之初流通五铢,史有明文。但铜钱之行用,必须要有充足的来源作补充,否则,虽可维系一时,终必不能长久稳定。观十六国南北朝时期之中原,战乱频仍,钱荒日甚,作为铸钱基地之中原尚且罕用铜钱,地处西北一隅之河西及高昌,自无铜钱行用之可能。若说河西自铸铜钱,也须有稳定的政治形势,而前凉以后,河西及高昌政权转移频繁,自铸铜钱之可能当在排除之列。

第三,从文书记载铜钱的用途说。《缺名随葬衣物疏》等记载亦不能作为高昌行用铜钱的证据。"铜钱自副"自是虚言不必论列,若说"铜钱二枚""手中铜钱二枚"当为实物无误,但铜钱之价值比不上金银,《衣物疏》中特地标出乃有迷信意义,且仅为二枚,以示珍重,亦可见当时铜钱为稀罕物件,似不能作为"钱遂大行"的充足证据。

第四,以上的理由近似推论,而铜钱不大行于高昌之纺织品本位时期的最有力的证据还是吐鲁番出土文书本身。我们所见的铜钱记载仅仅限于《随葬衣物疏》,即是说,它不在流通中。而在我们所见的大量的丰富多彩的反映高昌社会经济生活的文书中,竟无一例铜钱出现,这就说明,在纺织品本位时期,即或有铜钱的使用,但也是不"大行"的。

论证铜钱已毕,次及银钱。论者或有以为从 4 世纪到 7 世

---

① 据《旧唐书》卷四〇《地理志》,凉州、高昌两地,以距长安路程推算,为 3416 里。

纪,河西走廊以至于高昌地区,银钱在广泛地流通着。[1] 我们撇开河西走廊不说,单论高昌地区。

就我们的研究看来:我们并不否认自 6 世纪中叶至 7 世纪,银钱在高昌西州地区广泛流通着;但在我们所称之为纺织品本位时期的 4 世纪中叶到 6 世纪中叶,银钱即使有流通,也不会是"广泛地"流通着的。

这样指摘字眼,并非是小题大做。我们以为,流通是一回事,广泛流通又是一回事,这不但是量的问题,而且还是一个质的问题,对此,我们必须辨别清楚。况且,我们说其流通,也仅仅是一种可能性,或者仅是偶然行为。

诚然,在吐鲁番高昌古城和阿斯塔那墓地中,出土了大量的波斯萨珊王朝银币,[2]但据夏鼐先生考证,在这众多的出土银币中,属于此地区、此时代的大约仅有三批 32 枚。我把夏先生的有关考证简成下表:

出土地点	埋藏时间	银币数量	铸造时间	备注
高昌古城	约 4 世纪末至 5 世纪	20	310—388 年	出土时一起放着的
高昌古城	约 4 世纪末至 5 世纪	10	310—388 年	同在一煤精制小盒中
高昌古城	约 5 世纪	2	379—383 年	在路上捡到的

而其余的出土银币之埋藏时间全在 6 世纪中叶以后! 这就是说,即使从上列表中出土银币之埋藏时间而言,中间亦有整整

---

① 冈崎敬:《东西交涉之考古学序说——"绢之道"和"银之道"》,载《东西交涉之考古学》,平凡社,1972 年,第 8 页。姜伯勤注引其文,见姜伯勤著、池田温译《敦煌吐鲁番和丝绸之路上的粟特人》,载《季刊东西交涉》,1986 年。

② 见夏鼐先生《综述中国出土的波斯萨珊朝银币》,载《考古学报》1974年第 1 期。

150 年的空白。这大概不会是没有缘故的吧？不单如此，考古材料中银钱的出现，我们只能把它看作中西商业贸易的发达程度的衡度，——银钱在 5 世纪至 6 世纪中叶于高昌广泛流通是大可怀疑的。

若以吐鲁番出土文书而论，据姜伯勤先生统计，记有"金千斤、白银百斤"等文字的《随葬衣物疏》约有 15 件之多，其中的 10 件不在我们的论列范围，此外的 5 件分别属于 535 年、545 年、548 年（2 件）和 551 年前的年代的。[①]"金千斤、白银百斤"之荒诞不稽，反映的"完全是死者家属的一种虚构"，或许在一定程度上"反映了实际生活中金钱和银钱的流通"，但若说是广泛流通则未必然。

以金钱和银钱作比较，我们似乎觉得金钱就未必如银钱那样活跃，这且不说。若说银钱，从 367 年至《随葬衣物疏》最早记载银（银钱）之 535 年，亦有近 170 年之间隔。我们虽不排除 535 年前后银钱流通的可能性，但其广泛程度则极为可疑。这怀疑的最有力证据还是吐鲁番出土文书。

我们在纺织品本位时期看到的众多的货币关系文书中，如同前二节所述，有毯、叠布、锦绢等作为一般等价物，而偏偏在这众多的货币关系文书中，竟然没有一件是用银钱作交易的；我们所看到的作为一般等价物的纺织品在本阶段的最后一件文书是高昌和平元年，即公元 551 年之《某人举叠锦券》，[②]而十分奇特的是，在我们下章将要展开论述的银钱本位阶段的前一时期，即麴氏高昌的中后期，当着银钱作为货币渗透到社会生活的各个领域

---

① 姜伯勤著、池田温译：《敦煌吐鲁番和丝绸之路上的粟特人》，载《季刊东西交涉》，1986 年。
② 《出土文书》五、151—60TAM326：10/4。

而广泛流通、反映以银钱为特殊等价物的文书数不胜数时，我们竟然仅仅只发现一件似乎是民间以八纵布为抵押物的互贷麦布契约。① 如此截然不同的境界，使我们不得不大胆地说，在367—560年的纺织品本位时期，银钱压根儿未在高昌广泛流通过。

我们再看文献材料。《隋书》卷二四《食货志》称：

> 河西诸郡，或用西域金银之钱，而官不禁。

《周书》卷五〇《高昌传》称：

> 计(田)输银钱，无者输麻布。

看来，高昌以及河西诸郡都用西域金银钱了。但是，请注意以上二条记载之时间界限，它们都系于北周时期，即公元557—581年间。在其他的正史中，我们则未发现高昌用银钱的记载。当然，这可能是史家修史时不加注意的缘故。但是，请看《梁书》卷五四《高昌传》，它在记载了高昌物产叠布以后，明确地说：

> 布甚软白，交市用焉。

梁的存在时间为502—557年，若和北周的年代一相比较，我们马上就会发现，大约在560年之际，高昌的货币关系发生了从叠布到银钱的深刻而明显的变化，同时也说明银钱在纺织品本位时期，无论如何也是不会广泛流通的。

我们还得说说高昌在纺织品本位时期为什么不广泛流通银钱的问题。

当着高昌地区被各种势力交替控制、影响的时候，我们必须特别注意哒哒、柔然、吐谷浑之间以及它们与中原(包括河西、江南的广泛意义上的中原)各政权、波斯萨珊王朝的关系。因为银

---

① 《出土文书》三、6—64TAM34：11。

钱的流通仰仗于丝绸之路的畅通,而这条通道无论在哪个环节上出现故障,都会使处于交通要道上的高昌受到影响。这种关系,非本文所能容纳,我们只能从细处说。①

高昌虽处于中西要道,但它与敦煌、焉耆、鄯善、伊吾的关系如何又会直接影响到交通路线的改变。夏鼐先生根据出土银币的分布与其入土时间的研究,得出结论说:"由第四世纪末至第七世纪,西宁是在中西交通的孔道上的。这条比较稍南的路线,它的重要性有一时期(第五世纪)可能不下于河西走廊。"考《周书》卷五〇《吐谷浑传》称:

> 是岁(553)夸吕又通使于齐氏。凉州刺史史宁觇知其还,率轻骑袭之于州西赤泉,获其仆射乞伏触扳、将军翟潘密、商胡二百四十人,驼骡六百头,杂彩丝绢以万计。

如此庞大的商胡队伙不走河西走廊而又有吐谷浑武装保护,足见西宁地位之重要。而从西宁往西域,又必经鄯善。②

鄯善再往西去呢? 一道可沿昆仑山北麓而至于阗;一道则沿天山南麓而行。鄯善当然也通高昌,但亦有不经高昌而直达焉耆的"大碛路"。——公元399年自长安出发西游的法显和尚就是经由鄯善"复西北行十五日,到焉夷国"的;③公元422年沮渠无讳从鄯善伐高昌,也是经由焉耆而"从焉耆东北趣高昌"④的。

这条路线是如此的重要,以至于引起焉耆、高昌之间的长期

---

① 参阅松田寿男著、陈俊谋译《古代天山历史地理学研究》第二部分,中央民族学院出版社,1987年。又参阅王治来《中亚史纲》第六章第2、3节,湖南教育出版社,1987年。
② 参阅薄小莹《吐谷浑之路》,载《北京大学学报》1988年第4期。
③ 章巽《法显传校注》,第9页。
④ 《魏书》卷九九《沮渠蒙逊传》。

积怨而爆发战争。《旧唐书》卷一九八《焉耆传》称：

> 贞观六年(632)，突骑支遣使贡方物，复请开大碛路，以便行李，太宗许之。自隋末罹乱，碛路遂闭，西域朝贡者皆由高昌。及是，高昌大怒，遂与焉耆结怨，遣兵袭焉耆，大掠而去。

十分明显，高昌发动对焉耆的战争的原因便是大碛路的开通损害了高昌的商业利益。[①]

倘若我们把上述围绕着吐谷浑路和大碛路的各类事件有机地联系起来，便不难发现这是高昌不广泛流行银钱而不得不采取纺织品的本位的一个重要的原因。

至于本阶段前期为何取毛毯作一般等价物，后期为何取布叠作一般等价物的原因，我以为当从高昌自身生产力发展水平、生产经营方式求之。

毯若作一般等价物必须有充足的产品，高昌虽有畜牧业存在，但其规模不会很大。《魏书》卷一〇一《高昌传》说：

> 国中羊马，牧在隐僻处以避寇，非贵人不知其处。

(北)魏人至高昌，不见其有大批羊马，则称"牧在隐僻处"而"非贵人不知其处"，这显然是谎语，由于羊马主要来自柔然、嚈哒、吐谷浑等游牧民族，则毯作为等价物大约和游牧民族的游牧经济是密不可分的。

后期的布叠取代毯，则恐怕在于高昌地区棉花种植面积的扩

---

① 参阅松田寿男著、陈俊谋译《古代天山历史地理学研究》，第68—69页。

大、纺织水平的提高、①叠布产量的增加足以使它能担当起一般
等价物的责任吧？

二、银钱本位阶段（561—680 年）

本阶段可分为两个时期：一为纯粹银钱通货时期，一为绢帛
介入时期。

（1）纯粹以银钱为通货时期（561—640 年）

大量的银币取代前期之纺织品而成为货币本位出现在吐鲁
番文书上是在麹氏高昌中后期，我们所见到的年代最早的文书当
推 574 年之际的《高昌条列出臧钱文书残奏》：②

（前缺）

1 ＿＿＿＿＿＿布二匹半，平＿＿＿＿＿＿

2 ＿＿＿＿＿半文。张申武＿＿＿＿百文＿＿＿

3 ＿＿＿＿泮作人秋富二＿＿蒲桃中赵武＿＿＿

4 ＿＿＿＿所藏绫十三匹＿＿＿一百廿一文＿＿

5 ＿＿＿＿臧钱一百一十文半，＿出臧钱一百一十文＿

6 ＿＿＿阿苟作从，藏龙遮＿＿提婆锦一匹，平钱五十＿

7 ＿＿匹，平钱五十一文。张阿苟出臧钱五十半文。次传＿

8 ＿＿延作从，藏龙遮之椉提婆锦三匹，平钱一百五＿

9 ＿＿＿红锦二匹，平钱九十文。祁守义提婆锦一＿

10 ＿＿＿＿文商胡握□延出臧钱一百五十七文＿＿

11 ＿＿＿＿＿＿臧尽。赵武尊＿＿＿

（后缺）

---

① 《出土文书》四、193—72TAM151：102、103 中有"八纵布""六纵叠"
"七纵叠"等各色名目。

② 《出土文书》二、207—67TAM84：20。

这份残缺的文书十分有趣,论者对其中的臧钱多意见纷纭,或以为是"麴氏高昌的苛捐杂税"①,或以为"不一定是特定的税目,而属于财政的分配管理范畴"②,或以为是商胡之税③。笔者则以为"臧"即"赃",臧贷为法律用语,此一文书之内涵乃是依赃断案,征收罚款以抵罪。④ 此且不论,但本件文书中的钱为银钱则似无可疑,"提婆锦一匹"平钱五十余文,"红锦二匹,平钱九十文"就说明了这点。《释名·释采帛》说:"锦,金也,作之用功重,其价如金,故惟尊者得服之。"如果本件文书中的钱是铜钱,则比照《唐天宝西州市估案》彩帛行中物品的铜钱价格,⑤提婆锦、红锦之价格太低。

如同唐朝评赃用绢相似,⑥上述残件平赃用银钱,这就说明,银钱在 574 年左右就已经表现出了货币的价值尺度的功能。

或许有人会提出,唐朝虽评赃用绢,但其主货币却为铜钱,如此,则高昌平赃以银钱似乎并不能充分反映其价值尺度之功能。那么,请看《高昌重光四年(623)傅阿欢入上年剂俗钱残条记》:⑦

1 高昌壬午岁三月剂▢▢▢▢▢捌尺,合平钱贰拾肆文。参

2 ▢▢▢▢▢参军孟斌▢▢▢▢麴□延,张众护,水未岁

① 朱雷:《论麴氏高昌时期的"作人"》,载《敦煌吐鲁番文书初探》,第54 页。

② 杨际平:《麴氏高昌赋役制度管见》,载《中国社会经济史研究》1989年第 2 期。

③ 姜伯勤著、池田温译:《敦煌吐鲁番和丝绸之路上的粟特人》,载《季刊东西交涉》,1986 年。

④ 详见拙文《论麴氏高昌臧钱》。

⑤ 大谷文书 3060,引自池田温《中国古代籍帐研究》,第 449 页。下引此书简作池田书。

⑥ 见《唐律疏议》卷二六诸市司评物价不平者。

⑦《出土文书》五、67—64TAM10:52/1、52/2。

3 ☐☐☐☐☐☐☐傅阿欢入

（后残）

根据杨际平先生分析，高昌赋税中有诸种调，其中之一为"计田输绢帛"，[①]如此，则傅阿欢所入者当为"☐☐☐捌尺"绢帛。但这绢帛却因逋悬拖欠而"合平钱贰拾肆文"，也就是说以银钱来衡度绢帛之价值，于是，银钱之价值尺度的功能又见其一斑。

银钱既然作为观念上的价值为官府、百姓所接受，则其他诸种功能自不必说。实际上，夏鼐、姜伯勤、郑学檬诸先生已经把它们阐发得很明白了。[②] 这里，只把 574—640 年有关银钱文书内容、年代列于下，以备考查：

序号	年代	内容	出处
1	574 年	臧钱	《出土文书》二,204
2	584 年	夏田	《出土文书》五,154
3	584 年(?)	夏田	《出土文书》五,157
4	586 年	夏镇家菜园	《出土文书》三,187
5	586 年	夏枣树	《出土文书》三,189

---

① 杨际平：《麴氏高昌赋役制度管见》，载《中国社会经济史研究》1989 年第 2 期。

② 夏鼐：《综述中国出土的波斯萨珊朝银币》，载《考古学报》1974 年 1 期。姜伯勤著、池田温译：《敦煌吐鲁番和丝绸之路上的粟特人》，载《季刊东西交涉》，1986 年。郑学檬：《十六国至麴氏高昌时期高昌使用银钱情况研究》，载《敦煌吐鲁番出土经济文书研究》。

续表

序号	年代	内容	出处
6	587 年	夏树	《出土文书》二，357
7	587 年（？）	夏钱	《出土文书》二，375
8	587 年	兵部买马	《出土文书》三，75
9	588 年	夏田	《出土文书》二，302
10	588 年（？）	夏葡萄园	《出土文书》三，201
11	588 年（？）	夏田	《出土文书》三，193
12	588 年（？）	赁舍	《出土文书》三，199
13	588 年（？）	僧通钱	《出土文书》三，200
14	597 年	赁舍	《出土文书》二，328
15	597 年	举钱	《出土文书》二，339
16	597 年（？）	赁果园	《出土文书》二，337
17	602 年	举钱	《出土文书》三，2
18	606 年	举钱	《出土文书》三，19
19	609 年	钱粮帐（臧钱、前剂通钱、除钱、政钱）	《出土文书》四，151
20	609 年（？）	负臧钱	《出土文书》四，153
21	609 年（？）	取钱孤易	《出土文书》三，40
22	613 年	雇人岁作	《出土文书》四，156
23	617 年	入钱条记	《出土文书》五，64
24	618 年	买镢铁、调铁	《出土文书》四，192
25	618 年	偷物平钱	《出土文书》四，193
26	618 年（？）	承役文书	《出土文书》四，184
27	621 年	长行马钱	《出土文书》三，270
28	622 年	市肉	《出土文书》三，167
29	622 年	远行马钱	《出土文书》五，69

续表

序号	年代	内容	出处
30	623 年(？)	买葡萄园	《出土文书》五,53
31	623 年	三月剂绢？平钱	《出土文书》五,67
32	623 年	夏菜园	《出土文书》三,310
33	624 年	远行马价钱,三月逋钱	池田书
34	625 年	夏树	《出土文书》五,132
35	625 年(？)	卖粟等行钱买麻等	《出土文书》三,225
36	627 年	买作人	《出土文书》五,134
37	623 年(？)	僧俗逋绢平钱	《出土文书》三,335
38	627 年	入钱条记	《出土文书》五,239
39	628 年	买舍地	《出土文书》三,243
40	629 年	夏田	《出土文书》五,136
41	631 年	雇人耕作	《出土文书》三,281
42	631 年	买舍	《出土文书》五,74
43	631 年	田亩出钱帐	《出土文书》四补,50
44	631 年	科钱、小科钱	《出土文书》五,90
45	？	入钱帐(平钱、官藏银钱)	《出土文书》五,102
46	632 年	举钱作酱	《出土文书》五,56
47	632 年(？)	上钱帐	《出土文书》三,263
48	632 年(？)	买羊	《出土文书》三,265
49	633 年	举钱	《出土文书》三,301
50	633 年(？)	车牛给价	《出土文书》三,290
51	633 年(？)	三月剂俗 绢平钱	《出土文书》三,294
52	633 年(？)	取本钱帐	《出土文书》三,300
53	633 年(？)	皮肉钱帐	《出土文书》三,299

续表

序号	年代	内容	出处
54	634 年	丁正钱	《出土文书》五,194
55	634 年(？)	田亩得银钱帐	《出土文书》四,68
56	635 年	诸色钱条记	《出土文书》四,34
57	637 年	入钱条记	《出土文书》五,24
58	637 年	买园	《出土文书》四,37
59	637 年(？)	雇人	《出土文书》四,39
60	638 年	丁正钱	《出土文书》五,197
61	639 年	二月剂俗正钱	《出土文书》四,2
62	639 年(？)	丁正钱	《出土文书》五,202
63	640 年	赁舍	《出土文书》四,4
64	640 年	寺贼□钱	《出土文书》四,42

上表所列 35、45 号之年代,或许早于 574 年,但总不早于 561 年,未能决断,暂列此号;而 44 号所称之科钱、小科钱,或为唐朝之税,也暂列之;凡未能决断为何种钱者,全不列入。

在这段时间内,除了银钱外,是否还有其他的货币或等价物呢? 从出土文书看来,也间或有之。如铜钱在高昌、西州之交便已少量出现(三件文书),对此,我们将在下节论述。至于纺织品,我们只见到一件《麦布互贷契约》,姑引之如下,以判别其性质:①

　　1　□□□□□岁四月廿二日,良愿相从左舍子边□

　　2　_____后生小麦五升,要到七月内偿麦使毕,若过期□

　　3　_____斛上生麦一斗,要麦使净好,依左斗中取。若良□

---

① 《出土文书》三,6—64TAM34:11。

4 　　　　　　　仰妇儿偿使毕。若前却不偿听抴家财,平为

5 □□。二主和同立券,券成之后,各不得返悔,悔者壹罚
贰入不

6 悔者。民有私要,要行二主,各自署名为信。次左舍子
贷良

7 愿相八纵布叁匹,要到八月内偿贷布叁匹使毕。若布不
中,一匹中

8 　　　　　　　　　　倩书　王仕佑

9 □　见　　　　　□□儿

我们看到,良愿相贷左舍子麦要偿利息,而左贷良“八纵布
叁匹”则无此成约,这样的贷借叠布关系可能仅仅是利用其使用
价值,或许是作为抵押品。布叠在本时期恐怕不能作为一般等价
物使用。退一步说,即或八纵布在作为等价物出现,但它在银钱
本位的汪洋大海中,也不过是些微泡沫,我们完全可以置之不论。

至于官府所收绢帛,似可作为支付意义上的一般等价物,但
由于它在市场上并不流通,因此,我们认为它并不具有货币之
特点。

总之,自公元560年以后,银钱在高昌地区社会生活的各个
领域中,犹如水银泻地,无孔不入,货币的价值尺度、流通手段、支
付手段、贮藏手段、国际货币等诸种功能表现得淋漓尽致,这是与
前一时期截然不同的崭新现象。我们因之把它称为纯粹银钱本
位时期。

那么我们为什么把纺织品本位和银钱本位的替代时间定在
560年呢?从上列表中知道,银钱出现的文书断代最早的是574
年(不包括《衣物疏》)。而以纺织品为一般等价物的最晚的文书
断代为551年。这样,在551—574年间便出现了一个空档,而
这,我以为正是纺织品本位向银钱本位的过渡时期。若是两者取

其折中，则大约在 560 年。

不仅如此，在 560 年左近，中原的政治格局也起了一些变化，北周于 557 年取代西魏，陈于 556 年取代梁，这在经济上虽无什么重要性可言，但记载高昌用银钱交租、布叠交易正在此时。

当然还有一个原因。550 年左近，突厥兴起，它约在此时灭柔然；接着，约在 560 年左右联合波斯萨珊王朝灭哌哒；并在此后遣使东罗马，挑起东罗马和波斯萨珊王朝的战争。柔然、哌哒两大势力控制丝绸之路的格局被打破，重视商业利益的突厥独占了交通路线，丝绸之路得以畅通，银钱便也源源不断地涌入高昌，冲垮了原先纺织本位的堤防，依照上述之时间表看来，560 年显然是一个关键的年代。

鉴于以上三个原因，我们便把纺织品本位和银钱本位的交代定在 560 年。

（2）绢帛介入时期（640—680 年）

贞观十四年（640），侯君集克高昌，唐太宗于其地置西州，吐鲁番地区在政治上翻开了新的一页。从此唐朝的政策法令得以在西州实施而一如内地，但是银钱的本位地位，却因其地理位置、经济地位之特殊，并未动摇而维持了四十年之久。

从 640 年到 680 年，西州民间仍然流行银钱，买舍赁舍①、雇

---

① 《出土文书》四、145；四、269；五、115；五、138；六、587；六、589。

人①、雇人上烽②、夏田③、买马④、违约罚钱约⑤、举钱⑥、夏菜园⑦、买奴⑧、夏葡萄园⑨、布施⑩等等皆用银币。这样看来,在西州的社会经济生活中,银钱仍然作为主要货币流通。尤其要紧的是银钱仍然是观念上的价值体现。约在 667 年左近的《唐得布准钱帐》:⑪

（前缺）

1 _____一文□患_____
2 _____得布壹____
3 _____取,准钱壹拾贰____
4 _____入赵进____
5 _____子得布三匹,准____
6 _____□角壹具,准钱壹____

依其价值计算,此处钱当为银钱。得布准银钱,就完全反映了银钱的价值尺度功能。

非但民间,即使官府,不但允许民间银钱的流通,它本身也在

---

① 《出土文书》四、147;六、156;六、182;六、183。
② 《出土文书》五、59;五 61;五、62;五、84;五、111;五、142;五、164;七、209;七、271。
③ 《出土文书》五、76;五、80;五、81;五、85;六、172;六、176。
④ 《出土文书》五、104。
⑤ 《出土文书》五、11。
⑥ 《出土文书》六、174;六、404;六、422;六、430;六、432;六、525;七、526;七、529。
⑦ 《出土文书》六、406;六、428;六、584。
⑧ 《出土文书》六、410。
⑨ 《出土文书》六、421。
⑩ 《出土文书》六、500。
⑪ 《出土文书》六、440—64TAM4:1。

大量行用银钱，这是有很重大的意义的。

我们看到在此一期间，百姓向官府纳仗身钱，用的就是银钱；①官府向百姓征冰井方，也是用银钱；②官府卖死马，得到的是银钱；③官府供应使人，买得面、酱、杂菜、韭、刺柴、酒等，还是用银钱。④ 而银钱的观念上的价值也被官府用来衡量诸物品之价值。665 年之际，有《唐和籴青稞帐》：⑤

（前缺）

1 ⎡⎤拾文。钱壹文籴得青科一斗。

2 绵壹屯准次沽直银钱伍文。两屯当练一尺。

和籴本是官方之经济活动，以绵、练籴青稞，却以银钱作估价，银钱的价值尺度为官方所承认自不待说。更早一些，有《唐贞观十九年（645）里正等牒》称某物品"壹斤直银钱贰文"；⑥更晚一些，有《唐仪凤二年（677）市司牒》：⑦

1 市司

2 刺柴壹车准次估直银钱壹文五分

3 牒，被责今月上中旬柴估，依检案内，件检如前，谨牒。

4 　　　　　　仪凤二年十一月廿日史朱文行牒

5 　　　　　丞□　　义恭

6 　　　　　令史　　建济

---

① 《出土文书》五、109；五、110；五、121；五、143。

② 《出土文书》六、513。

③ 《出土文书》七、60。

④ 《出土文书》六、186。

⑤ 《出土文书》六、310—73TAM214：148（a）。

⑥ 《出土文书》六、40—72TAM150：418。

⑦ 大谷文书 4921。引自大庭脩《吐鲁番出土的北馆文书》，载《敦煌学译文集》。

7　　　　　　　　"□检，　恒让白

8　　　　　　　　廿三日"

大谷 1412 号文书还有同年的"右得市司牒,称上件酱二升准次估直银钱壹文者"之文字。

以上所述,都说明银钱的确是此一时期为官方所承认的价值尺度,银钱的本位地位还在维持着。

但是,我们也应看到,随着西州和中原交往的加强,绢帛也大量地进入了西州地区。

以官府方面而言,往往有"送帛练使"之名目。《唐高宗总章二年(669)沙州传马坊文书》中有"送帛练使司马杜雄",他从沙州把帛练运往伊州,动用了传马传驴 39 匹(头),运往庭州,动用传马 27 匹、传驴 53 头。[1] 虽然,杜雄送帛练未至西州,但依常理推断,运往西州的帛练也不在少数。唐永淳、垂拱年间(682—688)西州就有"前送帛练使王伯威",[2]民间亦雇人为官方运送帛练。如此庞大的运输队伍运送帛练,西州市场帛练充斥便也不足为怪。

除了官方运送帛练,民间的运销亦为数不小。高宗麟德二年(665)汉人李绍谨在弓月城向九姓胡曹禄山兄举取绢练竟达 275 匹,以至官司打到西州。[3] 此事足可证明当时民间运销绢帛至西州诸地赚取厚利者亦多。

于是,绢帛作为一般等价物在西州的流通领域中也发挥了不

<hr>

① P.3714 背传马坊文书。参见拙作《伯希和三七一四号背面传马坊文书研究》,载《敦煌吐鲁番文献研究论集》,中华书局,1982 年。

②《出土文书》七、110—64TAM29:113。

③《出土文书》六、470—66TAM61:25。参阅黄惠贤《〈唐西州高昌县上安西都护府牒稿为录上讯问曹禄山诉李绍谨两造辩辞事〉释》,载《敦煌吐鲁番文书初探》。

可低估的作用。

绢帛作为一般等价物，多用作奴婢、马驼等大额交易，其原因当在尽量不损毁其使用价值。唐贞观二十三年(649)西州高昌县卫士范欢进用练买得一匹八岁口之骟马，[1]同墓出土的还有一件白练买马的记载；唐永徽元年(650)范欢进又用练买了一个奴隶。[2]

当然，绢帛作为等价物不仅仅是马口交易，诸如佃田租价[3]、画师工价[4]、官府和籴[5]、官府付脚价[6]等等都在其通用范围之内。比如《唐贞观二十三年(649)送死官马皮肉价练抄》：[7]

1 廿三年十二月十二日赵延济送死官马皮

2   肉价练叁匹。典张德类领□

一般地，官马在使用期间死亡，其皮肉往往就地出卖，收入归官。这里的三匹练，显然是从民间作为死官马肉皮的价值由赵延济交纳于典张德类的。通过此一事实，正可说明帛练在社会上的流通。

可注意者，唐龙朔元年(661)左憧憙买得一个奴隶是银钱帛练兼用，他不但交用了"(银)钱伍文"，还交用了"水练陆匹"。[8]不但如此，大约还是这个左憧憙吧，从西州往西而去，随身所带的货币不但有银钱，还有帛练，甚至还有铜钱。请看《唐支用钱练

---

① 《出土文书》五、105—60TAM337：11/8、11/5。

② 《出土文书》五、108—60TAM337：11/10。

③ 《出土文书》六、223。

④ 《出土文书》七、67。

⑤ 《出土文书》六、304。

⑥ 《出土文书》六、66。

⑦ 《出土文书》五、33—59TAM302：35/2。

⑧ 《出土文书》六、410—63TAM4：44。

帐一》：①

1 ＿＿＿＿＿＿＿三将去，五匹校尉买去，二匹用买何増马。
练＿＿＿＿＿＿＿

2 □职城下，用练一匹籴马踏更钱八文亦用籴。胡乍城，更
用练一匹

3 ＿＿＿＿＿用钱拾文，憧＿＿＿＿＿籴麦，用麦造粮，据史德城，用
钱＿＿＿＿

4 □文，校尉用，四文籴踏，用钱二文买弦。更练一匹，曹师
边用籴踏＿＿＿＿

5 □浑，用练一匹籴麦。回来河头，用一匹曹愿住□买羊，
更用钱＿＿＿＿

6 □□，住内拨换城，用练半匹籴米，买婢阙练一匹，更用
钱＿＿＿＿＿

7 □□买肉，更用一匹买白毡，用练半匹尾乳处买毡，用钱
三文＿＿＿＿

8 □安西，用钱三文籴踏；更用钱一文买草；更用同钱贰拾
二文（买）麨＿＿＿

9 ＿＿＿＿＿＿蒨，更用同钱六文籴麨，更用同钱十四文
籴＿＿＿＿

10 ＿＿＿＿＿钱一十八文籴麨更用同钱＿＿＿＿＿＿＿

11 ＿＿＿＿＿＿踏用银钱二文买一脚肉，更用钱廿一文买
麨＿＿＿＿

12 ＿＿＿＿＿＿＿＿练＿＿＿＿＿＿＿＿＿＿

（中缺）

＿＿＿＿＿＿＿＿＿＿

① 《出土文书》六、434—64TAM4：46／1。

13 _____□钱_____作用□

14 □□正一文索[_____]用练一匹与作□,用

15 钱壹拾三文,更钱[_____]校尉下银钱六文,铜钱六十文

16 安校尉下银钱六文,铜钱三十一文。韩校尉下银钱六,铜钱伍十文。赵师下

17 银钱十文,铜钱六十文,更铜钱廿十六文。张师下银钱七文,铜钱三十文。

银钱已述不说,铜钱先按下不提,往西去来而带着帛练不得不使我们注意到它在中西交易中的商品货币作用。

上述李绍谨举取曹禄山兄绢事已见其端倪,请更举数例以论之。《唐咸亨四年(673)西州前庭府杜队正买驼契》称:①

1 咸亨四年十二月十二日西州前庭府队正杜[____]

2 交用练拾肆匹,与康国兴生胡康乌破延边

3 买取黄敦驼壹头,年十岁。其驼及练即

4 交相付了。若驼有人寒盗忽佲

5 者,一仰本主及保人酬当,杜悉不知。叁日

6 不食水草,得还本主。待保未集,且立

7 私契,保人集,别市契,两和立契,获指

8 □验。

9　　　　　驼主康乌破延

10　　　　　买驼人杜

11　　　　　保人都护人毅

12　　　　　保人同乡人康莫遮

---

① 《出土文书》七、389—64TAM35:21。

13　　　　　知见人张轨端

十分明显,驼主康乌破延为康国兴生胡,保人康莫遮为康乌破延同乡,亦为康国人,恐怕也是兴生胡。康乌破延以驼换练,其目的大概是为了追求商业利润吧?

陈国灿先生在《唐代的民间借贷》①一文中论及赵丑胡贷练契,张海欢、白怀洛贷银钱契时,分析举和贷之区别很有见地,对于张海欢、白怀洛实际借到的是练而不是银钱的分析也很有道理。但我对于钱(练)主左憧熹是否仅仅从钱绢折算中得到好处,却有一点不同的意见。

比较一下赵丑胡与张海欢、白怀洛之契约,我们便会发现一些有趣的问题。《赵丑胡贷练契》②称:

1　麟德二年八月十五日,西域道征人赵丑

2　胡于同行人左憧熹边贷取帛练

3　叁匹。其练回还到西州拾日内还

4　练使了。到过其月不还,月别依

5　乡法酬生利。延引不还,听拽家财

6　杂物平为本练直。若身东西不在,

7　一仰妻儿还偿本练。其练到安西

8　得赐物,只还练两匹,若不得赐,始

9　还练叁匹。两和立契,获指为验。

10　　　　练主　左

11　　　　贷练人赵丑胡

12　　　　保人　白秃子

13　　　　知见人张轨端

---

① 陈国灿《唐代的民间借贷》,载《敦煌吐鲁番文书初探》。

② 《出土文书》六、412—64TAM4:36。

14　　　　　　知见人竹秃子

《张海欢、白怀洛贷银钱契》①称：

1　麟德二年十一月廿四日,前庭府卫士张海欢于左憧

2　熹边贷取银钱肆拾捌文,限至西州十日内还本

3　钱使了。如违限不偿钱,月别拾钱后生利钱壹

4　文入左。若延引注托不还钱,任左牵掣张家资

5　杂物口分田桃田用充钱直取。若张东西没落者,一

6　仰妻儿及收后保人替偿。两和立契,画指为信。

7　同日,白怀洛贷取银钱贰拾肆文,还日别部依

8　上券同。　　　　　　钱主　　左

9　　　　　　　　贷钱人张海欢

10　　　　　　　贷钱人白怀洛

11　　　　　　　保人　张欢相

12　　　　　　　保人　张欢德

13　海欢母替男酬练,若不上,依月生利。大女李台明

14　　　　　　　保人　海欢妻郭如连

15　　　　　　　保人　阴欢德

两件契约都规定回到西州十天之内便须还本,也就是说三人都征行出外了。赵丑胡是明言到安西去(左亦同行),张海欢、白怀洛去到何处未说,大约也到安西去。赵之契约规定若到安西,贷取三匹之练只须还二匹,而张、白所贷之钱(实际是练)到安西还多少契约未说,大概亦可减免吧。为什么到安西就可减免而回到西州就须照本而还? 这问题实在有趣。我以为,个中关键乃在安西能得赐物。

---

① 《出土文书》六、414—64TAM4:53。

观出土文书,往往有"军资练"名色,①征行军士得到赐物就是帛练。安西就是安西都护府,显庆三年(658)五月起设在龟兹,②从西州到龟兹有 1500 里之遥。③联系上引"支用银练帐"和《唐总章元年(668)左憧憙买草契》,④我们有理由认为赵丑胡贷练的代价是到安西还练,免去左憧憙运输之劳,而左正是利用安西西州帛练之地区差价,在安西进行贸易活动的。若是赵在安西不得赐物,则左之贸易活动也便成无源之水,于是,回到西州,原先贷出的帛练便也要照本还付不让减免了。

左憧憙与赵丑胡同行,自有进行贸易之可能,若张海欢、白怀洛征行,左氏似不同行,而张、白贷取银钱(实际是帛练)之条件大致同于赵丑胡,莫非左氏在安西设代办机构?

小结本章,我们看到,自 561 年至 680 年之际,高昌西州之货币以银钱为本位,而在这总的关系下面,从 640 年唐设西州以后,中原绢帛大量涌进吐鲁番,绢帛便也作为一般等价物行用,它的货币功能实在不可低估,而绢帛作为商品在中西贸易上的作用也是应该引起我们重视的。

三、铜钱本位阶段(680—763 年)

本阶段可分为三个时期,一为铜钱取代银钱过渡时期,一为铜钱本位确立时期,一为布缣冲击铜钱本位时期。而在整个铜钱

---

① 《出土文书》六、71、72。

② 《旧唐书》卷四○《地理志》安西大都护府条。

③ 见《旧唐书》卷四○《地理志》安西大都护府条和《元和郡县图志》卷四○西州条。

④ 《出土文书》六、424—64TAM4:32。《买草契》提到左憧憙若(回)到高昌,张潘堆须为他准备好草 90 围,张潘堆得到的是预先支取了草价银钱40 文。

本位之第一、第二时期,帛练仍然作为辅助货币存在,至第三时期,帛练便不再介入流通领域了。

（1）铜钱取代银钱过渡时期（680—710 年）

680 年至 710 年三十年间,银钱虽然仍在西州行用,但已日薄西山,气息奄奄了。

明确表明为本时期使用银钱的文书有《唐西州高昌县史张才牒为逃走卫士送庸缲事》:①

1　逃走卫士后送庸缲价银钱壹伯陆□□□□□□

2　□□□□□□□

3　□□□□□□□五分便合在县取床（小豆价）

（后缺）

根据文书编者介绍,出土此文书之墓为男女合葬,男尸先葬,他死于武周长安二年（702）,女尸后葬,时间不明。所出文书有纪年者最早为唐文明元年（684）,最晚为唐开元九年（721）。而无纪年文书之一,据同件大谷文书,可断代于仪凤三年（678）。②本件文书,亦无纪年,从本文书及同类文书均无武周新字看,则断代或在其前后,但我们在《唐垂拱三年（687）西州高昌县杨大智租田契》中,看到杨大智租"逃走卫士和隆子"之口分田,"其租价用充隆子兄弟二人庸缲直"的文字,因此我们把它断在垂拱三年（687）左右,当无大误。这件文书即表明,687 年左近,西州仍有行用银钱的现象。不但如此,时代更往后一些的武周时期,亦有银钱作为通货流行的证据。

《武周天授二年（691）天山县状》称:③

----

① 《出土文书》八、184—72TAM230:63(a)。

② 《出土文书》八、135。

③ 《出土文书》七、287—69TAM125:2。

1 天山县 状上州

2 公廨奴前烧贰拾车炭,数内欠两车。

3 一车主范峻达 一车主张大宾(已上车别,准脚价,各值银钱壹拾□文)

(下略)

《武周军府牒为请处分买十驮马欠钱事》称：①

1 □件乇□□□□□□□□□□□□□□□□□

2 匹送讫

3 □买奴 氾定海 张小□□□□□□□□

4 张胡智 张守多 范永□□□□□□□□

5 已上十乇卖十驮马一匹送八百行□□

6 □父师一分付刘校团赵

7 右同前件乇□□□发有限,奉处

8 分,令十驮六□□□□□有换者。孝通

9 临时□□□□□□□□发日为欠

10 马钱,遂□□□□□□马领得银钱

11 伍拾文讫,今孝通差行征得者,即请

12 □不得者,请于后征付保达,数有欠少

13 □即注。

14 □□□□□□□□□□□□□□□处分发

(后缺)

根据同墓出土的同类文书,本件文书之纪年为长安四年

---

① 大谷,1998。引自王永兴先生《隋唐五代经济史料汇编校注》第一编,上册第88—89页。

（704）。① 也就是说，即使在武周时期，银钱还是具有价值尺度之功能。

但是我们必须看到，银钱本位地位已在动摇，它渐次为铜钱所代替的趋势随着时间的推移而日益明显。② 最能说明这一点的是《武周如意元年（692）里正李黑收领史玄政长行马价抄》：③

1　史玄政付长行马价银钱贰文，准铜

2　钱陆拾肆文。如意元年八月十六日里正

3　李黑抄。其钱是户内众备马价。李黑记。

这件文书堪注意点有二：一为银钱准铜钱，一为银钱与铜钱之比价。银钱准铜钱，说明银钱的价值尺度功能已渐为铜钱所取代，即是说银钱的本位地位已渐为铜钱所取代；银钱与铜钱之比价为1∶32，则可以发现一些契约中名为铜钱，实为银钱的事实，而这样的事实更能证明银钱准铜钱的结论。

《武周长安三年（703）曹保保举钱契》称：④

1　长安三年二月廿七日顺义乡曹保保并母目

2　于史玄政边举取铜钱叁佰贰拾文，

3　月别依乡法生利入史，月满依数送

4　利，如史须钱之日，利本即须具还。如

5　延引不还，及无本利钱可还，将

6　来年辰岁石宕渠口分常田二亩折充

7　钱直。如身东西不在，一仰收后保人当

----

① 府团缺马征于卫士，可参阅拙作《马社研究》，载《敦煌吐鲁番文献研究论集》第 2 辑。

② 参阅姜伯勤著、池田温译《敦煌吐鲁番和丝绸之路上的粟特人》，载《季刊东西交涉》，1986 年。

③《出土文书》七、441—64TAM35∶28。

④《出土文书》七、453—64TAM35∶15。

8　代知。两和立契,画指为信。

9　　　　钱主

10　　　　举钱人曹保保　曹宝宝

11　　　　母阿目十金

12　　　　保人女师子

13　　　　知见人杜孝忠

14　　　　知见人吴申感

举铜钱 320 文,恰巧为 32 之倍数,可见此铜钱实为银钱。虽为银钱却以铜钱为名,铜钱的价值尺度功能可见一斑。若对此尚有疑惑,则请看《唐景龙二年(708)西州交河县安乐城宋悉感举钱契》:①

1　景龙贰年四月十七日交河县安乐城人

2　宋悉感于高昌县人成义边铜钱叁佰

3　贰拾文。至其年八月卅日内陆拾肆文作缫花贰拾

4　斤,陆拾肆文至九月卅日内作乌麻高昌平斗中玖

5　斗,钱壹佰玖拾陆文作粟壹斛捌斗,其物

6　至九月卅日内不得,壹罚贰入成,如身东西不

7　在,一仰收▭▭▭▭▭▭不

(后缺)

本契约中第 5 行 196 文,依其总数当是 192 文之误。也是举铜钱 320 文,若分解还物为缫花 20 斤、乌麻 9 斗、粟 10.8 斛,依字面计算,则除数不尽,倘若依 1∶32 之银铜比价计算,则物价钱数天衣无缝——铜钱之渐为本位已确然无疑。

实际上,铜钱在高昌西州之交就已有流通。《高昌延寿十四年(637)四月参军海相等五人入辛卯岁条记》中有入"(银)钱壹

文,铜钱拾肆个",①《高昌卫寺明藏等纳钱帐》中既有银钱,也有
"同钱肆□"之字样,②高昌西州之交《某人买葡萄园契》中也有
"交孔钱叁拾文"之记载。③ 铜钱称"孔钱",论个不称文,正说明
铜钱在当时尚为稀罕之物。此后,则铜钱的流通较为广泛起来。
650年之际,《西州人李贺子上阿郎阿婆书》之一称"贞观廿年七
月内用七千五百文买胡婢子一人,次廿一年正月内用钱九千云
云"④。李贺子写书信地点或在洛州,或在赴洛州途中,此可不
论,要之,铜钱观念已被西州人广泛接受而铜钱较多地注入西州
似可成立。而上章所录670年之际《唐支用钱练帐》中,银钱、帛
练、铜钱并用,铜钱所买之物有籹、苜蓿等,行用的范围到了安西,
就更能说明问题了。

　　虽则《李黑抄》中首次出现"银钱准铜钱"的年代是在692
年,但我们有理由认为至迟在7世纪80年代,就出现了铜钱取代
银钱的本位地位的趋势。(其实,就《李黑抄》而言,银钱准铜钱
亦可理解为官府征的是铜钱,而史玄政交纳的是银钱。因为牵涉
到长行马价钱的问题,此处不赘。)

　　《唐调露二年(680)征仗身钱残牒》称:⑤

1 　　　　　冲阙职课仗身铜钱　　　　

2 　　　　　案内上件钱征得　　　　

3 　　　　　请裁谨牒

4 　　　　　十年二月　　　　　

(下略)

---

① 《出土文书》五、24—59TAM302:35/3。

② 《出土文书》四、213—68TAM103:18/2-2(a);18/11-3(b)。

③ 《出土文书》五、253—69TAM117:57/2。

④ 《出土文书》六、390—64TAM5:40。

⑤ 《出土文书》七、76—64TAM29:89(a)。

永徽年间，仗身钱尚征银钱，时间不过 30 年，则代之而征铜钱了，说明铜钱地位的上升。又有《唐永淳元年（682）坊正赵思艺牒为勘当失盗事》称：①

1 ┌─────┐坊

2 麴仲行家婢僧香

3 右奉判付坊正赵艺专为勘当

4 者。准状就僧香家内，检比邻全无

5 盗物踪迹。又问僧香，口云：其铜钱，

6 耳珰等在厨下，帔子在一无门房内

7 坎上，并不觉被人盗将，亦不敢

8 加诬比邻。请给公验，更自访觅

9 者。今以状言。

10 □状如前，谨牒。

11 永淳元年八月 日坊正赵思艺牒

12 ┌─────┐"方"

麴仲行家婢僧香家内失盗物有铜钱、耳珰、帔子而又有官府下文，则其铜钱数目当为可观。于此可见，铜钱也有贮藏手段之功能，而银钱本位地位在动摇中。

而在名为举取铜钱，实为银钱的同时，铜钱的本位地位便逐渐稳固起来。

以官府而言，《武周纳铜钱历》②称：

（前缺）

1 铜钱┌─────┐

2 铜钱叁伯文叁月贰拾捌日纳

---

① 《出土文书》七、207—73TAM501：109/13—1。

② 引自黄文弼《吐鲁番考古记》，第 34 页。

3　铜钱贰伯文☐☐☐☐

（后缺）

请注意,这里尚称"铜"钱,到 705 年以后的《唐残钱帐》,这
"铜"字便被取消了:①

（前缺）

1　一☐☐☐☐六十文钱一

2　廿九贯三百六十文钱

3　一十贯三百六十文应在。

4　四千文帖张思林宅,

5　一千一百一十四文,神龙元年馆子张怀藏等欠课,

4　五千二百四十六文,典张相吉欠,

（后缺）

这"铜"字的被取消,意味着其取得了货币正统地位。尤其
能说明问题的是同墓出土的《唐给料帐》:②

（前缺）

1　右同前七月十九日被州牒,给傔人董玄基一日料,官典
准前。

2　钱伍文

3　右同前月日被州牒,给别奏人索法信一日料,官典准前。

---

① 《出土文书》八、33—64TAM36:7(b)。

② 据编者称,此件文书即上注文书的正面,时代在其前。但此墓墓志为
开元二年(714),则本墓出土文书皆在 714 年以前;又因本文书背面有"神龙
元年"字样,则本文书根据唐律"三年一拣除"当在长安年间之前;而本文书
又无武周新字,则本文书之断代当在 690 年之前。但何以本文书在 15 年之
后又"反故",作另一官文书呢? 亦即不在武周或在前时代不"三年一拣除"
呢? 因此,我以为本件文书的顺序应该颠倒一下,即本文书的年代在 706—
714 年间,确切地说是在 709—711 年间。

4　钱肆拾文

5　右同前七月十九日被州牒,给检校长行使甘勔典康泰

十日

6　停料,官典准前。

7　钱贰拾文

（后缺）

"官典准前"者,因前已有官典署名而省略,"被州牒"者说明文书属州下一级机构。可注意的是,僦人、别奏、典每日食料并不发给实物而以铜钱为准,这充分说明铜钱地位的提高。

若以民间而论,有《武周长安三年(703)西州高昌县严苟仁租葡萄园契》:①

1　长安叁年三月二日,严苟仁于麹善通边租取张渠陶

2　蒲✓一段二亩,陶内有枣树大小拾根,四院墙壁并全。其陶

3　契限五年收佃。今年为陶内支樀短,当年不论价值,至辰

4　岁,与租价铜钱肆伯捌拾文,到巳岁,与租价铜钱陆伯肆拾文。

5　至午岁,与租价铜钱捌伯文。到未岁,一依午岁价。与捌伯文。年

（后缺）

此处租价铜钱480文、640文、800文皆为32之倍数,或为银钱15文、20文、25文,因无确证,我们且把它们作铜钱看。而《唐景龙三年至四年(709—710)西州高昌县处分田亩案卷》中提到景龙二年(708)"北庭府史匡君感与堂兄妻阿白钱一千文,充匡

---

① 《出土文书》七、279—67TAM93:2。

感弟迦吕□(地?)价"①则似乎确确实实是铜钱了。

土地的租赁、买卖如此大宗的交易都用铜钱计价、支付,这就充分说明西州的民间已大量行用铜钱,铜钱已将取代银钱的地位了。

若问银钱渐趋消亡而铜钱地位上升的时间断限定在 680 年的根据,则有以下几个理由。

第一,银钱准铜钱之语虽出于 692 年的《李黑抄》,但铜钱在 670 年左右已与银钱、帛练合用,②682 年又有失窃大量铜钱的记录。③ 而关于银钱,670 年左右有《得布准(银)钱帐》④,692 年又有"银钱准铜钱"语。考虑到铜钱行用的情况和银钱本位地位的演化,我们取其折中,则为 680 年左右。

第二,银钱准铜钱之语虽出于 692 年,但在此后,仍有官方使用银钱的记载。⑤ 这就是说 692 年"银钱准铜钱"有时也并不作为准的的。

第三,670—692 年间,西域的政治局面动荡。670 年,吐蕃陷安西四镇,⑥虽在 679 年复置四镇,⑦但在 686 年,四镇又弃,⑧直到 692 年王孝杰才克复四镇。⑨ 安西四镇的再弃再建,势必对处于前线的西州产生极大的影响。而若折中断代,也为 680 年之际。

---

① 《出土文书》七、513—75TAM239。

② 《出土文书》六、434—64TAM4:46/1。

③ 《出土文书》七、76—64TAM29:89(a)。

④ 《出土文书》六、440—64TAM4:1。

⑤ 《出土文书》七、287—649AM125:2。此文书的断代当为 704 年。

⑥ 《新唐书·高宗纪》咸亨元年四月条。《旧唐书》卷一九六上《吐蕃传》。

⑦ 《册府元龟》卷九六七。

⑧ 见岑仲勉《西突厥史料补阙及考证》,中华书局,1958 年,第 61 页。

⑨ 《旧唐书》卷九三《王孝杰传》。

正是由于以上理由,我们遂把此一时期的开端定在 680 年。

(2) 铜钱本位确立时期(710—755 年)

从上节分析中,我们已明了,689—710 年间,虽有银钱的流通,但它的本位地位却渐次为铜钱所取代。由于 708 年西州地区仍有以铜钱的名义流通的银钱,我们便把铜钱本位地位的确立取其整数,定在 710 年。自此之后,我们似乎再也没有发现银钱在《吐鲁番出土文书》中出现了。

银钱消失的情况自然和中亚局势有关。自 7 世纪 20 年代起,大食兴起,波斯萨珊王朝渐趋衰落,至 651 年,波斯灭亡,[①]其所铸之银币自然不能维持原来之地位。但货币的行用有其延滞性,且阿拉伯在此以后也仿制波斯银币,[②]因此,银钱虽在西州还流通了一个时期,但其衰亡趋势已不可避免。而从 705 年起,大食屈底波开始了征服中亚河中地区的进军,[③]其影响所及,就是从 710 年以后,银钱似乎不再在西州流通,而铜钱本位地位的确立便也不可动摇了。

关于铜钱的流通,姜伯勤先生已有精彩的论述,大家不妨参阅之。[④] 此只列一表于下:

---

① 见岑仲勉《西突厥史料补阙及考证》,中华书局,1958 年,第 232 页。《出土文书》七、501—75TAM239:12。

② 见夏鼐先生《综述中国出土的波斯萨珊朝银币》,载《考古学报》1974 年第 1 期。

③ 见王治来《中亚史纲》第九章第二节。

④ 姜伯勤著、池田温译:《敦煌吐鲁番和丝绸之路上的粟特人》,载《季刊东西交涉》,1986 年。

年代	内容	出处
709 年	买卖土地	《出土文书》七,513
开元	便钱酬马价	《出土文书》八,86
开元	杂书失钱事	《出土文书》八,258
开元	入钱历	《出土文书》八,270
开元	家用帐	《出土文书》八,294
开元	便钱契	《出土文书》八,295
732 年	纳仗身钱	《出土文书》八,370
开元	征欠钱	《出土文书》八,388
开元	食料计钱帐	《出土文书》八,399
744 年	征课钱	《出土文书》八,409
开元(?)	征纳欠税钱	《出土文书》八,431
721 年(?)	于阗某寺支出簿	池田书,348
728 年	金满税钱牒	池田书,354
728 年	轮台钱帛计会稿	池田书,355
731 年	岸头府、天山府帖目	池田书,357
743 年	交河郡市估案	池田书,447
747 年	某佛寺给家人春衣历	池田书,472
天宝(?)	西州佛寺出入钱备忘	池田书,492
739 年	周通生纳阙官草料钱	池田书,437
740 年	大税、计帐钱抄	池田书,438
741—743 年	周通生、周祝子纳税钱抄	池田书,439
744—745 年	周通生、周祝子纳税钱抄	池田书,440
757 年	周祝子纳第一限税钱抄	池田书,441
760 年	周义敏纳贴钱抄	池田书,441
763 年	纳第一限税钱	《出土文书》六,77

上表中,我们把唐玄宗开元时期的于阗、金满、轮台的寺院、官府的内容也包含了,以示铜钱行用范围之广。

当然,在铜钱本位时期,绢帛仍然充作一般等价物辅助铜钱行用,它既用在官府充马直,①也用来买牛,②它既充纸之价值,③也用于"兵赐",④同时也用于民间买马买奴婢等。⑤ 但是,其价值尺度却一般以铜钱来充当。也就是说,虽则绢帛作为货币使用,却往往以铜钱为基准。

绢帛作为货币,本身有着不可克服的矛盾,"布帛不可以尺寸为交易",⑥说的就是这个道理。这种价值尺度职能和流通手段职能的分离,使得绢帛作为一般等价物,只有不完全的货币功能。这样,它就要借助于铜钱的价值尺度功能,即以铜钱为媒介来进行交换。

当然,在某种场合,绢帛的价值尺度功能也有所表现,试看《天宝二年(743)交河郡市估案》中,马、驼就是用大、小练标价的。但那似乎是上层建筑的反作用而已,因为在开元二十二年(734),唐玄宗曾经有过一个敕令,规定"自今以后,所有庄宅口马交易,并先用绢布绫罗丝绵等,其余市价一千以上,亦令钱物兼用,违者科罪"。⑦ 因此,《天宝二年交河郡市估案》才用练标驼、马之价,在734年以前,则所有物品全不用绢帛标价的。⑧

---

① 《出土文书》八、67;八、88。
② 池田书第352页。
③ 池田书第355页。
④ 池田书第353页。
⑤ 池田书第364页。
⑥ 《通典》卷九《钱币下》。
⑦ 《唐会要》卷八九《泉货》。
⑧ 参阅拙作《唐代前期市估法研究》。

从绢帛的不完全的货币功能看来,铜钱的本位地位是不可动摇的。

（3）布缣冲击铜钱本位时期(755—763 年)

但是,这种铜钱本位的情况随着政治形势的变化而发生了动摇。看《唐开元至广德年间西州高昌县周氏纳税抄》①,凡开元天宝年间都依铜钱纳税或折纳,但是到安史之乱后,情况则陡然一变,尽管天宝以后仍间或有征纳铜钱的现象,②但大体上则呈现出缣布取代铜钱地位的趋势,也就是说,虽则铜钱的价值尺度还时或表现出来,但实际上行用的一般等价物则多是缣布了。

《唐上元元年(760)十月西州高昌县周思温纳布钱抄》第一件(大谷 5800)称：

1　周思温、曾大忠、阴善保等付细缣直钱

2　贰阡肆伯五十文。上元元年十月六日

3　李泰抄。先有壹阡六百钱抄,不在用限。

4　泰

第二件(大谷 5801)称：

1　周思温等叁户共纳瀚海

2　赊放缣布次(细,让)壹匹。上元元

3　年十月六日,典刘让抄。

比较两件之内容则很明白,两件抄的日期相同,则周思温、曾大忠、阴善保等三人户当同于"周思温等叁户",那么,第一件"先有壹阡六百钱抄,不在用限"显指第二件之次细缣布一匹抄。而据《天宝二年交河郡市估案》,细缣一尺估为 45 文、44 文、43 文,次缣估为 30 文、25 文、20 文,一匹次细布之估价与 1600 文大致

----

① 大谷文书,见池田书第 437—444 页。

② 见上节铜钱行用表。

相当。这样,就是说,第二件《纳缣布抄在第一件中是被称为"壹阡六百文钱抄"的。以此类推,第一件"付细缣直钱贰阡肆伯五十文"并非付了 2450 文钱,而是细缣。

又有《上元二年(761)周思温纳钱抄》(大谷 5793):

1　周思温付上元二年科户缣价钱壹阡

2　壹伯文。其年八月廿六日,缣头宋知眘抄

3　周祝子　魏感宝(已上第八)侯孝养(第九)共一段

据池田温先生介绍,其第 3 行系别纸另行贴上。由于各件周氏纳税抄文书有关周祝子、周思温的粘连在一起的居多,我们有理由认为周思温和周祝子同为一户,其户等当第八,其户主是周祝子。此件纳钱抄第 1 行明言"科户缣价钱",第 2 行有"缣头宋知眘",第 3 行又有缣布"一段",则周祝子等所付"壹阡壹伯文"只是名义上的价值,实际上他们交纳的是缣布。

一般地说,唐前期之户税大致以铜钱交纳,《通典》卷六赋税条说,天宝时"户约有八百九十余万,其税钱约得二百八万贯。"杜佑注之曰:

> 大约高等少,下等多,今一例为八等以下户计之。其八等所税四百五十二,九等则二百二十二。

若以此比例分解 1100 文,则周、魏纳钱各 450 文(或 440文),侯纳钱 200 文(或 220 文),合则纳缣一段,由缣头宋知眘负责送往官府。[①]

在天宝以后的周氏抄类中,除了以上论述的文书外,其他的无论是纳长行预放缣布、番课缣布,没有一件提及铜钱。而与此

---

① 缣头一词,深可注意。沙州归义军时期有布头与之相仿(P.3236,录文可见池田书第 615 页),这都是金属货币不发达的一种表现。

相应,缣之单位也发生了变换,在所有纳钱布抄文书中(此一时期),除了上引大谷5801号文书称"匹"外,其他的都称"段"了。这不单是名称或数量的变化而已,因为"裂匹以为段数"往往是作为一般等价物用的。[①]

以上所述表明,尽管此一时期铜钱仍然流通,铜钱的价值尺度功能依然存在,但在布缣的冲击下,铜钱的本位地位已经动摇了。

这种布缣冲击铜钱本位地位的趋势并非西州一地一时的独特现象,乃是整个河西、陇右地方的普遍情况。《唐永泰元年—大历元年(765—766)河西巡抚使判集》就集中反映了这样的状况。[②] 其第11—13行称:

> 建康　尚书割留氈三百段,称给付将士,不具人姓名。

判:分给缣布,不具人名,既无节约,悬称用尽云云。

其第34—36行称:

> 建康军使宁愭擅给缣布充防城人赐。(判:)尚书所留缣布,令给不济之人,凡是行官,足得自养。不存后计,谁曰公心云云。

足可见缣布的货币功能。而沙州向百姓征收"税钱",似以"布绢"为主(第66—70行),此情形一如西州。由于财政困难,以至于"瓜州尚长史,采矿铸钱置作",而终于是"粮殚力尽,万无一成",招致"再三筹议,事须勒停"的结果(第153—157行)。

---

① 比如《通典》卷八钱币条称:前凉之初,太府参军索辅劝张轨行用铜钱就提到:"裂匹以为段数,缣布既坏,市易又难。"

② P.2942。录文见安家瑶文,载《敦煌吐鲁番文献研究论集》。又见池田书第493页。

联系西州、河西陇右都发生铜钱本位危机、缥布冲击铜钱的事实,我们很容易得出一个结论:西州铜钱本位的动摇是与安史之乱以后吐蕃势力渐及河西陇右的政治军事形势分不开的。此后,西州的铜钱恐怕就要消亡了。

至于西州辅助货币绢帛,在此一时期亦无露面,大约它的命运比铜钱还要悲惨,在安史之乱期间便已寿终正寝了。

四、结 论

考察高昌西州货币关系,我们必须注意到丝绸之路两端政治状况,注意到交通沿线的军事政治形势,注意到高昌西州邻近的地理环境、政治军事环境之变迁,注意到高昌自身之政治环境及其生产力发展、生产方式变化状况。以此为出发点,综合高昌西州四百年货币关系演变之历史,我们可以把它划分成三个大的阶段。

第一阶段为纺织品本位阶段,它自367年起至560年,约200年。其中又可分为两个时期。第一时期从367年至482年,约120年。这是以毯为本位的时期,辅助的一般等价物则有绢、绵、布氎等。其发生的原因在中原战乱,柔然、嚈哒、吐谷浑等几大势力控制着丝绸之路。因此,高昌的商业贸易多与游牧民族进行皮毛贸易,而大碛路的贯通,于高昌货币亦深有影响。

第二时期自482年至560年,约80年。这是一个以布叠为主要通货的时期,毯作为通货已经消亡,而绢、绵等辅助的一般等价物仍然保留着自己的地位。其发生的原因,恐怕主要在于高昌地区自身生产力的发展、棉花种植面积的扩大而可以不依赖于游牧民族的皮毛作为通货了。

第二阶段为银钱本位阶段,它自560年起至680年,约120年。其中又可分为两个时期。第一时期自560年起至640年,约

80年。这是一个纯粹银钱流通的时期,纺织品作为一般等价物暂时在高昌的历史舞台上消失了。其发生的原因,恐怕在于突厥的崛起消除了丝绸之路的障碍,隋的统一也为高昌的货币变化提供了一定的条件,因此,高昌的商业经济便日益发达起来。

第二时期自 640 年至 680 年,约 40 年。这是一个银钱、铜钱、绢帛并为货币的时期。银钱本位地位还比较牢固,但至后期已露出衰亡的迹象。由于唐王朝开拓西域,中原的绢帛源源不断地涌进西州成为银钱以外的一种重要的辅助等价物。铜钱在这个时期也开始行用。应当说,此一时期西州的商业经济达到了古代中国的顶峰。

第三阶段为铜钱本位阶段,它自 680 年起至 763 年,约 80 年。其中又可分为三个时期。第一时期从 680 年起至 710 年,约 30 年。这是一个铜钱取代银钱本位的过渡时期。由于大食兴起、波斯萨珊王朝的破灭,西州的银钱来源近于枯竭。又由于吐蕃扩张,发生了和唐朝争夺安西四镇的战争,丝绸之路受到一定冲击。于是,银钱本位地位不能再维持,中原的铜钱遂取得了正统地位。

第二时期自 710 年至 755 年,约 45 年。这是一个铜钱本位地位确立的时期。这个时期银钱不再在西州流通,铜钱的本位地位便确立无疑。其原因当与前一时期相同。而在第一、第二两时期内,由于中原的铜钱本身不足,绢帛仍然作为辅助的一般等价物活跃在经济货币领域中。这两个时期由于中原的经济处在鼎盛时期,西州的商业经济仍然保持着高涨的势头。

第三时期自 755 年起至 763 年,约 8 年。这是一个布缣冲击铜钱本位的时期。在此时期内,铜钱虽然仍然保持着自己的地位,但已日薄西山,气息奄奄了。绢帛则退出西州的历史舞台。与此相应的是,西州本地所产之缣布重振雄风,向铜钱本位地位发起了猛烈的攻势,铜钱的消亡已指日可待。

　　由于《吐鲁番出土文书》九、十册尚待出版,我们的叙述便也带有一些逻辑推理的意味而不得不戛然而止。若寻求出现布缣冲击铜钱的原因,则在于安史之乱爆发、中原陷于战乱,无暇经营西域从而导致吐蕃渐占河西走廊、丝绸之路的卡断。于是,这一时期的西州商业经济便也走向了衰落。

　　综上所述,我们作一高昌西州 400 年货币关系示意图以结束本文。

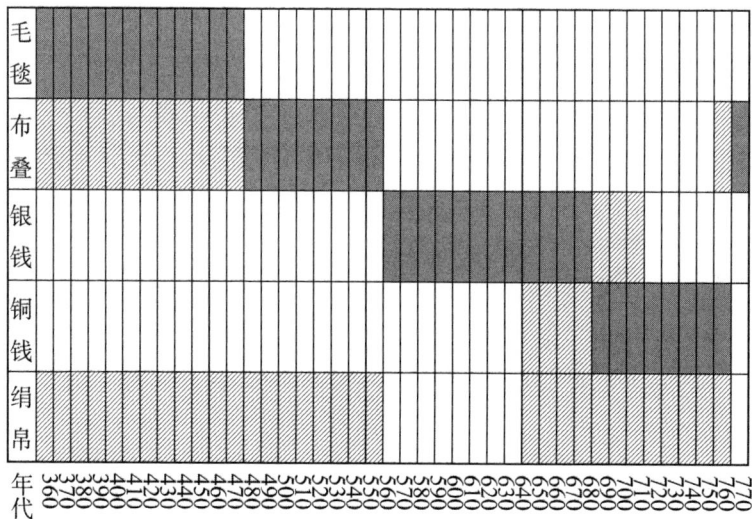

高昌西州 400 年货币关系演变示意图

麴氏高昌和唐代西州的葡萄、葡萄酒及葡萄酒税

　　《瞭望》杂志 2001 年第 24 期上发表署名文章,题目为《葡萄酒业,开发西部正当时》。文中称道,国内的葡萄酒文化,比起西方更加源远流长;又说,"西部大开发尤其是对目前正处于强劲增长态势的葡萄酒业,其渊源本来就出自于西部",而"当年西部葡萄美酒已根深蒂固,也许是因为战乱和贫困,才使得西部与葡萄美酒日渐疏远"。瞻望前景,"我们相信,随着西部地区经济发展战略的进一步实施,东西部优势互补,充分发挥自身潜力,必将迎来葡萄酒业的第二次腾飞"。[①]

　　葡萄的种植与加工利用,在吐鲁番地区有着悠久的历史。由于葡萄的种植面积广泛,葡萄及葡萄酒产量甚多,麴氏高昌时期还曾以葡萄酒作为官府征收之一税种。对于葡萄酒税,卢开万、

---

① 作者为郑仙蓉,《瞭望》2001 年第 24 期(6 月 11 日),第 64 页。

程喜霖、郑学檬、吴震及孙振玉等先生都进行过很好的论述。①

本文欲在学者研究的基础上，再次进行探讨，以期对于麴氏高昌、唐代西州时期吐鲁番地区之葡萄种植管理、葡萄的加工利用、葡萄酒税的征收及其与葡萄酒制作储藏之间的关系，特别是对于久已失传的吐鲁番地区葡萄酒酿造工艺有一个较为切合实际的认识，庶几能对西部大开发，贡献出史学工作者的绵薄之力。有鉴于此，作成本文。

一、高昌西州时期葡萄的种植栽培与管理

麴氏高昌与唐代西州时期，吐鲁番地区有着众多的葡萄园，此点已有多位学者指出。② 假若我们翻开《吐鲁番出土文书》《大谷文书集成》诸书及《中国古代籍帐制度研究》之有关录文，则能看到高昌西州有大量葡萄田的记载。此自不待言。

高昌西州时期葡萄如何种植，已无缘全面知道。我们只知道唐太宗贞观十四年（640）破灭高昌时，曾经"收马乳葡萄实于苑

---

① 卢开万:《试论麴氏高昌时期的赋役制度》，载《敦煌吐鲁番文书初探》，第66—99页。程喜霖:《吐鲁番文书中所见的麴氏高昌的计田输租与计田承役》，载《出土文献研究》，1985年，第159—174页。郑学檬:《高昌实物田租探讨——〈吐鲁番出土文书〉读后札记》，载《敦煌吐鲁番出土经济文书研究》，第113—128页。杨际平:《麴氏高昌与唐代西州、沙州租佃制研究》，载《敦煌吐鲁番出土经济文书研究》，第225—292页。吴震:《麴氏高昌国土地形态所有制初探》，载《新疆文物》1986年第1期。孙振玉:《试析麴氏高昌王国对葡萄种植经济以及租酒的经营管理》，载敦煌吐鲁番学新疆研究资料中心编《吐鲁番学研究专辑》，1990年，第218—239页。下引诸文均据此。

② 比如卢开万就称:高昌盛产葡萄，葡萄园占高昌土地不小的比例。

中种之"①,其种植之人或许为高昌之移民②。而《武周长安三年（703）西州高昌县严苟仁租葡萄园契》③,似乎反映了当时葡萄种植已与现代的种植状况有相似之处,录之如下：

1　长安三年三月二日严苟仁于麹善通边租取张渠陶④

2　蒲一段二亩。陶内有枣树大小拾根,四院墙壁并全。其陶

3　契限五年收佃。今年为陶内支树短,当年不论价值,至辰

4　岁,与租价铜钱肆伯捌拾文,到巳岁,与租价铜钱陆伯肆拾文。

5　至午岁,与租价铜钱捌伯文。到未岁,一依午岁价。与捌伯文。年

（下缺）

契中所称之"支树"就是"支架",⑤下引《武周圣历元年（698）前官史玄政牒为四角官萄已役未役人夫及车牛事》就写作"枝架"。假若依照现代种植技术,当葡萄"苗高50厘米时,应设立支架扶持新梢生长"⑥。则所谓"今年陶内支架短",即是说葡萄种植时间不长而长势不旺,依此而言,严苟仁所租种之二亩葡萄必在长安三年当年栽培。

---

① 《唐会要》卷一〇〇杂录条。

② 高昌破灭,曾有高昌民移居中原。参见拙文《〈唐西州高昌县授田薄〉整理与断代——唐代西州田制研究之二》,载《学人》第11辑,江苏文艺出版社,1997年。

③ 《吐鲁番出土文书》第七册,第279页。

④ 边有乙转记号。

⑤ 据丁声树《古今字音对照手册》,哥,古俄切,架,古讶切,两者音近。中华书局,1981年,第15、7页。

⑥ 李三玉、陈潜等编著:《果树栽培与果品贮藏加工手册》,浙江科学技术出版社,1988年,第246页。

　　然而，《租契》虽说是"张渠蒲陶"，但实际应为新开辟之葡萄园。"当年不论价值，到辰岁与租价铜钱肆伯捌拾文，到巳岁与租价铜钱陆伯肆拾文，至午岁与租价铜钱捌伯文，到未岁一依午岁价与捌伯文"与现代葡萄的生长及其产量递增过程，"当年种植，二年结果，三年丰产，每亩约产 1000 公斤，四年以后每年产量稳定在 1500 公斤以上"①，恰好互相对应。我们把它们列成一张表进行比较，则为：

	第一年	第二年	第三年	第四年	第五年
唐代租价（铜钱）	支架短	480 文	640 文	800 文	800 文
现代产量	种植	结果	1000 公斤	1500 公斤	1500 公斤

　　两者可说是合若符契。

　　当然，葡萄种植以后，其管理也大略与现代相同。《武周圣历元年（698）前官史玄政牒为四角官萄已役未役人夫及车牛事》载：②

　　1　四角陶所

　　2　合陶内抽枝、覆盖、踏浆并收拾[　]枝、埋柱等总料得夫玖

　　3　拾陆人，人各役单功各合伍日

　　4　　　七 十 七 人 役 讫

　　5　　　一 十 九 人 未 役

　　6　合运浆及运枝架料得车牛贰拾伍乘，乘别各一日役

　　7　　　十 乘 运 浆　役　讫

　　8　　　一 十 五 乘　未　役

　　9　　　右陶内昨准往例料得夫及车牛数，各

---

① 李三玉、陈潜等编著：《果树栽培与果品贮藏加工手册》，第 239 页。
② 《吐鲁番出土文书》第七册，第 448 页。

10   具件如前,请处分。

11   牒件状如前,谨牒。

12   圣历元年十月   日前官史玄政牒

农历十月应是葡萄收获以后的时节,四角陶所所役人工及车牛当是该葡萄园全年所需之劳动力成本。从此件文书中我们可以看出高昌西州时一年中葡萄管理之大概。

"踏浆""运浆"与葡萄酒制作有关,当在下文论述。而"抽枝""覆盖并收拾□(残)枝""埋柱"及"运枝架",则与葡萄生产管理有关。

"埋柱""运枝架"中之"柱"与"枝架",即与上文提到的严苟仁租契中之支架相类似,但两者又有所不同:严苟仁租契中是葡萄种植时的情况,而四角陶所文书反映的则是葡萄生产成长时管理的状况。由于"葡萄是蔓性植物,依附支架而生长结实"[1],支架对于葡萄生长是必不可少的。《高昌夏某寺葡萄园券》[2]亦有"若渠破水讨,仰治桃人□;□□□□□仰桃主了。年着索□,张柱廿"的记载。可见其时葡萄园中有柱、枝架。当然,其时其架式为棚架、为篱架抑或为小棚架则不得而知了。[3] 但无论何种架式,都得立支柱,却是毫无疑问的。在柱及枝架外,我们还看到了"着索"环节。"着索"即缚上绳索,此当与葡萄枝蔓的伸展附着有关。

"抽枝"似与葡萄的整形修剪有关。整形有自然扇形整枝、双臂单层水平整枝与龙干形整枝,其目的还在使葡萄的枝蔓分布均匀。而修剪的主要目的在合理配备枝蔓,调节生长与结果,做

---

① 李三玉、陈潜等编著:《果树栽培与果品贮藏加工手册》,第247页。

②《吐鲁番出土文书》第二册,第336页。

③ 李三玉、陈潜等编著:《果树栽培与果品贮藏加工手册》,第247—248页。

好更新复壮,剪除病、虫、枯蔓等。[①]

"收拾残枝"之目的在清理葡萄园,使有害细菌不致影响葡萄乃至于葡萄酒生产。[②]

"覆盖"应该是北方严寒地区葡萄安全越冬的一项措施。吐鲁番地区常年最低气温经常在零下 25 摄氏度以下,[③]对葡萄采取这样的保护措施是完全必要的。《唐年次未详(八世纪前期)西州寡妇梁氏辞(附判)》称:[④]

1　府司:阿梁前件萄,为男先安西镇,家无手力,去春租

2　与彼城人卜安宝佃。准契,合依时覆盖如法。其人至今

3　不共覆盖,今见寒冻。妇人既被下脱,情将不伏。请乞商

4　量处分。谨辞。

5　　　　"付　识　□　勒　藏

6　　　　盖　分　□　重　□

7　　　　诸　如　小　事,便　即

8　　　　与　夺　讫　申。济

9　　　　示。

10　　　　　　　十　三　日。"

看起来,在寡妇阿梁的出租葡萄园的契约规定中,都有对葡萄覆盖越冬的条款,阿梁"被下脱(欺骗)"上诉的原因还在"今见

①　李三玉、陈潜等编著:《果树栽培与果品贮藏加工手册》,第 249—250 页。

②　刘玉田等编著:《现代葡萄酒酿造技术》,山东科学技术出版社,1990年,第 49 页称:霉菌却很容易在成熟的葡萄上繁殖,引起葡萄中的成分发生变化,而间接地对葡萄酒产生严重的影响。

③　[法]莫尼克·玛雅尔著、耿昇译:《古代高昌王国物质文明史》,中华书局,1995 年,第 8 页。

④　池田温:《中国古代籍帐研究》,第 376 页。

寒冷"，葡萄藤蔓"至今不共覆盖"；官府的判辞则大约是勒令"藏盖"的。

在葡萄生产的过程中，当然不止以上几个环节，但以上所述应该包含了主要的程序。

二、高昌西州时期葡萄种植面积之估计

既已明了高昌西州葡萄种植和管理之状况，下面对于高昌西州葡萄种植面积作一个估计。麴氏高昌时期对葡萄种植大约有一个经常性的调查统计，比如《高昌延昌酉岁屯田条列得横截等城葡萄园顷亩数奏行文书》：①

（前缺）

1　[　　　　　　　]□截俗四半　交河俗二半六十步

2　[　　　　　]安乐俗八亩　浍林俗四亩　始昌俗一半
高宁僧二半

3　　　　　　　　都合桃壹顷究拾三亩半

4　谨案条列得桃顷亩列别如右记识奏诺奉　　　　□

5　门　下　校　郎　麴　　　　　　　　　　琼

6　通　事　令　史　麴　　　　　　　　　□

7　通　事　令　史　史　　　　　　　　□□

8　　　　　　　　　　□　　　　　　　　□

9　　　　　　　　　　□　　　　　　　　□

10　　　　　　　　　和　　　　　　　薄□

11　　　　　　　　　阴　　　　　　　　□

12　[　　]酉岁九月十五日[

13　□□□军朕迭□吐诺他跋践鍮屯发高昌令尹麴

---

① 《吐鲁番出土文书》第五册，第2页。

伯雅

14	右	卫	将	军	绾	曹	郎	中麹			绍征	
15	虎	威	将	军	兼	屯	田	事焦			□□	
16	屯		田		参	□			□		□□	
17	屯		田		参	□			□		□□	
18	屯		田		吏				索		善护	
19	屯		田		吏				阴		保相	

（后残）

此件文书残有横截、交河、安乐、洿林、始昌、高宁等六城城名，"都合桃壹顷究拾三亩半"，①则若以高昌时期有22城计算，则有葡萄田709.5亩。但显然，这里不会是麹氏高昌时期某年种植葡萄之总面积。另外如《高昌勘合高长史等葡萄园亩数帐》：②

1　高长史下蒲桃：高长史陆拾步，畦海幢壹亩半究拾步，曹延海贰亩陆拾步，

2　善佑贰亩半陆拾步，车相佑贰亩陆拾步，麹悦子妻贰亩陆拾步，合蒲桃

3　拾壹亩究十六步。高相伯下蒲桃：高相伯贰亩，田明怀壹亩陆拾步，令狐显仕

4　壹亩半陆拾步，索□□□亩究拾步，合蒲桃柒亩究拾步。将马养保下

5　蒲桃：马养保壹亩陆拾步，孟贞海壹亩半叁拾陆步，合蒲桃贰亩半究拾陆

6　步。常侍平仲下蒲桃：常侍平仲贰亩究拾捌步，刘明达肆拾肆步，张熹儿贰亩

---

① 《唐会要》卷九五高昌条。
② 《吐鲁番出土文书》第四册，补遗第63页。

（后缺）

同样地，我们也无从在这里得出葡萄园面积的结论。

唐代西州亦有种植葡萄的统计，如《唐田亩簿》载：①

1 [   ]下乡

2 常田九十四亩五十[

3 常田桃三顷一十[

4 常田菜三顷七十七[

5 军上官田廿四亩□[

此件文书第 3 行有"常田桃三顷一十"余亩，但这里似乎也不会是西州时期葡萄园之总面积。

然而，在《高昌某年田地、高宁等地酤酒名簿》中，我们却看到：②

（二）

（前缺）

1 [   ]八斛二斗半， 王忠斌□□， 孙僧胤六斛七斗半。

2 高寺午忠十一斛二斗半， 张寺智忠四斛五斗， □显忠九斛七斗半

3 支寺孝安十二斛， 宋辰忠六斛七斗半， 范[

4 五斗， 刘杏子三斛七斗半， 刘[

5 三斛七斗半。

6   合二百九斛二斗

7 田地酤酒六百一十八斛四斗半，高宁二百一十六斛七斗半

---

① 《吐鲁番出土文书》第四册，第 242 页。

② 《吐鲁番出土文书》第四册，补遗第 9 页。

8　[　　]名　射过[　　]五斗半　龙陑相[

（后缺）

这里虽然没有葡萄种植面积之记载，但是请注意，第 7 行却记有"田地酢酒六百一十八斛四斗半，高宁二百一十六斛七斗半"。由于我们已知麴氏高昌葡萄酒租为每亩 3 斛，[①]于是可以推得，田地城有葡萄田 206 亩 36 步，高宁城则有 72 亩 60 步。麴氏高昌时期有城 22 个，以其平均数计算，则当时整个吐鲁番地区有葡萄田 3063 亩，即 30 余顷，约占高昌垦田 900 顷[②]的百分之三、四之间。

这当然只是一种估计，殊不敢自信，但差强可知高昌西州葡萄园种植面积之大概也。

三、高昌西州时期葡萄干的种类

麴氏高昌和唐代西州时期，其地既广泛种植葡萄，葡萄被加工成葡萄酒也就顺理成章。但在述说葡萄酒的酿造以前，我们先说说葡萄干。

《唐天宝二年（743）交河郡市估案》载：[③]

24　果　子　行

25　　干　蒲　萄　壹　升　　上直钱拾柒文　　次拾陆文　　下拾伍文

可见唐代西州有干葡萄。

而在麴氏高昌时期，我们还看到干葡萄作为珍异之物向中原萧梁王朝"进贡"。《太平广记》卷八一《梁四公记》载：

---

① 参见程喜霖《吐鲁番文书中所见的麴氏高昌的计田输租与计田承役》，载《出土文献研究》，1985 年，第 159—174 页。

②《通典》卷 171 西州条下。

③ 池田温：《中国古代籍帐研究》，第 465 页。

　　高昌国遣使贡盐二颗，颗大如斗，状白似玉。干蒲桃、刺蜜、冻酒、白麦面，王公士庶皆不之识。帝以其自万里绝域而来献，数年方达，文字言语与梁国略同，经三日朝廷无祇对者。帝命杰公迓之，(杰公)谓其使曰："盐一颗，是南烧羊山月望收之者，一是北烧羊山非月望收之者。蒲桃，七是洿林，三是无半。冻酒非八风谷所冻者，又以高宁酒和之。刺蜜是盐城所生，非南平城者。白麦面是宕昌者，非昌垒真物。"使者具陈实情："面为经年色败，至宕昌贸易填之。其年风灾，蒲桃、刺蜜不熟，故驳杂。盐及冻酒，奉王急命，故非时尔。"因又问紫盐磐珀。云："自中路遭北凉所夺，不敢言之。"帝问杰公群物之异。对曰："南烧羊山盐文理粗，北烧羊山盐文理密。月望收之者明彻如冰，以毡橐煮之可验。蒲桃，洿林者皮薄味美，无半者皮厚味苦。酒是八风谷冻成者终年不坏，今臭其气酸，洿林(高宁？)酒滑而色浅，故云然。南平城羊刺无叶，其蜜色明白而味甘，盐城羊刺叶大，其蜜色青而味薄。昌垒白麦面烹之将熟，洁白如新，今面如泥且烂，由是知蜜、麦之伪耳。交河之间，平碛中掘深数尺，有末盐如红如紫，色鲜味甘，食之止痛，更深一丈，下有磐珀，黑逾纯漆，或大如车轮，末而服之，攻妇人小肠症瘕诸疾，彼国珍异，必当致贡，是以知之。"

其文或言沈约所撰，或言张说所撰。观文中洿林、高宁、南平、盐城诸地名与出土文书多相符，[1]而所载诸物亦多能在正史中找到根据，[2]于是，此或即为伪材料，而亦可作真材料使用也。

------

① 见李方、王素《吐鲁番出土文书人名地名索引》各条，文物出版社，1996年。

② 见《南史》卷七九、《北史》卷九七。

文中所云高昌冻酒,似为葡萄酒,此且不论。① 而从此文,我们不但知道了葡萄干因葡萄的质量好坏而有差异,也知道葡萄的质量与产地及年成有关,所谓"蒲桃,泞林者皮薄味美,无半者皮厚味苦","其年风灾,蒲桃、刺蜜不熟,故驳杂"者是也。当然,《交河郡市估案》中的葡萄干价格分成三等,亦就有其缘由了。

但是,葡萄干质量的好坏似乎还和它们的加工方法有关。在吐鲁番地区,我们没有看到其加工方法的材料,不过在于阗地区,却有"干蒲萄"和"烟熏蒲萄"的区别。《唐(开元九年?［721?］)于阗某寺支出簿》载:②

> 出钱贰阡伍伯文、籴僧惠干蒲萄两硕(斗别五十文)
> 籴干蒲萄壹硕叁升(升别五文)
> 烟熏蒲萄壹升(十文)

以西州干葡萄价格"壹升拾陆文"与于阗干葡萄壹升五文、"烟熏蒲萄壹升(十文)"比较,西州干葡萄或可视为烟熏蒲萄。

四、高昌西州时期葡萄酒的酿造

述说葡萄干已毕,我们再来看看葡萄酒。

在上节所引《四角陶所》文书中,言及车牛运浆及役夫踏浆。"运浆""踏浆"之浆,就是葡萄浆汁。《唐(开元九年?［721?］)

---

① 高昌冻酒为何物,古人已不能知晓。《山带阁注楚辞·楚辞余论》卷下称:"旧解挫糟为捉去其糟,捉与挫,意义殊不协。冻饮,旧训盛夏饮酒,居之冰上,王姜斋又云,以水和酒而饮。皆不经之说也。惟《文选》五臣注,糟酒滓可以冻饮。李善曰,冻,冷也。其说为当。抑按《梁四公记》高昌国献冻酒,杰公辨其非八风谷冻成,又以高宁酒和之者。岂冻饮,固酒之制为冻者欤?"此文所解,或得其意。盖吐鲁番地区,夏季炎热异常,冬天冻之,遂成珍异之物,而冻酒既与高宁酒相提并论,则冻酒为葡萄酒无疑。

② 池田温:《中国古代籍帐研究》,第348—350页。

于阗某寺支出簿》中有"出钱壹阡文付孔家,充还沽甜浆一瓮价"之记载,[1]而在《唐神龙元年(705)公廨应收浆帐》中则载有:[2]

1　合今年应收浆总伍拾肆硕伍斗

2　卅三石九斗给折冲

3　廿石三升五斗给左果毅

4　　　右依检案内神龙元年公廨应收[

(后缺)

李锦绣先生说:"这里的公廨收浆当指公廨的葡萄园所收之浆,用以造酒者。"[3]这是很对的。

破碎葡萄,使之成浆,是葡萄酒制作工艺中不可或缺之一环。现代葡萄酒酿造技术告诉我们:[4]

> 葡萄只有被破碎,使果汁与果皮上的酵母接触后,才能发酵。
>
> …………
>
> 破碎葡萄果粒的方法有手工法。在小型生产中,把葡萄穗或果粒倒进木槽或浅盆中,用手挤破或木棒捣碎。欧洲一些小型酒厂,沿用旧习惯,也有用(脚)踏碎的,葡萄牙有用光脚踏碎的。而西班牙有让工人穿着特制的鞋来踏碎的。

两相比较,可以说,《四角陶所》文书所谓的"踏浆"法就是破碎葡萄果粒的方法。欧洲一些小型酒厂沿用旧习惯,踏碎葡萄,使之成浆之方法,与高昌西州之"踏浆"法,竟是如此的相似,使我们在惊诧的同时,有理由认为其间含有中西技术交流的因素。

---

① 池田温:《中国古代籍帐研究》,第348—350页。

②《吐鲁番出土文书》第七册,第326页。

③ 李锦绣:《唐代财政史稿(上卷)》第二分册,第706页。

④ 刘玉田等编著:《现代葡萄酒酿造技术》,第78—79页。

至于谁为源,谁为流,则已无从知晓了。

　　然而,高昌西州制葡萄酒之"踏浆"法,在中原似乎失传。金朝元好问《遗山集》卷一《蒲桃酒赋并序》称:

　　　　刘邓州光甫为予言:"吾安邑多蒲桃,而人不知有酿酒法。少日,尝与故人许仲祥摘其实,并米炊之。酿虽成,而古人所谓甘而不饴,冷而不寒者,固已失之矣。贞祐中,邻里一民家避寇,自山中归,见竹器所贮蒲桃在空盎上者,枝蒂已干而汁流盎中,熏然有酒气。饮之,良酒也。盖久而腐败,自然成酒耳。不传之秘,一朝而发之,文士多有所述。今以属子,子宁有意乎?"予曰:"世无此酒久矣。予亦尝见还自西域者,云大食人绞蒲桃浆封而埋之,未几成酒,愈久者愈佳,有藏至千斛者。其说正与此合。物无大小,显晦自有时,决非偶然者。夫得之数百年之后而证数万里之远,是可赋也。"于是乎赋之。

　　依刘光甫所云,非但踏浆法,就连酿葡萄酒法都已不知;而元好问所称大食人之"绞蒲桃浆"法,虽与"踏浆"法有异曲同工之妙,但亦仅仅是传闻而已。

　　高昌西州制作葡萄酒,除踏浆工艺外,当然有其一整套方法。《唐会要》卷一〇〇《杂录》记载:

　　　　葡萄酒,西域有之,前世或有贡献。及破高昌,收马乳葡萄实于苑中种之,并得其酒法,自损益造酒。酒成,凡有八色,芳香酷烈,味兼醍醐。既颁赐群臣,京中始识其味。

　　但其法在中原亦似乎不传,我们并未能在其他地方看到制作葡萄酒法的材料。刘光甫称"人不知有酿(葡萄)酒法",元好问称"世无此酒久矣",就说明了这一点。至于刘光甫与许仲祥的用葡萄果实"并米炊之"的所谓酿葡萄酒的试验,其实与宋代朱翼中所撰《北山酒经》酿葡萄酒法相似，其卷下载：

> 蒲萄酒法：酸米入甑蒸起，上用杏仁五两（去皮尖）、蒲萄二斤半（浴过干去了皮），与杏仁同于砂盆内一处，用熟浆三斗逐旋研尽为度，以生绢滤过。其三斗熟浆泼饭，软盖，良久，出饭摊于案上，依常法，候温入曲搜拌。

用这样的方法酿成的所谓"葡萄酒"，当然算不得真正的葡萄酒。

《本草纲目》卷二五葡萄酒条集解亦有关于葡萄酒三种酿法的记载：[1]

> （孟）诜曰：葡萄可酿酒，藤汁亦佳。时珍曰：葡萄酒有二样：酿成者味佳；有如烧酒法者，有大毒。酿者，取汁同曲如常酿糯米饭法，无汁用干葡萄末亦可。魏文帝所谓葡萄酿酒甘于曲米，醉而易醒者也。烧者取葡萄数十斤同大曲酿酢，取入甑蒸之，以器承其滴露，红色可爱，古者西域造之，唐时破高昌始得其法。按《梁四公记》云高昌献蒲桃干冻酒。杰公曰：蒲桃皮薄者味美，皮厚者味苦，八风谷冻成之酒终年不坏……或云：葡萄久贮，亦自成酒，芳甘酷烈，此真葡萄酒也。

孟诜为唐时人，他并未录下葡萄酿酒之法。李时珍所云有三种葡萄酒制法，其一，"或云"之"真葡萄酒"，乃"葡萄久贮，亦自成酒"之法，这种方法，颇与元好问《序》中刘光甫所称之法相同，两者之葡萄都未经人工破碎，有偶然之成分。其二，"酿者"之法，即"如常酿糯米饭法"，此种方法，亦似《北山酒经》记载之法，酿成者恐非真葡萄酒。其三，"烧者"之法，其步骤有二，先"取葡

---

① 李时珍：《本草纲目》，人民卫生出版社，1982 年，第 1568 页。

萄数十斤同大曲酿酢",然后"取入甑蒸之"。而此种方法,依李时珍之说,为"古者西域造之,唐时破高昌始得其法"。若果真如此,则此法就是《唐会要》卷一〇〇所谓高昌酿葡萄酒法,而唐时所酿造之葡萄酒"凡有八色,芳香酷烈,味兼醍醐",其中亦有烧酒者? 然而,由于学术界对于烧酒起源于何时颇有争议,[①]为避免太过游离主题,我们暂且撇去"取入甑蒸之"之烧酒法后半段不提。那么,李时珍所称之"取葡萄数十斤同大曲酿酢"之制葡萄酒法与高昌西州酿造葡萄酒工艺颇有相近之处。

为了说明高昌西州酿造葡萄酒法,我们还得先绕一个弯子,先说说现代酿制葡萄酒之法。《现代葡萄酒酿造技术》载:

> 葡萄只有被破碎,使果汁与果皮上的酵母接触后,才能发酵。这一工艺过程和操作,由于酒的类型而有所不同。红葡萄酒酿造只要除梗后将果实压破,使之成为葡萄浆(皮醪)即可,而白葡萄酒酿造,还需进行皮汁的分离。[②]

又道:

> 葡萄汁或葡萄浆用自然酵母或加入酒母,不久发酵就开始了。[③]

请注意,葡萄浆(皮醪,不除去果皮)发酵酿成红葡萄酒,此与李时珍所称之"烧法","取葡萄数十斤(案:当不去果皮)同大曲酿酢"而滴露"红色可爱",正相吻合(注意酢字);而葡萄汁(除去果皮)发酵则酿成白葡萄酒;至于用"自然酵母或加入酒母",

---

① 参见黄时鉴《中国烧酒的起始与中国蒸馏器》,载《文史》第 41 辑,1996 年。

② 刘玉田等编著:《现代葡萄酒酿造技术》,第 78—79 页。

③ 刘玉田等编著:《现代葡萄酒酿造技术》,第 96 页。

则与李时珍所称之"曲"或"大曲"相似,曲与大曲是否有区别,我们可以不加理会。(当然,现代亦用其糟烧葡萄酒。)

然而,现代葡萄酒还有一种称为桃红葡萄酒的:①

桃红葡萄酒:用红葡萄或红、白葡萄混合,带皮或不带皮发酵制成。葡萄固体成分浸出少,颜色介于红、白葡萄酒之间,主要有淡红、玫瑰红和砖红色。

其制法有两种,一种用白葡萄酒酿造法:"以红葡萄为原料,只是在取汁之前,允许有所浸提,其他工艺过程与酿造白葡萄酒相同。"另一种为分汁发酵法,"这种方法是在葡萄浆里加大二氧化硫用量,或者降低葡萄浆的温度,使葡萄浆在常温下进行一段时间的浸渍,然后分离出一部分葡萄汁酿造桃红葡萄酒,剩余部分用做酿造红葡萄酒"②。

既已知晓现代葡萄酒酿造法,我们就来看看高昌西州酿造葡萄酒法。

高昌西州之酿造葡萄酒遗法并未有完整文字留存,但通过分析对比,可以得出大致的结论。《高昌夏某寺葡萄园券》载:③

1　[　　　　　　　　　　　　　　　　]边夏樊渠

2　□寺浮桃壹园,要经[　　　　]甜酱叁拾柒斛,十月

3　□头偿甜酱使毕。若[　　　　]作壹斗沽酒。若

4　渠破水过,仰治桃人□□□□□□仰桃主了。年着索

5　□,张柱廿。二主和同□□□□□□□得返悔,悔者

6　□罚二入不悔者。□□□□□□□□民自署名为

7　信。

---

① 刘玉田等编著:《现代葡萄酒酿造技术》,第2页。

② 刘玉田等编著:《现代葡萄酒酿造技术》,第139页。

③ 《吐鲁番出土文书》第二册,第336页。

（后缺）

此件文书为夏葡萄园券,则所称之"甜酱"为葡萄浆无疑,（十月为葡萄收获之时节亦可作为佐证。）券中又有"作壹斗沽酒"字样,则"沽酒"与葡萄浆必有联系。但由于此券缺字甚多,尚不能清楚看出葡萄酒制作方法。那么,又有《高昌延寿九年(632)范阿僚举钱作酱券》:[①]

1　延寿九年壬岁四月一日范阿僚从道人元□□□

2　取银钱贰拾文,到十月曹头与甜酱拾陆斛伍

3　斗,与诈叁斛,与糟壹斛,甜酱曲梅瓮子中取。到十月

4　曹头甜酱不毕,酱壹斗转为苦酒壹斗。贰主□

5　同立券,券城之后,各不得返悔,悔者壹□□□□

6　悔者。民有私要,要行贰主,各自署名为□□□□。

7　　　　倩书赵善得

8　　　　时见张善佑

9　　　　临坐康冬冬

以两件文书相比较,可以看出,后件之"甜酱"亦必为甜浆;前件"十月□头偿甜酱使毕"之"□头",则为后件"到十月曹头与甜酱"之"曹头";前件"若[　　　　]作壹斗沽酒"中之"沽酒"与后件"酱壹斗转为苦酒壹斗"之"苦酒"也是对得起来的;只不过后件"与诈三斛"之"诈",我们并未在前件看到。

于是,高昌西州制作葡萄酒法就开始凸现起来。

文书中之"曹头"就是槽头,犹如现代葡萄酒制作之场所——"发酵槽"头。"甜酱"是甜浆,"踏浆"工艺的制成品。"诈"就是酢,即《本草纲目》中"烧酒法"前半之制成品,现代"发

---

① 《吐鲁番出土文书》第五册,第56页。

酵不完的""甜酒与半甜酒"，也就是红葡萄酒。[①] 或许就是用分汁发酵法"分离出一部分葡萄汁酿造"之桃红葡萄酒，"曲梅"中的"曲"就是曲，曲梅与糟也有关系，[②]而它又被称作酒母。"曲梅瓮子中取"是因为"传统方法常常用发酵槽酒脚接种。事先挑选健康成熟的葡萄破碎后，添加或不添加酵母，放在发酵槽底，任其发酵，以后就用它做酒母。"[③]看起来，贷钱与范阿僚酿制葡萄酒的道人元某自己也要酿造葡萄酒。[④] "苦酒"或"沽酒"则是白葡萄酒，即《本草纲目》中"酿法"之成品，或许是用分汁发酵法分离酿造桃红葡萄酒之剩余部分酿造的红葡萄酒。之所以称其为苦酒，是因为它与"酢"相对。

当然，由于不知道当时用何种葡萄酿造，而《唐会要》所称之马乳葡萄为白葡萄，我们还是将它们看作是红、白葡萄混合酿制的桃红葡萄酒为宜。也就是说，高昌西州两种葡萄酒即"酢"和"苦酒"的作法，和现代的桃红葡萄酒制作方法大致相当。"酢"是带有甜葡萄酒性质、发酵不完全的桃红葡萄酒，"苦酒"则是带有干葡萄酒性质、发酵较完全的红葡萄酒。

当然，两件文书所反映的葡萄酒制法也不尽相同。前者无

---

① ［法］E. 卑诺著、朱宝镛等译：《葡萄酒科学与工艺》，中国轻工业出版社，1992 年，第 234 页：甜酒与半甜酒都是发酵不完全的酒。它们当然是甜的，因为它们的发酵是主动停止的。

② 刘玉田等编著：《现代葡萄酒酿造技术》第 162 页称："红葡萄酒发酵结束放出自流酒后的酒糟称为湿糟。一般自流酒的量与湿糟量大致相等。从湿糟中可榨出 50% 的葡萄酒。压榨后的酒糟称为干糟。干糟中还含有一定量的葡萄酒未榨出。"如此看来，文书中的"糟"就是湿糟或干糟。

③ ［法］E. 卑诺著、朱宝镛等译：《葡萄酒科学与工艺》，第 117 页。

④ 实际上，文书中的葡萄浆都是为了酿酒，否则，其浆做什么用呢？从这样的观点出发，我们说两份文书都是反映了葡萄酒酿造情况，该是有道理的。

"酢"而直接成"沽酒",后者则既有"酢",又有"苦酒";前者或许用酿白葡萄酒法,后者则或许用酿桃红葡萄酒法。

高昌西州葡萄酒有酢和酒两种还可从其他文书看出,仅举一例,以明事实。《高昌某年永安安乐等地酢酒名簿》载:①

(一)

(前残)

1　永□酢酒名　　刘□救五斛二斗半,　杜□[

2　半,　将众子五斛二斗半,　阳鲞得六斛,　巩待□

3　五斛二斗半,　康僧胡三斛六斗半,　智乔师八斛二斗半

4　[　　　　　　　　　　]五十二斛五斗,　酢

5　[　　　　　　　　　]乐诸酒中酢

6　名　白文阗五斛二斗半,　左族六斛,　安寺阿冬七斛五□

7　丘白头二斛二斗半,　康黑奴四斛五斗,　阿润寺五斛六□

8　卫阿武子六斛,　侯屯安三斛七斗半,　主簿[

(后缺)

文书第 1 行有"永□酢酒名",第 4 行有"酢"若干,可见凡若干斛斗记载都为酒即苦酒。这就明确地揭出了酢和酒(即苦酒)两种名目。

由于"酢"的原汁之质量比苦酒榨取的原浆好,于是,在《唐(开元九年?[721 年?])于阗某寺支出簿》中,酢比酒的价格高。《支出簿》中有"出钱壹伯贰拾(文)沽酒叁斗""出钱壹伯贰拾文,沽酒叁斗""酒一石(价三百七十五文)""酢壹斗(五十文)""沽酢陆斗(斗别五十文)""沽酢壹斗捌胜(胜别五文)"之记载。酒之价格在每斗 37 文至 40 文之间,而酢之价格则每斗 50 文。②

───────────

① 《吐鲁番出土文书》第四册,补遗第 6 页。
② 池田温:《中国古代籍帐研究》,第 348—350 页。

于此可见一斑。

五、高昌西州时期葡萄酒的储藏

新酿成的葡萄酒放在贮酒桶里，经过一定时期的存放，酒的质量能够得到改善，这个过程称为酒的老熟或陈酿。在这样的过程中，还得添桶与倒桶。添桶是"由于温度的降低或酒中二氧化碳气体的释放及液体的蒸发，会经常出现容器液面下降的现象，这就难免使酒大面积接触空气，因此必须随时将桶添满"。换桶则是为了把已经澄清的葡萄酒与酒脚分开。① 这是现代葡萄酒酿造工艺。

而古代葡萄酒的储藏，我们每每在文献中看到。《太平寰宇记》卷一八三康居国条称：

（康居）多葡萄酒，富家或至千石，连年不败。

《晋书》卷一二二《吕光载记》称：

（吕）光入其城（龟兹），大飨将士，赋诗言志。见其宫室壮丽，命参军京兆段业著《龟兹宫赋》以讥之。胡人奢侈，厚于养生，家有蒲桃酒，或至千斛，经十年不败。士卒沦没酒藏者相继矣。

康居有"连年不败"之"千石"葡萄酒储藏，龟兹有"十年不败"之"千斛"葡萄酒之储藏，但是否添桶、换桶等工艺则不得而知。

依此而言，"多葡萄酒"的高昌西州亦应有多量而长期之葡萄酒储藏，《高昌张武顺等葡萄亩数及租酒帐》②就有"储酒"若干

---

① 刘玉田等编著：《现代葡萄酒酿造技术》，第107—108 页。
② 《吐鲁番出土文书》第三册，第50 页。

斛的记载。并且,此件文书中还记载了一个新的概念"姓",它或许就与添桶、换桶有关系:

(一)

(前缺)

1　[　　　　　　　　　]亩,无租。张武顺桃贰亩陆□

2　[　　　　　　　]亩,租了。法贞师桃三亩陆拾步,储酒伍斛,

3　[　　]贰斛。康寺僧幼桃半亩,租了。康安得桃陆拾步,

4　[　]桃半亩,无租。　索佑相桃陆拾步,租了。康崇相桃贰

5　[　]储酒伍斛,得酒壹姓,有拾斛。康众熹桃壹亩□□

6　[　　　　　　　]酒贰斛[　　　　　　　　　　]

(后缺)

(二)

(前残)

1　[　　　　　　　　]拾步[

2　[　　　　　　　]斛。任阿悦[

3　[　　　　　　]伍斛,得酒两姓[

4　[　　　　　　]伍斛。出提勤寺桃壹[

5　[　　　　　]亩半,储酒肆斛,有酒捌[

6　[　　　　　　]斛。焦庆伯桃半亩,租了。王[

7　[　]租了。史寺[　　　]三亩半陆拾步,储酒伍斛[

8　[　]捌斛。解特[　　]亩陆拾步,有酒陆斛。王阇[

9　[　]壹□陆拾步,有酒陆斛。[　]桃壹亩陆拾步,租了。[

10　[　]桃壹亩,租了。苏子悦桃[　]租。焦文崇桃壹亩,租了。[

11　[　]桃贰亩陆拾步,租了。□□□桃壹亩陆拾步,有酒三[

12 ［ ］庆则桃贰亩半，储酒伍□，□酒两姓，有贰拾陆斛。将崇［

13 ［ ］半亩陆拾步，有酒伍斛。崇□师桃半亩玖拾步，租了。王

14 ［ ］壹亩半，有酒伍斛。宋留儿桃壹亩半，租了。白赤头桃壹亩半，有

15 ［ ］桃贰亩，储酒捌斛，得酒两姓，有三拾斛。康欢［

16 ［   ］桃壹亩陆拾步，无租。韩延□［

（后缺）

（三）

（前缺）

1 ［   ］酒陆姓，有捌拾斛。王子相桃壹亩半，租了。龙［

2 ［   ］步，得酒陆斛。索寺德嵩桃贰亩，储酒捌斛，得酒壹姓［

3 ［ ］寺桃壹亩半，储酒拾伍斛，得酒三姓半，有伍拾斛。张仲佑桃壹亩半陆拾［

4 ［ ］步，无租。屯保谦桃贰亩半，储酒□斛，无酒。显真师桃壹亩半陆拾［

5 ［ ］壹姓，有拾伍斛。袁保佑桃贰［ ］无租。麹寺尼愿崇桃贰亩，得酒［

6 ［ ］拾肆斛。将众庆桃壹亩得酒［   ］阿狯桃贰亩，无租。张延嵩桃［

7 ［ ］拾步，无租。张愿伯桃壹亩半［   ］欢桃壹亩，租了。氾延受桃［

8 ［ ］酒伍［ ］，得酒壹姓，有拾贰斛。［   ］桃壹亩半，得酒伍斛，［

　　9　[　　　　]租。王佑儿桃[　　　　]酒壹姓,有拾肆斛。辛阿元[

　　10　[　　　　]延伯桃[　　　]柒斛。白寺真净桃壹亩陆[

　　11　[　　　　]寺桃贰亩陆拾步,[　　]酒柒[

　　12　[　　　　]寺桃贰亩半陆拾[　　]储[

　　13　[　　　　　]酒两姓,得贰拾[

　　14　[　　　　]善愿无桃,得酒[

　　15　[　　　　]奴子贰[

　　16　[　　　　]僧保桃[

　　(后残)

　　(四)

　　(前缺)

　　1　[　]人抚军寺桃伍亩六十步,储酒三拾斛,得酒拾壹姓,有壹佰肆拾贰[

　　2　[　]无桃,得酒两姓,有贰拾柒斛。史伯悦桃壹亩陆拾步,无租。吕马[

　　3　[　]租了。主簿尸罗桃壹亩半,得酒肆斛伍斗。张法儿桃壹亩半[

　　4　[　　　　]相嵩桃壹亩半,储酒伍斛,得酒壹姓半[

　　5　[　　　　　　]隆叙桃三亩,无租。[

　　(后残)

　　对于此件文书,编者认为是《葡萄亩数与租酒帐》,一些学者也有同样的观点。但依笔者看来,它既与酒租有关,又是一份葡萄种植和葡萄酒储藏、酿造的调查记录。此件文书之记载形式,大致有以下几种:

　　如(四)件2行,"史伯悦桃壹亩陆拾步,无租",共8处。

如(三)件 1 行，"王子相桃壹亩半，租了"，共 27 处。

案：租了、无租。其下均无关于酒的记载，可见此帐与葡萄酒租有关。

如(三)件 4 行，"屯保谦桃贰亩半，储酒□斛，无酒"，共 1 处。

案：无酒而有储酒仅此一例。无酒之酒当为无新酿之酒，因为虽"无酒"，但有"储酒"，储酒为储存之酒，则虽无新酿之酒，亦无妨酒租征收。

如(二)件 13、14 行，"王[   ]壹亩半，有酒伍斛"，共 5 处。

案：有酒。同样地，有无相对，有酒为有新酿之酒。

如(四)件 2 行，"[   ]无桃，得酒两姓，有贰拾柒斛"，共 2 处。

如(三)件 3 行，"[   ]寺桃壹亩半，储酒拾伍斛，得酒三姓半，有伍拾斛"，共 9 处。

如(四)件 3 行，"主簿尸罗桃壹亩半，得酒肆斛伍斗"。

案：得酒。得酒为得浆造酒之意，亦含有从他人处得新酿酒之意。得酒有两种类型，一为有桃，一为无桃。有桃下又分为两项：一为得酒若干姓，有酒若干斛；一为得酒若干，无姓之记载。无桃下记作得酒若干姓，有酒若干斛。无桃而得酒就说明了得浆造酒之事实,可见其为调查葡萄酒之记录。而有酒则为有新酿之酒。①

姓之含义,颇为难解,论者或言为斛之上一级量器,或言为姓氏之姓。② 姓氏之说法似无根据,因为(三)件3行有"三姓半"、(四)件4行有"壹姓半"之记载。量器之说法,似有道理,但从其姓与斛不成正比关系看,还不能贸然确定。笔者以为姓或为容器,犹如现代酿造葡萄酒之发酵罐,或储藏桶。因其是容器,故不

---

① 尚有一事须注意。文书中酒之单位几乎为斛,唯有一例即(四)件3行"主簿尸罗桃壹亩半,得酒肆斛伍斗"有斗之记载。我们已经知道高昌之酒租为每亩3斛,尸罗有桃壹亩半,而得酒肆斛伍斗,则其得酒由他人处所得也,犹如《吐鲁番出土文书》第五册,第157页:《高昌[　]污子从麹鼠儿边夏田、鼠儿从污子边举粟合券》:

1　儿边夏中渠常田壹亩半,交与夏
2　价银钱拾陆文,田要经壹年。赀租佰役,
3　□悉不知;若渠破水讨,麹郎悉不知。夏田价
4　□□□,仰污子为鼠儿偿租酒肆斛伍斗。酒
5　□□多少,麹悉不知,仰污了。二主和同,即共立券。
6　□□成之后,各不得返悔,悔者一罚二入不悔者。民有
7　私要,要行二主,各[　　　　　　]
8　污子边举粟伍斛,到十月内[　　　　　]
9　壹斗。麹郎身东西无,粟生本仰妇儿上。
10　倩书索僧和
11　□□□□□僧

② 孙振玉:《试析麹氏高昌王国对葡萄种植经济以及租酒的经营管理》,载敦煌吐鲁番学新疆研究资料中心编《吐鲁番学研究专辑》,第218—239页:"姓是指人,若干姓即若干人,这里的人是葡萄园主。"

成正比亦能说得通。①

从"姓"的容量来看，大致在十斛以上，而得酒有以半姓计量者，是否说明麴氏高昌唐朝西州之葡萄酒陈酿有添桶、换桶之工艺？②

在现代葡萄酒酿造工艺中，"装瓶是理论上的最终加工过程，也是葡萄酒最终储存形式"③，"瓶贮是提高葡萄酒质量的重要措施之一"④，"在陈酿过程中，葡萄酒要经历一系列的基本变化。（经过陈酿，）幼龄酒的浓香味逐渐消失，而形成的香味更为愉快和细腻。在桶中存放 2 年，再在瓶中储存几年的葡萄酒，与它原来的幼龄酒几乎无共同之处。"⑤

高昌西州的葡萄酒亦有瓶装工艺，上引《太平广记·梁四公记》中，从高昌送入萧梁之冻酒必定是瓶装的，而在《高昌条列得后入酒斛斗数奏行文书》中更是直接看到了"瓶"的字眼：⑥

---

① 程喜霖先生认为，据阿斯塔那 320 号墓所出《高昌张武顺等葡萄园亩数及租酒帐》：某寺"桃壹亩半，储酒拾伍斛，得酒三姓半有伍拾斛"。说明在租酒的计量单位斛斗之上还有一级——"姓"，但一"姓"等于多少斛斗却不可知。葡萄园仅一亩半，输酒量却如此之大，是因为葡萄酒中水的比重很大。此种结论似有误。因为此件文书和调查葡萄酒生产有关，而桃壹亩半的酒租，当是 4 斛 5 斗。当然，从现代葡萄酒生产工艺而言，似乎亦与水无涉，假若要加水，则是葡萄酒的勾兑，而非正宗的葡萄酒了。

② 吴震先生说："储酒当指原贮酒，得酒指新酿得酒，有酒则指现实存有酒数。无租是因故蠲除，租了谓租已纳讫。有桃（葡萄园）无酒，或因园是新辟尚未收获；无桃却有酒者，或是自己无葡萄园（非园主）但从他人处来者。"认为"姓"是酒的一种量器。见《麴氏高昌国土地形态所有制初探》，载《新疆文物》1986 年第 1 期。

③ ［法］E. 卑诺著、朱宝镛等译：《葡萄酒科学与工艺》，第 377 页。

④ 刘玉田等编著《现代葡萄酒酿造技术》，第 110 页。

⑤ ［法］E. 卑诺著、朱宝镛等译：《葡萄酒科学与工艺》，第 265 页。

⑥ 《吐鲁番出土文书》第五册，第 5 页。

1　[　]岁后入酒额：虎牙天护、司空□[

2　[　]延伯、成阿婆奴、张保愿、张子先四人边得瓶上长酒三伯[

3　[　]斗贰升；次得高延伯边入贰拾斛；次成阿婆奴边入酒壹[

4　[　　　　　　　　　　　　　　　]拾斛；次张子先边入酒究拾三斛[

5　边入酒伍斛；次张守摩边[

6　[　　　　　　]边入酒贰拾柒斛壹斗；次孙天救边[

7　[　]究斛伍斗半。次得案额相对案中长酒贰伯贰拾伍斛[

8　[　]升半；次和令边得酒陆斛；次张延钦边得酒三斛贰斗[

9　[　]贾法师边得酒陆斛捌斗。

10　　　都合得后入酒究伯柒拾三斛壹斗半升

11　谨案条列得后入酒斛斗列别如右记识奏诺奉　　　行

12　门　下　校　郎　麹　　　□

（后缺）

注意，第2行所谓"瓶上长酒"，就是从所得租酒灌入瓶中剩出之酒，其数竟达300余斛；而第7行"案额相对案中长酒"之"额"为租酒额，"案"则是所得租酒案，即一笔笔之收入，其数亦有225斛。加上延期交纳的，其"都合得后入酒究伯柒拾三斛壹斗半升"。可见高昌租酒总数之大。从此件文书中可见瓶装储藏亦为麹氏高昌葡萄酒工艺之一，而其瓶装数量之大亦可见一斑。

若笔者以上分析不误，则高昌葡萄酒储存和现代工艺也是相通的。

六、高昌葡萄酒税与酿造储藏之关系

麴氏高昌葡萄园用葡萄酒纳税的事实已为诸多学者指出。他们据阿斯塔那155号墓所出《高昌延寿二年(625)正月张熹儿入租酒条记》、阿斯塔那138号墓所出《高昌延寿十三年(636)正月赵寺法嵩入乙未岁僧租酒条记》等来说明僧俗输租皆可用酒。[①] 甚至认为阿斯塔那177号墓所出《高昌延寿十二年(635)张阿欢入租麦条记》中的"僧租□"，□不一定就是粟麦,也许可能是"酒"字。[②] 这是很对的。当然,他们还揭出了每亩葡萄田交纳葡萄酒3斛的事实。

然而,对于有些原本应该是葡萄酒交纳的文书,却被一些学者排除在外。比如《高昌高乾秀等按亩入供帐》:[③]

(一)

(前缺)

1 高乾秀一[   ]

2 高文邕一亩六十步十二月十三日,一斛八斗,供杂用,十四日一斛[   ]成献入。"合三斛七斗半。"

3 和仲仁一十二月六日,二斛七斗半,供杂用,次二斗会主簿胜安,次五升。合[   ]

4 史通事六十步六月三日七斗半入藏。　合实入六十斛七斗半,次帐下除卅四斛五斗。

---

① 如程喜霖《吐鲁番文书中所见的麴氏高昌的计田输租与计田承役》,载《出土文献研究》,1985年,第170—171页。
② 卢开万:《试论麴氏高昌时期的赋役制度》,载《敦煌吐鲁番文书初探》,第66—99页。
③《吐鲁番出土文书》第二册,第183页。

5　将罗子下自二正月廿六日三斛,供杂用,自入;次闰月廿五[　　　　]二人供杂用,威入。"合六斛"

6　肯崇信一半九月二日,四斛五斗,田阿之居入。"合四斛□□"

(二)

(前缺)

1　玄领寺一半　九月七日,二[　　　　]供作希瑾信,十二月十五日,一斛,付[　　　　]祀胡天,次廿日二斗,付成献,供厢上;次三斗货弘志师;四斗,付仲佑,供北厅;次二斗,付永忠,供鹿门;次廿四日,四斗,付忠和,供厢上,至廿五日。"合四斛五斗。"

2　张文德二半　十二月十一日,文孝入五斗,付谦仁,供田地公;次正月十五日,酢一　　斛,供作都施;次十五日,八斗付厕得,供从令尹役人;次一斛四斗半。"合三斛七斗半,文孝入,其一亩六十步,巷中除。"

(三)

(前残)

1　[　　　]四斗,付田孝

(后缺)

(四)

1　[　　　]六斗,付丰智,贷参军

2　[　　　]斗,供内用。"合六斛。"

程喜霖说,在这三件文书(案:尚有二件,本文未引)中,仅所引(二)件第 2 行记张文德所输三斛七斗中"供作都施"的一斛注明是"酢",其他则均未注明,但显然不是酢。[①] 郑学檬认为"这种

---

① 程喜霖:《吐鲁番文书中所见的麹氏高昌的计田输程与计田承役》。

随时入纳制度,本不符合田租征收原则,使人怀疑它是否为田租帐",但又因"知麴氏高昌国小人少,机构简单,办事简省,因此有田赋随时输入随时出供的帐历",从而认为"这是高昌官府向民户、寺院征收的田租"。①

笔者以为,这件文书应该与租酒有关,其中的"酢"是葡萄酒,而其他未注明的斛斗虽然不是酢,但亦是葡萄酒。《高昌某年永安安乐等地酢酒名簿》《高昌某年浮桃寺等酢酒名簿》《高昌某年安乐等地酢酒名簿》《高昌某年涝林等地酢酒名簿》②等件的记载形式皆与此件有相似之处。比如《高昌某年永安安乐等地酢酒名簿》载:

(一)

(前残)

1 永□酢酒名　刘□救五斛二斗半,　杜□[

2 半,　将众子五斛二斗半,　阳鋆得六斛,　巩待□

3 五斛二斗半,　康僧胡三斛六斗半,　智乔师八斛二斗半

4 [　　　　　　　　　]五十二斛五斗,　酢

5 [　　　　　　　　　]乐诸酒中酢

6 名　白文阇五斛二斗半,　左族六斛,　安寺阿冬七斛五□

7 丘白头二斛二斗半,　康黑奴四斛五斗,　阿润寺五斛六□

8 卫阿武子六斛,　侯屯安三斛七斗半,　主簿[

文书虽标题为"永□酢酒名",而在各个名下的酢酒则基本

---

① 郑学檬:《高昌实物田租探讨——〈吐鲁番出土文书〉读后札记》,载《敦煌吐鲁番出土经济文书研究》,第113—128页。

②《吐鲁番出土文书》第四册,补遗第6、9、12、14、15页。

写作"斛斗",特别是5、6行标明"(安)乐诸酒中酢名",说明酒有多种(《唐会要》卷一〇〇《杂录》记载高昌葡萄酒有八色或许也说明了这点),而酢是其中之一,而它们都是被记作"斛斗"的。《高乾秀等按亩入供帐》,大约入供的多为诸酒,而酢较少,故特为标出。因此,此帐并非为粮食帐,而是葡萄酒帐。

实际上,从斛斗的零碎交纳入供状况也可看出此帐为葡萄酒帐,而非粮食帐。

郑学檬先生的直觉是对的,而他的分析却反而出了问题。如果斛斗是粮食,那么,尽管"高昌国小人少,机构简单,办事简省",也没有必要今天三斗明天五升交纳入供。而葡萄酒,由于它的特殊性,却很有必要这么做。这种必要性就在于避免葡萄酒的污染变质。

我们摘抄《葡萄酒科学与工艺》的一些结论于下:[①]

> 引起变质的酵母,它们污染厂房和设备器材,能抵抗酒精、无水二氧化硫,在无空气情况下,长期存活在葡萄酒中达好几个月,它们和一般酿酒酵母不一样。葡萄酒贮存期间,有时会出现酵母繁殖,使澄清的酒变混浊,并生成沉淀。酒中含有还原糖时,会出现真正的发酵,使酒中含有气体。这种反常现象会发生在酒桶、贮酒槽或酒瓶中。
>
> 这些不是酿造葡萄酒的酵母,但它们的抵抗力强。甜葡萄酒的再发酵和某些瓶装干葡萄酒出现酵母沉淀事故,并不是由于主发酵的好酵母,而是由于某些能够长期存活在酒精和游离二氧化硫存在下贮藏的酵母。选择的储藏条件,正好适合于变败酵母。常常使某种葡萄酒变败的酵母,有时只有一种,它能够适应不利条件。有些酵母应该和有害细菌一

---

① ［法］E. 卑诺著、朱宝镛等译:《葡萄酒科学与工艺》,第112页。

样,把它们列入危险微生物。(第 113 页)

实际上葡萄酒在口味和气味方面对任何污染和影响都特别敏感。它易于吸收酒窖和容器的不良气味和口味物质。酵母和细菌的污染会在容器和设备之间传播。(第 250 页)

葡萄酒在生产和储存过程中,总是面临着微生物污染的问题,这种污染会降低酒的质量,严重时使酒完全报废。各种微生物可以利用酒中的关键成分进行生长,在这些成分被分解,不利的物质生成之后,葡萄酒的组成和口味就发生了根本的变化,微生物细胞悬浮于酒液中会使酒体浑浊。由于污染,酒中会含存大量气体,酒的色泽也会受影响。这称为酒的病害或败坏。(第 276 页)

以此而言,葡萄酒的生产和储存中须特别注意防止各种污染,而假若把各家各户酿制的葡萄酒全都混杂在一起,则会大大增加这种污染的可能性。于是,高昌麹氏的葡萄酒税的征收,也变成零碎的了。

实际上,《太平广记·梁四公记》的记载也隐隐约约地说明了这个问题。当杰公指出冻酒的质量不好时,他说"冻酒非八风谷所冻者,又以高宁酒和之"。高昌使者不得不承认,"盐及冻酒,奉王急命,故非时尔"。而杰公向帝解释他之所以知道葡萄酒质量不好的原因是:"蒲桃,泘林者皮薄味美,无半者皮厚味苦。酒是八风谷冻成者终年不坏,今臭其气酸,泘林(高宁?)酒滑而色浅,故云然。"也就是说,葡萄酒的质量和葡萄的质量有关,八风谷冻成之酒不能掺和"滑而色浅"的"泘林(高宁?)酒",一经掺和,则"其气酸"了。

笔者曾为诸种及同种葡萄酒能否掺和问题向浙江艇湖啤酒厂罗可祥总工程师请教。罗总认为,从原则上说,葡萄酒的掺和是不成问题的,因为在添桶时就有葡萄酒的掺和工艺,但他又强调指出,添桶时要用同年龄、同品种、同质量的原酒,目的还在防止葡萄酒的杂菌繁殖。

麴氏高昌时期各家各户酿制的葡萄酒是否为同年龄、同品种、同质量的原酒,是否没有带有污染微生物的葡萄酒掺杂其间,那就很难说了。一粒老鼠屎能坏一锅好汤,万全之计,还是如同《高昌高乾秀等按亩入供帐》中所记载的那样,按照需要各家各户不定期地入供葡萄酒为好。

如果我们的结论不误,那么,有很多被视为粮食入供帐簿的文书可以重加检讨。比如像《高昌某年高厕等斛斗帐》《高昌张众养等按亩入供斛斗帐》《高昌和婆居罗等田租簿》《高昌延昌四十年(600)供诸门及碑堂等处粮食帐》《高昌五塔等寺计亩入斛斗簿》等,[①]或许都与葡萄酒税有关。

于是,我们说,高昌葡萄酒税的征收,与葡萄酒的酿造、储存之特点有关,为避免葡萄酒的污染、变质、败坏,往往采取不定期、不定量的入供这种方式。

七、小　结

本文探讨了麴氏高昌和唐代西州时期吐鲁番地区的葡萄栽培、种植、管理状况,推测了当时的种植面积,考察了当时葡萄干的种类,分析了当时葡萄酒的酿造、储藏工艺、技术,以及高昌葡萄酒税与储藏的关系等问题。

本文认为,当时的葡萄栽培与现代有相似之处,葡萄的生长及其产量递增过程亦大略相当。从其管理来看,也大略与现代相同,有"抽枝""覆盖并收拾残枝""埋柱"及"运枝架""覆盖"等诸

---

① 各见《吐鲁番出土文书》:第四册,补遗第 22 页;第二册,第 190、316、362、369 页。

环节。其生产过程已相当先进。

本文对高昌西州时期葡萄种植面积进行了估计，认为当时整个吐鲁番地区有葡萄田 3063 亩，即 30 顷余，约占高昌垦田 900 顷百分之三强。

本文考察了高昌西州时期的葡萄干加工，认为葡萄干因葡萄的质量好坏而有差异，而葡萄的质量又与产地及年成有关，葡萄干还作为珍异之物"进贡"于中原王朝。而葡萄干的品种据其加工方法则至少有"干葡萄"和"烟熏葡萄"两类。

本文着重对高昌西州时期的葡萄酒的生产工艺进行了分析。

本文认为，酿制葡萄酒的第一个步骤是"踏浆"，即破碎葡萄，使之成浆之方法。它是葡萄酒制作工艺中不可或缺之一环。高昌西州之"踏浆"法与欧洲一些小型酒厂沿用旧习惯，踏碎葡萄，使之成浆之方法，其间当含有中西技术交流的因素。然而，此后，"踏浆"法在中原却似乎已经失传。

本文认为，高昌西州之酿造葡萄酒遗法虽然并未有完整文字留存，但通过分析比较，仍能得其大概。当时，葡萄酒加工之场所称为"槽头"。在葡萄酒发酵时，既用"麹"即曲，亦用"曲梅"，即事先挑选健康成熟的葡萄破碎后，添加或不添加酵母，放在发酵槽底，任其发酵，以后就用它作为"酒母"进行发酵。而当时葡萄酒有两种制法：其一，踏浆后不去皮而经不完全发酵之"酢"酒，即用现代桃红葡萄酒之制法；其二，踏浆后去皮而经完全发酵之"苦酒"，即用现代白葡萄酒之制法。两种方法既可单独酿制，亦可结合酿制。大致说来，结合酿制时，将红、白葡萄混在一起踏浆，分离出部分葡萄汁，酿出酢（即桃红葡萄酒），再在余下的浆糟中，酿出苦酒（即红葡萄酒）。

本文认为，高昌西州亦有多量而长期之葡萄酒储藏，文书中出现的一个概念"姓"，恐怕并非是量器，而是一种容器，它或许与现代葡萄酒陈酿过程中的添桶、换桶技术有相似之处。而葡萄酒老熟过程中的瓶装储藏工艺，在高昌西州时期亦已大量采用。从葡萄酒储存看，高昌西州时期和现代之工艺也是相通的。

　　本文还探讨了麹氏高昌时期葡萄酒税的征收采取百姓零碎入供的方法的原因，认为这与葡萄酒的酿造、储存之特点有关，为避免葡萄酒的污染、变质、败坏，往往采取不定期、不定量的入供这种方式。与此相应，笔者还认为，很多标明为斛斗的文书中实际上并非为粮食帐簿，而应是葡萄酒帐簿。

　　后记：写完此稿，回过头再去读《现代葡萄酒酿造技术》与《葡萄酒科学与工艺》二书，发现自己对现代葡萄酒酿造终归是个门外汉，自己对此的了解是非常浅薄的，至多不过是一鳞半爪。而要用仅存的、非专门记载葡萄酒酿造法的吐鲁番出土文书与现代葡萄酒工艺作比较，作出研究，得出结论，真可谓是不自量力。切盼有识者教我。而古人所云"未知生，焉知死"者，多有人以为这是南朝士人放荡不羁，不肯用心之写照。现在看来，发出这样的哀叹，实在有其不得已之处。笔者之心，大体同此。读者鉴之。

此槽头非彼槽头

——鄯善文书"槽头"与葡萄酒有关说

陈国灿先生在《吐鲁番学研究》2005 年第 2 期发表大作《鄯善县新发现的一批唐代文书》，刊布介绍 23 件唐代高宗至武则天时期西州柳中县有关"租田契、佃种葡萄园契、雇人雇车上烽戍契、欠钱定期归还契、交纳钱粮抄"等文书，大有惠于学界。对于这些文书，陈国灿先生作了必要的整理工作，进行录文，并有必要的解释。这就为我们判读文书提供了方便，但陈先生关于鄯善文书中"槽头"的解读则尚可商榷，谨此提出，以供参考。

槽头一词，在这 23 件鄯善文书中，凡二见，其一在第三件《唐光宅元年(684)十二月以犊租田契》，其二在第一二件《武周吕懃子从和利(当为行)本边佃葡萄园契》。为见其全貌，先录下，其俗字都改为正楷。

《唐光宅元年(684)十二月以犊租田契》：

1　光宅元年十二月十日,[酒][

2　租取光宅贰年中新[

3　槽头与夏价绀犊[

4　□过其月不还犊,[

5　□□平□□□□[

6　[　　　　　　　　]无信,故

（后缺）

《武周吕懃子从和利(当为行)本边佃葡萄园契》：

（前缺）

1　　　　　　　]壹园贰亩,初年十月槽头[

2　　　　　　　]到叁年中,与浆陆斛;到肆,与浆柒

3　　　　　　　]更无杂果。到叁年、肆年中,与梨柰

4　□ 斛 ,年合着柱索到陶满日,今运柱索

5　　　　　　　]随时修理,必吕加工修理好,若转

6　　　　　　　]罚银贰拾文。若不佃和陶者,

7　　　　　　　　]陶满日,合还柱索,契有两

8　　　　　　　　　]指为定,两和立契,检为

9　　　　　]　　陶主　和行本 |　|　|

10　　　　　　　　陶主　和本母 |　|　|

11　　　　　　　佃陶人　吕勲子　|　|　|

12　　　　　　　知见人　张蕴子 |　|　|

13　　　　　　　知见人

14　　　　　　知见人赵　赵 | 留 | 七

　　陈先生以为,"槽头,通常指喂牲口的地方,或为喂牲口者的自称。唐代西州长行坊的伤病马匹,均送牧马所分群牧养,群下又分槽,群有群头,槽有槽头,故此处'槽头',又具有饲养官马的一槽之头的特殊含意。此称又见于下列第一二件《武周吕勲子从和行本边佃葡萄园契》,吕勲子担任或曾任过官府'槽头'这一官差,故常自称为槽头。由此推测,这里的租田者可能也是吕勲子"。关于长行坊中的"槽头",陈先生还有注称,《唐张从牒为计开元十年蒲昌群长行马事》文书,其中有"得槽头梁远状"之文字。①

　　固然,槽之为词与牛马有关,《说文解字》卷六上解"槽"为:

_____

① 陈国灿:《斯坦因所获吐鲁番文书研究》,第210页。

"畜兽之食器,从木曹声,昨牢切。"《玉篇》卷一二则称:"槽,(徂毫切,马槽。)"更有《晋书》卷一《宣帝纪》载:"魏武察帝有雄豪志,闻有狼顾相,欲验之,乃召使前行,令反顾,面正向后而身不动;又尝梦三马同食一槽,甚恶焉。"

而《续资治通鉴长编》卷一〇四宋仁宗天圣四年九月条称:"王曾对曰:'……且祖宗旧制,以群牧司总天下马政,其属有左右骐骥院,分领左右天驷监,左右天厩坊;其畜病马,有牧养上下监;牧兵校长,有提举指挥使、副使、员僚十将、节级、兽医、槽头、刷刨、长行,调上乘有小底。诸监之在外者云云。'"显然,这里的"槽头"是职役之一,有陈国灿先生所谓"饲养官马的一槽之头"的含义。

但槽亦有与酒相关者。《康熙字典》卷一四解"槽"字,其中一义即云:"又酒槽,酒坊也",并引李贺《将进酒》诗句"小槽酒滴真珠红"为例。而李贺之全诗则见于《唐文粹》卷一三,其文颇与葡萄酒有涉:

> 瑠璃钟,琥珀浓。小槽酒滴真珠红。烹龙炮凤玉脂泣,罗帏翠幕围春风。吹龙笛,击鼍鼓。皓齿歌,细腰舞。况是青春日将暮,桃花乱落如红雨。劝君终日酩酊醉,酒不到刘伶坟上土。

宋以后辞人骚客以"槽头"入诗而与酒相干者,大有其人。如苏辙《栾城集》第三集卷三《十月二十九日雪四首》,其中一、二两首云:

> 床头唧唧槽鸣瓮,夜半萧萧雪打窗。拥褐旋惊花着树,泼醅初喜酒盈缸。邻翁晨乞米三斗,钓户暮留鱼一双。自笑有无今粗足,遥怜逐客过重江。(时逐客有过湖岭者。)

> 龛灯照室久妨睡,雪气侵人不隔窗。枕上诗成那起草,

槽头酒滴暗鸣缸。远来狂客应回去,高卧幽人未有双。犹忆新滩泊船处,堆蓬积玉撼长江。

黄庭坚《山谷集》别集卷一《访赵君举》:

朔风吹雪满都城,晓踏骅骝访玉京。相引槽头看春酒,细流三峡夜泉声。

若据苏辙、黄庭坚诗意,"槽头"颇与酒之发酵过滤有关。

那么,上两件文书中的"槽头"为与"畜兽之食器"有关者,抑或与酒(葡萄酒)有关者?

实际上,第二件文书明确表明为"佃葡萄园契",而从陈先生披露的第一七件《唐吕跤德租葡萄园契》文书看来,租佃葡萄园当与葡萄酒有关:

(前缺)

1　　]到十月

2　　　]肆斗,其酒限到十月内偿,物向

3　　　]斗,精抱(?)好苦酒壹斗,取物之

4　　　]陶垣壁崩破,随时修冶具字。柱

5　　　]得支还支,得堆还堆。立契已后,无

6　　　]钱伍拾文。契有两本,各捉壹本,其

7　　　]□穗乡例,两主和合,获指为

8　　　]　　　　租陶人　吕跤德|　|　|

9　　　　　　　陶主　时欢伯|　|　|

10　　　　　　保人　左向指|　|　|

11　　　　　　知见人

12　　　　　　知见人

13　　　　　　]金子　|　|　|

我们如果把《吐鲁番出土文书》中的相关材料与《鄯善文书》上引三件文书相比照，则可知这里的"槽头"与葡萄酒有关。

《高昌延寿九年（632）范阿僚举钱作酱券》：①

1　延寿九年壬岁四月一日范阿僚从道人元□□□

2　取银钱贰拾文，到十月曹头与甜酱拾陆斛伍

3　斗，与诈叁斛，与糟壹斛，甜酱曲梅瓮子中取。到十月

4　曹头甜酱不毕，酱壹斗转为苦酒壹斗。贰主□

5　同立券，券城之后，各不得返悔，悔者壹□□□□

6　悔者。民有私要，要行贰主，各自署名为□。

7　　　　　倩书赵善得

8　　　　　时见张善佑

9　　　　　临坐康冬冬

是件颇多错别字，但若与吕众德契相较，则"苦酒"辞同，"甜酱"之酱当为浆，而作葡萄酒皆在十月，于是2行之"曹头"便也就是"槽头"。如果再看以下文书，那么，"槽头"与畜兽无关则更明了。《武周长安三年（703）西州高昌县严苟仁租葡萄园契》载：②

1　长安三年三月二日严苟仁于麴善通边租取张渠陶③

2　蒲一段二亩。陶内有枣树大小拾根，四院墙壁并全。其陶

3　契限五年收佃。今年为陶内支架短，当年不论价值，至辰

4　岁，与租价铜钱肆伯捌拾文，到巳岁，与租价铜钱陆伯肆拾文。

---

① 《吐鲁番出土文书》第五册，第 56 页。

② 《吐鲁番出土文书》第七册，第 279 页。

③ 边有乙转记号。

5　至午岁,与租价铜钱捌伯文。到未岁,一依午岁价。与捌
伯文。年

（下缺）

柱索、支架、年限等都与鄯善文书中葡萄种植暨葡萄酒酿造
文字相关,于是"槽头"之概念也就与葡萄酒的酿造紧密联系了。

关于历史上吐鲁番地区的葡萄种植、葡萄酒酿造诸事的探
讨,拙文《麹氏高昌和唐代西州的葡萄、葡萄酒及葡萄酒税》尝有
论及,发表于《中国经济史研究》2002 年第 4 期,陈国灿先生发掘
之鄯善文书中有关葡萄酒制作的材料无疑增强了拙文的结论。
有所遗憾者为我尚未得见李肖先生关于阿斯塔那墓地南北朝十
六国早期酿造葡萄酒全过程壁画及其详细探究。[①]　而我最早得
知陈李二先生的研究成果是在 2006 年武当山敦煌吐鲁番学研讨
会上。

---

① 新疆天山网（http://www.tianshannet.com.cn/）2004 年 8 月 10 日 11：
20 称:"据吐鲁番地区文物局局长李肖介绍,这座壁画墓室约有 9 平方米的
面积。正对穴道的正墙上,就绘有这幅长 2.5 米,宽 0.6 米的 2 男 1 女生活场
景庄园生活图。而左侧约占全图 1/3 的位置,则被采摘下放在大桶里的葡
萄,直至被酿成酒的篇幅所占据。当年唐朝的葡萄酒酿酒技艺,最早就来自
于现在的吐鲁番地区。现在吐鲁番发掘出葡萄种植酿酒过程的壁画,说明
当时吐鲁番地区葡萄种植和酿酒技术已相当普及。"他还说:"这幅庄园主生
活图发掘自阿斯塔那墓地南北朝十六国早期的壁画墓中。图中葡萄种植酿
酒过程的绘制比重,充分地说明了当时农庄经济来源的一半以上收入来自
于葡萄。"

下　编

唐代西州成立时间考

唐太宗贞观十四年(640)八月,侯君集平高昌,唐廷旋即于其地立西州,这在史籍上有明确的记载,本不成什么大问题。但由于大量吐鲁番文书的出土与刊布,对于此一时期吐鲁番地区乃至整个大唐帝国的政治、经济、军事诸方面的研究越来越深入,因此,对于西州成立时间的认定也就有了更高的要求。① 本文就是对此一问题的一点考察,其目的非但在于具体问题的解决,还希冀对于唐代的通讯速度、行政效率等等有所认识。

《新唐书》卷二《太宗纪》称:

> (贞观十四年八月)癸酉,侯君集克高昌。

是年八月癸酉为八日。② 但《唐会要》卷九五高昌条的记载则不同了:

> (贞观十四年八月)十日,交河道行军大总管侯君集、副总管牛进达平高昌国,下其郡三、县五、城二十二,户八千四

---

① 比如,唐长孺先生曾在《唐贞观十四年手实中的受田制度和丁中问题》(载《敦煌吐鲁番文书初探》)一文中说:"史籍记载,贞观十四年八月癸酉侯君集平高昌,本年八月丙寅朔,癸酉是八日,距九月申报手实不过月余,这是唐置西州后第一次调查户口、田亩,对于唐初西州设置后的一些措施提供了珍贵的史料。"这显然与西州设立的时间有关。

② 据陈垣先生《二十史朔闰表》,中华书局,1982 年新 1 版。下文推算均据此。

十六、口三万七千七百三十八，马四千三百四。

两者之记载相差两天。或许，八月八日为克高昌之时间，而八月十日则为上奏所署之日期。但是，由于西州至长安的路程有5265里之遥，①捷报传至京师的时间已在八月二十八日了。《旧唐书》卷三《太宗纪》下称：

> （贞观十四年八月）癸巳，交河道行军大总管侯君集平高昌，以其地置西州。

是年八月癸巳为二十八日，离八月八日20天、离八月十日则为18天。也就是说，西州至长安的日程大约在18—20天。

这样的日程可以下例来说明。《资治通鉴》卷一九七太宗贞观十八年条称：

> （九月）辛卯，上谓侍臣曰："（郭）孝恪近奏称八月十一日往击焉耆。二十日应至，必以二十二日破之。朕计其道里，使者今日至矣！"言未毕，驿骑至。

贞观十八年九月辛未朔，辛卯为二十一日，是年八月小尽，则"驿骑"自焉耆至长安的日程为28天。若以郭孝恪自西州至焉耆之行军日程为10天计，则推得西州至长安"驿骑"日程为18天强；若以焉耆至长安之路程5975里平均计，则西州至长安"驿骑"的日程为24天强。要之，两地之单程总在18天以上。

于是，侯君集八月八日平高昌，捷报传至长安则在八月二十八日，若果真在此日设置西州，由于是年八月小尽，信息再返回传递到高昌城，至早亦已在九月十七日了。

然而，八月二十八日是否为唐朝廷设置西州的日期呢？似乎

---

① 《通典》卷一七四交河郡条称："（交河郡）西南到焉耆七百十里……去西京五千二百六十五里。"

也不是,因为其间还有一个设置西昌州的过程。

在我们上引《唐会要》高昌条下,又有:

> 太宗欲以其地为州县,魏徵谏曰:"未若因抚其人而立
> 其子,所谓伐罪吊民,威德被于遐外,为国之善者也云云。"
> 上不从,以其地为西昌州。又改为西州,以交河城为交河县,
> 始昌城为天山县,田山城(案,当为田地城)为柳中县,东镇
> 城为蒲昌县,高昌城为高昌县,并为都护府,留军以镇之。

提到将高昌之地立为西昌州的,还有《新唐书》卷二二一高
昌条。因为它与我们下面的分析有关,亦引之如下:

> 捷书闻,天子大悦,宴群臣,班赐策功,赦高昌所部,披其
> 地皆州县之,号西昌州。特进魏徵谏曰:"……文泰死,罪止
> 矣,抚其人,立其子,伐罪吊民,道也……"不纳。改西昌州
> 曰西州,更置安西都护府,岁调千兵,谪罪人以戍。

大约是由于西昌州存在的时间太短,其他的文献如《资治通
鉴》《旧唐书》《通典》等均无提及,但实在的,这一过程却非常重
要,就如胡戟、李孝聪、荣新江等先生所指出的,"(西昌州)应属
于羁縻州性质"[1],反映了唐太宗心路历程之一侧面。

但西昌州亦不设立于八月二十八日,且看"捷书闻"以后,又
是"宴群臣",又是"班赐策功",非在一天之内所能完成。而若对
照新旧《唐书》之《太宗纪》,则知《新唐书·高昌传》所言"赦高
昌所部"在九月九日,而高昌之地设置西昌州亦应在同时或稍
后。《文馆词林》卷六六九《贞观年中曲赦高昌部内诏一首》亦有
这样的记载:

---

[1] 胡戟、李孝聪、荣新江:《吐鲁番》,三秦出版社,1987 年,第 54 页。但
关于设置的时间却有误。

> 可曲赦高昌部内。贞观十四年九月九日以前，大辟罪以下，事无轻重，皆赦除之。

可知此时尚称高昌，而其时在九月九日。

西昌州改为西州的时间则在九月二十一日或九月二十二日，与安西都护府设置的时间相同。《唐会要》卷七三安西都护府条称：

> 贞观十年九月—十二日，侯君集下高昌国，于西州置安西都护府，治交河城。

此条材料已经后人加工，自不待言。而《旧唐书》卷三《太宗纪》下则称：

> （贞观十四年九月）乙卯，于西州置安西都护府。

九月乙卯为二十一日。《资治通鉴》卷一九五太宗贞观十四年条亦称：

> 九月，以其地为西州……乙卯，置安西都护府于交河城，留兵镇之。

但就像我们已经指出的，此三书都未记载西昌州之事。如果联系上引《新唐书·高昌传》《唐会要·高昌》之记载，可见安西都护府的设置和西州的设置应该是同时的。

上面所述之事实均发生在长安，若顺延 18 天，则西昌州、西州立于高昌故地之事实便更在其后了。我们把它立一个时间表，则是：

> 八月八日，在高昌，侯君集克高昌；
>
> 八月十日，在高昌，侯君集报捷；
>
> 八月二十八日，在长安，捷书闻；

九月九日,在长安,立西昌州;

九月二十二日,在长安,改西昌州为西州;

九月二十七日,在高昌,西昌州立;

十月十日,在高昌,西昌州改为西州。

唐代胡化婚姻关系试论

——兼论突厥世系

陈寅恪先生在《唐代政治史述论稿》中,开宗明义地写下了这么一段话:

> 《朱子语类》壹壹陆历代叁云:唐源流出于夷狄,故闺门失礼之事不以为异。朱子之语颇为简略,其意未能详知。然此简略之语句亦含有种族及文化二问题,而此二问题实李唐一代史事关键之所在,治唐史者不可忽视者也。

这就揭示了种族和文化对于政治的深刻关系。所谓唐皇室的"闺门失礼",大概指的是文化中的一个重要侧面——婚姻关系,如唐公主再嫁,夺媳烝母之事实为众所熟知,自不待赘言。然而,这种"闺门失礼"的行为,尤其是"胡"族婚姻形态——叔嫂婚、报母婚、翁媳婚等,对于唐代普通百姓以至于名门士族的影响究竟如何,则学界涉足尚少。本篇欲通过敦煌籍帐手实之个案及文献材料中的蛛丝马迹揭示这一现象,为陈寅恪先生文章添其蛇足;并以此为契机,解决史籍记载突厥世系不清之问题。

一、敦煌籍帐胡化婚姻材料之分析

敦煌籍帐中有数例胡化婚姻之材料,饶有兴趣,不妨先移录于下,略加说明,然后再作分析。

P.3354《唐天宝六载（747）敦煌郡敦煌县龙勒乡都乡里籍》b 件：①

（前略）

5　户主曹思礼　载伍拾陆岁　队副　开元十一载九月十六日授甲头和智恭　曾高　祖廓　父珍　下中户空　课户见不输

6　母　孙　载陆拾岁　寡　天宝五载帐后死空

7　妻　张　载伍拾捌岁　职资妻空

8　弟　令休　载贰拾捌岁　白丁　天宝五载帐后死空

9　男　令璋　载壹拾捌岁　中男　天宝四载帐后死空

10　亡弟妻王　载贰拾伍岁　寡　天宝四载帐后漏附空

11　女　娘娘　载叁拾壹岁　中女空

12　女　妙音　载贰拾壹岁　中女空

13　女　妙仙　载壹拾柒岁　小女空

14　女　进进　载壹拾伍岁　小女空

15　女　尚真　载壹拾叁岁　小女空

16　弟　思钦　载肆拾贰岁　白丁　开元十五载没落

17　亡兄男琼璋载贰拾贰岁　上柱国子　取故父德建上柱国荫景云元载十月廿二日授甲头张元爽　天宝四载帐后漏附　曾高　祖廓　父建空

18　亡兄男琼玉载壹拾柒岁　小男　天宝四载帐后漏附空

19　妹　妙法　载肆拾叁岁　中女空

（下略）

为研究方便起见，我们把它叫作曹思礼户。再看同卷同籍 c 件：

（前略）

---

① 池田温：《中国古代籍帐研究》，第 195—196 页。

217　户主杜怀奉 载肆拾伍岁　上柱国　开元十七载十月二日授甲头卢思元　曾开　祖苟　父奴　下下户空　不课户

218　亡兄男崇真载叁拾柒岁　卫士武骑尉　开元十八载闰六月廿日授甲头李处明　曾开　祖奴　父头空

219　真男　钦论 载捌岁　小男　天宝三载籍后死空

220　真女　玉儿 载壹拾叁岁　小女空

221　真女　玉儿 载壹拾贰岁　小女空

222　亡兄女法仙 载贰拾捌岁　中女空

223　亡兄妻汜　载肆拾陆岁　寡空

224　亡兄男崇宾 载贰拾叁岁　白丁空

225　亡兄妻张　载叁拾陆岁　寡空

226　男　浪生 载壹拾伍岁　小男空

227　男　令璋 载柒岁　小男　天宝三载籍后死空

228　弟　崇敬 载贰拾岁　中男　天宝三载籍后死空

229　姊　法戒 载肆拾陆岁　中女空

230　妹　戒戒 载肆拾肆岁　中女空

231　姑　神戒 载肆拾贰岁　中女空

（下略）

我们把此户称为杜怀奉户。还有 S.541《唐大历四年（769）沙州敦煌县悬泉乡宜禾里手实》：①

（上略）

147　户主索仁亮 年叁拾捌岁　守左领军卫宕州常吉府别将乾元二年十月　日授甲头唐游仙　曾守　祖济　父楚　代兄承户　下下户　课户见输

148　兄　思楚 年陆拾玖岁　老男翊卫　宝应二年帐后死

———————————

① 池田温：《中国古代籍帐研究》，第225—226页。

149　亡兄妻宋　年柒拾岁　寡

150　亡兄男元亮 年贰拾伍岁　品子　乾元三年籍后死

151　亡兄男元晖 年贰拾玖岁　品子　取故父思楚翊卫萌开元

廿五年二月九日授甲头田秀实　曾守　祖济　父楚　上元二年帐后逃还附

152　亡兄男元俊 年贰拾捌岁　品子　上元二年帐后漏附

153　亡兄女来来 年贰拾肆岁　中女　乾元三年籍后死

154　亡兄女娘子 年壹拾肆岁　小女　乾元三年籍后死

（下略）

我们把这户叫作索仁亮户。

上述三户，首先引起我们注意的是曹思礼户5和17行、杜怀奉户217和218行、索仁亮户147和151行的脚注。仔细比较，我们发现，曹思礼和亡兄男琼璋、杜怀奉和亡兄男崇真、索仁亮和亡兄男元晖之昭穆次序十分混乱。这会不会是原始材料本身就有错误呢？为了使我们的结论建立在科学的基础上，我们必须检查这些材料的正确性。

诚然，从所有的出土之敦煌吐鲁番籍帐看，失误错讹在所不免。池田温先生说："（天宝六载籍）从整体上看，三年之中，十二个男子就约有一人实施年龄变更，这就给人以男子年龄难以信任之印象。"[①]但我们是否可以反过来说，以这样的比例进行年龄变更，不是说明官府对于户口的调查之态度是认真负责的吗？韩国磐先生考察了唐前中期152年间的籍帐制作状况，认为"唐朝和唐玄宗都十分重视户籍整理，甚至可以说（唐玄宗）最重视户版"，而籍帐"也不免有照抄旧帐，误而未改者。就所见唐代籍帐残卷来说，就有若干错误，有的还错得可笑"，但无论如何，"这些

① 池田温：《中国古代籍帐研究》，第66页。

籍帐具有它的历史真实性"①。

籍帐登记是一件很严肃的事情,唐政府正是通过户籍来征民租赋,统治人民。为了说明这"历史的真实性",试举二例。

吐鲁番文书唐高宗时勘问计帐不实辩辞:②

1 □□被问既称,此人计帐先除,□

2 □犹存见在,前□

3 □未归虚实,仰更具答者。

4 □身是高昌,不闲宪法,

5 □日摩咄妻多然

6 □柱柱,乃即依旧籍转写为

7 定,实是错误,不解脚注,摩咄身死,

8 错为见在,今更子细勘当,实□

9 隐没,直是不闲公法,谨答者□

       ??

由于被问者(柱柱?)没有注意脚注,却依旧籍转写为定,遂产生了"摩咄身死,错为见在"的失误。可见,脚注十分重要。而籍帐登记具有相当的严肃性。

赵璘《因话录》卷三称:

> 崔相国群为华州刺史。郑县陆镇以名与崔公近讳音同,请假。崔视事后,遍问官属,怪镇不在列,左右以回避对。公曰:"县尉旨授官也,不可以刺史私避,而使之罢不治事。"召之令出。镇因陈牒,请权改名填。公判准状,仍戒之曰:"公庭可以从权,簿书则当仍旧,台省中无陆填名也。"其知大体

---

① 见《唐籍帐残卷证明唐代造籍均田之勤》,1988 年第三次中国敦煌吐鲁番学术讨论会印影稿,载《敦煌吐鲁番学研究论文集》。

② 《吐鲁番出土文书》第六册,第 241 页。65TAM42:103(a)。

如此。

崔群任华州刺史在穆宗时，尽管当时的中央集权大为削弱，然而对于簿籍的注重于此亦可略见一斑。

具体地说，韩国磐先生提及的"可笑"的错误，由于不知确指，置而不论，单就池田温先生所指出的天宝六载、大历四年的"伪籍"而言，有的本身确有错误，但大多数则只能当作疑点看待，或可作为一家之言。① 再具体到我们所要研究的问题，仔细检索勋职官及子弟下之脚注，我们发现，户籍手实登载授勋年月日甲头、父名、祖父曾祖名有一个渐进的过程：大足元年效谷乡籍、先天二年平康乡籍、开元四年慈惠乡籍均未载；开元十年悬泉乡草案籍首次出现了授勋年月日甲头；开元十年莫高乡籍增加了父名；至天宝六载籍和大历四年手实才完整地具备了这些形式。这当然不仅仅与形式有关，它反映了籍帐手实渐趋严格的倾向。而在这日趋严格的形式下，曹、杜、索户籍的记载，尤其是其下的脚注当是可信的。

反过来说，在屈指可数的敦煌籍帐手实中，有勋职官记载的并不多见，而偏偏在这并不多见的记载中就有三例错误，这在情理上也是说不通的。何况，登载父、祖、曾祖名似乎与当事人并非有利害关系，官府和当事人之间也未必有利害冲突，虽则唐代是一个比较开放的社会，但无中生有亦恐非当事者之所愿，因此，退一步说，至少我们上面所录的曹、杜、索三户的籍帐手实具有历史的真实性当不容怀疑。而之所以三户有如此之昭穆错乱，乃是其

---

① 对于天宝六载籍，池田温只指出了索如玉受勋年龄为 10 岁这一反常现象（第 77 页），但唐人也有 11 岁立跳荡功乡的（《唐国史补》浑瑊太师条）；对于大历四年手实，池田指出了重载、年龄误差和人名及性别的伪误三项事例，其中唯有年龄误差有确凿根据，其他两项仅为推测（第 121 页）。

婚姻状态本身胡化的缘故。

下面,我们就着手分析曹、杜、索三户的胡化婚姻状况,先看相对简单的索仁亮户,为分析方便,列成下表:

索仁亮户关系表

（曾祖）（祖）　（父）　　本人
守 ── 济 ── 楚 ──【索仁亮】
　　　　　　　　　　　　〈38〉

　　　　　　　　（亡兄）　　（亡兄男）
守 ── 济 ── 思楚 ──┬── 元亮
⸸曾祖⸸ ⸸祖⸸ ⸸父〉〈69+6〉 〈25+9〉

　　　　　　　（亡兄妻)
　　　　　　　宋〈70〉

　　　　　　　　　　　（亡兄男)
　　　　　　　　　├─〖元晖〗
　　　　　　　　　　　〈29〉

　　　　　　　　　　　（亡兄男)
　　　　　　　　　├─元俊
　　　　　　　　　　　〈28〉

　　　　　　　　　　　（亡兄女)
　　　　　　　　　├─ 来来
　　　　　　　　　　　〈24+9〉
　　　　　　　　　　　（亡兄女)
　　　　　　　　　└─ 娘子
　　　　　　　　　　　〈14+9〉

符号义:

【】:户主。

（）:与户主之关系。

〖〗:有脚注之人物。

⸸⸸:与有脚注人物之关系。

〈〉:年龄,有+号者表示已没落或死亡,+号前为死亡没落时年龄,+号后为其后经过年份。

我们看到,思楚长索仁亮 37 岁,而索仁亮只长思楚男 4 岁。

兄弟年龄差异大而叔侄年岁接近也并非不可能,关键在于手实正文中,思楚为索仁亮之兄长,而在索仁亮之脚注中却成了父亲而又有"代兄承户"之句。假若索仁亮之父楚与思楚并非一人,则比照思楚子息元晖之世系,思楚亦应为索仁亮之行辈而非兄弟辈无疑。在同一手实中,竟然出现如此矛盾之记载,我们不得不说,这是婚姻胡化的结果,即思楚妻其小母(继母),亦即思楚与其父济(索仁亮之祖)之小妻(继妻)结合生出了索仁亮的缘故。

并且,虽然兄弟排行取名在唐代未必就一定同讳某字,但既然兼名中有一字相同,则似乎亦可说明二人之关系。索仁亮与思楚长子元亮都含"亮"字,恐怕亦可证实我们上面的结论。

这样,从父系推算,索仁亮与思楚为子父关系,从母系看,由于索仁亮之生母为其祖之小妻(继妻),则两人又为兄弟行了。只有作如是观,索仁亮户之昭穆矛盾才能迎刃而解。

那么,是否有其他的可能呢?比如说,索仁亮是过继的,或者如池田温先生目为"犀利的见解"的古贺登先生的意见那样,是"把在籍女子之私生儿作为夫妻之子登录在案"[1]的呢?我以为,这样的可能性是不存在的。

说到过继,依据唐朝户令,也要讲求昭穆顺序。[2] 具体的实例有唐高宗时书牍判牒范本,其中称:"有从兄男甲乙,性行淳和,为人慈孝,以状咨陈,请乞绍继,孤贫得济。"判案则云:"任取从兄男为嗣。"[3]从这里可以看出,绍继为嗣不但须昭穆相当,而且还须有"孤贫"之前提。思楚有子三人,索仁亮脚注又明言"代兄承户",索仁亮非过继无疑。

---

① 池田温:《中国古代籍帐研究》,第 94 页。

②《唐律疏议》卷一二:户令,无子者,听养同宗于昭穆相当者。

③《吐鲁番出土文书》第六册,第 203—204 页。

　　至于私生儿之推论是否合符于索仁亮之情况，由于索籍中之
女口均小于仁亮，而不在籍中之女口又无从考查，好在尚有例案
将在下面推论，因此，与其说索仁亮为私生儿，还不如说他是胡化
婚姻的产儿。

　　索仁亮户反映的报母婚之情况，曹思礼户亦有。表列于下：

曹思礼户关系表

（曾祖）	（祖）	（父）	本人	（男）
高 ——	廓 ——	珍 ——	【曹思礼】〈56〉	令璋〈18+2〉
		（母）孙〈60+1〉	（妻）张〈58〉	（女）娘娘〈31〉
				（女）妙音〈21〉
			（弟）令休〈28+1〉	（女）妙仙〈17〉
			（亡弟妻）王〈25〉	（女）进进〈15〉
			（弟）思钦〈42+20〉	（女）尚真〈13〉
高 ——	廓 ——	（亡兄）德建 ——		（亡兄男）〖琼璋〗〈22〉
{曾祖}	{祖}	{父}		
		（妹）妙法〈43〉		（亡兄男）琼玉〈17〉

符号义：

【】:户主。

（）:与户主之关系。

〖〗:有脚注之人物。

¦¦:与有脚注人物之关系。

〈〉年龄,有+号者表示已没落或死亡,+号前为死亡没落时年龄,+号后为其后经过年份。

先说明思钦的年龄问题。思钦没落于开元十五年(727),至天宝六载(747)为二十年,若加上42岁,便是62岁,则不为曹思礼之弟。因此,正文所载之42岁,或为依籍帐累加至天宝六载之年龄,此且不论。

观表发现曹思礼户籍记载可疑之点有三:其一,曹思礼年56岁,其母孙年60或61岁;其二,曹思礼兼名讳同弟思钦却不同于弟令休,弟令休则同于曹思礼男令璋,而其亡兄德建之讳又相异于曹思礼、思钦;其三,曹思礼男令璋与亡兄男琼璋、琼玉都有讳从玉,且其排列顺序为同一行辈,但琼璋脚注所叙之昭穆,中间却缺少曹思礼父珍之一环。

如何解开这些谜面呢?第一个问题较易回答,曹思礼之母孙氏并非其生母,而是其继母(小母)。① 因此,曹思礼母子年龄相差四五岁也不足为怪。

对于第二、三个问题,我们只能用胡化婚姻来作解释,舍此别无他途。曹思礼子孙满堂,过继绝无可能;而假若琼璋是曹思礼妹妙法之私生子,从年龄上看似乎相当,但终究也脱不开曹思礼父珍这一环节,于是,这种可能性也在排除之列。

但倘若我们假定曹思礼父珍婚其小母(户籍上无其名,这里的"婚",不论是娶为妻也好,或目之为淫乱也好。)而生产了德建,情况如何呢?如此,则德建若从母系看,为廓之子;若从父系

---

① 池田温:《中国古代籍帐研究》,第77页说:"现存籍帐中,继母之例不少。"

看,思礼又为其弟,琼璋也就自然而然地避过珍而祧廓为其祖了。这样,琼璋和曹思礼之昭穆混乱也就可以澄清了。

令休的情况似乎也重复了德建的现象,两者的表现虽有不同,但实质仍为一体。也就是说曹思礼以其父珍为榜样,如法炮制,妻其小母或继母(是孙氏也罢或为另一人也罢)而生产了令休。于是,令休从其母系看,则为珍之子,思礼之弟;若从父系看,则为思礼之子,取名也就与思礼子令璋同讳了,真可谓是中西合璧。

通过索仁亮、曹思礼二户男性昭穆关系的分析(对于女性,由于记载的歧视,我们只好阙如),我们发现了一个有趣的现象,即胡化婚姻的世系都从母系着眼,而这,正是解开突厥世系之谜的钥匙。我们先把此话题放在一旁,留待后面论述,这里,继续分析杜怀奉户的昭穆颠倒关系与胡化婚姻。

杜怀奉之服属关系如下列:

杜怀奉户关系表

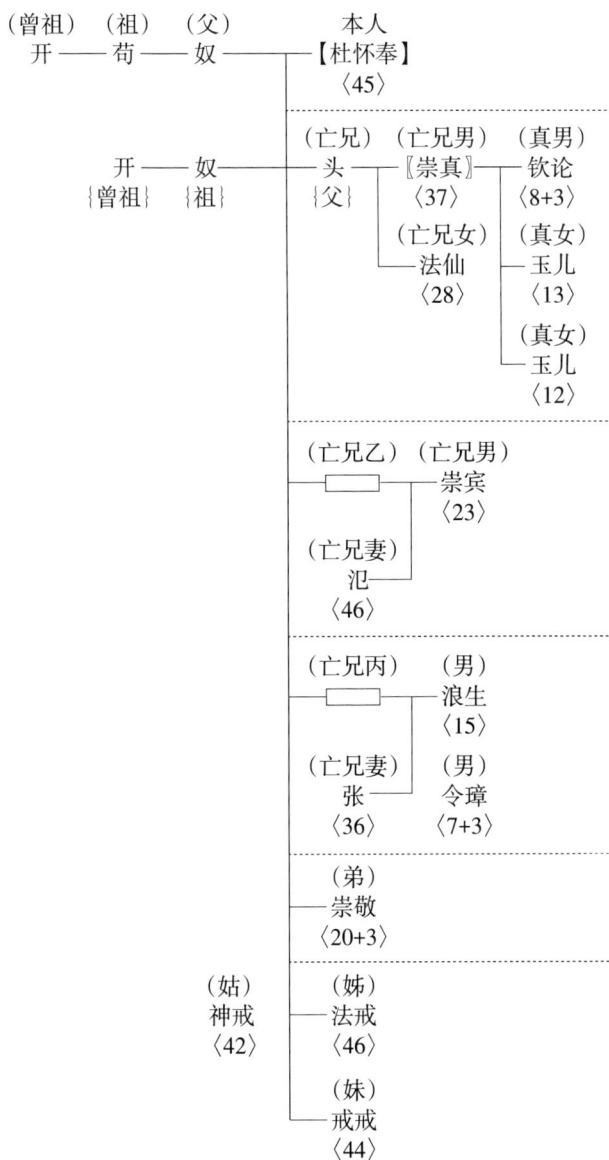

```
（曾祖）（祖）（父）      本人
 开 —— 苟 —— 奴 ————【杜怀奉】
                        〈45〉
········································································
                  （亡兄）（亡兄男）（真男）
 开 —— 奴 ——  头 —【崇真】— 钦论
〔曾祖〕〔祖〕  〔父〕   〈37〉  〈8+3〉
                  （亡兄女）（真女）
                 └ 法仙 — 玉儿
                   〈28〉  〈13〉

                        （真女）
                       └ 玉儿
                         〈12〉
········································································
                  （亡兄乙）（亡兄男）
                   □———— 崇宾
                            〈23〉
                  （亡兄妻）
                   氾 ———┘
                   〈46〉
········································································
                  （亡兄丙）（男）
                   □———— 浪生
                            〈15〉
                  （亡兄妻）（男）
                   张 —— 令璋
                   〈36〉  〈7+3〉
········································································
                        （弟）
                     —— 崇敬
                        〈20+3〉
········································································
        （姑）     （姊）
         神戒  —— 法戒
         〈42〉    〈46〉

                  （妹）
                 └ 戒戒
                   〈44〉
```

杜怀奉户是一个有 15 口的大家庭，除去 3 口死去外，尚有 12 口。在这一家庭中，服属可疑之点很多，其内部的婚姻状况亦相当复杂。请看：

户籍中杜怀奉无妻，却有男浪生、令璋，而浪生、令璋的排列次序又在亡兄妻张氏之下，这就十分可疑。依照敦煌籍帐手实排列之一般顺序，户主之次是原先的户主，①接着是户主的直系尊长，②然后便是户主的妻妾男女。及至户主的直系亲属排列完毕，又开始排列可以分籍析产的另一元单位，其顺序亦为妻妾男女。最后便是户主的女性亲属姊妹姑等。若照此顺序，则浪生、令璋的位置应紧接杜怀奉之后而在亡兄男崇真之前。现在这样的排列次序就只能暗示着杜怀奉和其亡兄妻张氏有染，也即显示了胡化的叔嫂婚状况。

不单如此，从张氏男浪生的名字来看，似乎也暗示着这一层关系。"浪"字在隋唐人的词汇中，往往含有轻率、随便、徒然之意，有时还作为淫乱、放荡的骂人口语出现。作为前者，有隋末农民起义军首领王薄"无向辽东浪死歌"之"浪"字作证；作为后者，则有《朝野佥载》卷四"权龙襄"条所载之"浪驴"可为注脚。③ 驴在人们的书目中为淫乱的象征，"浪""驴"连用，适可见浪又为骂人口语。而杜怀奉之男却偏偏取名"浪生"，不是也暗示着杜怀奉和张氏的叔嫂婚关系吗？正是由于这种叔嫂婚形态而又加以

---

① 如张可曾户、卑二郎户。见池田温《中国古代籍帐研究》，第 216、212 页。

② 如曹思礼户、刘智先户、阴承光户。见池田温《中国古代籍帐研究》，第 195、198、199 页。

③ 文载高阳、博两县竞地陈牒于州，州刺史权龙襄武人不明惯例，在判案后署姓名，为州吏所劝阻，权龙襄说："余人不解，若不著姓，知我是谁家浪驴也？"

掩饰,才有浪生、令璋虽然是杜怀奉的子息却列于亡兄妻张氏名下之事实。

那么,是否有过继,即杜怀奉以己子承嗣于亡兄丙(张氏夫)的可能呢?依照一般的规律,过继者往往以一子为限,而在张氏名下则有二子,于是这种可能应在排除之列。而正是由于浪生、令璋在张氏之名下,则此二人不为杜怀奉之姐妹姑所产亦应可知。

我们再看杜怀奉弟崇敬之服属。观表可知,杜氏家族中兼名讳崇的除了崇敬外,尚有杜怀奉之亡兄头男崇真、亡兄乙男崇宾,且崇真长崇敬 14 岁而崇敬又少于其兄杜怀奉 22 岁。这样的名讳,这样的年龄,又处在这样的环境之中,我们不得不怀疑崇敬并非杜怀奉父奴之所出,乃是杜怀奉之兄弟辈(杜怀奉、亡兄头、亡兄乙、亡兄丙)中之一人婚其父奴之小妻(继妻)之结果。若论断不误,则:从崇敬的母系数其行辈,崇敬便自然而然地成了杜怀奉兄弟行中的一员;而从父系看,则崇敬又为杜怀奉子侄辈中之一员,这似乎又是报母婚之一例。

当然,这里倒存在着崇敬为杜姓女性之私生子之可能,但也仅仅是可能而已。

倘使杜氏家族的叔嫂婚、报母婚还有怀疑的可能的话,那么翁媳婚则是确凿的事实。

杜怀奉与亡兄男崇真之世系排列存在着明显的矛盾。观表可知,杜怀奉之世系为奴、苟、开;而崇真之世系却是头、奴、开。两相对照,崇真世系竟然脱去了苟这一序列而开的辈分却降了一等,其中的奥秘何在呢?这种情况显然与索仁亮户、曹思礼户不同。笔者设想多种可能,终于发现解开此一谜案的关键在于杜怀奉父、崇真祖奴为何人所出,亦即奴为开之子,抑或是苟之子的问题。杜怀奉父奴与崇真祖奴无论为同一人抑或为二人,都脱不开苟这一环节。但假若有苟父开妻其媳而生产了奴，情况又怎样呢？于是，倘使站在奴的立场，若从母系看，奴为苟之子；若从父系看，则奴又直接上承于开而绕过了苟这序列。如此，杜怀奉和崇真的世系排列有这样的矛盾和结果便也毫不足怪，因为它本身就是胡化婚姻形态下的产物。

在敦煌户籍中，反映胡化婚姻形态的痕迹似乎还有一些，比如程什住(78岁)与其弟大信(34岁)之关系便颇可怀疑。[①] 依唐律规定，程什住与大信完全可以别籍异财了，[②]何以尚为一户呢？程什住与程仁贞(77岁)同为兄弟不是各为一户了吗？[③] 且程仁贞男名大璧，恰与程什住弟大信同讳，而程什住与大信年龄之差竟达44岁。这恐怕也是程什住之报母婚的结果吧。

李氏皇族闺门失礼，乃是因其源出夷狄之故。敦煌索、曹、杜三姓，其族属源流又如何呢？

杜、程、索皆为中原汉族之显姓，尤其是索氏，更为敦煌之大族。[④] 敦煌出土之数种氏族志残卷及文献都以索姓为敦煌之首望，王仲荦先生论之甚详，[⑤]自不待赘说。

而曹氏亦为中原之显姓、敦煌之大族，时隔160年之沙州归义军曹氏便自称是谯国曹姓之后而称王河西数郡。但这种自托殊为可疑，犹同碎叶李白自称皇族支流一般，也说不定。池田温

---

① 天宝六载籍程什住户，见池田温《中国古代籍帐研究》，第202—204页。

② 《唐律疏议》卷一二诸祖父母、父母在条。

③ 见池田温《中国古代籍帐研究》，第204—205页。

④ 见王仲荦《敦煌石室出土残姓氏五种考释》，载《敦煌吐鲁番文献研究论集》第3辑，第18页。

⑤ 见王仲荦《〈新集天下姓望氏族谱〉考释》，载《敦煌吐鲁番文献研究论集》第2辑，第85页。

先生曾写过一篇《八世纪中叶敦煌之粟特人聚落》①,惜未得见,但从其概说中,可知敦煌聚居之粟特人后裔当为不少。② 曹思礼户或为粟特九姓胡。

女性世系呢? 我们所检索的五户居民,索仁亮、曹思礼、杜怀奉户之外姓妇女尽为汉族,而已湮没者无案可稽,唯有程仁贞户有一安姓妇女,或为昭武九姓。

但敦煌毕竟是一个以汉人为主体的社会,虽有"焉耆的龙姓,龟兹的白姓,鄯善的鄯姓,吐火罗的罗姓,昭武诸国的康、米、安、石等姓"③列于 P.2995 杂姓氏中,但也仍然改变不了这种状况。因此,敦煌出现的这种胡化婚姻状态,我们只能归结于文化习俗的交流和冲击。

敦煌南接吐蕃、吐谷浑、羌,北抵突厥、回纥,西为西域各国,南、中、北三道又"总凑敦煌,是其咽喉之地"④。这样的地理形势,使得"如匈奴、鲜卑、乌桓、夫余、羌、吐谷浑、突厥等皆如此"的"父死而妻后母,兄死而妻嫂,固为北方民族颇为普遍之风习"⑤浸淫于汉族,遂有胡化的婚姻形态。

人们论及唐朝胡化之婚姻形态,往往从纵向考察较多,这固然不错,殊不知在唐朝开放之政策下,汉胡的婚姻形态在横向上

---

① 载《ユーラシア文化研究》一,1965 年。

② 池田温:《中国古代籍帐研究》,第 108 页。

③ 王仲荦:《敦煌石室出残姓氏书五种考释》,载《敦煌吐鲁番文献研究论集》第 3 辑,第 19 页。

④《隋书》卷六七《裴矩传》。

⑤ 周一良语,见《魏晋南北朝史札记》崔浩国史之狱条,第 347 页。又黄时鉴言:"蒙古实行'父兄弟婚'(子收父妾、弟收兄妻或兄收弟妻),这在元初曾影响到汉族,但后来在法律上予以禁止。"见《〈大元通制〉考辩》,载《中国社会科学》1987 年第 2 期。

也有着深刻的影响和联系，敦煌索、曹、杜三户之婚姻状况可说为平民百姓之代表，而世称大族中人之裴行俭也有胡化婚姻的痕迹，这就使人不得不在惊讶的同时赞叹陈寅恪先生汉胡文化之精辟论述。

二、裴行俭结姻之分析

裴行俭为唐高宗时之名人，新旧《唐书》均有其传。他的族望为河东闻喜，号称"中眷裴氏"①，而裴氏"方于八王，声振海内"②。他本人则明经出身，擅长书法，勤于著述，"又善测候云物，推步气象"③。这样的人物该是注重于门风了吧，但实际上并非如此。

《新唐书》卷七一上《宰相世系表》所列中眷裴氏双虎下之系列为：

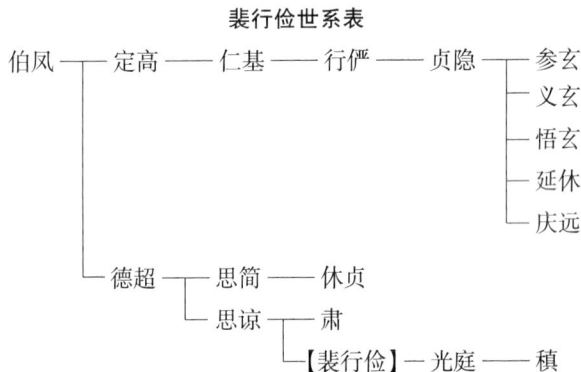

裴行俭世系表

```
伯凤 ── 定高 ── 仁基 ── 行俨 ── 贞隐 ── 参玄
  │                                 ├── 乂玄
  │                                 ├── 悟玄
  │                                 ├── 延休
  │                                 └── 庆远
  │
  └── 德超 ── 思简 ── 休贞
           └── 思谅 ── 肃
                   └──【裴行俭】── 光庭 ── 稹
```

中华书局标点本校勘记（三）说："按旧书卷八四及本书卷一〇八裴行俭传、文苑英华卷八八四张九龄裴光庭神道碑、卷九七

① 《新唐书》卷七一上《宰相世系表》一上。
② 《文苑英华》卷八八三张说《赠太尉裴行俭神道碑》。
③ 《新唐书》卷一〇八《裴行俭传》。

二独孤及裴积行状及全唐文卷二二八张说赠太尉裴公神道碑,行俭乃仁基之子,贞隐为行俭长子,延休、庆远乃贞隐弟,疑此处并误。"此说甚是,但似未击中要害。《宰相世系表》之所以有如许错误,除却编撰者(表为吕夏卿编撰)之疏忽外,或许含有"为贤者讳"之良苦用心。

考张说《赠太尉裴行俭神道碑》,裴行俭之原配夫人为"河南陆氏,兵部侍郎陆爽之女也",陆氏早卒,其继室夫人为"华阳夫人库狄氏"。问题就出在这个继室夫人库狄氏身上。

库狄氏生年不详,死于开元五年(717),她有"任姒之德,左氏之才"[1],曾被武则天召入宫中,任御正之职。然而这个库狄氏的"妇德"十分可疑。

神道碑说:"诗云'文武言(吉)甫,万邦立宪',上公有焉;又曰'彼美孟姜,德音不忘',小君有焉;孝经云:'立身行道,以彰(集作显,唐讳)父母',侍中有焉。"上公、侍中指裴行俭、光庭父子,小君则指库狄氏。初看此文,似乎尽谀美之词,但仔细分析,却微含讥刺之意。"彼美孟姜,德音不忘"出于《诗经·小雅·有女同车章》,全文云:"有女同车,颜如舜华。将翱将翔,佩玉琼琚。彼美孟姜,洵美且都。有女同行,颜如舜英。将翱将翔,佩玉将将。彼美孟姜,德音不忘。"[2]其序则云:"有女同车,刺忽也。郑人刺忽不昏于齐。太子忽尝有功于齐,齐侯请妻之。齐女贤而不取,卒以无大国之助,至于见逐,故国人刺之。"[3]这个齐女就是"信美好而又且闲习于妇礼"之文姜。但观杨伯峻《春秋左传注》桓公十八年春条,鲁夫人孟姜实与其兄齐襄公私通。而前人对

---

① 《文苑英华》卷八八三张说《赠太尉裴行俭神道碑》。
② 阮元:《十三经注疏·毛诗正义》4—3。此段正文未注出处者,均同。
③ 事出《左传》桓公六年。

《诗经》此章赞美孟姜颇有疑惑。唐初孔颖达疏称："《郑志》：张逸问曰：'此序云齐女贤，经云德音不忘。文姜内淫，适人杀夫，几亡鲁国，故齐有雄狐之刺，鲁有敝笱之赋，何德音之有乎？'答曰：'当时佳耳，后乃有过，或者早嫁，不至于此。作者据时而言，故序达经意。'"神道碑作者对于此段春秋典故，特别是孔颖达之疏不会不知，然而知之却偏要如此说，当时身为侍中的裴光庭又默之认之，适可见库狄氏确实在"妇德"上大有文章。

按说张说与裴光庭此时同朝为官，如此之事或可回避，但考虑到是时裴光庭官运亨通，张说却在宦途上走下坡路，①暗地里踹上一脚也不足为怪，何况，裴光庭身为武三思之婿，②政治见解的不同使得张说偷放冷箭也是可能的，或者，当时社会风习本来如此，一点也用不着忌讳的。

库狄氏的"妇德"问题还反映在她的祔葬上。

考《文苑英华》诸多神道碑、墓志铭，皆有前后夫人祔葬于一处之情状。如卷八八六权德舆《董晋神道碑》"葬公于河南县万安山之原，以前夫人南阳张氏、继夫人韦氏祔焉，从周礼也"，又卷九一〇张说《葛威神道碑》葬"前夫人王氏，后夫人郭氏祔焉，礼也"，又卷九五九白居易《白季康墓志铭》中，"启前夫人薛氏宅兆而合祔后夫人敬氏"者皆是其例。但是裴行俭与其前后夫人之状况呢？

裴行俭死后，"葬我宪公于闻喜之东良原，礼也"。裴行俭之原配夫人陆氏葬于何处没说，大概亦葬于闻喜。然而库狄氏呢，神道碑说她"深戒荣满，远悟真筌，固辞赢惫，超谢尘俗，每读信行禅师集录，永期尊奉。开元五年四月二日归真京邑，其年八月

---

① 见《新唐书》卷六二《宰相表》开元十四、十七、十八年条。
② 见《新唐书》卷一〇八《裴行俭附光庭传》。

迁窆之于终南山鸥鸣堆信行禅师灵塔之后。古不合葬,魂无不之,成遗志也"。厍狄氏信奉佛教,或为可信,《宰相世系表》中,贞隐有子参玄、义玄、悟玄(恐为厍狄氏所产),可作其注脚,且武则天崇尚佛教,引厍狄氏为同类亦可证成其说。然而因信佛教而不合葬于闻喜裴行俭处,恐有难言之隐,这隐秘据笔者分析,乃是因其先嫁裴贞隐,后妻裴行俭,成翁媳婚之胡化状态,假若她归葬闻喜,则其位置将使她处于难堪的境地。这一心境,作为厍狄氏少子的裴光庭也深深理解,于是对于她的不葬闻喜而葬终南之主张便也听之任之。《宰相世系表》之编者若非糊涂便是在中做了手脚,于是便成了现在这样的四不像。

裴行俭、厍狄氏之翁媳婚还有一有力证据。

各种版本的裴行俭神道碑述其子孙,前面都称裴行俭卒于永淳元年(682)四月二十八日,"春秋六十有四,长子贞隐早卒,嫡孙参玄嗣封"而"藐是诸孤,哀哀童幼",高宗因此"别敕留守,委皇太子择六品官一人检校家事,五六年间待儿孙稍成长日停"。看起来,裴行俭死时,其儿孙都还未到自立的年龄,而后来相玄宗之七子裴光庭,其年仅为七岁。① 而后面呢,神道碑在述说了裴行俭之继室厍狄氏的事迹后,则有三种不同的版本述其(厍狄氏?)后代了:A.中华书局影印文苑英华本、台湾影印四库全书文渊阁本《张燕公集》卷十八、武英殿聚珍版书《张燕公集》卷十五、丛书集成初编《张燕公集》卷十五,均作"长子参玄、次子延休、次子庆远、季子光庭";B.中华书局影印全唐文本作"长孙参玄、次子延休、次子庆远、季子光庭";C.四部丛刊本《张说之文集》卷十四、结一庐朱氏剩余丛书本《张说之文集》卷十四则作"参玄、次

---

① 据《文苑英华》卷八八四张九龄《侍中兼吏部尚书裴光庭神道碑》推算。

子延休、次子庆远、季子光庭"。我们当然不能仅依其版本之多寡来判断其正误，但若细玩神道碑有关库狄氏之言语（联系我们上文所分析的情况），则库狄氏和裴行俭、裴贞隐之关系可明，三种版本的正误可知。

我意以为，A版本应是正本，它把"长子参玄、次子延休、次子庆远、季子光庭"等视作库狄氏之所产；B版本则似乎窥见了神道碑前后文的矛盾，于是加以修正，把"长孙参玄""季子光庭"等列为裴行俭之后裔；C版本似乎也发现了其中矛盾，但不敢贸然断定，遂把A、B两版本折中，参玄之上不列"长孙"或"长子"，但实际上也支持了A版本的观点。而恰恰在这不同版本的记载中，我们发现了裴行俭、裴贞隐父子和库狄氏的关系问题。

倘若依据裴光庭神道碑，则裴行俭有七子，而在裴行俭死时，似都未成年。假如把《宰相世系表》中贞隐之他子义玄、悟玄，加上贞隐本人列于裴行俭之下，则贞隐、参玄、义玄、悟玄、延休、庆远、光庭其数恰巧为七。是否的确如此，我们不便妄说。但是，既然参玄、延休、庆远、光庭四人之名紧接着库狄氏事迹之后，而七子中又仅列四人，则此四人为库狄氏所产无疑，也就是说库狄氏先嫁贞隐（贞隐似为裴行俭原配陆氏所产），因其"早卒"，又妻裴行俭，成为翁媳相婚的胡化形式。

历史有惊人的相似之处，我们不由得想起周一良先生所论之北魏什翼犍和其子妇贺后及寔、拓跋珪、秦王觚之关系，[①]裴行俭与库狄氏及贞隐、参玄、光庭的形态何其相似乃尔！当然，一为北边入主中原以前之少数民族，一为中原正宗之世家名门，我们也

---

① 《魏晋南北朝史札记》崔浩国史之狱条，第342—350页。

不必狭义地认定这是鲜卑化的结果,①很可能倒是裴行俭在西域
"从政七八年间"的产物,或者如陈寅恪先生所言为河朔地区胡
化倾向之所染。这样,与其说裴氏婚姻是纵向的延续,不如说这
是横向的影响。唐代前期,长安城中有突厥香火兄弟法,②亦不
能不影响裴氏之婚姻模式。

三、突厥可汗世系之辩证

突厥,作为少数民族的一支,由于史籍记载的不一致,其可汗
之世系往往呈现出扑朔迷离的形态。许多突厥史研究者都为廓
清迷雾做了大量的工作,其中虽不乏真知灼见,但囿于常规的思
考方法,总的效果似乎并不见佳。笔者本是突厥史研究的门外
汉,但既然论证了汉族的胡化婚姻形态,便不妨反馈于突厥可汗
世系,作一辩证,以为引玉之砖。

为使大家对突厥世系有一整体观念,先作《隋书》《北史》和
《周书》《通典》突厥世系表以资比较,由于突厥历史实际上从土
门可汗开始,以上者从略,又由于限于篇幅,只及前突厥汗国。

《隋书》《北史》《周书》《通典》突厥世系表:

《隋书》《北史》系统

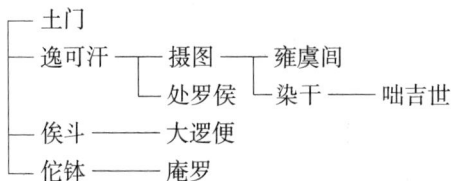

```
┌─ 土门
├─ 逸可汗 ──── 摄图 ─────── 雍虞间
│              └─ 处罗侯   └─ 染干 ──── 咄吉世
├─ 俟斗 ─────── 大逻便
└─ 佗钵 ─────── 庵罗
```

---

① 王晓卫:《北朝鲜卑婚俗考述》略有涉及,载《中国史研究》1988 年第
3 期。
② 《教坊记》坊中诸女条,陈寅恪《论唐高祖称臣于突厥事》引之,见《寒
柳堂集》,第 107—108 页。蔡鸿生《突厥法初探》称为"哎哒法"或"西突厥
之法",见《突厥与回纥历史论集》,第 295 页。

《周书》《通典》系统

```
土门 ── 乙息记 ──── 摄图 ──── 雍虞闾
              └── 处罗侯 ── 染干 ┬── 咄吉世 ──── 什钵苾
                                ├── 俟利弗设 ── 奥射设
                                └── 咄苾
        ├── 俟斤 ───── 大逻便
        └── 他钵 ───── 庵罗
```

说明：为图表简便计，每一人只列一名，如土门可汗又称伊利可汗，表中只列土门，下则以《隋书》《北史》系统世系为主，列出各种等值称谓如下：

一世：土门=伊利　逸可汗=科罗=乙息记　俟斗=俟斤=木杆　佗钵=他钵

二世：摄图=沙钵略　处罗侯=叶护　大逻便=阿波　庵罗=第二可汗

三世：雍虞闾=都蓝　染干=启民=突利

四世：咄吉世=始毕　俟利弗设=处罗　咄苾=颉利

五世：什钵苾=突利　奥射设

此表并不完整，仅为主要部分，除却《周书》《隋书》《北史》限于体例不说，如摄图有弟褥但可汗，有第七子窟含真等均未列于表内。

首先看土门和科罗（逸可汗、乙息记）的关系。

观表可知，《隋书》《北史》列为兄弟关系，《周书》《通典》则是父子关系，孰是孰非呢？岑仲勉先生说："《通鉴考异》七云：'乙息记可汗，颜师古《隋书·突厥传》云弟逸可汗立，今从《周书》与《北史》。'按《隋传》称弟，《周传》称子，然处罗侯云，'自木杆可汗以来，多以弟代兄'，不数科罗，《通鉴》一六五作'子'，是也。"[1]从《通鉴·考异》而言，《北史》旧版与今本不同，但有两种

---

[1] 岑仲勉：《突厥集史》下册，第504页。

说法则在司马光时代已然，此且不论。

岑仲勉先生对土门、科罗关系的分析有一定道理，但不完全正确。处罗侯不数科罗是事实，但我们也可以提出完全相反的论据，处罗侯之兄摄图也说过这样的话：“我父伯以来，不向人拜。”①摄图为科罗子，则其伯指土门无疑。且佗钵可汗死，庵罗、大逻便、摄图从兄弟争为大可汗，“国中相与议曰：‘四可汗子，摄图最贤。’”②尽管他钵有弟褥但（步利）可汗，但其并未作大可汗，③则四可汗者，乙息记、木杆、他钵再加上土门是也。如是观，土门和科罗又当为兄弟了。

我们假若光从矛盾的记载中寻觅正确的答案，恐怕永远也纠缠不清；但假若我们转换一个角度，从婚姻形态方面考虑，则其关系便可明了。其情形正如同我们上面所分析的索仁亮、索思楚之既为兄弟又为父子一样，必定是土门娶其群母的结果。

以此类推，尚有染干（启民可汗），我们也不必强求其究竟为摄图子④抑或为处罗侯子⑤的答案了，因为这又是叔嫂继婚制的表现，光凭现有的记载也是搞不清的。

而之所以有如此混乱的记载，乃是汉族文人以父系计世的眼光看待突厥民族以母系计世的缘故。这种混乱突出地表现在苏尼失的身份问题上。请看：

《旧唐书》卷一〇九《苏尼失传》称：“贞观初，阿史那苏尼失者，启民可汗之母弟，社尔叔祖也。其父始毕可汗以为沙钵罗设

① 《隋书》卷八四《突厥传》。《北史》卷九九《突厥传》“父伯”作“伯父”。
② 《隋书》卷八四《突厥传》。
③ 《通典》卷一九七《突厥》上。
④ 《隋书》卷八四《突厥传》。
⑤ 《通典》卷一九七《突厥》上。

……及颉利政乱，而苏尼失部独不携离，突利之来奔也，颉利乃立苏尼失为小可汗。"岑仲勉先生案之曰："此文所叙世系，异常矛盾，如：1.苏尼失为启民可汗之母弟及社尔之叔祖，则其父应为处罗侯可汗，始毕乃其胞侄也，而传则谓其父始毕可汗。2.苏尼失如为始毕之子，则于启民应为孙，于社尔应为从兄弟，而传则谓启民母弟及社尔叔祖。"如何解决这些矛盾呢？岑先生通过长篇考证，先假定始毕为沙钵略之异译，再"母弟易为从弟"，然后把颉利、苏尼失"叔侄易位"，于是问题便也就解决了。①

我认为，岑仲勉先生似乎并未虑及突厥的婚姻形态和计世方法，而这种试图把记载的矛盾统一于父系计世的推论只能聊备一说，显然是局促和勉强的。假如我们把这种矛盾的记载归结于婚姻形态，统一于母系计数，则情况就会好得多。

我们上面提到的敦煌户籍中的过继婚和裴行俭的胡化婚姻，都有从母系计数的现象，反照突厥世系，恐怕亦当类同。

郑綮《开天传信记》载有这样一个故事：安禄山深得唐玄宗恩遇，"上呼之为儿"，然安禄山"不拜上而拜贵妃"。玄宗当然得生闷气。于是安禄山"奏云，'胡家不知其父，只知其母'。上笑而舍之"。只知其母而不知其父的结果便是世系只能从母系计，玄宗"笑而舍之"，则知其亦略知胡族婚姻形态。

又有沙钵略可汗致唐高祖书称"皇帝是妇父，即是翁，此是女夫，即是儿例"②；毗伽可汗谢婚表称"皇帝（玄宗）即是阿助，卑下是儿"③，都从女系着眼；而阙特勤碑的撰人署名"甥也里特勤"，似乎更能说明此点。④

① 岑仲勉：《突厥集史》上册，第186—187页。
②《隋书》卷八四《突厥传》。
③《册府元龟》卷九七九开元三（二）十二年条。
④ 参见蔡鸿生《突厥法初探》，第290页。

《通典》一九七《突厥传》上还载有这样一件事：颉利之母为吐谷浑婆施氏，颉利初诞，即付与婆施氏之媵臣浑邪。这是否是汉族"不亲迎入室""就妇家成礼"胡化形式的本原，是否也传递了母系计世的信息呢？

当然，光是说以母系计世仍然解决不了苏尼失的身份问题，我们还得再仔细、具体地考察突厥的婚姻形态。

关于苏尼失的身世，据岑仲勉先生检索，主要有五种记载，[①] 表例如下：

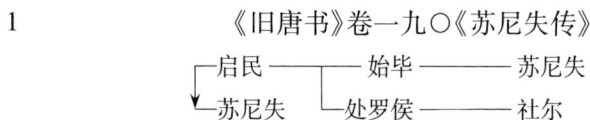

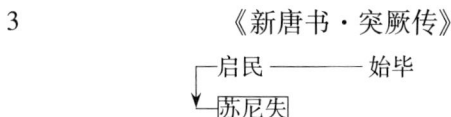

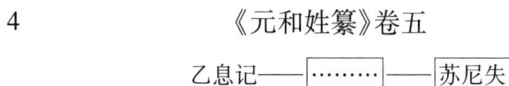

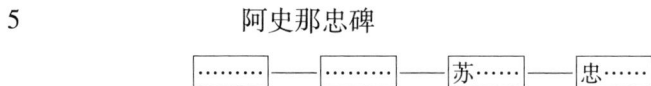

1　　　　　　　　《旧唐书》卷一九〇《苏尼失传》

```
┌启民 ——— 始毕 ——— 苏尼失
│
└→苏尼失   └处罗侯 ——— 社尔
```

2　　　　　　　《通典》《旧唐书》之《突厥传》

```
┌启民 ——— 颉利 ↘
│                 苏尼失
└[……] — [……] →
```

3　　　　　　　　　《新唐书·突厥传》

```
┌启民 ——— 始毕
│
└→苏尼失
```

4　　　　　　　　　《元和姓纂》卷五

```
乙息记 —— [……] —— 苏尼失
```

5　　　　　　　　　阿史那忠碑

```
[……] —— [……] —— 苏[……] —— 忠[……]
```

说明：1 栏中，苏尼失于启民为母弟；2 栏中，苏尼失于颉利为

---

① 见岑仲勉《突厥集史》上册，第 186—187 页。

从侄;3 栏中,苏尼失于启民为弟。

首先,我们要解决的问题是,突厥人是否有妻祖母的习俗。

《隋书》卷八三《高昌传》称:"(麹)坚死,子伯雅立,其大母本突厥可汗女,其父死,突厥令依其俗,伯雅不从者久之。突厥逼之,不得已而从。"大母者,祖母也。① 可见妻祖母,乃突厥之习俗。而木杆可汗妻北周之千金公主(大义),既而千金公主又婚他钵及摄图、处罗侯及雍虞闾,一身而再婚三世大可汗更是其具体实例。

第二,突厥婚姻中,是否有群婚、对偶婚的现象。

根据社会的一般发展规律,母系氏族公社向高级阶段发展,便有族外群婚和对偶婚的阶段。突厥既然有母权制的残余的牢固保持,那么是否也有这种婚姻形态的保持呢?《周书·突厥传》说:"父(兄)伯叔死者,子弟及侄等妻其后母、世叔母及嫂",《隋书·突厥传》说:"父兄死,子弟妻其群母及嫂",两者虽然都未明说是否是群婚的形式,但似乎都包含有这层意思。观《突厥传》中之世系,自土门至颉利四代可汗,都有"兄终弟及"与父死子妻其母,兄死弟妻其嫂之现象,有的甚至是从兄弟,若以此论之,则似乎群婚和对偶婚的残余都保持着。

史籍又载突厥婚姻"唯尊者不得下淫",蔡鸿生先生说"它具有强制的性质,因而这并不是单纯的婚俗,而是突厥人的婚姻习惯法"。婚俗与婚姻习惯法之区别我们可以不论,可注意者,若依汉族习惯用法,尊者指的是男女性长辈。② 但显然,这习惯法

---

① 《文苑英华》多有大父为祖父之称呼,如卷九三〇张说《马府君神道碑》"大父士幹,考果济"即是其例,则大母与大父对,为祖母无疑。

② 《唐律疏议》卷一四。

已排除了女性长辈。其原因,不但在于"北狄风俗,多由内政"①、"嫁娶无礼,尊卑无次,妇言是用,男位居下"②,还在于女性为维护母系计世的权威而进行的努力。

唐太宗灭前突厥,欲处其部众于河南,窦静以为不便,上封曰:"臣闻夷狄者同夫禽兽,穷则搏噬,群则聚麀云云。"③聚麀者,群婚也。证之《教坊记》所载之突厥法,则情况更为明了。《教坊记》坊中诸女条说:"坊中诸女以气类相似,约为香火兄弟,每多至十四五人,少不下八九辈。有儿郎娉之者,辄被以妇人称呼,即所娉者兄见呼为新妇,弟见呼嫂也。儿郎有任宫僚者,宫参与内人对同日,垂到内门,车马相逢,或搴车帘呼阿嫂若新妇者,同党未达,殊为怪异,问被呼者,笑而不答。儿郎既娉一女,其香火兄弟多相奔,云学突厥法。又云,我兄弟相怜爱,欲得尝其妇也。主者知亦不妒,他香火即不通。"蔡鸿生先生以为此婚姻习俗当为呎哒法或为西突厥之法,我以为不然。这是群婚对偶婚在突厥的残留。长安教坊中的"突厥法",不过是其影响而已。

当然,突厥社会在进步,其婚姻形态也在进步(也必当含有汉族的影响),因此其婚姻形态的混杂也不足为怪,但我们也不必否认这母权制残余的牢固保持。

这样,若以突厥世系以母系计,突厥民族有妻祖母的习俗,突厥有群婚、对偶婚的残留为原则分析苏尼失的身世,则问题便可解决。

我们先假设乙息记兄弟行之群婚(对偶婚)女系集团为甲,摄图兄弟行之群婚(对偶婚)女系集团为乙,启民兄弟行之群婚

---

① 《贞观政要》卷九。
② 《大唐西域记》卷一《序论》。
③ 《唐会要》卷七四,又见《旧唐书》卷六一《窦静传》。

（对偶婚）女系集团为丙，始毕兄弟行之群婚（对偶婚）女系集团为丁，则从父系看，启民兄弟行为摄图兄弟行子（既为摄图子，又为处罗侯子，上已论证），从母系看，则为乙集团子。若始毕妻其祖母而产苏尼失，则从父系看，始毕、苏尼失为父子关系，从母系看，由于其母为甲集团成员且为启民生母，则苏尼失为启民之母弟、社尔之从叔，也正由于苏尼失既为甲集团子，又为始毕子，则他为颉利之从侄也不足为怪了。

这样的结论似乎荒诞不经，但其实是荒诞无有，不经却实。汉族婚姻和胡族婚姻本属不同的文化圈子，汉族史家往往以固有的以父系计世的眼光看待突厥的以母系为主的婚姻形态、计世方法，载在史籍上，两者混淆在一起，便出现了非驴非马的现象。即以我们史学工作者的研究来说，囿于成规的方法不是也占着主导地位吗？我想，在当时突厥人的眼光中，那该是十分正常而又自然的事。突厥世系以女系计的影响所及，武则天欲传位于太平公主，韦氏和安乐公主觊觎皇位，无不是其反映，唐太宗杀李君羡亦并非全是迷信事件，其中也有历史、社会的原因吧？

小结本篇，我们看到，唐时的胡化婚姻形态有这样几个特点：一、从社会阶层来看，非但李唐皇室受其影响，就是平民百姓也被其侵染，甚至名门世族也受其冲击；二、从地域来看，从西北边地的敦煌至中原的河东都有胡化形态的存在；三、从胡化婚姻的各种形态来看，叔嫂婚、报母婚、翁媳婚都充分地表现出来了；四、历史地考察这一问题，我们发现，唐时的胡化婚姻形态非但有历史的渊源（纵向），而且也有现实的基础（横向）。

当然，我们不得不遗憾地说明，虽然窥一斑可见全豹，但由于史家文人的讳言，更由于笔者的浅陋，在名门世族胡化婚姻的具体事例方面（不包括淫乱现象），没能梳理出更多的个案，愿识者教我。

对于突厥可汗世系问题,笔者以为应当辩证地看,若以突厥世系以母系计而又有群婚、对偶婚的残留为原则分析,则扑朔迷离的情形便可以廓清。而之所以突厥可汗世系有不一致的记载,则在于史家文人以汉族固有的以父系观点看待、处理的缘故。

1989 年 1 月 11 日

(原载《敦煌吐鲁番文书论稿》,江西人民出版社,1992 年)

金山国立国之我见

1935 年，王重民先生在《北平图书馆馆刊》第九卷第六期上发表了《金山国坠事零拾》一文，文章结论云："张奉之建金山国，称白衣天子，当与朱梁相终始。盖即位于唐天祐二年（905），卒于梁贞明五、六年（919、920），享国约可十五。"（引自《敦煌遗书论文集》，下引此文简作《零拾》）。王重民先生筚路蓝缕，发历史之覆，其功绩世人瞩目。尔来五十年间，金山国之消亡年代已由贺世哲、孙修身先生修正为 914 年（《〈瓜沙曹氏年表补正〉之补正》，载《甘肃师大学报》1980 年第 1 期），而金山国之立国年代，众多学者都承袭旧说，未有异议。笔者在阅读敦煌遗书显微胶卷的过程中，对这种说法产生了疑窦，遂反复推敲，仔细玩味，似有所得，便不揣浅陋，撰成此文，以就教于大家。

一、"乙丑年二月"之纪年非《白雀歌》之有机部分

确定金山国立国年代为唐天祐二年（905）之最有力证据是 P.2864 背面"三楚渔人张永进"所撰《白雀歌》末尾之纪年。然查阅显微之原卷（杭州大学古籍研究所藏），此纪年与《白雀歌》之正文似非一人之手迹，并且，在末行之左尚有数行文字，似可证"乙丑年二月"非唐天祐二年（905）。《零拾》所录，几无差错，偶有数字似可商榷，为叙述方便，又使大家有一完整之概念，照录全文，略出校勘，再行述说。

（1）白雀歌　P.2594 背面、P.2864 背面

1　伏以

2　金山天子殿下,上禀灵①符,特受玄黄之册,下②

3　副人望而　南面为君。继五凉之中兴,拥③八

4　州之胜地。十二冕旒,渐睹龙飞之　化,出

5　警入跸,将城　万乘之彝(尊),八备箫韶,

6　以像尧阶之舞,承白雀之瑞,膺　周

7　文之德。老臣不才,辄课《白雀歌》一首,每句

8　之中,偕以霜雨洁白为词。临纸恇汗④,伏

9　增战悚。　　　三楚渔人臣张永进上。

10　白雀飞来过白亭,鼓翅翻身入帝城。

11　深向后宫呈　宝瑞,玉楼高处送嘉⑤

12　声。白衣白鞲白纱巾,白马银鞍珮白

13　缨。自古不闻书不载,一剑能却百万兵。

14　王母本住在昆仑,为贡白环来入秦。汉武

15　遥指东方朔,朕感白霞天上人。紫亭南岭白

16　狼游,为效祯祥届此州。昔日周王呈九尾,争

17　似如今耀斗牛。白旗白绂白旄头,白玉雕

18　鞍白瑞鸠。筑坛待拜天郊后,自有金星

———————————

① 灵:《零拾》作"虚",似误。敦煌文书中,"灵"常写作霊,与"虚"形近。

② 下:《零拾》漏录,或似排版之误。

③ 拥:《零拾》作"雍"。

④ 汗:《零拾》作"汙"。汙,恶浊,不清洁,与"白"相对。《史记》一二六《东方朔列传》:"尽怀其肉持去,衣尽汙。"

⑤ "嘉"前有"加"字,旁有涂抹记号。

19　助　　冕旒。白岩圣迹俯　王都，玉女垂灵①定五

20　湖。白广山巅云缭绕，人歌　圣德满长衢。金

21　鞍山上白犦(犁)牛，摆撼霜毛始举头。绕泉百

22　匝腾空去，保　王社稷定微②猷。白山堤下白

23　澄津，一道长河挟③岸春。白雪梨花连万朵，

24　王向东楼拥白云。东苑西园池白莎(莎)，白渠流

25　水好阳春。六宫尽是名家子，白罗绰约玉颜

26　新。平河北泽白龙宫，贺拔为王此处逢。昨来

27　再起兴云雨，为赞　君王瑞一同。嵯峨万

28　丈耸金山，白雪凝霜古　圣坛。金鞍长挂

29　湫南树，神通白衣④助　王欢。山出⑤西南独

30　秀高，白霞为盖绕周遭。山腹有泉深

31　万丈，白龙时复震波涛。白楼素殿白

32　银钩，砌玉　龙墀对五侯。雉尾扇移香案

33　出，似月如霜复殿幽。白牙归子白镣炉，倚障

34　虬蟠衔白珠。青衣童子携⑥白绂，宫官执持

（以上在 P.2595 背，以下为 P.2864 背）

35　银涶盂。应须筑殿白金栏⑦，上稟金方

---

　　① 灵：《零拾》作"虚"。P.2784《沙州敦煌二十咏》八《玉女泉咏》："用人祭淫水，黍稷信非馨，西豹追河伯，蛟龙遂隐形，红妆随洛浦，绿鬓逐浮萍，尚有销金冶，何曾玉女灵。"据此，亦当为"灵"。

　　② 微：《零拾》作"徽"。原卷作"微"，即"微"。联系上下文意，径作"徽猷"似亦可，然不及"微猷"微妙而更切本意。

　　③ 挟：《零拾》作"夹"。用本文"挟"，更有诗境。

　　④ 白衣：《零拾》作"日夜"，似误。

　　⑤ 山出：原文作"出山"，旁有乙转记号。

　　⑥ 携：《零拾》作"搜"。

　　⑦ "栏"下原卷衍"栏"字。

36 顶盖圆。白玉垒阶为蹬道,工输化出　大罗

37 天。白衣殿下白头臣,广运筹谋奉

38 一人。白帝化高千古后,犹传　盛德比松筠。白

39 衣居士写金经,誓弼　人王不出庭。八大

40 金刚持宝杵,长当护念我王城。白坛白兽

41 白莲花,大　圣携持荐一家。太子福延千万

42 叶,王妃长降五香车。楼成白璧钻珠

43 珍,五部龙轩倚楠新。万栱白平红镂顶,

44 白龙行雨洒埃尘。白旌神蠹树　龙墀,白

45 象衔珠尽合仪。春光　驾幸东城苑,雅乐前

46 临　日月旗。百官在国总酋豪,白刃交驰未

47 告劳。为感我　王洪泽厚,尽能平房展戎韬。

48 白裙曳履出众群,国舅温恭自束身。罗公

49 挺拔摧凶敌,按剑先登浑舍人。白雪山岩

50 瀚海清,六戎交臂必须平。我　王自有如神

51 将,沙南委付宋中丞。白屋藏金镇国丰,进达

52 偏能报房戎。楼兰献捷千人喜,　敕赐红袍

53 与上功。文通守节白如银,出入　王宫洁一身。每向

54 三危修令得,唯祈宝寿荐　明君。寮(填)词陈

55 白未能休,笔势相催白汗流。愿见

56 金山明圣主,延龄沧海万千　秋①。颂曰:

57 白银枪悬太白旗,白虎双旌三戟枝。五方色

58 中白为上,不是我王争得知。楼成白璧耸仪

59 形,蜀地求才赞圣明。自从汤帝升霞后,白雀无因宿

60 帝廷。今来降瑞报成康,果见河西再册王。韩白

---

① 秋:前阙格,《零拾》不阙,恐排版之误。

61　满朝谋似雨,国门长镇在敦煌。

(中空一行)

62　"乙丑年二月　敕归义军节度

63　乙丑年二月　使押衙阳音久银青

64　乙丑年二月

65　仲春渐暄伏惟

66　指挥尊酌(体)

67　仲春渐暄伏惟"

(下缺)

《零拾》在录文中略去了 62 行以下的文字,这很容易造成一种误解,以为"乙丑年二月"乃《白雀歌》之纪年,致使"又有'敕归义军节度使押衙阳音久银青'二行,其义不尽可解"。其实,这"乙丑年二月"及以下之文字乃他人涂鸦,并非《白雀歌》之有机部分,大家一看录文就会明白。

仔细辨认 62—67 行与《白雀歌》文字之形迹,两者差异如下列:

第一,从用笔看,前者竖粗横细,后者相反,竖细横粗;

第二,从笔迹看,前者之"月"字二横下横挑起,后者之"月"字二横下横斜垂;

第三,从书写习惯看,前者之"节"为草字头,后者之"节"为竹字头。

此外,尚有三事可证"乙丑年二月"及以下之文字为他人之涂鸦,非《白雀歌》之有机部分:

第一,61 行与 62 行中空一行,且"乙丑"顶格写;

第二,"指挥"一职,据笔者所知,乃曹氏之衔,张氏时期尚无发现;

第三,"仲春渐暄"恰好与"乙丑年二月"相对,且连写数次。

可见，"乙丑年二月"非《白雀歌》之有机部分。

当然，仅仅从笔迹、字形、格式等方面来判断《白雀歌》的写作年代从而否定金山国立国于"唐天祐二年（905）"是十分危险的，但以此为发端，破而后立，却不失为考察之一有效手段。

二、从奉正朔看金山国立国年代

纵观中国之古代历史，大凡称帝王、立国家者，必有国号、年号问题存乎其间，若黄巢号大齐、年号金统者是也。国号、年号之立，标志着与旧政权的决裂，新政权（正统）的诞生。张氏政权虽有金山国之国号，但年号者却无反映。不见记载并不能断定没有年号，如 P.3633 背《神剑歌》中即有"改年号、挂龙衣"之句，或许，金山国之年号已湮没无闻？然而，我们恰恰可以从"奉正朔"中考察金山国之立国年代。

考敦煌文书之纪年，若以天祐二年（905）为断限，至 909 年之间，则有下列唐年号之文书：

文书号	年号	要点
S.5747	天复五年（905）正月五日	《祭风伯神文》：归义军节度使沙瓜伊西管内观察处置押蕃等使金紫光禄大夫检校司空兼御史大夫南阳张公以牲牢之奠敢昭告于风伯神（下略）
S.5444	天祐二年（905）四月廿三日	《金刚般若波罗密经题记》：西川过家真印本，天祐二年岁次乙丑四月廿三日八十二老人手写此经流传信士
S.2575	天复五年（905）捌月	《灵图寺徒众请大行充寺主牒》
P.3381	天复五年（905）十二月十五日	《秦妇吟》一卷，末题：天复五年乙丑岁十二月十五日敦煌郡金光明寺学仕张龟□

续表

文书号	年号	要点
S.5965	天祐二年（905）十二月廿日	《金刚般若波罗密多经题记》：西川过家真本天复（当为天祐）二年乙丑岁十二月廿日八十二老人手写流传
散 0654	天祐二年（905）	《金刚经》
S.5451	天祐三年（906）二月二日	《金刚般若波罗密多经题记》：西川过家真印本，天祐三年岁次丙寅二月二日八十三老人手自刺血写之
P.2876	天祐三年（906）四月五日	《大身真言》尾题：天祐三年岁次丙寅四月五日八十三老翁刺血和墨手写此经。（下略）
散 036	天祐三年（906）四月	《金刚经》（天祐三年写，董押衙持念）
北荒二	天复六年（906）十一月二十日	《梵网经题记》：天复六年岁次丙寅十二月庚辰朔廿一日庚子、哀子、蝇子谨以少醪之奠昭祭于河伯将军、桥道神（下略）
S.2630	天复六年（906）闰十二月廿六日	残片，天复六年丙寅岁闰十二月廿六日氾美赞记
P.3214	天复七年（907）三月十一日	契约：天复七年丁卯岁三月十一日洪池乡百姓高加盈先贾（借）欠僧愿济麦两硕，填还不辨（办），今将宋渠下界地五亩与僧愿济贰年佃种，充为物价。（下略）
S.6254	天复七年（907）	残文书
P.2646	天复八年（908）二月廿日	《新集吉凶书仪题记》：天复八年岁次戊辰二月廿日学郎赵怀通写记
P.2094	天复八载（908）四月九日	《持诵金刚经灵验功德记及开元皇帝赞金刚经功德一卷》末题：于唐天复八载岁在戊辰四月九日布衣翟奉达写
散 0242	天复八年（908）十月	《吴安君分家书》

续表

文书号	年号	要点
S.0705	天复八年(908)	《社司转帖》残文,两处记有"天复八年"
S.2174	天复九年(909)闰八月十二日	《天复玖年己巳岁闰八月十二日神沙乡百姓董如盈兄弟三人分家契》
P.3764	天复九年(909)十一月八日	《太公家教》一卷题记:天复九年己巳岁十一月八日学士郎张厶乙午时写记耳

以上 19 件文书,除散录外,大都有年号、干支,其内容有佛经、牒文、诗卷、祭文、契约、书仪、转帖等,其撰写者为信徒、学子、官吏、百姓等,使用唐年号也相当广泛。特别要指出的是 P.2094 文书还标出了国号"唐天复八载",显然,从"奉正朔"着眼,金山国立,张承奉称白衣天子不会早于唐天复九年(梁开平三年,909),更不会是唐天祐二年(905)二月。

自"天复九年己巳岁十一月八日"至"贞明三年岁次戊寅十一月廿八日"[S.3054《观世音经一卷》题记。贞明三年岁次丁丑,贞明四年岁次戊寅,贞明三年当为四年(918)之误],其间整整 9 年,笔者并未发现任一年号的文书,除去 914 年张曹替代以后不说,尚有四五年间不见年号,究其原因,恐怕在甘州回鹘狄银于辛未年(911)六七月间进击金山国,迫使沙州订立城下之盟,其国地位降格的缘故吧?而在金山国立国至辛未年七月间,则尚未立有年号,当在下文详述。

辛未年七月以前,可证金山国已经立国的信息只有一个,即 S.0980《金光明最胜王经卷第二》、P.3668《金光明最胜王经卷第九》之题记:

　　辛未年二月四日,弟子皇太子恂为男弘忽染痾疫,非常困重,遂发愿写此《金光明最胜王经》云云。

辛未年亦即梁开平五年,皇太子恂亦即《白雀歌》中"太子福延千万叶"之太子。之所以如此说,是因为《金光明最胜王经》与张氏有密切之关系。S.1177《金光明最胜王经卷第一》题记云:

> 弟子女太夫人张氏……谨为亡男使君端公衙推抄《金光明最胜王经》一部,缮写云毕,愿三郎君神游碧落……大唐光化三年庚申岁(900)二月九日写记。

光化三年当得上"太夫人"之称的唯有"重光嗣子,再整遗孙"的李明振之妻、张议潮之十四妇的张氏;而"亡男使君端公衙推"之三郎君恐怕是"使持节甘州刺史兼御史中丞"的张氏三子李弘谏。

这样,我们就可以大致划分金山国立国之期限,即天复九年(909)十一月八日以后,辛未年(911)二月四日之前。

然而,如何解释 P.3633 辛未年七月《沙州百姓上回鹘天可汗状》中的两个年代问题,亦即"近三五年来,两地被人斗合,彼此各起仇心"以及"天宝之年,河西五州尽陷……经今一百五十年,沙州社稷宛然如旧"问题呢? 这正是我们在下节中所要论述的问题。

三、金山国立国与前蜀之关系

《白雀歌》作者自称"三楚渔人",《白雀歌》颂云"蜀地求才赞圣明",显然,勿论这位张永进是三楚人或是蜀人,但他从西蜀入沙州是无可怀疑的。金山国之立国与王建前蜀实有密切之联系。

金山国前冠有"西汉"之号,西汉之"西"固然有"白""金"之义,然"西汉"连缀则有与前蜀呼应之意。《旧五代史》卷一三六《僭伪王建传》称:

> 及梁祖开国,蜀人请建行刘备故事,建自帝于成都。

《新五代史》卷六三《王建世家》称：

> （通正元年）十月，大赦，改明年元曰天汉，国号汉。

所谓"刘备故事"者，乃是王建以刘备居蜀建号为汉自拟，而"通正元年（梁贞明三年，917）十月改明年元为天汉，改国号为汉"者，乃是时隔十年的旧调重弹（这旧调亦与金山国有关，当在下节论述）。而在王建称帝之前，曾有约会诸侯起兵之举。《资治通鉴》卷二六六梁开平元年（实为唐天祐四年）二月条称：

> 蜀王与弘农王移檄诸道，云欲与岐王、晋王会兵兴复唐室，卒无应者。

反响既无，王建遂采取了第二个步骤：

> 蜀王乃谋称帝，下教谕统内吏民；又遗晋王书云："请各帝一方，俟朱温既平，乃访唐宗室立之，退归藩服。"晋王复书不许，曰："誓于此生靡敢失节。"

既然"遗晋王书"，当然也会遗其他诸侯书；李克用"不许"，而李茂贞却有了反响：

> （岐王）及闻唐亡，以兵羸地蹙，不敢称帝，但开岐王府，置百官，名其所居为宫殿，妻称皇后，将吏上书称笺表，鞭、扇、号令多拟帝者。

远在西陲的归义军节度使张承奉，是否有王建的去书不论，但既有"蜀地求才"之举，则不管张永进是否熟谙前蜀王建故事，"西汉"之号与前蜀王建相呼应似乎是不用怀疑的。此联系之一。

《白雀歌》开首即云："上禀灵符，特受玄黄之册"，借用的显然是道教迷信；而白雀，更是道教中的灵异之物。《酉阳杂俎》前集一四《诸皋记上》云：

> 天翁姓张名坚，字刺渴，渔阳人，少不羁，无所拘忌。尝
> 张罗，得一白雀，爱而养之。梦天刘翁责怒，每欲杀之，白雀
> 辄以报坚，坚设诸方待之，终莫能害，天翁遂下观之。坚盛设
> 宾主，乃窃骑天翁车，乘白龙，振策登天，天翁乘余龙追之，不
> 及。坚既到玄宫，易百官，杜塞北门，封白雀为上卿侯，改白
> 雀之胤不产于下土。刘翁失治，徘徊五岳作灾，坚患之，以刘
> 翁为泰山太守，主生死之簿。

张坚因白雀乘白龙代刘而成天翁，张永进以"承雀之瑞"劝
进张承奉，以"平河北泽白龙宫"比之张承奉治所，以"白龙时复
震波涛"方之张承奉而立"西汉金山国"，适可见金山国之立国与
道教关系非同寻常。《白雀歌》中，道教的地位甚至高过佛教，
"护念我王城"的"八大金刚"只不过是在"大罗天"之下。"大罗
天"即是道教中最高层次之理想境界，《酉阳杂俎》前集二《玉
格》称：

> 道列三界诸天，数与释氏同，但名别耳。三界外曰四人
> 境，谓常融、玉隆、梵度、贾奕四天也。四人天外曰三清：大
> 赤、禹余、清微也。三清上曰大罗，又有九天、波利等九名。

王重民先生说白雀、白衣问题乃五凉旧地固有之谶纬，唐长
孺先生说白衣乃弥勒教之迷信（《白衣天子试释》，载《燕京学报》
三五期），这固然不错，但以《白雀歌》而论，似乎道教的气息更浓
郁一些，即如白衣，《酉阳杂俎》中就多次以道家的面目出现。如
前集卷二《玉格》：

> 晋太康中，逸士田宣隐于（高唐县鸣石山）岩下……每
> 见一人着白单衣，徘徊岩上，及晓方去……诘之，自言姓王，

字中伦，卫人，周宣王时入少室山学道云云。

同卷同条又有：

> （同州司马裴沆之）再从伯自洛中将往郑州，（路见一病鹤），忽有老人，白衣曳杖，数十步而至云云。

前集六《器奇》：

> （高瑀在蔡州），坐客十余，中有称处士皇甫玄真者，衣白若鹅羽，貌甚都雅。

续集二《支诺皋》中：

> （田氏）女尝见一少年入佛堂，白衣躞蹀……（僧）将入佛宇，辄为物拒之。一日，女随母他出，僧入佛堂，门才启，有鸽一只，拂僧飞去，云云。

可见，白衣者非但是五凉谶纬、弥勒迷信，亦是道家之标志。《酉阳杂俎》作者段成式曾官庐陵、缙云、江州，张永进自称"三楚渔人"，又由蜀入沙州。庐陵、缙云、江州与三楚、西蜀，或同为一地，或区域相近，可见，白衣、白雀、白龙之道家谶纬从蜀入沙州是极有可能的。而张承奉的道教倾向似乎亦受前蜀之影响。《新五代史》卷六三《王建世家》称：

> 是岁（天复七年，907）正月，巨人见青城山；六月，凤凰见万岁县，黄龙见嘉江，而诸州皆言甘露、白鹿、白雀、龟龙之瑞。秋九月己亥，建乃即皇帝位。

这里是"黄龙见"，而到永平三年（梁凤历元年，913）则"白龙见邛州江"。

王建之道教信仰，史无明言，然对佛教之态度却似不恭。《资治通鉴》卷二六六梁开平二年条：

　　春，正月，癸酉朔，蜀主登兴义楼。有僧抉一目以献，蜀
主命饭僧万人以报之。翰林学士张格曰："小人无故自残，
赦其罪已幸矣，不宜复崇奖以败风俗。"蜀主乃止。

"僧人抉目"，臣下视之为"小人自残"，王建乃止"饭僧"，可
见其对佛教并无好感。然王建之子却确实是一个道教信徒。
《旧五代史》卷一三三《僭伪王衍传》云：

　　（咸康元年，925）秋九月，衍奉其母徐妃同游于青城山，
驻于上清宫。时宫人皆衣道服，顶金莲花冠，衣画云霞，望之
若神仙云云。

王建之宗教信仰可见一斑。而张承奉的利用道教较之王建
的优势在于与道教始祖同姓，此不待言。

当然，金山国之崇白，既有道家因素，又有地域因素（地处西
陲），但似乎亦含有五德终始的阴阳家因素。这种"五德终始"的
迷信即使在中原也是盛行的。《旧五代史》卷二《梁纪》曰：

　　（天祐三年，906）九月，营于长芦。一夕，帝梦龙附于双
肩，左右瞻顾可畏，恍然惊寤。

《资治通鉴》卷二六六梁开平元年四月条曰：

　　梁王始御金祥殿。（胡注，《薛史》曰：梁自谓以金德王，
又以福建上献鹦鹉，诸州相继上白乌、白兔、泊白莲之合蒂
者，以为金行应运之兆，故名殿曰金祥。）

《旧五代史》卷三《梁纪》曰：

　　（开平元年四月）戊辰，即位，制曰：王者受命于天，光宅
四海，祇事上帝，宠绥下民。革故鼎新，谅历数而先定；创业
垂统，知图箓以无差。神器所归，祥符合应。是以三正互用，

> 五运相生……金行启祚,玉历建元,方弘经始之规,宜布惟新
> 之令云云。

恐怕,前蜀王建的诸种符瑞也是为了制造"五德终始"的神话,而918年改元"天汉"改国号"汉"也是为适应"五德终始"历数之说。

当然,诚如王重民先生所说:"然谶纬之说,本以利用畴昧","故凡言符谶者,能侈陈瑞验,以明天命有所依归,其事已足"。以此言之,王建因巨人、黄龙、甘露、白鹿、白雀、龟龙之瑞称帝在前,张承奉因白雀、白龙诸瑞而号白衣天子在后,中间又有"三楚渔人"为之媒介,适可见金山国与前蜀之关系。此联系之二。

自唐昭、哀之际至后梁开平之末,张承奉统治之沙州用唐纪年可划分为两个阶段:第一阶段从"天复四年(天祐元年)甲子八月八日"(见 P.3324《应管衙前押衙兵马使子弟随身等状》所置年月日)至"天祐三年四月五日"(S.5451)间。这一阶段是天复、天祐二年号并用。第二阶段从"天复六年(天祐三年)十二月廿一日"(P.3214)至"天复九年(梁开平三年)十一月八日"(P.3764)间。这一阶段既不用天祐年号,又不用开平年号。这种情况正说明了金山国立国与后蜀的关系。

当朱全忠挟持唐昭宗迁都于洛阳之际,唐昭宗寄希望于王建纾难,《资治通鉴》卷二六四天祐元年(四月改元)(案:《资治通鉴》脱"闰",当为"闰"四月改元)二月条称:

> 上遣间使告难于王建,建以邛州刺史王宗祐为北路行营指挥使,将兵会凤翔,兵迎车驾,至兴平,遇汴兵,不得进而还。

同书同卷三月条称:

> 丁巳,上复遣间使以绢诏告急于王建、杨行密、李克用

等，令纠帅藩镇以图匡复，曰："朕至洛阳，则为所幽闭，诏敕皆出其手，朕意不复得通矣！"

对于这次的绢诏告急，《资治通鉴》卷二六五天祐元年六月条称：

> 李茂贞、王建、李建徽传檄合兵以讨朱全忠。（胡注，当是时，蜀兵不出。）

但一经朱全忠反击，岐、邠之兵就龟缩了。此后，"李茂贞、杨崇本、李克用、刘仁恭、王建、杨行密、赵匡凝移檄往来，皆以兴复为辞"，然只是虚张声势而已。

王建对于朱全忠挟持昭宗迁都改元，采取不承认主义。《新五代史》卷六三《王建世家》称：

> （天复）四年，唐迁都洛阳，改元天祐。建与唐隔绝而不知，故仍称天复云云。

改元是件大事，王建虽与唐隔绝，但不会不知道，欧阳修称"不知"者，言过其实了。王建既不承认昭宗改元，也不承认昭、哀替代。

《资治通鉴》卷二六五天祐二年十一月壬申条称：

> 昭宗之丧，朝廷遣告哀使司马卿宣谕王建，至是始入蜀境。西川掌书记韦庄为建谋，使武定节度使谕卿曰："蜀之将士，世受唐恩，去岁闻乘舆东迁，凡上二十表，皆不报。寻有亡卒自汴来，闻先帝先罹朱全忠弑逆，蜀之将士方日夕枕戈，思为先帝报仇。不知今兹使来以何事宣谕？舍人宜自图进退。"卿乃还。

非但如此，当朱全忠灭唐建梁之后，一些藩镇臣服了，一些藩镇有条件地让步了，而唯王建不改初衷。《资治通鉴》卷二六六梁开平元年四月条称：

> 是时,惟河东、凤翔、淮南称"天祐",西川称"天复"年号
> (胡注:天复四年,梁王劫唐昭宗迁洛,改元曰天祐。河东、
> 西川谓劫天子迁都者梁也,天祐非唐号,不可称,乃称天复五
> 年。是岁梁灭唐,河东称天祐四年,西川仍称天复),余皆禀
> 梁正朔,称臣奉贡。

张承奉在正朔问题上,和王建采取了同一步调,尤其在梁灭
唐后,亦奉行不承认主义,仍用唐昭宗天复年号。

其实即使在张承奉奉唐正朔之第一阶段,所取的恐怕亦是西
蜀王建所持之态度。

S.5747《张承奉祭风伯神文》署为"天复五年正月五日",离
天复四年闰四月乙巳改元天祐将近八月,恐怕张承奉在祭风伯神
之时,已经知道改元之事,只不过不承认而已。作为归义军之首
脑,用元天复而不用天祐是有决定意义的。况且,既然已知中原
用天祐年号(这从题记中用天祐年号可知),为什么还有用天复
年号的呢? 这只能用政治向背来作解释。还有,S.5956 题记"天
复五年乙丑十二月廿日八十二老人手写流传"之天祐误作"天
复",恐怕也有一定的背景吧。

《秦妇吟》在沙州传播极广,敦煌遗书中其文竟达十号之多,
而 P.3381 号题记作"天复五年乙丑年十二月十五日敦煌郡金光
明寺学仕张龟□",用天复五年恐怕亦不是偶然的。金光明寺疑
和张氏有着密切之关系,除上文所述《金光明最胜王经》与张氏
有联系外,尚有 P.3770《张族庆寺文》疑此寺即金光明寺。而《秦
妇吟》之作者,即是此时正在西蜀做官,上文所引拒告哀使之西
川掌书记韦庄。韦庄在王建称帝时,还有赞助之大功。《资治通
鉴》卷二六六梁开平元年九月条:

蜀王会将佐议称帝，皆曰："大王虽忠于唐，唐已亡矣，此所谓'天与不取'者也！"冯涓独献议请以蜀王称制，曰："朝兴则未爽称臣，贼在则不同为恶。"王不从，涓杜门不出。王用安抚副使、掌书记韦庄之谋，帅吏民哭三日。己亥，即皇帝位，国号大蜀。（案：《资治通鉴》外，他书均未提及国号事，待考）

以此言之，在已知天祐年号的情况下，金光明寺学子抄录韦庄《秦妇吟》用天复年号亦可见沙州与西蜀之关系。

另外，王重民先生《敦煌本历日之研究》（载《敦煌遗书论文集》，原载《东方杂志》三四卷九期）认为敦煌历与五代北宋相异而与蜀历相同，也可证沙州与西蜀之关系，虽则王重民先生以后唐同光敦煌历和中原之历作比较，但王建、张承奉时亦有类似情况。S.2630残片有"天复六年丙寅岁闰十二月"与中原历同，但S.1824《受十戒文》题记却作"丁卯年后正月十四日"，丁卯年即唐天祐四年，后正月即闰正月，与中原历显然不同。又有 P.3314《蝇子祭文》作"大唐天复六年岁次丙寅十二月庚辰朔"，与唐哀宗天祐三年十二月己卯朔（陈垣《二十史朔闰表》）相差一日，可见，王重民先生的论断是基本可信的。

这样，从年号历法看，沙州与西蜀之关系也是很深的。此联系之三。

总而言之，当梁灭唐前，金山国之立国并无可能，只有当前蜀王建称帝以后，力薄势弱地处西陲的沙州归义军才有可能把此事提到议事日程上来。

论述了归义军与西蜀之关系之后，我们就能回答第二节末尾提出的问题了。

自天宝十四年（755）安史之乱算起"经今一百五十年"至天复五年（905），除去陷蕃日不算，即自张议潮起事，经张淮深、索勋到张承奉,不管其内部变化如何,归义军政权一直奉唐之正朔,与甘州回鹘之关系尚可,因此而"沙州社稷宛然如旧"。905 年(其实是 904 年)以后,中原形势起了变化,王建、李茂贞等已不承认受朱全忠挟持的唐政权,波及沙州,与西蜀关系密切的归义军政权亦取同一态度,而通过韩逊与朱全忠关系密切的甘州回鹘政权,自然而然地与王建、李茂贞、张承奉政权成了仇敌,遂使"三五年来,两地被人斗合,彼此各起仇心",假若此三五年为确指,则是从 906 年开始,恰巧与张承奉政权只用天复年号之时间符合。在这三五年中,双方战事不少而互有胜负,但在 911 年正月以后,由于蜀岐交恶,甘州回鹘似无后顾之忧,遂于六七月间由狄银率兵打到沙州城下,迫使金山国签订城下之盟。于是"西汉金山国圣文神武白帝"之号(P.4632)也终于改成"西汉敦煌国圣文神武王"之号了[S.1563,甲戌年(914)五月十四日]。

通过以上的分析,笔者以为新旧《五代史·吐蕃传》称金山国立国、称白衣天子在"梁开平中"是可信的。至于金山国立国之确切日期,我们下节中推论。

四、金山国立国年代之推论

推论金山国立国年代最关键之材料,当数 P.3633 背《神剑歌》,然此《神剑歌》似为一草稿,字迹潦草、涂抹甚多。《零拾》虽已有上乘之录文,但亦有可勘正之处,尤其是《神剑歌》中涂抹之文字,极有参考价值,且《神剑歌》后又有《杂诗三首》,亦与《神剑歌》有关。于是,笔者遂以《零拾》录文作底本对照杭州大学古籍所藏显微胶卷,尽可能校出涂抹之文字,重新录文于次:

神剑歌(P.3633 背)

1　谨撰神剑歌一首

2   吏部尚书臣张厶乙①撰进

3   大宰相江东②

4   龙泉宝③剑出丰城④，彩气冲天上接辰。不独汉朝今亦有，

5   □⑤鞍山下是长津。天符下降到龙沙，便有明君膺紫霞。

6   天子犹来是天补，横截河西作一家。堂堂美貌⑥实天颜⑦，

7   □德昂藏镇玉关⑧。国号金山白衣帝，应须早筑拜天坛⑨。

8   日⑩月双旌耀虎旌⑪，御楼宝砌⑫丹墀。

9   出警⑬从兹排法驾，每行⑭青道⑮要先知。我帝宽怀⑯海量

---

① 张厶乙：《零拾》作"张坐"。

② 此行显系添加。

③ 宝：系涂抹"神"后旁加。

④ "城"下涂抹"通波"二字。

⑤ 疑作"金"。

⑥ 貌：《零拾》作"儿"，误。

⑦ "颜"下有二字涂抹。

⑧ "关"前涂抹一"天"字。

⑨ 应须早筑拜天坛：系涂抹"永为皇叶万千年"后旁加。

⑩ "日"前有一句涂抹。

⑪ 旌：《零拾》作"旗"。

⑫ 《零拾》"砌"下有"建"，恐系录者添加。原卷似脱一字。

⑬ "出警"系涂抹"御史"后旁加。

⑭ "每行"系涂抹二字后旁加。

⑮ "道"下有三字涂抹。

⑯ 宽怀：《零拾》作"金怀"。

10 □，目似流星鼻笔端。相好与尧 同一体，应知天分数①千般。

11 一从登极未②逾年，德比陶唐初③受禅。百灵效祉加④鸿寿，

12 足踏坤维手握乾。明明⑤圣日

13 出当⑥时，上膺星辰下有期。神剑新磨须使用，定疆广宇

14 未为迟。东取河兰广武城，西取天山瀚海军。扫定⑦燕然

15 □岭镇，南尽⑧戎羌逻莎平⑨。□□军壮甲马兴，万里横行河

16 漠清⑩。结亲只为图长国，永霸龙沙截海鲸。我帝威雄

17 人未知，叱咤风云自有时。祁连山下留名迹，破却甘州必

18 □迟。金风初动虏兵来，点赋干戈会将台。战马铁衣

---

① "数"前有"发"字涂抹。
② "未"系涂抹"始"后旁加。
③ 陶唐初："陶"系旁加；"唐"下有二字涂抹，"初"系涂抹"一"后旁加。
④ 加：《零拾》作"贺"，原卷"贝"部涂抹。
⑤ "明明"系旁加，前有一句涂抹。
⑥ "当"系涂抹一字后旁加。
⑦ 扫定："扫"系涂抹一字后旁加。"扫定"，《零拾》作"北扫"。
⑧ 尽：《零拾》作"当"。
⑨ 逻莎平：《零拾》作"道莎□"。
⑩ 河漠清：《零拾》作"河湟清"。

19 铺①所翅②，金河东岸③阵云开。慕④良将，拣人⑤材。出天入地

20 选良牧。先锋委付浑鹞子，须向将军关⑥下摧。左右冲

21 □搏瞄尘，匹马单枪阴舍人。前押⑦虏阵浑穿透，一

22 □英雄远近闻⑧。前日城东出战激⑨，马步相兼一万强。

23 □□⑩亲换黄金甲，周遭尽布强沉枪⑪。着甲匈奴活捉得⑫，还⑬去

24 □□初不亡⑭。千渠三⑮堡铁衣明，左绕无穷援⑯四城。

25 宜秋下尾摧凶魄⑰，当锋入阵宋中丞。内臣更有张舍人，

----

① "铺"系涂抹一字后旁加。

② "翅"前有一字涂抹。

③ "岸"系涂抹一字后旁加。

④ "慕"系涂抹一字后旁加。当作"募"。

⑤ "人"系涂抹一字后旁加。

⑥ 须向将军关："须向将军"系涂抹"假取独城"后旁加。"关"，《零拾》作"剑"。

⑦ 押：《零拾》作"锋"。

⑧ "远近闻"系涂抹二字后旁加。下有"我帝亲拜黄金甲"涂抹。

⑨ 激：《零拾》作"场"。

⑩ 当补作"我帝"。

⑪ 尽布强沉枪：《零拾》作"□而阴沉枪"。

⑫ 着甲匈奴活捉得：系涂抹"大桥西面房军"后旁加。

⑬ 还：《零拾》作"送"。

⑭ "亡"系涂抹"伤"字后旁加。

⑮ "三"前有"两"字涂抹。

⑯ 援：《零拾》作"授"。

⑰ 宜秋下尾摧凶魄："下尾"系"两回"涂抹后旁加。《零拾》作"□□下尾摧凶□"。

26 人①小小年内则伏②勤。自从战伐③先登阵，不惧危亡

27 □□身④。

28 今年回鹘数侵疆，直到便桥列战场。当

29 锋直入阴仁贵⑤，不使戈铤解用枪⑥。堪赏给，早⑦商量。

30 宠拜金吾超上将，急要名声徙帝乡⑧。军郡军郡更英雄⑨，

31 □束南行大漠中⑩。短兵自有⑪张西豹，遮收⑫遏后有⑬罗公。

32 蕃汉精兵一万⑭强，打⑮却甘州坐五凉。东⑯取黄河第三曲，

---

① 人：衍。
② 伏：《零拾》作"授"。
③ "伐"下有二字涂抹。
④ "身"下有数行涂抹，作：
　　1 □□身。"贼人未来天始明，左释亲□便出城。头
　　2 黄□□□□□□□□□□□□□着明
　　3 子甲□马挥枪一队□，便□□□□□左右盘
　　4 □□"，今年云云。
⑤ "贵"下二字涂抹。
⑥ 解用枪：《零拾》作"触四枪"。
⑦ "早"系涂抹一字后旁加。
⑧ "徙帝乡"系涂抹三字后旁加。
⑨ 军郡军郡更英雄：前一"郡"前有"盛"涂抹，后"军郡"系反复符号。
⑩ □束南行大漠中："束南行"系旁加。《零拾》作"□□东行大漠中"。
⑪ "短兵自有"系涂抹四字后旁加。
⑫ "遮收"系旁加。
⑬ 有：《零拾》作"与"。
⑭ "万"字系旁加。
⑮ "打"系"拜"改写而成。
⑯ "东"系涂抹一字后旁加。

33　南取雄威及朔方。通同一个①金山国，子孙分付坐敦煌。

34　□蕃②从此永消授，扑灭狼星壮斗牛。北庭今载和

35　□□，兼获瀚海以西州③。改年号，挂龙衣，筑坛拜

36　却南郊后，始号沙州　作京畿④。

37　嗣祖考，继宗枝，七庙不封何缘拜，祖父尤切尚未册⑤，

38　□□□□□尊姻，北堂永见传金尊⑥。天子犹来重二亲，咸献

39　倩歌流万⑦古。金山缭绕赴⑧秦云，今卦明明⑨罗公

40　至⑩，拗起红旌红跋尘⑪。合因收复甘州后，百寮舞

41　蹈贺　明君。

42　超掖吕万盈⑫，邮暑韬钤接，一兵不怕忘身首，愿当

43　微验留一名。

44　征坞粟子两堡兵，义却神佑选能精，□背西冲回鹘阵，

45　毅勇番生民俊诚。

---

① "一个"系涂抹"当是"后旁加。

② 蕃：《零拾》作"番"。

③ "北庭今载"系涂抹"南山□□"后旁加。"兼获瀚海"，《零拾》作"兼拔瀚海"。

④ "京畿"下涂抹"封太保置"，又涂抹旁加的"封太保册勋封"。

⑤ 祖父尤切尚未册：《零拾》作"祖父不切故尚书"。

⑥ 北堂永见传金尊："永见"系涂抹"见在"后旁加，"尊"系涂抹"带"后旁加。"见"，《零拾》作"须"。

⑦ "万"下一字涂抹。

⑧ 赴：《零拾》作"起"。

⑨ 今卦明明：《零拾》作"今朝以日"。

⑩ "至"前三字涂抹。

⑪ 拗起红旌红跋尘：《零拾》作"拗起红旌□□□"。

⑫ "超"前有"都"字涂抹。"万盈"边有二字旁加，不清。

46　匈奴①初行绕原泉，白马将军最出先，慕容胆壮拔山力，突出

47　至奇□□□，□□□□□□□□，□□□□问情款，说由缘然佐

48　□□，三股发使西奔奔。进笺。

录文已毕，即着手推论金山国立国年月。先从考订《神剑歌》诸事起。

《神剑歌》之本文仅 41 行，42 行以下即非《神剑歌》之有机部分，但出自一人手笔是显而易见的。

《神剑歌》之作者自题作"大宰相江东吏部尚书张厶乙"，《杂诗三首》末尾题作"进撰"，则此歌作者为张进无疑。

然此张进又与《白雀歌》之作者"三楚渔人张永进"似为一人，请试论之。

以地域而言，《神剑歌》称"龙泉宝剑出丰城"，考《元和郡县图志》卷二八《江南道四》丰城县条称：

> 本汉南昌县地，晋武帝太康元年移于今县南四十一里，名丰城，即是雷孔章得宝剑处也。

《神剑歌》改"神剑"作"宝剑"，则"丰城"为江南道丰城县地无疑。既然丰城地属"三楚"，"三楚"又与"江东"相对，张进熟谙道家旧说，遂有此《神剑歌》颂扬瑞德，江东张进即三楚张永进无疑。

以内容而言，若以《神剑歌》与《白雀歌》作比较，就会发现此二歌多雷同之处：《神剑歌》称"龙泉宝剑出丰城"，《白雀歌》称"一剑能却百万兵"；《神剑歌》称"天符下降到龙沙"，《白雀歌》

---

① "匈奴"下有"将军"涂抹。

称"上禀灵符，特受玄黄之册"；《神剑歌》称"日月双旌耀虎旌"，《白雀歌》称"白虎双旌三戟枝"；《神剑歌》称"应须早筑拜天坛""筑坛拜却南郊后"，《白雀歌》称"筑坛待拜天郊后"。如此之类，不一而足，不但思想感情无异，就连遣词造句也多相似——这不能不说两歌作者同为一人，江东张进亦即三楚张永进。

《神剑歌》的写作年代，《零拾》以为在天祐三年（906）二月间，这似乎是不对的。《神剑歌》书于《沙州百姓上回鹘天可汗状》之背面，《上回鹘状》写于辛亥年七月而存于敦煌遗书中，换言之，则此状是否送达回鹘可汗都未可知，因此，此状亦可视作一草稿。以金山国衙门而论，是不会拿一张涂抹甚多而又相隔五年之久的废纸反正再行利用的，可能的倒是《神剑歌》书于《上回鹘状》之后，时间与辛未年七月相近。

从《神剑歌》的内容来看，亦与《上回鹘状》有关联：《神剑歌》称"金风初动房兵来"，《上回鹘状》作于七月而又有"□□廿六日，狄银又到管内"（案，□□当补"去月"）；《神剑歌》称"前日城东出战激""宜秋下尾（两回）摧凶魄"，《上回鹘状》称"两刃交锋，各有损伤"；《神剑歌》把"拜却甘州坐五凉"改作"打却甘州坐五凉"，《上回鹘状》即是乞和文书。而特别须指出，《神剑歌》称"军郡军郡更英雄，□东南行大漠中""今卦明明罗公至，拗起红旌红跋尘"，显然与《上回鹘状》"罗通达所入南蕃，只为方便打叠吐蕃""天子听勾南蕃，只为被人欺屈"是同一回事。

《神剑歌》描绘之战斗，分写实与写虚之两部分，写实者亦即描述此年此月具体之战争过程，如18—32行所说的点兵选将、城东激战、千渠三堡、左绕无穷、宜秋下尾（千渠、无穷、宜秋俱为沙州之地名，详见宁欣《唐代敦煌地区水利问题初探》，载《敦煌吐鲁番文献研究论集》三辑）、便桥之战，战斗的结果似是"两刃交锋，各有损伤"（《上回鹘状》），但实际上恐怕金山国力不能支，遂有罗通达入南蕃召吐蕃之行,有沙州百姓上回鹘乞和之举,有"拜却甘州""结亲只为图长国"城下结盟之动议。《零拾》以为"我帝威雄人未知,叱咤风云自有时"以下之战争为天祐三年(906)七月或八月事,却不论此说与作者断言此歌作于天祐三年一、二月间相矛盾,单看千渠、无穷、宜秋之地名,即知此亦描写辛未年(911)七月间狄银进攻沙州之战事也。

《神剑歌》之写虚部分,亦即14—15行、32—35行之所称,业经王重民先生指出,此不赘述。由于此歌作时,战事尚未缓解,乞和尚未得报,罗通达召吐蕃兵尚未返回,因此,"□蕃从此永消授,扑灭狼星壮斗牛"亦只能是一种理想境界而已。

如此而言,《神剑歌》之写作年月必与《上回鹘状》相近而稍后,亦即在辛未年(911)之七月。

考定了《神剑歌》之作者及写作年月之后,我们便可以推论金山国立国的确切年月了。

诚如王重民先生所指出:《神剑歌》云"一从登极未逾年,德比陶唐初受禅"之"未"字,原稿作"始"后涂改为"未"字,即此歌作于即位之次年,以时令言为始逾年,以实数言为未逾年[案:实际上是以实数言为始逾年,以时令(时节)言为未逾年]。这实在是解开金山国立国年月之关键所在。

既已知《神剑歌》作于辛未年七月间,往前推一年,亦可知金山国之立国年月为庚午年即后梁开平四年(910)七月。证之新旧《五代史·吐蕃传》"沙州,梁开平中,有节度使张奉自号金山白衣天子"[后梁,唐哀帝天祐四年(907)四月立国,改元开平;开平五年(911)五月改元乾化],证之本文第二节沙州奉唐之正朔直到天复九年(909)十一月以后,此说恐怕是能够成立的。

然而,笔者以为金山国之立国时间尚可精确到日,亦即910年七月初一日。

考陈垣《二十史朔闰表》知梁开平四年(910)七月戊子日朔，时节恰逢立秋。(此处用梁历似不妥，但因立秋日亦可有一日之差，姑且用之。)《通典》卷一〇六《礼》篇目条杜佑自注及神位条称：

> 立秋日祀白帝于西郊。

《白雀歌》既云"白帝化高千古后，犹传　盛德比松筠"，张承奉既将以西汉金山国圣文神武白帝自称，肯定会抓住这个良辰佳节的。七月初一日、秋天之始、立秋日、白帝、西郊，真是千载难逢之机数，于是张承奉就在这一天立金山国，称白衣天子。

考之辛未年(911)之立秋日，则在七月十二日，张永进就在初一日已过而立秋日未至的几天中，写下了《神剑歌》。遂将"一从登极始逾年"改成"一从登极未逾年"的。不难发现其中的奥妙即在于"立秋"之日。而甘州回鹘的入侵金山国，兵临沙州城下也恐怕为"立秋"而发难。况且，看《白雀歌》之阙格，竟有作"延龄沧海万千　秋"的，这似乎也暗示了金山国立国的时间与"秋"即"立秋"大有关系。

金山国已立，"十二冕旒"已披戴，白衣天子已自称，然而尚有一道手续亦即张永进一再提出的"筑坛待拜天郊后""应须早筑拜天坛""筑坛拜却南郊后"之"郊天"及"改年号"问题。这不仅是形式仪礼制度问题，还是有关正统的政治问题。《资治通鉴》卷二六八梁乾化元年夏四月(五月改元乾化)条称：

> (刘)守光命僚属草尚父、采访使受册仪。乙卯，僚属取唐册太尉仪献之，守光视之，问何得无郊天、改元之事，对曰："尚父虽贵，人臣也，安有郊天、改元者乎?"守光怒，投之于地，曰："我地方千里，带甲三十万，直作河北天子，谁能禁我? 尚父何足为哉?"命趣具帝位之仪。

刘守光郊天、改元才得做大燕皇帝,而像李茂贞没有履行这道手续便只能算是诸侯,《资治通鉴》卷二六六梁开平元年四月条:

> (岐王)及闻唐亡,以兵赢地蹙,不敢称帝,但开岐王府,置百官,名其所居为宫殿,妻称皇后,将吏上书称笺表,鞭、扇、号令者多拟帝者。

以至于所谓真命天子,不经过这道手续也不能算是代天子民。《资治通鉴》卷二六九梁贞明元年八月(实为乾化五年八月)条称:

> 初,帝为均王,娶河阳节度使张归霸女为妃,即位,欲立为后;后以帝未南郊,固辞。(胡注,古人相传,以为郊见上帝,然后代天子民。)

张承奉究竟郊天改元了没有,不得而知。以意揣之,由于甘州回鹘的干预以及金山国内部的矛盾(这点另文论述),恐怕是不得实行了吧? 但可肯定的是,在张永进写《神剑歌》以前,即辛未年七月十二日以前,郊天、改元尚未进行过,这就说到这里为止。

但还有一个问题有待解决,这问题似乎也涉及郊天、改元事。

《神剑歌》称白衣天子"上膺星辰下有期","上膺星辰"事撇开不论,单看"下有期"是怎么回事。

《上回鹘状》作者明明知道从安禄山叛乱(755)到昭宗天复四年(五年?)(904或905年)为150年,以此推算,就很容易明白从张议潮大中二年(848)起事到辛未年(911)为60余年,然而为什么偏偏写成"再有收复尔来七十余年"呢? 无独有偶,S.4276《安怀恩等上表》中亦称"尔后子孙相继七十余年"。笔者以为这《安怀恩等上表》很可能是作于910年七月初一日以前的劝进表，遂录下：

1　管内三军百姓奏请表

2　归义军节度左都押衙银青光禄大夫检校国子祭酒兼御

3　史大夫安怀恩并州县僧俗官吏兼二州六镇耆

4　老及通颊退浑十部落三军蕃汉百姓一万

5　人　上表

6　臣某乙等言，臣闻五凉旧地，昔自汉家

7　之疆，一道黎民积受　唐风之化，地

8　怜（邻）戎虏，倾心向　国输忠，境接临蕃，

9　誓报　皇恩之德。臣某乙等至欢

10　至喜，顿首顿首，臣。本归义军节度使张

11　某乙，自　大中之载伏静河湟，遥？

12　逐戎蕃归于逻逤。伏陈　愿朝鸿

13　泽，陇右再晏　尧年，玄德流晖，

14　姑臧重同　舜日。遂乃束身归　阙，

15　就袟统军。不在臣言，事标　唐史。

16　尔后子孙相继，七十余年，秉　节龙沙，

（下缺）

此表上题归义军，中避唐讳、阙张议潮之格，下称"子孙相继，七十余年"，显然为劝进"表"无疑。以此而言，这"七十余年"并非偶然之误，乃有其微妙之处，其目的恐怕在于制造以金（白）代土（黄）以应"下有期"之神话。观《资治通鉴》卷二六六后梁开平元年四月条：

> 帝复与宗戚饮博于宫中，酒酣，朱全昱忽以投琼击盆中迸散，睨帝曰："朱三，汝本砀山一民也，从黄巢为盗，天子用汝为四镇节度使，富贵极矣，奈何一旦灭唐家三百年社稷

（胡注，唐武德元年受禅，岁在雍摄提甲，禅位于梁，岁在强
围单阏，享国二百九十年）云云。

梁取代"享国二百九十年"之唐而称"灭唐家三百年社稷"，
关键即在"三百之数"。非但梁，即以割据番禺的刘岩，就在917
年立国，《资治通鉴》称"刘岩即皇帝位于番禺，国号大越（因为王
建前蜀此时称汉），大赦，改元乾亨"。而曾与金山国关系密切的
王建前蜀，据《新五代史·王建世家》载：

　　（通正元年）十月，大赦，改明年元日天汉，国号汉。

国号为"汉"，年号为"天汉"，此前一年号为"通正"，凡此种
种，其着眼点全在"三百"，岂有他哉！比较之下，从910年七月
初一日立金山国起至911年六七月之交甘州回鹘侵疆时止，张承
奉尚未郊天、改元的原因恐怕在等待这"三百"的机数，而张永进
屡屡进谏"筑坛""郊天""改年号"者，以为大可不必拘泥而"应
知天分数千般"（《神剑歌》）。这就是"子孙相继，尔来七十余
年"之来历。

然而，三百气数未尽，张承奉之政权便被曹氏家族政权所取
代。这已不在本文的讨论范围之内了。

五、结　尾

综合以上所说，可以得出以下结论：《白雀歌》之写作年代并
非是"乙丑年二月"，而很可能在辛未年（911）二、三月间；金山国
之立国与西蜀有密切的联系，从唐亡至909年间，张氏政权一直
奉唐之正朔；《神剑歌》与《白雀歌》的作者当为一人，其写作年代
在《上回鹘天可汗状》左近而稍后；金山国的立国当在庚午年
（910）七月初一日，然至辛未年七月止，尚未"郊天""改元"。

张氏归义军作为一个基本独立的政权，何时变换成什么名称

似乎并不重要，但实际上，从归义军到金山国的转变，却反映了这个政权的政治态度、宗教倾向以及与中原各政权的关系。

1986 年 3 月 10 日

（原载《敦煌吐鲁番文书论稿》，江西人民出版社，1992 年）

新材料、新问题与新潮流

——关于隋唐五代制度史探讨的几点看法

说起隋唐五代制度研究,势必要说到两个人。一位是日本学者内藤湖南,一位是中国学者陈寅恪,其原因就在于二人的学说在学术界的影响极大。前者早在 1910 年就发表《概括的唐宋时代观》一文,①依日本学者谷川道雄概括其学说成就为:"内藤的时代区分说大义在于,以远古至秦汉为上古,六朝、隋唐时代为中世(中古),宋至清为近世。而后汉后期至西晋时代是从上古转向中世的过渡期,唐末到五代则是由中世向近世的过渡期。这种今日所谓的'唐宋变革'论,业已成为日本的学界的定论。按照内藤的观点,中国史以此'唐宋变革'为契机,可划分为两大时期,即从贵族政治时代向君主独裁政治时代的转变。在贵族政治中,天子仍是贵族的一员;而在君主独裁政治中,天子是超越于所有阶层之上的。因而,在前者,臣下还是贵族;在后者,臣下则只是天子的手足,是从事行政的非世族的官僚阶级。"②而在新旧世纪之交,不论同意内藤的意见与否,"唐宋变革论"已经成为唐宋学术界注目的焦点,讨论隋唐五代制度史都绕不过此一论题。陈寅恪先生则在 20 世纪 40 年代就写出了不朽之作《隋唐制度渊源

---

① 中译文见刘俊文主编《日本学者研究中国史论著选译》第 1 卷,中华书局,1992 年。

② 谷川道雄:《二十世纪唐研究》"序二",中国社会科学出版社,2002 年。

略论稿》，虽则是书以厘清隋唐制度渊源为宗旨，但他的关于府兵制度为关陇集团纠合之主要表现、关于唐代（财政）制度南朝化（迥造纳布）等观点，基本为学术界所普遍接受。而现在学术界如姜伯勤、吴丽娱等先生致力于唐代礼乐的研究，亦应与陈先生关于礼仪音乐制度的研究是一脉相承的。

隋唐五代制度史就其范围而言，包含极广，概而言之，则有经济制度、政治制度、军事制度、文化制度、社会制度（这里的社会制度是指具体的如婚姻、家庭制度等等）等。每一类下，又可以分成相互交叉众多之分项。比如《二十世纪唐研究》①这本书中，在"政治卷"下有帝制与官制、兵制、法制、礼制、教育制度等等，而在分项下，又有子项，比如"帝制与官制"下，有皇帝制度、中央职官制度、地方职官制度、管理制度以及科举制度等。当然，在子项下还有更具体的细项，比如"中央职官"下，有宰相制度、政事堂制度、三省制度、六部与寺监制度、监察制度、翰林学士制度、馆阁学士制度、东宫官制度、使职差遣制度、内诸司与内侍省制度、员外官与试官制度、流外官制度、僧官与萨宝制度等等。举出以上例子，只是为了说明我下面所说的仅仅是一鳞半爪的感想而已。

一

陈寅恪先生在《陈垣敦煌劫余录序》中曾经说过这样一段话："一时代之学术，必有其新材料与新问题。取用此材料，以研求问题，则为此时代学术之新潮流。治学之士，得预于此潮流者，谓之预流（借用佛教初果之名）。其未得预者，谓之未入流。此古今学术史之通义，非彼闭门造车之徒，所能同喻者也。"②

---

① 胡戟等：《二十世纪唐研究》。
② 载《金明馆丛稿二编》，上海古籍出版社，1980年，第236页。

就唐朝制度研究而言,最贴近的新材料就是戴建国先生在
1999 年于宁波天一阁发现的"宋天圣令并附唐令"。他在《历史
研究》《文史》上发表 3 篇文章,①揭出久已失传的北宋仁宗天圣
七年(1029)刊布的《天圣令》以及附录的《唐令》残篇,并进行了
研究。据称其数占到原文三十卷的三分之一,达十卷之夥。而在
这十卷中,戴先生又披露了《田令》与《赋役令》全文,这就使我们
对于北宋《天圣令》特别是所附《唐令》中的两卷令文有了比较完
整的认识,厥功甚伟。

杨际平先生以其学者的敏锐感觉,大力推崇这最新的材料,
他在《中国史研究》2002 年第 2 期上发表了《〈唐令·田令〉的完
整复原与今后均田制的研究》一文,并在他的《北朝隋唐均田制
新探》再版本②中,依据天圣令所附唐令进行了修订。

据称,当戴建国关于天圣令的第一篇文章发表后,中日学者
多有到天一阁者,或欲一睹其本来面目,或欲捷足先登,希望能够
有刊布之机会。当然,这最新的材料为中国社科院历史所黄正
建、吴丽娱等先生校录,于 2006 年由中华书局所出版。而如孟彦
弘先生,则根据这校录的《厩牧令》的"新的证据与线索",写出了
《唐代的驿、传送与转运——以交通与运输之关系为中心》③。以
此而言,这样的新材料对于唐史、特别是制度史的研究无疑极有
价值。

---

① 戴建国:一、《天一阁藏明抄本〈官品令〉考》,载《历史研究》1999 年
第 3 期;二、《唐〈开元二十五年令·田令〉研究》,载《历史研究》2000 年第 2
期;三、《天一阁藏〈天圣令·赋役令〉初探(上)》,载《文史》2000 年第 4 辑
(总第 53 辑);四、《天一阁藏〈天圣令·赋役令〉初探(下)》,载《文史》2001
年第 1 辑(总第 54 辑)。

② 岳麓书社,2003 年。

③ 载《唐研究》第 12 卷,第 27—52 页。

在戴先生关于田令的文章发表时，也引起了我的注意，因为我曾有关于均田制度的论文、论著刊发，其中亦有推断之词，于是便有衡量的必要。其结果，或可以为，我的结论大致不错，当然也有判断失误之处。简要地说，与新出的唐田令相比较，其成功的地方，在于我在此前的分析中，已经看出了还授田土的一般程序。应该说，新出唐田令第23条是对还田时间及程序的规定，文云："诸以身死应退永业、口分地者，若户头限二年追，户内口限一年追。如死在春季者，即以死年统入限内，死在夏季以后者，听计后年为始。其绝后无人供祭及女户死者，皆当年追。"第25条主要是对授田时间及程序的规定："诸应收授之田，每年起十月一日，里正豫校勘造簿，至十一月一日，县令总集应退应授之人，对共给授，十二月三十日内使讫。符下按记，不得辄自请射。其退田户内有合进受者，虽不课役，先听自取，有余收授。"（戴文一第38页）而在拙著《唐代西州土地关系述论》第三章"西州的还田与授田"①中，已经有了相应的描述，且大致得当。

失误的地方也有。对于《新唐书·食货志》中关于官员永业田"六品七品二顷五十亩，八品九品二顷"的田令记载，拙文《唐代六品以下职散官受永业田质疑——敦煌户籍勋职官受田之分析》②，认为："此一法令很可能定于两税法实施以后的德宗贞元之时……或者，竟是欧阳修之错简。"现在看来，说欧阳修"错简"肯定是不对的，欧阳修所依据的就是天圣令所附之唐田令；而说它的时间在德宗贞元之时恐怕也有再探讨的必要。

尽管如此，依我看来，"唐代六品以下职散官不授永业田"这

① 上海古籍出版社，2001年，第168—208页。
②《文史》第34辑，中华书局，1992年。又收于《敦煌吐鲁番文书论稿》。

样的命题,在唐德宗建中令以前还是成立的,而这实际上关系到天圣令所附唐田令是为开元二十五年令,抑或是建中令的问题。戴建国先生主要与《通典》田令相比较,作出天圣令所附唐田令就是开元二十五年令的判断(见戴文一、二);而杨际平先生则以为戴建国先生复原的《唐令·田令》,并非为唐代的某年之令,而是具有普适性的唐代的"一代之令"(见杨文、杨著第84—85页)。我对于戴、杨二先生的意见有不同的看法,由于此一问题甚为复杂,将另文探讨。但于此,我们可以看到此一新材料所引发的制度史的讨论,或将成为一时间之热点。

二

邓广铭先生曾经说过,学习历史,须掌握四把钥匙:一为年代,一为地理,一为目录,还有一把钥匙则是职官制度。我在读史的过程中,亦有粗浅之体会。其中,我以为,四等官制度的把握,或可说是开启职官制度钥匙的钥匙。

《唐律疏议》卷五诸同职犯公坐者条说:"诸同职犯公坐者,长官为一等,通判官为一等,判官为一等,主典为一等,各以所由为首。(若同判官以上异判有失者,止坐异判以上之官。)疏议曰:同职者谓连署之官,公坐谓无私曲。假如大理寺断事有违,即大卿是长官,少卿及正是通判官,丞是判官,府、史是主典,是为四等。各以所由为首者,若主典检请有失,即主典为首,丞为第二从,少卿二正为第三从,大卿为第四从,即主簿录事亦为第四从。若由丞判断有失,以丞为首,少卿二正为第二从,大卿为第三从,主典为第四从,主簿录事当同第四从。"我们举出一些机构中的四等官职,再加上勾检官列成一张表,则是:

	大理寺	州	县
长官	卿	刺史	令
通判官	少卿、正	别驾、长史	丞
判官	丞	司仓、司户、司法参军、参军	尉
主典	府、史	佐、史	佐、史、帐史
勾官	主簿、录事	录事参军、录事	主簿、录事

　　李锦绣先生探究唐后期的官制,亦从四等官制着眼,以为在唐前期行之有效的四等官制度到后期则解体了,这是一种行政模式与行政手段的变革,属于唐宋变革中的一个具体事例。① 黄正建先生提升了这种变革的意义,以为它是"带有方向性,即规定了宋以后社会的发展道路"的使职差遣职务"制度化"的极好的表现。② 我赞赏他们对于事物观察的敏锐性,并且以为,即便使职差遣制度化了以后,虽然职掌有变化,但还应该是四等官制的模式。

　　受此启发,联系到李锦绣以由数十件吐鲁番文书拼接而成的"仪凤三年度支奏抄、四年金部旨符"开首7行之署名,以为它"实际上蕴含了支度国用计划编制的全过程",并以此为契机,引出大唐帝国财政制度史的讨论。③ 我们是否可以作一些行政制度史的探索呢?

　　实际上,这样的研究已经在展开了,比如刘后滨先生的《从敕牒的特性看唐代中书门下体制》④、《敕后起请的应用与唐代政

① 黄正建主编《中晚唐社会与政治研究》第一章。
② 黄正建主编《中晚唐社会与政治研究》"前言"。
③ 李锦绣:《唐代财政史稿(上卷)》第一分册,第16—17页。
④ 《唐研究》第6卷,北京大学出版社,2000年,第221—232页。

务裁决机制》①等,都可以归入这样的范围。甚至如吴丽娱先生研究书仪,"表状笺启"亦是很好的材料。② 我亦曾经有《牒式及其处理程式的探讨——唐公式文研究》③一文的写作,虽则探究的是地方官府的运作,亦应是行政制度史的一翼。这样,我们就能考察国家机器的运转方式,在动态中考察唐宋变革制度史。这或可以认为是运用敦煌吐鲁番文书来研求新的问题吧?

三

从隋开国至宋代终亡,七百余年间的政治、经济、文化都经历了巨大的变迁,伴随着社会上层的转变,民间的基层组织也历经曲折,走过了一段不寻常的路程。在这一变化过程中,透析出唐宋之际中国社会错综复杂而又绚丽多姿的各个层面,也折射出这一阶段所完成的社会变革。唐宋间乡里制度的变化有以下几个特点。

其一,乡长里正的设置由较单一转变为专业化、具体化,即由唐代时的里正一统乡里大权,转变为宋以后的乡书手、里正、户长、耆长等多项职位并存且各司其职、互为补充的局面。

随着社会、经济的发展,新的社会状况的出现以及原有各项制度在新形势面前所显露出来的笨拙,使各项改革日趋迫切,各种事务的复杂化和专业相应地要求乡长里正等各有专长、各司其职,如此方可应付日渐复杂的局面。比如当国家承平之时,北魏以来的均田制在唐前期的盛世下得以顺利实施,则乡里户籍修订、赋税征收以及捕盗等事项则显得相对简单和直接,里正及其

---

① 《中国史研究》2001 年第 1 期。

② 吴丽娱:《唐礼摭遗——中古书仪研究》第四章、第十四章,商务印书馆,2002 年。

③ 载《敦煌吐鲁番文献研究论集》第 3 辑。

下属的村、坊正及邻保可以较好地完成。但当政治、经济形势发生重大变迁之时,尤其在战乱和分裂的情形下,要维持国家的正常运转,保证各项事务的顺利进行,这就需要应付各种新的情况,如:在五代后唐时为保证农业生产的顺利进行,改变以往选拔村正依靠能力而以财力为标准;后周时为使赋税能正常征收和社会治安得以维持,又新添了书手及耆长之职;宋代时为节省国家开支,将军事化或半军事化的保甲制度引入民间,并深刻地影响到后世。

唐代盛世,社会相对比较安定,但在玄宗中期及安史乱后,地方政权崛起,继之五代群雄勃兴,中央开始虚空,政令不行。至宋初才勉强统一,而宋太祖以自身经验鉴取前代兴亡教训,一统中央及地方权力,以相互牵制作为中央掌有最高权力的保障,因此宋代的冗官成为其一大特色,而这一点在民间、基层的反映便是打破里正统管乡里一切事务的传统,代之以耆户长等分项管理。

其二,乡里官吏的地位不断处于下降的状况。大要而言,汉代以来形成豪强世族之家,这些豪门不仅把持中央政府,同时又控制着民间基层社会,而通过荐举、九品中正制将两者紧密地联系在一起:豪强世家控制了乡里的舆论,依靠乡举里选的选举制度将豪强之家的子弟推向上层社会,反过来又通过中央政权进一步加强对基层的控制。在这其中,乡里官吏——如汉代的乡三老、里长,魏晋时里长、党长等——就紧紧地抓着基层的舆论,控制着中央及地方政权,世族的势力无孔不入。虽然这一时期政府与宗族豪强之间一直存在着剧烈的斗争,但由于此时世家大族的势力已经十分庞大,并且由于战乱,地方生产破坏严重,自耕农不断地沦落为佃农,依附于豪族,与此同时,坞堡等军事设施上的完备,使得士族的势力日益膨胀。

随着隋代科举制度的产生,唐初关陇集团渐趋破灭,庶族地主势力随之崛起,士家大族的力量不断遭到削弱。既已失去赖以维持其地位的荐举制度,同时表现为成员数量减少的社会力量的削弱,原先士族用以维持其统治的乡里官吏便也失去其原有的尊崇身份,地位一落千丈,最终沦为被统治者随意差遣的役职。这一变化伴随着唐初政治形势的变化而产生,并且经历了上百年的时间。

其三,与上述观点相对应,乡里官吏由乡官和色役并存逐渐转变为一种完全的差役。隋唐以前,乡正里长拥有较大的权力和很高的地位。唐初的里正、村正、坊正虽然规定可以免除赋役,但无形中,在事实上成为一种劳役。至宋代则已规定为是役的一项重要内容,并且他们所承受的负担不断加重。

其四,乡里的组织管理方式由唐代时的以户为基本元素,转变为宋代后以地域为基准,打破了前代"百户为里,五里为乡"的规制,这使上层更容易对民间百姓进行控制和管理。

除了地广人稀之处以外,唐政府都要求乡里遵循"百户为里,五里为乡"的规制,五代的规定不得而知,但在北宋时显然已经打破了这种制度。比如长安地区,长安县六乡管六里,咸阳县五乡管五里,武功县四乡管四里,雩县五乡管五里,蓝田县四乡管四里等等,①基本上为一乡只辖一里。很显然,随着均田制遭破坏后土地兼并的日益加剧,在大量逃户的出现和依附于拥有大量土地的官僚、自耕农的佃农不断增多的情况下,国家所控制的小农日益减少,以户为单位的组织方式自然崩溃,而代之以地域为单位的组织方式。

其五,政府对乡里、基层的控制逐渐从主要执行强制的行政管理转变为法律和乡里间的自治双重管理——一般为宗族宗法

---

① 宋敏求纂修《长安志》卷一一至二〇诸县条。

的约束，两者相互补充，相得益彰，乡里组织的地域性色彩缓慢地加上了血缘、宗族的外衣。

从社会学的角度讲，社会控制可分为二类：即外在控制（Eexternal control）和内在控制（Internal control），针对当时而言，具体表现为法制和礼治。① 当一种社会价值体系内化为社会成员内心自觉遵守的条例以后，它所起到的约束作用比外在的法律要更强，因此内在控制比外在控制更容易使社会稳定。所以在社会控制体系的变迁中，一般总是由外在控制走向内在控制。

随着原先里制的崩坏，更加严格的保甲制度不断地渗入乡里；原先只是一个个自然聚落的村庄，慢慢地开始进入统治者计划组织新的乡里控制方式的视野中，村落不仅是地域性的社会组织单位，同时对社会而言，更主要的是它的血缘性，因此，以乡约、宗法作为维系纽带的宗族开始发挥其重要作用。应该说明的是，这一时期及以后的宗族与东汉以来形成的世家大族有所差别。最早创建乡约的是陕西蓝田的吕大临和吕大防，吕氏兄弟在北宋神宗熙宁九年（1076）创立了"吕氏乡约"，其领袖为约正。此后，宗族的族约、宗规成为乡里的主要约束手段，甚至在某种程度上凌驾于国家法律之上；并且这种族规、族约在长时间的推行过程中，慢慢地内化为该族每一成员内心的自我约束的力量，从而在没有族长等社会权威的制约之时也能约束族众的行为。如此，在保甲和族规这双重手段的控制下，整个中国社会缓慢地向前发展。

其六，乡里组织单位的军事色彩逐渐浓厚。王安石的保甲法

---

① 美国社会学家 E. A. 罗斯（Edward Alsworth Ross，1866—1951）将其分为政治的和道德的工具。见其代表作《社会控制》，秦志勇等译，第三十章"社会控制的体系"，华夏出版社，1989 年，第 313 页。

实质是原先乡兵的制度化,是一种半军事性质的组织形式,其设立的原因也是为节省军费,但随着形势的发展,这种半军事性质的组织形式逐渐融入基层,成为基层组织的一部分。这无疑受到国力衰减及其周边少数民族政权压力的影响。

总之,乡里制度在唐宋时代发生了极大的变化,这种变化也是整个社会的缩影,它的表现则是乡长里正原先以身份选拔,而随着时代的变化,则以财力为主进行选拔了。

我在这里要指出的是,当着其他各个断代史的研究注重于借鉴其他学科时,比如秦汉史断代在讨论着"礼"与"法"的斗争,研究着"民间秩序"与国家控制(大一统?)的矛盾时,宋辽史断代在探究着"国家与社会"的关系时,明清史断代在乡绅问题上大做文章时,我们这个断代由于有着敦煌吐鲁番文书的新材料而对此种新潮流的重视似有不足,其研究相对薄弱。而假如我们打通唐宋,利用大量第一手的敦煌吐鲁番文书材料,将历史学的方法与社会学的方法相结合,从上到下进行考察,那么,我们必定能做出更大的成绩,其中当然也包括对于制度史的考察。

跋　王永兴先生与敦煌吐鲁番学及其他

去年(2012年)11月下旬,李锦绣给我来信道:"前两天在民族大学开会遇到柴剑虹先生,他说敦煌学会正在编一个纪念敦煌学会成立30周年的文集,发表一些回忆的文章,对敦煌学会有贡献的人都要有一篇纪念文章,主要是写一些他们为学会、为中国的敦煌学做出了哪些贡献等等。关于王先生的,他想约你和吴丽娱两人写一下。字数不限,今年12月中交稿即可。请你们俩商量一下,谁写,或者两人一起写。我是1985年来北大的,之前王先生的活动我并不是太了解,所以就拜托你们俩了。就你们记忆所及,需要我提供什么,我可以翻箱倒柜地找找。"

很快地,吴丽娱给我一信,说:"王先生最早来北大那几年,包括与敦煌的关系、相关活动(争取经费、出论集等)、上课和指导做研究的情况你最清楚,有些是亲自参加的。而我来学校已经较晚,很多事都不清楚,印象也非常模糊,所以没法写,十分过意不去,只好劳动你了。"在另一信中,她还提出了如何撰写的建议:"文章的事,内容有些重复也没关系,尤其是纪念文章。这次可以添些如何教学培养学生的内容,尤其是关于指导做敦煌卷子的。因为我发现现在一些学生完全没有一般的唐史和制度史基础,所以敦煌文章也写得浅薄。而先生则是两种一起教的,所以我们做学问可以两边抱,这方面你一定体会更深,相信你一定写得非常好。"

当然,在此前的2010年6月20日,北京大学中国古代史研

究中心、北京大学历史学系、中华书局曾联合主办"纪念王永兴
教授诞辰九十六周年暨《通向义宁之学——王永兴先生纪念文
集》出版座谈会"。会上,赵和平认为,对王永兴先生于敦煌学的
贡献,学界还谈得不够,重要的是,(先生)他通过自己对敦煌吐
鲁番学术著作的撰述、对学生的培养,推动了北京大学中古史中
心和敦煌学的发展。

　　柴先生及三位同门的话给我指明了写本文的意义、方向及方
法,于是,我便要来回忆并阐述先生对于敦煌学及敦煌学会作出
的一些贡献了。

　　人的回忆有时候是不大能够很精准的。比如我在《清明祭
先生》(载《通向义宁之学》)一文中有关王先生的一些事的记忆,
就有一些错误。前些天,我把当年的上课笔记杂记之类的找了一
些出来,就发现王先生与张广达先生合开的"敦煌、吐鲁番文书
研究"课程并不在 1979 学年第一学期的 9 月,而是在(1979 学
年)第二学期的 2 月,确切的时间则是 2 月 26 日。就在这一天,
先是张先生讲课,后则为王先生布置的阅读已经经过整理的《西
魏大统十三年计帐》及有关文献材料的任务。

　　根据笔记,张先生的课上了两次四个单位的时间,主要介绍
敦煌学基本情况以及基本书目目录。基本书目目录的介绍中,有
向达《斯坦因西域考古记》、姜亮夫《敦煌——伟大的文化宝藏》,
有王重民《敦煌遗书总目索引》等。还有"二三十年来的国外的
一些目录",其中包括:斯坦因部分 1957 年翟理斯编的目录(1963
年格伦斯泰作了主题索引)、1962 年牛津版普散编的目录(日本
榎一雄作了附录);伯希和部分 1970 年敦煌汉文写本目录;奥登
堡部分孟希科夫亚洲民族研究所所藏敦煌汉文文书注记目录;又
有日本人编的"东洋文库敦煌文献委员会编斯坦因敦煌文献及
西域出土汉文文献内容分类目录(非佛教文献之部)""京都大学

东洋学文献类目(一年一册)"等等。

王先生给我们正式上课的时间则自3月11日起。当然,在2月26日的课堂上,他就布置了读书任务。我的笔记载道:"王先生:看《隋书·食货志》、《通典》卷十二、《册府元龟·邦计部》。"并且,还发了《计帐》文书复印件。此后,我的笔记还载道:"王先生,3.7晚,周书卷1—5,帝纪,卷23,苏绰传。"这应该表明先生在3月7日晚上曾到过我们的寝室。现在想来,这当然是为以后的文书解读作准备——读好基本史籍再来考察文书问题是先生们的基本要求。

而记录王先生讲课的课堂笔记起首便是:

80.3.11,王先生,读《敦煌劫余录序》,陈寅恪。

我似乎记得,当时还发了油印的《序》文,而场景则应该就是马小红回忆的:

第一堂课,我被王先生的开头语所震撼。王先生介绍了敦煌文书的来龙去脉,当说到"日本学者说敦煌在中国,敦煌学在日本"时,王先生说:"为什么要研究敦煌文书,我念一下陈寅恪先生为陈垣所写的《敦煌劫余录序》,希望大家能记住。"王先生一字一句地念着,并不时停下来讲解,为什么说"敦煌学者,今日世界学术之新潮流也",为什么说"敦煌者,吾国学术之伤心史也",等等。先生那平缓、苍老并对我们充满期望的声音重重地打在我们心上。王先生说:"尽管有些同学不了解敦煌,不了解敦煌文书,都不要紧。只要努力,你们就能赶上世界学术新潮流,就能把敦煌学的中心搬到中国。"

然后,王先生介绍了自"1909—今天的九种(有关敦煌文书的集子)",其中有历史研究所编的《敦煌资料》第一辑、刘复的

《敦煌掇琐》、许国霖的《敦煌石室写经题记与敦煌杂录》、罗振玉编的《敦煌零拾》一册和《敦煌石室碎金》一册、蒋斧辑《沙州文录》和罗福苌辑"《沙州文录补一卷》及附录一卷"、罗振玉"据伯希和的文书按原件大小影印的"《鸣沙石室佚书》及《贞松堂藏西陲秘籍丛残》、1909年铅印本《敦煌石室遗书》等。王先生也略作点评，如特意指出：《敦煌资料》第一辑是有关社会经济方面的文书集结，"要注意，有不少错误"；如刘半农编《敦煌掇琐》，"有些太乱的，（他就）不抄了"；等等。

　　紧接着资料的介绍，就是《西魏大统十三年计帐》的解读。我的笔记中，先生应该以几周的时间，分四个层次向我们介绍这份领多少人进入敦煌学大门的文书。"｛甲｝，先解释名词"；"｛乙｝，文书的时间性和地域性"；"｛丙｝，文书的结构和名称"；"｛丁｝，从文书所见西魏北周的均田制"。这样的讲解当然不是一次完成的，但我的笔记之时间记载只到3月26日，此后则省略了，现在想来真是遗憾。

　　这样的讲解，对于我们以后做敦煌吐鲁番文书可说是有着极大的示范意义的：它指明了文书解读及学问研究的明晰的路径——从"一个字一个字"地读文书（录文），读文献材料，再到认清文书的结构性质，最后完成理论的分析提升而不拘泥于就事论事——这难道不就是敦煌吐鲁番文书研究的不二法门吗？

　　就在这一学期，先生还讲解了他有独到心得体会的《唐天宝年代（750）敦煌郡差科簿》。一如既往，在讲课前，他还是布置阅读文献材料，其中有"通典卷35职官17，新唐书卷55食货志，唐会要卷83、84，旧唐书玄宗纪，通鉴卷125—127"，还有"天宝六载户籍、大历四年手实"等。先生用的还是那一套看起来简单，而实际上须有扎实根底而又行之有效的方法来解读差科簿："一、年代"，"二、地域"，"三、文书结构"，"四、解释名词（以文书出现为序,以类别)","五、关于色役的初步意见","六、文书的使用和文书的名称"。而在色役的研究中,先生还就"色役制的起源"作了一个"补遗",我的笔记载道,这个"补遗""根据周一良先生意见"。他还把他的讲课内容再加研究整理发表在《敦煌吐鲁番文献研究论集》上,这就是《唐天宝敦煌差科簿研究——兼论唐代色役制和其他问题》。

而我当年写的第一篇发表的文字以及其后的一些文字,基本上也是走的这样的路子。

于是在这样的教学过程中,我们1978级的很多学生,便一步一步地在先生们的引导下,走进了敦煌吐鲁番的殿堂。

我还留着一份当年的先生辅导我们写敦煌论文的记录稿,我把它全文录下,连当时的格式亦一仍其旧,以见先生的风采:

1981.1.16 在(北大)文史楼107 王永兴先生、张广达先生

辅导"文书作业"

(卢向前案:以下为王先生讲话)

有19个同学做文书。身体一定要注意。

总的做得不错,三年级学生做起来是很满意(我们)。

卢向前的文书要做好还得花(化)大力气。冷鹏飞这个土地文书也是很难的,做得很不错。

我提出一个要求,就是要有发表水平。五月份以前要交给我和张先生。中华书局答应出一个集子,七月份要交稿。所以非得在五月中交给我们不行。

论文标准。首先,要有准确的文书录文。(!)所谓准确就是要符合原文,有缺字要补全,错字给纠正。这是最主要的。

①符合原卷;②俗、异、替代、简、古体、错字要正确的校

注;(当时我的笔记中的案语:草体字怎么办?)③空字要尽量地正确地替补;④格式、行数等等都要符合原卷,不要有改动;(当时的案语:横,竖?)⑤要断句,标题;⑥长的,复杂的要分段。

第二,论文的形式、体裁可分下列形式:(取决于性质、内容)

①短的,一个录文,一个校注,一个跋;

②(稍长的,)录文,校注,名词解释,跋;

③复杂的,再加一个文书研究。

注意不要勉强拉长。

简洁、准确、通畅。避免庞杂。

名词解释,一条只有一个内容。

问题研究要有一个中心内容。不要一个问题套一个问题。假定一千字能解决问题,绝不要用一千零一个字。(卢向前案:这绝对是有先生特色的话。)

第三,推测和怀疑也是(要?)准确。

①凡是有论点一定要有根据,不要空。要有充分资料,要善于分析,推论。逻辑推理。

②引材料一定要有出处。僻的书要有作者。

③写字要清楚,不要草率。一个格子一个字。

④直行写繁体字。

下面讲写文章的事。

简明,说理充分,句子通顺,衔接等。技术性问题也是要紧的。

反复地,一段一段的,一个字一个字的读原卷。要读懂读通。同时要读熟斟酌的史料。

识别异体字,填空字,纠正错字。

（卢向前关于）马的颜色查《说文》。蔡治淮的"顺仁□（ ）以覆云，布惠泽以朕照蘇"，朕为衍字。云当为育。照蘇为昭苏。

讲一下缺点和问题。

一、基本史料不熟。

二、如何抓问题，抓错了白费力气。当从原卷出发抓问题，熟悉当时社会的历史背景。

三、展开要规定范围。如时间范围、地区范围，都要搞得狭一点。

重复一下，文字问题。邓小南的可以，其他的都要注意一点。

张先生讲话。

每个人都有所创获。

以念书搞文书。

基本文献书——以（读通）一本书为看家手艺。

（可读）王国维《观堂林集》。（集林？）

表达的问题。

弱点在于敦煌文书不熟。

卢向前的（对于）征发制度、长行马文书等都不熟悉。这是弱点。

在做文书的基础上，搞深一点，社会制度方面注意是不是能提高一点。

解决不了的不硬解决。

这是先生在具体的教学中，指导我们做学问的方法。先肯定我们的成绩，让我们充满了信心，再指出我们的不足，促使我们努力向上，这是鼓励，是鞭策。通过这样的课内课外的讲习，先生教授了最基础而实用的知识。在做卷子的过程中，我们不仅逐渐了解和熟悉有关敦煌文书的内容、价值以及相关文献,而且与唐史贯穿结合,懂得如何利用敦煌文书补史正史,发现问题。总之重要的是通过亲自动手,领会学习和研究的乐趣,在短短的一两年时间内,即能够掌握最基本的做学问的方式。现在想起来,当年的我们跟着先生搞敦煌吐鲁番文书,搞学问,是多么的幸福!

当然,以上记载仅仅是对我们集体的一次活动,据我的记忆,这样的集体活动有过多次,记得有一次周日先生讲唐代制度,我因外出未能出席,当时就觉得非常遗憾。当然,先生在课下的个别辅导,花费的心血就更多。我的论文稿中就有多处王先生的笔迹;而马小红曾说,她们的论文曾经修改 7 次,誊清 7 次;吴丽娱与张小舟作的车坊文书,王先生更是不厌其烦改了不下 10 次,并亲自动手示范应如何写作。这种严格要求与亲力亲为的教学,使得我们以后毕业论文的选题与写作都相当顺利。以此为开端,我们也走上了学术研究、学术教学的道路。

上面笔记中王先生所说"中华书局答应出一个集子",就是后来中华书局所出的《敦煌吐鲁番文献研究论集》。看起来,在 1980 年 2 月到 1981 年 1 月期间,王先生就与中华书局取得了联系。他有着极大的抱负、极大的自信,他要为敦煌学在中国的发展贡献自己的力量。而参加文章撰写的 19 位本科生同学中有 6 位同学及 4 位研究生的文字得以发表。

这本《论集》是在 1982 年 5 月出版的,周一良先生在《敦煌吐鲁番文献研究论集·序言》中,对于王张二位先生的工作给予了充分的肯定,对于他们工作的意义作用给予高度的评价,他说:

> 只有在充分研究唐代历史的发展,研究唐代政治经济文化的状况,并且详尽占有旧有史料的条件之下,才能有效地运用敦煌文献,恰到好处地说明非它不足以说明的问题……只有精研唐代(当然也涉及北朝和五代、北宋)历史,才能更

好地认识并发挥敦煌文献宝库的作用。基于上述认识，王永兴同志和张广达同志在北京大学历史系为唐史研究生开设了"敦煌文书研究"这门课，并有部分中国史专业三年级学生选修。在王张两位同志的指导之下，他们作为实习，分别整理了敦煌和少数吐鲁番出土的文献，写出论文，形成了这本《敦煌吐鲁番文献论集》的主要部分。敦煌吐鲁番文献的整理利用和研究，今后还需要较多的生力军。我们欢迎青年历史工作者对此发生兴趣，不断充实学力，提高水平，参加到这一行列中来。

而在"出人才、出成果"思想的指导下，两位先生对敦煌吐鲁番学的贡献自不待言，他们的辛勤汗水，换来的是丰硕的成果与一大批人才。

假若读读哈佛大学杨联陞先生于1983年4月15日所撰写的《〈敦煌吐鲁番文献研究论集〉读后》，则意义更为显明。杨先生在逐篇评论了论文后下结论说：

> 各位长老及准长老（卢向前案，指在《论集》上发表文章的各位先生），自不待言。各位研究生与本科生都是当行本色，各有贡献。他们诸位大作的水平与同级的外国第一流大学的研究生大学生比起来，我觉得有过之无不及。这是我最欣慰的事情，这不止是北大中国中古史研究中心之光，更是我国学术前途光明之象！

我记得王先生把杨先生的信拿到了北大图书馆213室（杨先生的信，我好像也曾读到，嗣后发表在《北大学报》1983年第4期的这篇评论原本应该就是这封信），我记得先生当时长舒了一口气，眼中泛着若隐若现的泪花，百感交集，欣慰之情溢于言表。此情此景，至今仍历历如在眼前。今天的人们，或许很难体会当时先生的心情,体会他与他领导的敦煌团队获此评语的心情。历经多少劫难,终于能够在国际学术之林中有我们自己的一席之地,这是多么值得高兴的事。而兴奋之余,回首三五十年的辛酸往事,心情的复杂也是可想而知的了。而我也跟着先生兴奋不已。

现在想来,先生们也真值得扬眉吐气。历尽"浩劫",中国的传统治学方式已经被破坏殆尽,而在改革开放的初期,北大中古史中心的敦煌研究成果竟能达到与国际接轨的水平是多么不可思议,重新获得海外学界的承认又是多么引人骄傲。这一点正是通过王先生他们的辛苦努力达到的。重要的是,当时大多数人还不知道应当做什么和怎么做,对于历久弥新的学术传统的继承还不能有所领会。而首先将真正的学术传承与历史教学结合在一起的是王先生,将复兴文化的理想落实于具体实践的是王先生。王先生通过他的教学以及学生们的成果告诉人们什么是精湛而优良的学术,什么是应当遵循的学术方向。而先生培养的学生及所传授的研究方式也给敦煌学的未来打下了基础,今天敦煌的教学仍不能脱离他们开创的道路。杨先生的当年评议就是对"只要努力,你们就能赶上世界学术新潮流,就能把敦煌学的中心搬到中国"的最好说明吧?"这不止是北大中国中古史研究中心之光,更是我国学术前途光明之象!"

这里,我还得提到宿白先生。杨联陞先生文中说到的"各位研究生",安家瑶、马世长、陈英英是宿白先生的研究生(刘俊文则是王先生的研究生,我忘了张先生是否是他的导师),而杨先生手上的《论集》也是宿白先生寄给他的。假若联系各种情况看来,宿白先生对于敦煌吐鲁番学的贡献也是应该为人们所记住的。

这《论集》,假如我没记错的话,还送呈给了当时的中央主要领导。中国敦煌吐鲁番学会得到最高领导的支持,是否在这时就打下了基础? 我想。

而如果比较一下《论集》第一辑与第二辑作者名单，假若我们根据第一辑说敦煌吐鲁番文献研究还仅仅局限于北大历史系的话（当时，考古专业隶属于历史系，当然，亦有左景权先生的一篇文章，那是王张二先生请他到北大给我们讲学以后的事），那么，到第二辑的时候，即中国敦煌吐鲁番学会成立前后，其阵容已经从北大扩展至全国了（第二辑虽在是年12月出版，但邓广铭先生所写的"序言"，王先生所写的"编辑后记"都署时间于是年是月，则文章的收录更在其前）。在第二辑的作者中，我们看到了季羡林先生、王仲荦先生、周祖谟先生、唐耕耦先生、姜伯勤先生、饶宗颐先生、周一良先生、祝总斌先生等足以令人肃然起敬的大学者名单，学生的名录亦有所增添。这样的状况的出现与王、张二位先生的努力应该是大有关系的吧？而写作阵容的壮大，或者本身就是中国敦煌学走向强盛的表现。

我想，这是一种气势，一种山雨欲来风满楼的气势，一种万马奔腾的气势，一种排山倒海的气势。这种气势是会起化学反应的！我们现在从这样的视角看待先生们对于敦煌吐鲁番的业绩，是无论怎样高度评价都不会过分的。

我所知道的，南开大学的傅玫老师就到北大向王、张二先生学习敦煌吐鲁番文书来了，来听课的外校学生更是不计其数，而扩展其影响力最具代表性的则是唐代文学学会。

我手上存有傅璇琮先生当年给王先生的两封信。我把它们抄录在下面：

王先生：

　　昨天给您的电话中没有说清楚，现在奉上一函，为《唐代文学研究年鉴》组稿事，请您大力支持。

　　去年五月，在西安成立全国唐代文学学会，会议决定创办《唐代文学研究年鉴》，由学会主办，由学会会长山东大学的萧涤非先生任主编,下设副主编若干人,琮也是其中之一。
第一辑(即1980年的内容),将于本年内出版,现在正着手
于第二辑的组稿、编辑工作。这一辑选题,由琮提出,报导一
下北大历史系敦煌吐鲁番文书研究室的情况,作为一个栏
目,已获通过。前曾写信给张广达同志,可能他将出去,也未
知他是否收到信,因此未接到回答。如您能执笔,或您指导
下请别的同志写,那就更好。内容大致包括:研究室机构本
身的大致情况(如人数、负责人),研究项目,今后发展方向、
打算,及已出的这本论文集内容概况。字数二、三千字至四、
五千字均可。虽然您的研究室主要是历史方面的,但这对唐
代文学的研究也足资参考。文稿最好能在十一、十二月内写
成,寄给我即可。此事务请鼎助。如确定后您给我电话通知
即可(55.4751);如我不在,告守俨同志也可。专此,谨候
　　近安

　　　　　　　　　　　　　　　　　　　璇琮上
　　　　　　　　　　　　　　　　　　　83.9.14

王先生:
　　十三日来示敬悉,所寄文稿也已拜读,写得极好。非常
感谢您的支持,也感谢卢向前同志的协助。稿件即由我寄给
《唐代文学研究年鉴》编辑部,以后有什么事与我联系也可,
与文稿该编辑部联系也可(联系人是闫庆生,陕西师范大学
中文系)。稿件的作者就题卢向前同志如何?
　　专此,即候
　　近安

　　　　　　　　　　　　　　　　　　　傅璇琮上
　　　　　　　　　　　　　　　　　　　1983.10.15

在这样的风云际会的过程中,学会的成立便也顺理成章。我

在网上看到郑炳林发表于 2011 年 1 月 26 日的《国际学术视野的段文杰先生》的博文,他回顾当时形势的文字,写得极好。他说:

> 1982 年段文杰先生任敦煌文物研究所所长,1984 年任敦煌研究院院长。一直到 1998 年,主持敦煌研究院工作 17 年。这个时期正好是中国结束"文革"迎来改革开放春风的年代,学术界一片欣欣向荣的景象。同时这又是一个转折关键时期,百废待兴,一切从零做起。当我们打开国门走向世界,我们突然发现自己与世界拉开很大一截差距。我是 77 级,78 年元月入校,我们了解敦煌学是听段先生的敦煌艺术课程开始的,但是我们了解敦煌学的状况是听藤枝晃先生讲座留下的印象,就是"敦煌在中国,研究在国外",留校从事敦煌研究也是励志改变这种状况走过的。当时大家都鼓足劲将中国敦煌学研究赶上去,但是我们毕竟经过多年的文化萧条,要改变这种状况并非易事,段先生能够很快改变敦煌研究学术力量走上国际学术的前沿,就值得我们学习。

这里的话正是当时时势人心的切实写照。对敦煌学和学人而言,新时代意味着学术走向世界,意味着等待开创、充满希望的勃勃生机。在这样的年代,"敦煌在中国,研究在日本(或国外)"到底是谁说的已经不再重要,归根结底,敦煌吐鲁番研究将要起翻天覆地的变化了。而站在潮头之前,得风气之先,扬帆破浪、指点江山的不正是脚踏实地努力做着贡献的王永兴先生、张广达先生等老一辈学者吗?

王先生在中国敦煌吐鲁番学会的创建筹备中,也是有着他独特的贡献的。我记得 1982 学年第一学期的一天,平时总是嘱咐我们一心搞学问而不让分心于杂务的王先生破天荒地让我和宁欣、李鸿宾随他到东语系去参加学会的筹备会议。当然,我们是列席会议,为会议做记录。我记得,主持会议的是季羡林先生,当时是教育部副部长曾经是北大书记的周林先生在会上作了主题发言,参加会议的还有宁可先生、金维诺先生、教育部的章处长等。参加的人员有十数人吧?这次会议应该说是很重要,从其议题即可看出。主要议题有二:一为学会挂靠教育部事,一为提出学会的领导机构即理事会的候选名单事。还有一事好像是学会的名称是否加上"藏学"成"中国敦煌吐鲁番藏学(西藏?)学会"事。季先生说,还是不加了吧,如果加上,那么其他的加不加呢?用敦煌吐鲁番涵盖吧。王先生赞同季先生的意见。从这里也可以看出,王先生在学会创建过程中,也是运筹帷幄不可或缺的一位人物。

还有一件事为人所共知。王先生当时曾数次找到老同学姚依林副总理,既为申请设立"北京大学中古史研究中心"事,也为学会成立暨经费事。马小红去年年底到杭州,回忆起往事说,先生曾说起,他到中南海,警卫打电话给姚副总理,副总理亲自到门口将先生接进去的事。又说,先生笑着说中南海的警卫让他今后穿体面一点,而先生则教育他们不可以衣帽取人。马小红还带着极其钦佩的神情说,先生的本事大着呢。

作为敦煌学的先行者和学会的奠基人,王先生他们对于中华学术文化的推动、发展、复兴的丰功伟绩是永远值得我们怀念称颂的。

图书在版编目（CIP）数据

敦煌吐鲁番与唐史研究 / 卢向前著. —杭州:浙
江大学出版社,2019.12
（浙江学者丝路敦煌学术书系 / 柴剑虹，张涌泉，
刘进宝主编.）
ISBN 978-7-308-17749-8

Ⅰ.①敦… Ⅱ.①卢… Ⅲ.①敦煌学—研究②中国历
史—唐代—研究 Ⅳ.①K870.6②K242.07

中国版本图书馆 CIP 数据核字（2018）第 000823 号

敦煌吐鲁番与唐史研究

卢向前　著

出 品 人	鲁东明
总 编 辑	袁亚春
丛书策划	黄宝忠　宋旭华
责任编辑	胡　畔（llpp_lp@163.com）
责任校对	赵　珏
封面设计	项梦怡
出版发行	浙江大学出版社
	（杭州市天目山路 148 号　邮政编码 310007）
	（网址:http://www.zjupress.com）
排　　版	杭州兴邦电子印务有限公司
印　　刷	浙江印刷集团有限公司
开　　本	880mm×1230mm　1/32
印　　张	14.25
字　　数	360 千
版 印 次	2019 年 12 月第 1 版　2019 年 12 月第 1 次印刷
书　　号	ISBN 978-7-308-17749-8
定　　价	48.00 元